朱汉民 ◎ 著

国学与书院

人民出版社

目　　录

国学史论

国学论

书院论

国 学 史 论

儒学与《六经》

儒学和《六经》是什么关系？通常人们会说《六经》是儒学的思想源泉，是儒学的文化母体。这一普遍的看法有一些道理，《史记》早就提出"夫儒者以六艺为法"。此说反映了这样一个重要事实：儒家是通过学习、效法《六经》中先王的思想，继承三代的文化传统，才创立了儒家学派。

但是，我们还应该注意另一个事实，作为学派的儒家，是在春秋战国时期才逐步产生的，而作为经典的《诗》《书》《礼》《乐》《易》《春秋》，完全是由一代代儒家学者不断整理、诠释才逐步成型的。所以，我们应该进一步追问：儒学和《六经》究竟是一种什么关系？是《六经》孕育了儒学，还是儒家建立了《六经》？

一、儒家、《六经》与三代文明

我们发现，儒家与《六经》其实均是春秋战国时期同时形成的。如果要追溯文化渊源，二者均以三代文明为其共同的思想文化依据。

儒家与《六经》的思想文化均渊源于三代文明。一方面，儒家士人是源于三代时期官师一体的王官贵族；另一方面，作为经典的《诗》《书》《礼》《乐》《易》《春秋》，是由三代王官之学演变而成。也就是说，《六经》与儒家其实均是以三代文明为母体，《六经》与儒家同源。

为了说明《六经》与儒家同源，我们首先考察"儒家"与三代文明的渊源关系。

三代时期,学在官府,那个时期文化知识的主体是由王室贵族垄断的王官之学。春秋战国时期,文化下移,产生了脱离贵族文化垄断的诸子百家之学。诸子百家之学与夏商周王官是什么关系?这一个问题引发了历史学家延续两千多年的学术思考和思想论战。历史上诸多学者均认为,春秋战国诸子之学源于夏商周王官之学。班固在《汉书·艺文志》中早就提出,儒家、道家、阴阳家、法家、墨家、纵横家、杂家、农家等均与三代王官之学有密切联系,三代职官有不同的专业知识,这种王官之学下移到民间就是春秋战国诸子之学。

儒家是指春秋时期由孔子创立的学派,儒家源于三代王官之学。关于"儒家"的起源,汉初时即为史家所讨论,认为"儒家"直接起源于官师一体的"司徒之官"。据班固所著《汉书·艺文志》的解释:儒家出于司徒之官,儒家学者"游文于《六经》之中,留意于仁义之际,祖述尧舜,宪章文武",是因为他们与西周社会主要从事教化的"司徒之官"有密切关系。根据《周礼·地官·司徒》载:"惟王建国,辨方正位,体国经野,设官分职,以为民极。乃立地官司徒,使帅其属而掌邦教,以佐王安扰邦国。"①司徒之官即为履行国家的教化职能的官员。值得注意的是,这些教务之职与儒家教育学说之间确有着重要联系,如《大司徒》之职中"十二教"就与《六经》的礼乐教化思想十分接近:

> 因此五物者民之常,而施十有二教焉:一曰以祀礼教敬,则民不苟;二曰以阳礼教让,则民不争;三曰以阴礼教亲,则民不怨;四曰以乐礼教和,则民不乖;五曰以仪辨等,则民不越;六曰以俗教安,则民不愉;七曰以刑教中,则民不暴;八曰以誓教恤,则民不怠;九曰以度教节,则民知足;十曰以世事教能,则民不失职;十有一曰以贤制爵,则民慎德;十有二曰以庸制禄,则民兴功。②

---

① (东汉)郑玄注,(唐)贾公彦疏:《周礼注疏》卷九《地官司徒》,李学勤主编:《十三经注疏》第 4 册,北京大学出版社 1999 年版,第 223 页。

② (东汉)郑玄注,(唐)贾公彦疏:《周礼注疏》卷十《大司徒》,李学勤主编:《十三经注疏》第 4 册,北京大学出版社 1999 年版,第 246 页。

而且,大司徒从事教化的内容,是将六德、六行、六艺合成的"乡三物",这也是后来儒家倡导的社会政治的教化内容:

> 以乡三物教万民而宾兴之:一曰六德,知、仁、圣、义、忠、和;二曰六行,孝、友、睦、姻、任、恤;三曰六艺,礼、乐、射、御、书、数。①

十分明显,儒家的教育思想、教学内容,即源于大司徒之职的相关规定中,由此看出儒家、儒学与司徒之职的渊源关系。

金文中的职官与《周礼》有许多相合处,这就证明《周礼》一书是有文献依据的,故而是我们考证儒家起源的重要文献资料。《周礼》一书中关于"司徒之职"的记载,确能揭示"儒家"起源。儒家起源于西周时期被称为师、儒的教职人员。这一切,恰好反映出西周社会"学在官府""政教合一"的特点。

由此可见,儒家重视教育并整理《六经》,是有其历史原因的,与三代文明有着紧密的联系。儒家从"三代"的文献档案、王官之学选取、整理出《六经》,确实是与"司徒""师儒"的文化传承、思想影响相关。儒家重视教育的思想和信念,是与"司徒"相关的长期治理和教化的历史经验有关。"司徒""师儒"常讲的"有德行以教民者"、"有六艺以教民者"②以及"三德""三行"等,成为儒学建构"六经"的主要思想宗旨和学术旨趣。所以,为了让三代文明能够长久地保留下来,儒家将西周贵族教育的礼、乐、射、御、书、数的"六艺之学",发展为儒家士人教育的《诗》《书》《礼》《乐》《易》《春秋》的"六艺之学",也就是将一种贵族的技能素质教育发展为士人的经典文化教育。

"儒家"与三代文明有密切的渊源关系,《六经》同样如此。现在我们进一步探讨"六经"与三代时期的皇室文献档案、王官之学的文化渊源关系。

我们已经谈道,《六经》作为经典体系成型于春秋战国时期,但是,《六经》

---

① (东汉)郑玄注,(唐)贾公彦疏:《周礼注疏》卷十《大司徒》,李学勤主编:《十三经注疏》第4册,北京大学出版社1999年版,第266页。

② (东汉)郑玄注,(唐)贾公彦疏:《周礼注疏》卷二《大宰》,李学勤主编:《十三经注疏》第4册,北京大学出版社1999年版,第45页。

经文本身却来自上古历史时期的三代文明。在孔子以前的漫长历史时期,是中华文明的孕育时期,也是学者们称之为"前轴心文明"时期。这相当于历史文献记载的从尧、舜、禹到夏、商、周的三代时期,时间大约是距今 4000 多年前至 2500 年前左右。这个时期正是华夏文明的奠基时期,华夏民族的物质文明、制度文明、精神文明均取得了重大进步。三代时期留下了许多文献典籍,作为历史经验、知识积累留给后世,它们成为上古三代文明的载体而保存下来。正如《尚书·五子之歌》中所记载的:"明明我祖,万邦之君。有典有则,贻厥子孙。"①夏、商、周三代的天子、君主在治理天下时,遗留了记载历朝历代各种典章制度、政治经验、宗教信仰、道德观念等大量文献典籍。三代文明遗留的"典"与"则",就是孔子及其儒家学派建构"六经"的文献基础。《六经》与三代皇室文献档案的"典""则"有着文化传承、思想影响的渊源关系。

孔子及其儒家学者一直对三代文献档案的"典""则"有着特别的关注,他们为了传承三代文明创造的思想传统、文化精华,倡导"述而不作"的原则,从三代文明留下的浩繁档案文献中,以"司徒之官"的政治经验、思想视角挑选出一些体现三代君主道德理性、政治经验的典籍。他们将这些典籍整理为《诗》《书》《礼》《乐》《易》《春秋》的不同类型的文献典籍。儒家学者强调这些典籍是三代先王留下来的,是承载先王治世大法、恒常之道的典籍,故而将它们称之为"经"。

孔子及其后学是如何通过整理三代王室的文献档案,从而创立中华经典体系的?

首先看看"群经之首"的《周易》。《周易》是由《易经》《易传》两个部分构成,分别代表三代王室的历史文献和春秋战国时期孔子及其后学的思想诠释。《易经》文本的来源十分悠久。早在新石器时代晚期,中国土地上的先民就开始盛行各种占卜的巫术了,而《周易》的筮占只是诸多占卜术的一种,与其他龟卜、骨卜等占卜形式相比较,筮占是根据蓍草的数字排列等变化来预测吉凶

---

① (西汉)孔安国注,(唐)孔颖达疏:《尚书正义》卷七《五子之歌》,李学勤主编:《十三经注疏》第 2 册,北京大学出版社 1999 年版,第 179 页。

的,它因在形式上的系统性、有序性、完整性具有特殊的优势,获得了进一步演进发展的机会。殷周之际产生的卦辞、爻辞的文字符号出现,使得每一卦、每一爻均有了确切而丰富的思想文化意义,包含了那个时代的政治观念、道德思想、宗教信仰、哲学智慧。殷周之际产生的卦辞、爻辞是很多的,儒家学者从这些档案、文献中选取一部分特别具有思想价值的内容,加以整理和系统化,就是后来的《易经》的经文部分。

其他几部经典的成型也是如此。譬如《书》,也是上古时期国家政治文献档案的汇编。早在上古时期,记载王朝君主言行的史官文化就很发达,正如《汉书·艺文志》所说:"古之王者世有史官,君举必书,所以慎言行,昭法式也。左史记言,右史记事,事为《春秋》,言为《尚书》。"①史官包括记事与记言的不同,故而留下分门别类的档案文献,这些记载帝王言行的文献档案大量收藏在王室,向来为君主帝王所重视。在孔子以前,这一类"记言"的"书"就具有很高的地位,它们是历代君王的政治经验、思想文化的累积,为后 代王朝特别重视。如周代商,也接收了商代《书》一类的历史文献,所以就有"周公旦朝读《书》百篇"②。到了春秋战国的文化下移时代,孔子和儒家学派在从事民间教育的时候需要教材,他们面临大量记载帝王言行的"书"一类的文献档案,他们从这一类"书"的文献档案中选取、整理出一部分,作为他们的民间讲学之用。这就是后来所称的《尚书》。《孔子世家》载:"孔子之时,周室微而礼乐废,《诗》《书》缺。追迹三代之礼,序《书传》,上纪唐虞之际,下至秦缪,编次其事。"孔子收集、整理的《书》只是历朝历代众多"书"中的极少一部分,他们选取、整理的标准就是"司徒""师儒"的"有德行以教民者""有六艺以教民者",故而主要选取唐、虞、夏、商、周各朝代的那一些能够代表、体现三代先王的德治、王道思想的诰言、誓词和大事记等。儒家学派从浩繁的三代文献中仅仅选取了很少的一部分"书",认为这一部分文献代表了先王的政治理念、文化思想,故而是后代王朝必须学习、效法的经典。

---

① (东汉)班固:《汉书》卷三十《艺文志第十》,中华书局 1962 年版,第 1715 页。
② (春秋末战国初)墨子著,吴毓江撰:《墨子·贵义》,中华书局 2006 年版,第 673 页。

再说《礼》《乐》。三代时期的政治生活、社会生活均以"礼"为核心,特别是周公的"制礼作乐",进一步推动了西周礼乐文明的建设。所以,礼、乐一直是三代王官之学的重要内容,并大量保留在王室的档案文献中。"儒"在三代时是"司徒之官"和"师儒",他们从事"六艺以教民",故而特别重视礼教,熟悉相关礼的各种典籍。春秋战国时期,孔子及其弟子以三代礼乐文明为国家政治的典范,重视有关"礼"的文献收集和整理。现存的《周礼》《仪礼》,就是孔子及其门人收集、整理的"礼"的文献。《周礼》又名《周官》,搜集周王室官制和战国时期各国制度,并根据儒家政治思想作了一些修订。关于《周礼》一书作者,在历史上就意见不一,但是其中包含大量西周礼制的文献可以确认的,因为《周礼》的一些内容可以与西周青铜器上的铭文相互印证。《仪礼》简称《礼》,又称《礼经》或《士礼》,系从西周到春秋战国时期一部分礼制的汇编,共 17 篇。《乐》经没有保留下来,但是它和《礼》一样,是西周礼乐文明的文献记载。儒家学者推崇的《礼》《乐》经典,应该是三代文明特别是西周礼乐文明的文化遗存,具有深厚的历史文化基础。

《诗》也是如此。从来源来说,"诗"是西周礼乐文明的重要组成部分,周公的"制礼作乐"包括了"诗","诗"在贵族的政治社会生活中一直占有十分重要的地位,体现西周王朝观风俗、重礼乐、崇教化的礼治精神。为了保存这些诗歌,从西周开始就有许多诗集保留下来,一直延续到春秋战国时期。顾颉刚在谈到春秋战国时期的诗与乐关系的变化时说:"从西周到春秋中叶,诗与乐是合一的,乐与礼是合一的。"①先秦时期流行的《诗》,后来能够列为儒家经典称《诗经》,是孔子及其弟子对西周留下的大量诗歌不断收集、整理的结果。也就是说,儒家学者整理的《诗经》,同样是三代文明特别是西周礼乐文明的文化遗存。

最后讲《春秋》。《春秋》本来是中国古代第一部编年体史书,它按年代记载了春秋时期自鲁隐公元年(前 722 年)至鲁哀公 14 年(前 481 年)的历史。

---

① 顾颉刚:《〈诗经〉在春秋战国间的地位》,《古史辨》第三册下编,上海古籍出版社 1982 年版,第 366 页。

三代史官文化发达，《汉书·艺文志》认为："左史记言，右史记事，事为《春秋》，言为《尚书》。"①可见"春秋"在当时是一类史书的通名。《墨子·明鬼篇》有"周之春秋""燕之春秋""宋之春秋""齐之春秋"的提法。《孟子·离娄下》也记载："晋之《乘》，楚之《梼杌》，鲁之《春秋》，一也。"②本来，"春秋"是一类史书的通名，但是孔子及其弟子的儒家主要形成于鲁国，鲁史为儒家素所特别重视，孔子整理了"鲁之《春秋》"。随着儒家影响扩大，"春秋"也就逐渐成了鲁史的专名。孔子对鲁之《春秋》的整理，不是一般的历史记录和文献整理，而是通过对鲁国的历史记录和文献整理，达到对西周礼乐文明的继承和弘扬。

由此可见，上述的《易》《书》《礼》《诗》《春秋》等经典，均是孔子及其门人通过收集、整理才建立起来，其经文的文本原本是三代时期的王室的文献档案。与儒家源于三代王官一样，儒家经典则渊源于三代的王官之学。

二、诸子学派与经典诞生

春秋战国时期是古代中国的轴心文明时代，亦被称之为"哲学突破"的时代，在这一个时代，思想界、学术界和社会各界都在强烈地呼唤，就是要建立作为价值信仰、思想依据的"经"。

什么是"经"？"经"是具有普遍性、恒常性价值的重要典籍的特称。《释名·释典艺》解释说："经，径也，常典也，如经路无所不通，可常用也。"在儒、道、墨、法等诸子学派创立初期，当时还没有将某一些书称为"经"的说法。但是，到了诸子学派进一步发展的战国时代，诸子各家学派的思想体系均已经发展成熟，其中一个特别鲜明的标志，就是逐步形成了代表各自价值体系、思想依据的重要著作，即形成了各自的经典体系。

---

① （东汉）班固：《汉书》卷三十《艺文志第十》，中华书局1962年版，第1715页。

② （南宋）朱熹：《孟子集注·离娄章句下》，《四书章句集注》卷八，《朱子全书》第6册，上海古籍出版社、安徽教育出版社2002年版，第360页。

我们不妨列举道家、墨家、法家、儒家等诸子学派对经典的确立。

墨子很早就在历史上提出圣王传道,是通过"书之竹帛,藏之府库,为人后子者,必且欲顺其先君之行"①的观念,但是,有一个矛盾的现象,就是墨子学派对儒家重视历史文献整理十分不满。《墨子·耕柱》载:"公孟子曰:吾子不作,术(述)而已。子墨子曰:不然,今之善者则作之,欲善之益多矣。"②墨子学派主张"善者则作之",所以,墨子学派不重视对三代历史文献的研究和整理,这可能与墨子学派的成员大多已经是"农与工肆之人"的庶民社会身份有关。墨子学派似乎并没有兴趣去做整理历史文献,不赞成从王官之学中寻求治国思想,而是针对现实社会问题而系统建立自己的思想体系。墨子后学在编辑墨子的著作时,往往将墨子的著述称之为"经"。据《庄子·天下》:"相里勤之弟子五侯之徒,南方之墨者苦获、己齿、邓陵子之属,俱诵《墨经》,而倍谲不同,相谓别墨。"③这里出现了《墨经》之名。因为《墨子》一书中有《经上》《经下》《经说上》《经说下》,许多以此为《墨经》。但是学界还有不同意见,认为《墨经》还要加上《大取》《小取》,或者还要加上《兼爱》《非攻》等。不管《墨经》具体所指是哪些文献,但均是墨家后学确立的墨子的著作,是为了提升墨子著作的地位。即如谭戒甫《墨辩发微·墨经证义》所说:"大抵经名之起,疑尚在三墨晚年;其时弟子众多,龙象卓越,结集群议,尊以经名,且决定后之墨者俱诵此经。"④墨子后学确立的经典,体现出墨家学派对具有普遍、恒常价值的相关典籍的认同。

道家也是如此。道家的代表人物是老子、庄子,和墨子的庶民出身不同,老子与王官之学有着密切联系。据《汉书·艺文志》记载:"道家者流,盖出于史官,历记成败存亡祸福古今之道。"⑤老子本人就是周室史官。但是,老子的

① (春秋末战国初)墨子著,吴毓江撰:《墨子校注·天志下》,中华书局 2006 年版,第315 页。

② (春秋末战国初)墨子著,吴毓江撰:《墨子校注·耕柱》,中华书局 2006 年版,第645 页。

③ (清)王先谦:《庄子集解·天下》,中华书局 2012 年版,第 347 页。

④ 谭戒甫:《墨辩发微·墨经证义第二》,中华书局 1964 年版,第 7 页。

⑤ (东汉)班固:《汉书》卷三十《艺文志第十》,中华书局 1962 年版,第 1732 页。

道家思想与他作为史官记载的历史典籍不完全是一回事。他已经从历史的成败、存亡、祸福、古今之变作了深入的思考，他探寻并通过独立的著述论述了这一主宰历史的"成败、存亡、祸福、古今之道"，最终由老子后学完成的《老子》，后来又称《道德经》。《史记·老子韩非列传》说："老子修道德，其学以自隐无名为务……著书上下篇，言道德之意五千余言。"①最初，《老子》这一部书还不是以"经"命名。随着《老子》的逐步完善和地位进一步提升，《老子》成为《道德经》，可见《道德经》是道家将这一部书经典化以后的书名。

法家也是如此。据《汉书·艺文志》记载："法家者流，盖出于理官，信赏必罚，以辅礼制。"②理官在历史上是主持狱讼的官员，可见，法家与王官之学也有密切联系。但是，法家形成学派比较晚，由于战国时代社会动荡，社会政治秩序十分混乱，许多诸侯国君主为了加强统治力，大力加重刑罚，故而形成了十分重视法治在国家治理中的地位的法家。显然，法家的兴趣是在现实中刑罚对国家治理的效能上，对整理历史典籍没有兴趣。法家的代表著作有《李子》《商君》《申子》《韩子》，均和三代文献没有直接关系，而是涉及具体的刑罚制度、君权之术，均是子学著作。但是，后来的法家为了张扬自己的学术主张，将法家的创始人李悝的著作称为《法经》。所谓《法经》，其实就是李悝"集诸国刑典"③而成。《晋书·刑法志》载：李悝"撰次诸国法，著《法经》。以为王者之政，莫急于盗贼，故其律始于《盗》《贼》。盗贼须劾捕，故著《网》《捕》二篇。其轻狡、越城、博戏、借假不廉、淫侈逾制，以为《杂律》一篇，又以《具律》具其加减。是故所著六篇而已，然皆罪名之制也。商君受之以相秦。"④可见，李悝的《法经》提升为法家的经典，完全是法家后学所为。

先秦诸子比较普遍崇拜上古时期的"圣王""圣人"，墨家学派提出："圣王之道，天下之大利也。"⑤"圣人之德，盖总乎天地也。"⑥道家学派提出："圣人

---

① （西汉）司马迁：《老子韩非列传第三》，《史记》卷六十三，中华书局 1982 年版，第 2141 页。
② （东汉）班固：《汉书》卷三十《艺文志第十》，中华书局 1962 年版，第 1736 页。
③ 《唐律疏义》卷一，《四库全书》第 672 册，上海古籍出版社 1987 年版，第 25 页。
④ （唐）房玄龄等撰：《刑法志第二十》，《晋书》卷三十，中华书局 1974 年版，第 922 页。
⑤ （春秋末战国初）墨子著，吴毓江撰：《墨子·节用上》，中华书局 2006 年版，第 243 页。
⑥ （春秋末战国初）墨子著，吴毓江撰：《墨子·尚贤中》，中华书局 2006 年版，第 78 页。

者,原天地之美,而达万物之理。"①法家学派提出:"圣人之所以为圣人者,善分民也。圣人不能分民,则犹百姓也。于己不足,安得名圣?"②"谨修所事,待命于天,毋失其要,乃为圣人。"③尽管先秦诸子普遍崇拜"圣王""圣人",但是他们并没有将圣王与传经联系起来。只有儒家还将圣人崇拜和三代典籍结合起来。儒家意识到,圣王传道的文献才是"经",故而必须将圣王与传经联系起来。先秦儒家认为:真正的经典必须来自三代时期的先王,即唐虞和夏商周时期的"圣王""圣人"之言。所以,先秦儒家一方面也十分崇拜上古时期的"圣王""圣人"。《论语》末篇《尧曰》称颂尧、舜、汤、武等圣王的"保民而王",说"四海困穷,天禄永终"。子贡曾经问孔子:"如有博施于民,而能济众,何如? 可谓仁乎?"孔子回答:"何事于仁,必也圣乎! 尧、舜其犹病诸。"④孟子也十分向往尧舜的圣人之道,提出:"尧舜既没,圣人之道衰,暴君代作。"⑤另一方面,孔孟儒家认为经典必须来自三代时期"圣王",故而希望从"三代圣王"留下的文献中寻求普遍意义的大道,并且将这些载道的典籍称之为"经",这正是儒家之"经"产生的思想基础。

可见,在春秋战国时期的诸子百家中,只有孔子及其儒家学派是通过收集、整理三代时期的档案材料、历史文献来建立自己的经典体系和学术思想的。从传世文献和出土文献来考察,《诗》《书》《礼》《乐》《易》《春秋》,就是经孔子及其弟子的整理后,才逐步成型、并被合称为《六经》。也就是说,在夏、商、周的前轴心时代,《六经》建构的主体即儒家士人还没有产生,只有官师一体的王官贵族;被视为有着恒常价值和普遍意义的载道之"经"也没有产生,只有被皇室收藏的各种文献档案。中华原典的《诗》《书》《礼》《乐》《易》《春秋》虽然有着十分久远的历史文化源头,但是它们定型为《六经》的经典体

---

① (清)王先谦:《庄子·知北游》,中华书局 2012 年版,第 227 页。

② 黎凤翔:《管子·乘马》,中华书局 2004 年版,第 102 页。

③ (清)王先慎:《韩非子集解》卷二,《扬权第八》,中华书局 1998 年版,第 45 页。

④ (三国)何晏注,(北宋)邢昺疏:《论语注疏》卷六,《雍也第六》,李学勤主编:《十三经注疏》,北京大学出版社 2000 年版,第 91 页。

⑤ (南宋)朱熹:《孟子集注·滕文公章句下》,《四书章句集注》卷六,《朱子全书》第 6 册,上海古籍出版社、安徽教育出版社 2002 年版,第 330 页。

系,却是孔子及其儒家建构起来的。

由此可见,"经"是春秋战国时期诸子百家产生以后才出现的一种文化现象。尽管其他学派也与三代王官之学有一些联系,但是他们并不重视对三代文献的研究整理,而往往是脱离三代留下的珍贵文献档案,忙于独立建立自己的学术思想体系。道、墨、法诸家的宗师们针对现实问题而提出自己的学说,各家学派的弟子们均是将本学派创始人的重要原创典籍称之为"经"。但是,儒家学派却能够有一种华夏文化的自觉意识,主动从三代文献中寻求历史智慧、价值理念、文化传统,直接整理出代表华夏思想文化传统的经典来。

三、儒学与《六经》的相互生成

如上所述,在春秋战国以前,既无《六经》,又无儒学;春秋战国以后,《六经》与儒学同时产生。当我们从文化渊源角度来考察《六经》与儒学,它们均是三代文明的产物;当我们从思想建构角度来考察《六经》与儒学,则会将《六经》与儒学看作是一种相互生成的关系。

为什么说《六经》与儒学的思想、学术的历史建构是一种相互生成的关系?我们可以从两个方面来理解。

一方面可以说,是《六经》原典的思想文化孕育、滋养了儒家。儒家学者是通过整理、学习上古文献、深受三代文明的道德精神、人文理性的影响而形成的,没有三代历史文献的文化知识、价值信仰的浸染,也就没有儒者,没有"游文于《六经》之中,留意于仁义之际,祖述尧舜,宪章文武"①的儒家学派。春秋战国时期,以孔子为代表的儒家以"述而不作"为宗旨,从三代文明留下的浩繁档案文献中汲取思想营养,他们特别崇尚那些能够表达三代先王的道德理性、政治智慧、历史经验的各类文化知识的典籍。司马迁在《史记·孔子

---

① (东汉)班固:《汉书》卷三十《艺文志第十》,中华书局 1962 年版,第 1728 页。

世家》中说:"孔子布衣,传十余世,学者宗之。自天子王侯,中国言六艺者,折中于夫子,可谓至圣矣。"①孔子等早期儒家通过不断地学习这些文献典籍,即从《诗》《书》《礼》《乐》《易》《春秋》经文的原始文献典籍获得精神文化的源泉。他们强调这些典籍是三代圣王留下来的,他们以这些《六经》典籍为自己的思想依据、学术基础,从而形成了以三代礼乐文明为文化母体的儒家学派。

另一方面也可以说,是儒家学派建构了《六经》的经典体系。三代文明留下的浩繁档案文献、王官之学,恰恰是由于儒家士人的收集、选择、整理、诠释,使得这些浩繁的档案文献最终演变为中华文明的"经典",故可以说儒家是《六经》的建构主体。也就是说,没有儒家学者对《六经》的原始形态即文献档案的收集、选择、整理、诠释,就没有《六经》的经典形成,不能够产生代表三代文明的《六经》系统。在孔子及其儒家学派整理这些经典之前,这些典籍不过是三代时期的巫史、王官留下的各种文献档案。这些典籍的文献形式包括了各种典章、公文、档案、实录等,这些典籍的思想内容则是各类杂芜的政治经验、宗教信仰、社会观念。但是,这些具有深厚华夏文化使命感的儒家学者,却又具有强烈社会关怀的思想革新精神,他们坚持以三代文明留下来的历史文化为出发点,从那些浩繁的文献档案中选取一些思想精华的典籍,整理成可供当代人学习文化、建设文明的经典文本,即成为《诗》《书》《礼》《乐》《易》《春秋》的《六经》。为了将这些经典与治理天下、文化建设的现实需求结合起来,儒家对这些原典作出了创造性的诠释,使《六经》的文化传承和时代创新结合起来。孔子赋予了《六经》一系列新的价值和意义,他说:"六艺于治一也。《礼》以节人,《乐》以发和,《书》以道事,《诗》以达意,《易》以神化,《春秋》以义。"②"入其国,其教可知也。其为人也温柔敦厚,《诗》教也。疏通知远,《书》教也。广博易良,《乐》教也。洁静精微,《易》教也。恭俭庄敬,《礼》教

---

① (西汉)司马迁:《孔子世家第十七》,《史记》卷四十七,中华书局1982年版,第1947页。
② (西汉)司马迁:《滑稽列传第六十六》,《史记》卷一百二十六,中华书局1982年版,第3197页。

也。属辞比事,《春秋》教也。"①"经"之所以能够在后世继续发挥那么大的作用,就在于它承载了儒家赋予的思想意义和建构的价值体系。所以也可以说,是孔子及其儒家学派创建了《六经》的经典体系。儒家学派的最大特点,就在于他们通过《六经》的建构,自觉地完成了《六经》作为"恒常之道""治世大法"的思想创造和文化建构。

由此可见,《六经》与儒学是一种相互生成的关系。为了能够使我们获得对《六经》与儒学的关系的进一步理解,下面我们从《六经》与儒学的形成过程,说明《六经》与儒学这种相互生成的关系。

首先说《周易》。孔子对《易》有着浓厚的兴趣,帛书《要》篇为我们提供了孔子晚年"好《易》"的新证据:"夫子老而好《易》,居则在席,行则在囊。"②《易》为卜筮之书,孔子晚年对《易》产生兴趣,使他的弟子感到不解,孔子意识到这可能也让后人感到困惑。《要》记载说:子赣曰:"夫子何以老而好之乎?……夫子曰:子言以矩方也。前祥而至者,弗祥而好(?)也。察其要者,不诡其德。《尚书》多于(阙)矣,《周易》未失也,且有古之遗言焉。予非安其用也。"子赣又问:"夫子亦信其筮乎?"孔子回答说:"史巫之筮,向之而未也,好之而非也。后世之士疑丘者,或以《易》乎?吾求其德而已,吾与史巫殊涂归者也。"③可见,孔子在《易经》的原始文本中,他的态度和见解是"不安其用而乐其辞",即不沉迷于卜筮,而是深入思考和追求其"德义"。他提出《易》乃"古之遗言焉",这一个"古之遗言"就是指周文王通过《易经》的原始文本而表达的德义。在孔子看来,"文王仁,不得其志以成其虑。纣乃无道,文王作。讳而辟咎,然后《易》始兴也。"孔子为"求其德"而阅读、整理了《易经》,他这样做的结果是双重的:一方面,孔子从《易经》的"古之遗言"文本中吸收了大量人文价值和生活智慧,即所谓"吾求其德而已",《易经》的许多观念正是儒

① (东汉)郑玄注,(唐)孔颖达疏:《礼记正义》卷五十《经解》,李学勤主编:《十三经注疏》第六册,北京大学出版社 1999 年版,第 1368 页。
② 陈松长、廖名春释文:《要》,见《道家文化研究》第三辑,上海古籍出版社 1993 年版,第434 页。
③ 陈松长、廖名春释文:《要》,见《道家文化研究》第三辑,上海古籍出版社 1993 年版,第434—435 页。

家学派的思想基础、学术依据。另一方面,孔子在阅读、学习这些历史文献的同时,整理了这些"古之遗言"的原始文本,并且对这些经文作出了创造性的诠释,使《易经》的"德义"更加理性化、系统化,故而成为后来儒家学者通用崇尚的《易经》。孔子及其儒家通过对经文的整理和诠释,使得原来是"卜筮之学"原型的筮占符号和卦辞爻辞,最终演变为儒家学者普遍崇尚的"群经之首"。可见,《周易》与儒学是一种相互生成的"共生"关系:一方面,孔子能够从《易经》的"古之遗言"文本中获得"德义"的精神营养,使得儒学的许多重要的哲学智慧、价值观念、思维方式得益于原本是"卜筮之学"的《周易》;另一方面,那些原本只是为考察、证明卜筮灵验而保留下来的文献档案资料,经过孔子及其儒家学者的文献整理、思想提升,其学术价值、思想内涵均发生了质的飞越,没有儒家学者的整理、诠释,《周易》则不可能成为经典。

再说《尚书》。孔子及其儒家学者编纂《尚书》的过程,也体现了儒学与《尚书》的一种相互生成的"共生"过程。一方面,孔子及其门人通过对上古先王们留下的文献典籍学习,获得了先王的政治、道德方面的王道思想和政治智慧,虞、夏、商、周的先王在这些文献典籍中表现出来的"以德配天""民为邦本"的道德思想、政治理念,为儒家学派提供了一整套关于治理国家、平定天下的指导思想,奠定了儒家治学、讲学的思想基础。另一方面,孔子和儒家士大夫通过收集唐、虞、夏、商、周代的部分诰言、誓词等政治文献,将其中那些对后代帝王有借鉴、告诫、警示作用的文献整理出来而作为重要经典,希望后代帝王从中学习治国、修身的指导思想、伦理观念以及各种历史文化知识,这就是《尚书》产生的历史因缘。可见,儒家学者通过对三代王朝档案文献的学习,从而形成了自己的治国理念,《尚书》原典中丰富的政治观念奠定了儒家学派的思想基础。与此同时,三代王朝留下了浩繁的档案资料、历史文献,而成型的《尚书》却只有数十篇文献能够被选入而成为经典,则又是儒家学者根据自己的思想立场、政治视域而建构起来的。

同样,孔子编纂《礼》《乐》的过程,也体现儒学与《礼》经的一种相互生成的"共生"过程。孔子及其儒家本来就是西周礼乐文明陶冶出来的士人群体,故而又是礼乐文化的继承者。孔子之所以反复强调"生,事之以礼;死,葬之以礼,祭之以礼"①,就是因为他们是一个浸润西周礼乐文化的士人群体。所以,他们的思想体系就是建立在礼乐文化的基础上;他们的学术体系,就是围绕礼乐文化而展开的。可以说,没有西周礼乐传统,就没有儒家学派。同样,没有孔子等儒家学者整理的三代的礼乐文献,也没有《礼》《乐》的经典。《史记·儒林列传》称:"《礼》固自孔子时而其经不具,及至秦焚书,书散亡益多,于今独有《士礼》,高堂生能言之。"②《周礼》《仪礼》作为学校教学的内容,主要是能提供与儒家价值理想相契合的一整套规范系统,包括中国古代的礼仪制度、政治制度。它们是后代学习了解中国古代的礼制、学制、封国、职官、田赋、乐律、刑法、名物、占卜等人文知识的重要典籍。

另外,与西周礼乐文明相关的还有《诗经》,体现出儒学与《诗经》也是一种相互生成的"共生"过程。《诗》本来就是礼乐文化的产物,是礼乐文化的重要组成部分。所以,一方面,儒家士人群体是由西周时期的诗歌陶冶出来的士人群体,特别是诗歌又与周公礼乐文明有紧密关系,故而儒家学者又通过"诗"而得到道德意义、政治意义、文化修养的熏陶,"诗"已经成为他们的个人素养、社会交往、政治生活方面的重要组成部分,在先秦的儒家文献中,我们会看到儒家学者在自己的社会交往、政治生活和文章写作中经常引用《诗》,可见诗歌对儒家士人群体形成重要影响。另一方面,儒家是《诗经》的收集、整理者,特别是对《诗经》的经典化起到了重要的推动作用,儒家成为收集、整理、编定一个合乎儒家价值理念的《诗经》的完成者。关于孔子如何整理《诗》,孔子自己有一个简略的叙述:"吾自卫反鲁,然后乐正,《雅》《颂》各得其所。"③而司马迁对孔子编《诗》有一个更详细的论述,他说:"古者《诗》三千余篇,及至孔子,去其重,取可施于礼义,上采契后稷,中述殷周之盛,至幽厉之缺,始于衽席,故曰《关雎》之乱以为《风》始,《鹿鸣》为《小雅》始,《文王》为

---

① (南宋)朱熹:《论语集注·为政章句》,《四书章句集注》卷一,《朱子全书》第6册,上海古籍出版社、安徽教育出版社2002年版,第76页。

② (西汉)司马迁:《儒林列传第六十一》,《史记》卷一百二十一,中华书局1982年版,第3126页。

③ (三国)何晏注,(北宋)邢昺疏:《论语注疏》卷九,《子罕第九》,李学勤主编:《十三经注疏》,北京大学出版社2000年版,第133页。

《大雅》始,《清庙》为《颂》始。""三百五篇孔子皆弦歌之,以求合《韶》《武》《雅》《颂》之音。礼乐自此可得而述,以备王道,成六艺。"①《诗》的编纂经历了一个由"三千余篇"到"三百余篇"的简化过程,经孔子编订的《诗经》只有305 篇,分为《风》《雅》《颂》三大类,主要是从周初至春秋中期的作品。经孔子编订的《诗》才被列为儒家经典。孔子对《诗》的文化价值、教育功能提出了一系列新的见解。孔子说:"《诗》三百,一言以蔽之,思无邪。"②"《诗》可以兴、可以观、可以群、可以怨。迩之事父,远之事君;多识于鸟兽草木之名。"③"不学《诗》,无以言。"④孔子所云的《诗》继承了西周文明以"诗"作为礼乐文化的意义,同时更进一步提升出《诗》的道德意义、政治意义及其各种人文价值,其"诗教"就具有了经典教育的意义。故而也可以说,没有《诗》的礼乐教育传统,就没有儒家学派;同样,没有孔子等儒家学者的整理,也没有能够体现儒家道德意义、政治意义的《诗经》。儒学和《诗经》也是在相互生成中获得新的意义。

最后,谈谈《春秋》与儒学的相互生成关系。《春秋》是如何产生的?学界历来有不同看法。从孟子以来,儒家就把孔子与《春秋》紧紧地联系在了一起。孟子说:"世衰道微,邪说暴行有作,臣弑其君者有之,子弑其父者有之。孔子惧,作《春秋》。《春秋》,天子之事也,是故孔子曰:'知我者其惟《春秋》乎!罪我者其惟《春秋》乎!'"又说:"孔子成《春秋》,而乱臣贼子惧。"⑤孟子肯定孔子"作《春秋》",但是这一个"作"是什么意思?后来有学者解释是孔子"笔削"《春秋》。《春秋》是周朝一种比较普遍的编年史,各诸侯国均有自己的编年史命为《春秋》。而后来成为儒家经典的《春秋》是鲁之《春秋》。其

---

① (西汉)司马迁:《孔子世家第十七》,《史记》卷四十七,中华书局1982年版,第1937页。

② (三国)何晏注,(北宋)邢昺疏:《论语注疏》卷二《为政第二》,李学勤主编:《十三经注疏》,北京大学出版社2000年版,第15页。

③ (三国)何晏注,(北宋)邢昺疏:《论语注疏》卷十七《阳货第十七》,李学勤主编:《十三经注疏》,北京大学出版社2000年版,第269—270页。

④ (三国)何晏注,(北宋)邢昺疏:《论语注疏》卷十六《季氏第十六》,李学勤主编:《十三经注疏》,北京大学出版社2000年版,第261页。

⑤ (南宋)朱熹:《孟子集注·滕文公章句下》,《四书章句集注》卷六,《朱子全书》第6册,上海古籍出版社、安徽教育出版社2002年版,第332页。

实,鲁之《春秋》应该是鲁国史官所为,但是孔子作了"笔削"的整理工作,给鲁《春秋》赋予了许多新的道德意义和政治意义。《史记·孔子世家》说:"孔子在位听讼,文辞有可与人共者,弗独有也;至于为《春秋》,笔则笔,削则削,子夏之徒不能赞一辞。"①《春秋》之所以成为儒家经典,主要是由于《春秋》经孔子加"笔削褒贬","垂空文以断礼义"。② 这种"褒贬""礼义"则充分体现出儒家人文价值的取向,后代儒生学习《春秋》,就是要从那种历史叙述中领悟这种价值取向。可见,孔子及其儒家学派是《春秋》经的制作者、确立者。但是,孔子创立的儒家学派的道德观念、政治思想的形成,其实恰恰离不开包括《春秋》在内的各种史官记载的历史文献,这些历史文献记载了夏、商、周三代先王的政治、道德方面的王道思想和政治智慧,恰恰是儒家产生的文化基础和思想渊源。正如《汉书·艺文志》所云:"古之王者世有史官,君举必书,所以慎言行、昭法式也。"③其实,这些史官留下的"春秋"类史书,恰恰是儒家思想的源头。儒学和《春秋》史书也是一种相互生成的关系。

(原文以《儒学与六经的文化同源与相互生成》载《天津社会科学》2017 年第 1 期)

---

① (西汉)司马迁:《孔子世家》卷十七,《史记》卷四十七,中华书局 1982 年版,第 1944 页。
② (西汉)司马迁:《太史公自序》卷七十,《史记》卷一百三十,中华书局 1982 年版,第 3299 页。
③ (东汉)班固:《汉书》卷三十《艺文志第十》,中华书局 1962 年版,第 1715 页。

先秦诸子的儒、道、法

　　春秋战国时期形成的士人集团,源于西周的贵族集团较低阶层,到了东周的社会剧变时,他们成为一批失去贵族身份、流落民间社会的文化人。他们既希望与国家政治、君主权力保持着各种各样的联系;但是他们又是相对独立自由的个体,并不依附于某一个固定的、具体的君王。

　　先秦诸子之学原于春秋战国时期。由于春秋战国时期社会急剧变化,诸子们一方面为未来的世界探寻治理天下国家的方案,另一方面也对宇宙与人生开展深入思考,他们的学术思想影响了中国文化两千多年。诸子百家的学术思想与他们的政治态度有密切关系。这里,我们试图通过对先秦诸子学派不同的政治态度的分析,并进一步比较先秦诸子的学术思想。

一、先秦士人的政治态度和人生选择

　　夏、商、周三代时期,学在官府;春秋战国时期,文化下移。东周以来,原本属于贵族等级的"士",到了春秋战国则因为逐渐失去了原来的政治、经济特权,只能在民间社会创办私学,从事知识生产、文化传播,推动了春秋战国时期的文化教育下移,从而导致诸子学兴起。

　　毫无疑问,从中华文明史的角度来看,丰富多彩的诸子学推动了中华文明的创造性转化和创新性发展,建构了文明史上具有重要地位的中华轴心文明。为什么诸子学能够创造出如此丰富多彩的思想文化? 现代学者均高度赞赏那个时期思想文化的创造者——士。士是中国所特有的一个社会阶层,在西周,士原本是指贵族阶层。西周社会的贵族阶层由五部分构成,即天子、诸侯、卿、大夫、士,"士"是西周贵族社会中最低的等级。到了春秋战国时期,一方面,原本是贵族阶层的士因失去政治特权而成为拥有文化知识的平民;另一方面,又有许多平民因获得文化知识而成为士。总之,"士"是那些没有政治经济特权而又拥有西周贵族才有的文化知识的人。春秋战国时期西周封建制解体,出现了许多凭借自己的经济、军事实力而称霸一方的诸侯国。这些诸侯国君需要一批帮助他们开拓霸业、治理国家的官僚群体。显然,那些具有争霸能力的诸侯逐渐意识到原来那种血缘封建制的严重局限,他们纷纷形成一种养士、用士的风气。春秋战国时候的"士",往往是拥有文化知识、治国才能的读书人,他们往往通过拥有的知识才能被选入到官僚体系,变成了所谓的"士大夫"。战国时期诸子的社会身份大多都是"士",虽然他们均是士,但是他们创造的知识、思想确是丰富多彩、千差万别,并且形成诸子百家的不同学派。诸子百家同是出身于士,为什么会有这么大的思想差异?这确实与士所拥有的政治态度和人生选择有关。

本来,在春秋战国时期,"士"的社会政治身份就体现出多元化的特点。一方面,他们可能与诸侯君主保持密切的政治联系。无论最初是作为贵族阶层成员流落民间社会的"士",还是在春秋战国时期新产生的"士",他们均作为一种重要的文化资源、政治力量,是各诸侯霸主"养"和"用"的对象,所以他们均可能成为诸侯统治集团的成员。另一方面,他们也可能与现实政治、君主权力保持一定的距离,由于士大多已经失去原来的贵族身份,他们或者已经成为相对独立自由的个体,与君主政体并无必然联系;或者他们游走、归属于不同的诸侯国家、不同的君主,而并不属于某一个固定的政治集团。

"士"的身份体现出来的多元化特点,使得他们的政治态度和人生选择呈现出多样化的状态。具体而言,士人会因自己的价值观念不同,故而在面对王权时产生不同的政治态度,同时产生不同的政治选择和人生选择。如果我们要将诸子百家对王权的政治态度做一基本分类的话,大体上有三种类型:依附型、疏离型、合作型。

所谓依附型,就是指士人在参与政治时往往将投靠君主、依附王权作为根本目的,愿意放弃士人的独立性立场与主体性思想,自觉成为王权政治的附庸。这一种依附型的士人群体,许多已经由"士"转变为"大夫",有的甚至成为"一人之下、万人之上"的国相,他们能够心甘情愿成为王权政治的组成部分,并以自己丰富的政治经验、深入的政治思考服务君主。这种依附型的士人群体有一个共同的信念:王权政治的建立和稳定是国家治理的根本条件,士人参与政治也必须以维护王权为根本目的。所以,他们认可的国家治理就是君主的独裁政治,士人参与政治不是要追求自己的政治理想,知道自己只是君主权力的工具。这一种依附型士人群体所提出的政治思想,都是站在君王的政治立场,处处为君主权力着想,全部政治思想均是围绕如何巩固君王的权力、延长王朝的祚命。由于他们是在王权之外的士人的政治思考,故而对政治的真相、权力的实质有着更为深刻的体认。这样,他们显然是一批自觉成为王权附庸的士人群体。

所谓疏离型,就是指那些因不愿成为王权政治附庸、故而采取一种疏离王权政治态度的士人群体。这一类士人群体强调个体存在、精神自由的价值高于一切,他们坚持自己作为士人的独立性立场与主体性思想,将国家、君主等权力体系看作是独立性个体存在的对立物,希望自己不要与王权政治有什么密切的联系。他们为了保障自己的人身安全和精神自由,主张疏离王权政治,绝不愿意成为王权的附庸。这种疏离型的士人群体,尽管可能有满腹经纶,是那些求贤若渴的诸侯君王"养"和"用"的对象,但是,他们并不愿意进入以王权为核心的政治系统中去。所以,疏离型士人群体大多并不关心富国强兵、国家治理的政治思考,而是更为关心作为个体存在的士人的身心快乐、精神自由。这样,他们往往对人的个体价值、生命意义有深入的思考,并且提出了"不为物累""全性保真""逍遥"等人生哲学。可见,他们是一批疏离王权、与政治保持距离的士人群体。

所谓合作型,就是在上述两种类型的士人群体的极端政治态度和人生选择中,选择、追求一条中庸的道路。一方面,他们愿意成为王权政治的臣僚,主动参与到王权政治体系中,并且竭力维护以王权为中心的政治秩序,将维护、巩固现有政治秩序作为参与政治的初步政治目标;另一方面,他们仍然坚持士人的独立性立场与主体性思想,以天下为公、天下有道为最高政治目标,为了实现这一目标,他们强调士人的个体人格和精神自由,而绝不能成为王权的附庸。主张这一条中庸道路的士人群体,对现实政治体系的王权,采取一种合作的态度。他们往往既有依附型士人群体的参与政治的热情,又对王权保持距离并始终坚持自己的价值理想;他们既有疏离型士人群体对人格尊严、思想独立的追求,但是又不忘记自己的社会责任和政治热情。他们与现实的君主政治保持一种合作态度,以最大可能实现自己的政治理想和人生理想。

春秋战国时期的士人群体与诸侯王权分别有上述的依附、疏离、合作三种类型的关系。我们认为,先秦时期的诸子思想,其实均可以划分到上述的不同类型之中。在诸子百家中,其政治思想影响最为深远是法家、道家、儒家,他们的政治思想非常典型地体现为上述的依附、疏离、合作三种类型。法家思想是以君主的"势治"为目标,强调士人必须以君王的权势为重心而推动富国强兵,故而他们自愿作"人主之爪牙",显然是一种典型的依附型政治态度。道家思想(主要是杨朱学派、庄子学派)是以士人的生命安全、身心快乐、精神自由为目标,主张不受国君的政治权力及其相关的道德法律的主宰,是一种典型的疏离型的政治态度。而儒家思想主张对现实王权采取一种合作的态度,他们既有参与经世、与君主合作的政治愿望,但是又强调保持自己独立的价值理想和政治诉求。他们希望加强与诸侯王权的合作,以实现自己的政治目标和文化理想。儒家士人的独立思想,往往通过与君主的合作而表现出来,故而体现出与道家、法家不同的政治态度。他们在追求与现实政治系统合作的过程中,倡导和坚持一种儒家士大夫精神的传统:一方面,他们表现出一种独立性的道德理想主义精神,敢于对现实君主政治的专横、暴力进行严厉的批判;另一方面,他们又表现出实用理性主义态度,希望进入政治体系而成为君王的臣僚,实现经世致用的政治追求。

但是,上述三种政治态度类型其实是一种理想型的分类。无论是群体还是个体,实际历史中的士大夫的政治态度并不是那样单一的,他们总是学习、吸收诸子学派的不同思想学说,往往会使得士大夫个体形成依附、疏离、合作等多样化的政治态度。由于历史的不断演变,各个诸子学派也在相互吸收对方的思想学说,秦汉以后就不再有纯粹的儒家学派、道家学派、法家学派,各个诸子学派在吸收其他不同思想学说。这时,作为群体的诸子学派和作为个体的士大夫,也往往在复杂的政治局势中,体现出多样化的政治态度。如后世的儒家学派就分化出庙堂儒学和山林儒学,庙堂儒学是儒家学者与君主权力政治合作的产物,但是庙堂儒学必然会吸收法家学派的思想学说,并且体现出依附王权的政治倾向。山林儒学则体现出儒家学者追求精神独立性、政治理想性的特点,坚守山林儒学的儒家士大夫总是会吸收道家学派的思想学说,并且体现出疏离王权的政治倾向。

二、依附王权的法家

法家是一个由众多士人组成的思想家、学者群体,著名者包括李悝、商鞅、慎到、申不害、韩非。其中韩非是法家思想的集大成者,其政治思想涉及法家的法、术、势三个方面。所以,我们在此重点谈谈韩非的政治思想,以探讨法家依附王权的政治思想。

在先秦诸子中,法家对王权表现出一种典型的依附型政治态度。这一种政治态度,决定了法家思想是以君主的"势治"为根本。法家异常突出地强调了君主"势治"的重要性和必然性,同时主张在政治体系的君、臣、民三者的关系中,臣、民必须绝对服从君王的权势。

法家为何要依附王权?他们作为春秋战国时期已经具有一定独立社会地位的士、上大夫,为什么会放弃自己的独立性,而如此心甘情愿地依附王权,站在君王的政治立场,处处为君主权力着想,全部政治思想均是围绕如何巩固君王的权力、延长王朝的祚命?

这首先与他们的政治经历和政治地位有关。有一个值得注意的现象,法家作为一个士人群体,他们大多有一个重要的人生经历:即都居于政治权力的核心,担任过君主的宰相、王傅,或者得到君主的特别重任,通过君权的强制权力而推动变法,所以他们能够对君主制的政治制度有十分深刻的认同。譬如,李悝曾经担任魏文侯之相,在魏国推行变法,著《法经》;商鞅深得秦孝公的信任,被委以重任并主持秦国的变法,且获得封侯;慎到曾经担任楚襄王的王傅;申不害担任韩昭侯之相19年,卒于相位;韩非子曾经担任韩国重臣,后来又深得秦始皇的厚爱。法家之所以如此依附王权,放弃自己士人、士大夫的独立人格,与他们个人的政治经历有关,他们已经成为君主政治的组成部分,成为君主政治的共同体。

其次,法家之所以心甘情愿地依附王权,还与法家的一个普遍性政治认知与政治信念有关。一般来说,法家人物比较普遍地强调君主"势治"的重要性和必然性。他们有一种普遍看法,君主有效的集权和权势是国家治理的核心和根本。韩非子指出:"事在四方,要在中央。圣人执要,四方来效。"①国家治理的根本就是让君主(圣人)有效地控制政治权力,他们普遍认为君王必须大权独揽。韩非子完全不相信所谓的贤能政治能够治理好国家,他之所以推崇权势政治,就在于他坚信国家治理必须依赖一个强势的君主控制的权力体系。他继承和发扬了慎到的重势的思想,特别指出在国家的治理结构中,贤能政治与权势政治是相互矛盾而不相容的。他曾经说了一个著名的"矛盾"寓言,就是要证明君主政治就是依赖君主的权势而实现国家治理,寄希望于贤能君主或将其归结为贤能治理是矛盾的。他认为:"夫尧、舜生而在上位,虽有十桀、纣不能乱者,则势治也;桀、纣亦生而在上位,虽有十尧、舜而亦不能乱者,则势乱也。故曰:势治者则不可乱,而势乱者则不可治也。"②他所认同的"势",主要指君王手中的权势、权威,即君主统治所依托的权力和威势。他认为:"君持柄以处势,故令行禁止。柄者,杀生之治也;势者,胜众之资也。"③所以,韩非子一以贯之地坚持"以势治天下"的重要性和必然性。

韩非子强调"势治"的必然性,其政治思想也就特别关注君、臣、民之间的关系,他有关君、臣、民之间关系的探讨就成为其政治思想体系的重要内容。

---

① (清)王先慎:《韩非子集解》卷二《扬权第八》,中华书局1998年版,第44页。
② (清)王先慎:《韩非子集解》卷十七《势难第四十》,中华书局1998年版,第391页。
③ (清)王先慎:《韩非子集解》卷十八《八经第四十八》,中华书局1998年版,第391页。

　　首先，韩非子特别探讨了君、臣之间的关系问题。他反对儒家将君、臣之间看作是仁爱忠义的道德关系和相互依赖的政治合作关系，而直截了当地将君、臣之间看作是一种相互争斗、彼此算计的政治对立关系。他说："爱臣太亲，必危其身；人臣太贵，必易主位……千乘之君无备，必有百乘之臣在其侧，以徙其民而倾其国；万乘之君无备，必有千乘之家在其侧，以徙其威而倾其国。"①韩非子冷静地分析了君、臣之间对立和争斗的严酷事实。尽管韩非子本人是为人臣者，但是，他并没有站在臣子等士大夫群体立场，而是完全站在君主的立场上，处处维护君主的权力、利益，主张在君、臣之间的争斗中，君主应该牢牢地控制各种权力，绝不允许臣子争夺自己控制的权力。他说："臣闭其主则主失位，臣制财利则主失得，臣擅行令则主失制，臣得行义则主失名，臣得树人则主失党。此人主之所以独擅也，非人臣之所以得操也。"②所以，他反复强调："人主之所以身危国亡者，大臣太贵，左右太威也。"③他处处站在维护君主权势的立场上，认为君主一旦发现臣下有结党擅权的举动时，就应该严加提防、严厉打击。在《韩非子》的著作中，大量篇幅均是告诫君主如何控制权力、抑制臣下的各种方法和手段，表达出他依附王权的政治态度和立场。

　　其次，韩非子也探讨了君、民之间的关系问题。儒家继承了三代先王的民本思想，倡导爱民、富民，反对苛政严刑。但是，韩非子反对儒家的民本政治，坚持君本的立场。他仍然是从维护君主权势的立场出发，坚决反对爱民富民的国家政策，坚持苛政严刑以维护君权。韩非子针对爱民有益于国家治理的说法提出质疑："今先王之爱民，不过父母之爱子，子未必不乱也，则民奚遽治哉！"④既然爱民不能够有帮助君主治国，而寡恩严刑才能够有助于君主的势治，他就坚决反对爱民。同样，他反对富民足民，他认为老百姓会永远不知足，故而"虽足民何可以为治也！"他所追求的治理目标并不是富民，而是通过苛政严刑的治理，实现"使民以力得富，以事致贵，以过受罪，以功致赏而不念慈

① （清）王先慎：《韩非子集解》卷一《爱臣第四》，中华书局1998年版，第24页。
② （清）王先慎：《韩非子集解》卷一《主道第五》，中华书局1998年版，第29页。
③ （清）王先慎：《韩非子集解》卷二十《人主第五十二》，中华书局1998年版，第469页。
④ （清）王先慎：《韩非子集解》卷十九《五蠹第四十九》，中华书局1998年版，第446页。

惠之赐"的"帝王之治"①。

韩非子在君、臣、民的政治关系上,特别突出地强调君主权势的重要性,并且进一步探讨要如何维护君主的绝对权力,那就是拥有"势"的君王,必须掌握"法"与"术"这两个关键的手段。他说:

> 人主之大物,非法则术也。法者,编著之图籍,设之于官府,而布之于百姓者也。术者,藏之于胸中,以偶众端,而潜御群臣者也。故法莫如显,而术不欲见。②

韩非子认为,拥有了"势"的君王,还要将"法"与"术"很好地结合起来,肯定二者均是"帝王之具"。故而,一切高明的君王必须善于"操术以御下"。由此可见,虽然法家提出了法、术、势的系统学说,并且被称为"法家",但是其政治思想的核心是"势","法"与"术"均是拥有"势"的君王维护王权、治理国家的手段。

正是由于韩非子的政治思想是以君主之权势为目的、为核心,故而其政治态度必然是依附君王。那么,士大夫参与政治,就只能是悉心揣摩君主的心思,绝对服从君主的意志。他在一篇著名的《说难》的文章中,告诉一切臣子应该如何与君王相处。正如王先谦先生解释《说难》的题意所说:"夫说者有顺逆之机,顺以招福,逆以招祸。失之毫厘,差之千里,以此说之,所以难也。"③韩非子既然肯定"以势治天下"的必然性,故而必须告诫那些进入君主政治权力体系的士大夫,应该绝对服从君主的"势治"。因此,如何揣摩君主的心思、顺从君主的意旨,就成为一切进入政治系统的士大夫必须遵循的政治法则。儒家士大夫有"说大人,则藐之,勿视其巍巍然"④,而韩非子的《说难》

---

① (清)王先慎:《韩非子集解》卷十八《六反第四十六》,中华书局 1998 年版,第 422 页。

② (清)王先慎:《韩非子集解》卷十六《难三第三十八》,中华书局 1998 年版,第 380 页。

③ (清)王先慎:《韩非子集解》卷十二《说难第十二》,中华书局 1998 年版,第 85 页。

④ (南宋)朱熹:《孟子集注·尽心章句下》,《四书章句集注》卷十四,《朱子全书》第 6 册,上海古籍出版社、安徽教育出版社 2002 年版,第 455 页。

则强调:"故谏说谈论之士,不可不察爱憎之主而后说焉。"①其实,这正十分生动地体现了法家依附君王的政治态度。

三、疏离王权的道家

春秋战国时期产生了各种治国安邦、统一天下的社会政治思想,但是也产生了以个体存在为中心的思想学说,最有代表性的是杨朱、庄子的学说。杨朱、庄子均轻视君臣父子的名教秩序,轻视治国安邦的政治功利,而是将个体的生命存在、精神自由看得高于一切,故而在思想观念上一脉相承,均属于道家学派。道家是一个由众多不同政治态度、价值取向的思想家们构成的大学派,其中既有以自然之道为帝王南面之术的黄老道家,又有以自然之道为个人身心快乐、精神自由的杨朱、庄子派道家。这里重点探讨那些疏离王权型政治态度的道家,故而主要是探讨杨朱、庄子派的政治态度。

杨朱属于道家学派,他提出的思想主张和庄子有相通的地方,如《淮南子》中所说"全性保真,不以物累形,杨子之所立也"②的思想,就和庄子有内在联系。杨朱的政治态度是十分鲜明的,就是为了个体存在的价值和自由,他坚持一种疏离王权的政治态度。杨朱强调个体自我的最高价值,故而与其他诸子以君王、国家、天下为最高目标的政治态度完全不同,他坚持的"不拔一毛""不以物累形",均鲜明地体现出其疏离王权的政治态度。其他学派总是标榜国家治理、天下统一的政治目标,而杨朱则旗帜鲜明地强调"为我""贵己",他希望士人们建立起以"为我"为中心的价值观,以利于士人在社会动荡、诸侯争霸的战乱中的个体人身安全,他们坚持将个体生命存在的意义置入最高的地位。史籍记载了杨朱的种种言行:"杨子取为我,拔一毛而利天下,

---

① (清)王先慎:《韩非子集解》卷十二《说难第十二》,中华书局1998年版,第94页。
② 张双棣:《氾论训第十三》,《淮南子校释》卷十三,北京大学出版社2013年版,第1407页。

不为也。"①"今有人于此，义不入危城，不处军旅，不以天下大利易其胫一毛。"②战国初年，杨朱的言行在当时影响很大，当时有所谓"杨朱、墨翟之言盈天下，天下之言，不归杨则归墨"之说，反映了春秋战国时期在宗法政治秩序受到严重冲击的时候自我意识的觉悟与个体存在意义的高扬。

杨朱坚持"不拔一毛""不以物累形"的个体生命自保的价值观念，而庄子不仅仅是要求个体生命的自保，而且还希望个体生命的自由，提出了一系列如何达到精神自由的人生哲学。司马迁为庄子列传时，生动具体地记载了特别体现庄子政治态度的生平事例：

> 楚威王闻庄周贤，使使厚币而迎之，许以为相。庄周笑谓楚使者曰："千金，重利；卿相，尊位也。子独不见郊祭之牺牛乎？养食之数岁，衣以文绣，以入大庙，当是之时，虽欲为孤豚，岂可得乎？子亟去，无污我。我宁游戏污渎之中自快，无为有国者所羁，终身不仕，以快吾志焉。"③

杨朱、庄子均彰显个体存在的意义，杨朱主要是倡导"不入危城，不处军旅"，以求个体生命的自保，而庄子则连千金之重利、卿相之尊位也拒绝，将个体存在的意义从生命形体的保护发展为精神自由的追求，进一步表达了他疏离王权的政治态度。

由于庄子坚持疏离王权的政治态度，所以，他们与其他诸子学派不一样，对君权表示了极度的鄙视，并严厉地批判了君主政治的非道德性。庄子的理想社会是人们普遍遵循自然之道的"至德之世"，而进入文明时代的一切东西，包括人们最为追求的科技、道德和国家政治，均是违背自然之道的。人类进入的文明社会，人们普遍推崇帝王、君主、圣王。但是，在庄子眼里，这些帝王、君主无非是一些窃国大盗。在《胠箧》一篇中，庄子提出了一个非常著名

---

① （南宋）朱熹：《孟子集注·尽心章句上》，《四书章句集注》卷十三《朱子全书》第6册，上海古籍出版社、安徽教育出版社2002年版，第434页。

② （清）王先慎：《显学第五十》，《韩非子集解》卷十九，中华书局1998年版，第459页。

③ （西汉）司马迁：《史记》卷六十三《庄周列传》，中华书局2013年版，第七册，第2596页。

的观点:"彼窃钩者诛,窃国者为诸侯;诸侯之门,而仁义存焉。"①这些尊贵的诸侯国君的权力来源于哪里?庄子认为他们多是依靠偷盗、抢劫而获得,他们对国家的统治权力并不具有合法性。庄子认为,只有那些并不希望统治人们、放弃统治权力的"天德"之士,才具有国家统治权力的合法性,而这一种人恰恰是生活在没有君主统治的"至德之世"。庄子说:"君原于德而成于天。故曰:玄古之君天下,无为也,天德而已矣。"②他对"无为之君"的推崇,其实是否定了君主的政治权力。既然现实政治中的国君都是一些窃国大盗,一切高明之士就应该疏离王权,放弃卿相之位的名利追求。

庄子疏离王权的真正目的是为了"全身""全生"的个体存在意义和价值。庄子特别喜欢讲"保身""全生",他说:"为善无近名,为恶无近刑。缘督以为经,可以保身,可以全生,可以养亲,可以尽年。"③而且,庄子讲的"保身""全生",总是兼及形、神两个方面。庄子说:"执道者德全,德全者形全,形全者神全。神全者,圣人之道也。"④"必静必清,无劳女形,无摇汝精,乃可以长生。目无所见,耳无所闻,心无所知,汝神将守形,形乃长生。"⑤庄子总是兼顾个体身、心两个方面,以凸显个体存在的价值和意义。当然,庄子之所以特别强调疏离王权的政治态度,既是"保身""全生"的生命安全考虑,更是因为强调精神自由的追求。庄子真正对后来的士大夫思想产生最大影响的,恰恰是他提出的追求精神自由的"逍遥""游心""齐物":

> 故曰:至人无己,神人无功,圣人无名。⑥
> 游心于淡,合气于漠,顺物自然而无容私焉。⑦

---

① (清)王先谦:《庄子集解·胠箧》,中华书局 2012 年版,第 110 页。
② (清)王先谦:《庄子集解·天地》,中华书局 2012 年版,第 124 页。
③ (清)王先谦:《庄子集解·养生主》,中华书局 2012 年版,第 41 页。
④ (清)王先谦:《庄子集解·天地》,中华书局 2012 年版,第 133 页。
⑤ (清)王先谦:《庄子集解·在宥》,中华书局 2012 年版,第 117—118 页。
⑥ (清)王先谦:《庄子集解·逍遥游》,中华书局 2012 年版,第 13 页。
⑦ (清)王先谦:《庄子集解·应帝王》,中华书局 2012 年版,第 93 页。

庄子向往的"逍遥""游心""齐物",其实是一种不仅仅摆脱了政治权力的强制、社会关系的羁绊,尤其是在精神上摆脱了功利欲望的诱惑、名誉地位的向往,达到了一种完全无所依赖的"无待"的"逍遥"之境,这是一种完全的精神自由。达到这一种精神境界的人,当然只能是完全疏离王权的道家士人。

四、与王权合作的儒家

与法家依附王权、道家疏离王权的政治态度不同,儒家追求与现实王权的一种合作态度。所以,儒家往往既会执着地向君主权力集团靠拢,希望取得君王的信任,以进入权力体系中去参与国家治理的政治活动;与此同时,儒家亦会坚持自己的政治原则和价值理想,并不会因此放弃自己的政治主张,一味地取悦于君主,像法家那样完全成为王权的依附者。

儒家本来只是春秋战国时期的民间士人,他们希望成为与王权合作的政治家,他们凭借什么去与君王们合作? 或者说,君王如何可能与他们合作? 儒家士人并没有掌握任何硬实力,既无军队,又无财富。他们唯有帮助君王治国理政的一套观念和方法,即所谓的"道术"。但是,儒家之"道"不过是一套有关政治的价值理念,儒家之"术"则不过是贯彻这一套价值理念的治国方法和手段,他们这一套"道术"既不同于法家,又不同于道家,儒家却殷切地盼望以这一套"道术"完成与君王的政治合作。对于那些急于富国强兵、开拓霸业的诸侯君主,他们需要并且愿意采用儒家这一套道术吗?

如果进一步分析,我们发现儒家所谓的"道术",其实是包含着政治理想主义的"道"和具有政治现实主义的"术"的结合。一方面,儒家是一种独立的士人群体,他们拥有超越现实政治、超越王权治理的政治目标,他们追求的政治目标就是"天下有道""仁政"。所以,他们的政治思想往往是理想主义的,他们设计了一整套理想化的政治价值、政治制度,并且用这一套理想化的政治价值、政治制度,作为规范政治、约束君主的政治道德准则,也作为衡量政治权力合法性的依据。应该说,对于那些急于富国强兵、开拓霸业的诸侯君主来说,儒家这一套道的价值理想、道德标准既无实际用处,又太高远而难以企及,所以他们不愿意也不可能接受儒家所谓的"道术"。所以,儒家士大夫如果坚持自己独立的价值理想,坚持自己的政治诉求,则常常会受到君主的冷落而成为"丧家之犬",或者是和君主权力产生冲突而"以身殉道"。

但是,另一方面,儒家是一个参与君主政治的士大夫群体,他们必须与现实政治的王权系统密切合作,实现国家治理的政治目标。作为积极参与现实政治、与君王合作的儒家士大夫群体,他们拥有现实政治运作的政治手段,掌握、倡导一套实用理性的"治术"。儒家士大夫的"治术"不仅包括有关的礼治秩序、礼乐教化,还特别提出了富国、爱民、举贤、足兵等一系列富强之治术。后来,儒家的经世之学,发展出了包括"礼乐""兵刑""食货""吏治""兵赋"等有关国计民生的治国之术。他们以此作为国家治理的方法和手段,以完成对政治功利的现实追求。儒家学者一旦成为"大夫",他们就会将自己掌握的政治现实主义的"治术"付诸政治实践,这也是后世出现大量"儒臣"并受到君主欢迎的重要原因。

儒家应该是一个有共同价值信仰的士人群体,但是儒学毕竟是一套入世的思想体系和价值信仰,当儒学拓展到社会的各个层面,就成为一个由众多不同社会身份、不同政治诉求、不同思想趋向的人们组合起来的庞大社会群体。这样,儒家士大夫的思想角度十分多元,层面十分多样,儒家思想的内容十分丰富并不断演变发展。所以,当我们今天考察儒家士大夫群体、儒学思想体系时,应该特别注意某一个时代的儒家政治思想与作为两千多年的儒学整体的区别和联系,注意某一个儒家学者的政治思想与作为体系化的儒学思想的区别和联系,注意某一个儒家政治思想或命题与儒学全体政治思想的区别和联系。所以,我们应该肯定:孟子是儒家,荀子也是儒家;董仲舒是儒家,王充也是儒家;王安石是儒家,邵雍也是儒家;许衡是儒家,刘因也是儒家;倭仁是儒家,康有为也是儒家。我们还应该注意到,每一个具体的儒家学者,都是儒学基本思想、信仰的追随者,但是每一个具体的儒家学者,又只是儒家部分思想的遵循者、实践者。儒学系统需要这些不同类型、不同旨趣、不同道路的实践者,才能够更好地推动儒家思想体系、儒教文明体系的建构,更加充分发挥儒家文化的功能,更加全面完成儒教文明的奠定。

　　而且事实上,儒家士大夫在其具体的历史条件、政治背景下,他们与君主的合作的政治态度、思想追求又表现出很大区别。一方面,同一儒家学派的不同学者,他们的个人经历、思想性格、学术旨趣不同,故而往往可以归类到不同政治倾向的士人群体之中。譬如,儒家士人选择与国君的合作后,其内部又产生了有很大思想差别的孟子学派和荀子学派。尽管他们都是与王权合作的儒家学者,但是孟子的道德理想主义和荀子的政治现实主义就有很大差别。另一方面,同一个具体的儒家士大夫个体,可能会在不同的历史时期,因不同人生阶段的思想观念变化,因在朝和在野的不同人生处境,会形成多样化的政治态度。在历史上,那些强调政治现实主义和经世致用的儒家人士,甚至可能在与王权合作的过程中转化为对王权的依附。虽然他们的思想仍然是以儒家为主体,但是他们的政治态度、政治行为却可能体现出依附型士人的转变。而那些坚持独立的价值理想和政治诉求的儒家学者,可能在与王权合作失败后转化为对王权的疏离,走入出世的道路而亲近佛、道。

　　同时,由于儒家对王权的政治态度是合作型的,他们希望与君主政治的这一种政治合作能够取得成功,所以他们努力兼顾“道”与“术”两个方面,即自己独立的价值理想与君主政治的现实治理。与此相关,儒家在学术思想上追求两种不同的学术旨趣和思想目标,故而在后来的学术史上作为整体的儒学又分化出来两个不同的学术体系,逐渐形成了两种不同类型的学术传统。一种是被称之为“内圣之学”的学术传统,另一种是往往被称之为“外王之学”的学术传统。在政教合一的传统中国,“内圣之学”与“外王之学”常常融合为一体,但是在实际的学术建构、思想整合的历史过程中,不同历史时期的不同学术思潮、同一历史时期的不同儒学学派、不同儒家学者,会有对“内圣之学”或“外王之学”的不同倾向。当代学者在研究中国学术史、中国思想史时,可以通过考察这种学术与思想的基本立场、问题意识、最终目的是“内圣”还是“外王”,从而将其思想特征作“内圣之学”或“外王之学”的分疏。一般来说,“外王之学”的思想目标、学术旨趣在经世治国,故而这一种学说的问题意识均是维护礼治秩序、强化王权治理、追求富国强兵。“内圣之学”的基本立场、问题意识是实现合乎价值理想的道德人格,其最终目标是"成圣成贤"。传统中国的"外王之学"和"内圣之学"之间相互渗透,在政治问题上有许多交叉和合作,但是梳理他们之间的差异则是有着十分重要的思想史意义。

（原文以《先秦诸子政治态度平议》载《现代哲学》2017 年第 2 期）

《白虎通义》:政典和经典

　　《白虎通义》是汉代一部儒家经典与帝国政典结合为一的重要大典。如果说,董仲舒《春秋繁露》是汉代士大夫为了与帝王建立合作关系而提出的文化思考与政治建议;那么,《白虎通义》则是士大夫与帝王在合作过程中成型的文化共识与政治盟约。

　　儒家经典的原始文本产生于上古三代特别是西周,而作为经典体系的成型则是在春秋战国时期。只是到了汉武帝实行"罢黜百家,独尊儒术"的政策以后,儒家经典才列入国家制度体系而成为王官学,进而全面进入国家的政治法律制度而成为政典。《白虎通义》是汉代的儒家经典与帝国政典结合的政治成果和学术成果。由于儒家经典与帝国政治的结合,既强化了儒家文化的政治功能,又增加了帝国政治的文明元素,为中华儒教文明的成型奠定了基础。

一、《白虎通义》:政典与经典的结合

　　我们为什么说,《白虎通义》是汉代的士大夫与帝王在合作过程中达成的文化共识与政治盟约? 这一点,首先是从《白虎通义》的成书过程体现出来。

　　自从汉武帝实行"罢黜百家,独尊儒术"政策以后,儒家经典就逐渐成为汉代的国家制度、法律条文、治国原则、社会道德的思想源泉、文本依据。但是一方面,儒家学者在建构经学知识体系的时候,因经典文本的不同、对经典理解的不同、师承关系的不同,故而对经义的理解和解释存在很大的分歧;另一

方面,由于儒家经学的文献典籍过于庞大,给国家治理的实际运用带来了困难,不利于学术化经典向治术化政典的转化。为了解决经典理解的不统一、学术化经学与治术化政典的相互配合等问题,汉代朝廷举办过两次在历史上有重大影响的御前经学会议,一次是西汉宣帝主政时期的石渠阁会议,一次是东汉章帝主政时期的白虎观会议,两次会议均产生并且留下了将儒家经典和汉代政典结合起来的相关文本。《石渠议奏》就是石渠阁会议中帝王与士大夫达成的政治盟约与文化共识,《白虎通义》也是白虎观会议中帝王与士大夫达成的政治盟约与文化共识,由于《石渠议奏》已经遗失,我们能够看到的《白虎通义》就显得特别珍贵。

白虎观会议既可以说是一场由汉章帝召集各方卿大夫参加的讨论制定国家政典的政治协商会议,也可以说是皇帝出席、东汉众多经学名家参加的最高等级的御前经学会议。当时白虎观会议就留下会议记录《白虎议奏》,后来由著名儒家学者班固做进一步整理形成现有的《白虎通义》,又称《白虎通德论》或《白虎通》。《白虎通义》不完全是一部国家政典,也不纯粹是一部经学学术著作,而应该说是汉代经典和政典的结合。

首先,《白虎通义》应该看作是一部汉代的国家政典。中国古代的"政典"就是实施国家治理、建立典章制度方面的书籍。《尚书·胤征》载:"政典曰:先时者杀无赦。"孔传:"政典,夏后为政之典籍。"① 人们往往将天子、君主主持制定与实施的有关国家政治及其典章制度方面的书籍称之为政典。据《后汉书·章帝本纪》的记载,汉章帝四年下诏召开的讲论"五经"异同的白虎观会议,参加人员包括太常、将、大夫、博士、议郎、郎官及诸生、诸儒等,由汉章帝"临制亲决"。可见,这一次会议的参加者主要是汉代朝廷负责国家典章、礼乐制度等方面的顾问,应对政要和经学领域相关文化的教育官员,他们要为汉朝的政治制度、礼仪规范、意识形态、文化教育承担责任。所以,这一次会议所讨论的问题,首先是与汉朝的政治制度、国家治理、礼乐典章、法令刑律、经典思想、宗教信

---

① (西汉)孔安国注,(唐)孔颖达疏:《尚书正义》卷七《胤征第四》,李学勤主编:《十三经注疏》,北京大学出版社 1999 年版,第 183 页。

仰、教育体系、宗法制度等相关的国家政典的制定与确立。《白虎通义》共四十四篇,其篇章分类明显是按照国家政典所要解决的问题,而不是经学学术的篇章分类。《白虎通义》的四十四篇包括的政典大事依次是:第一卷论爵;第二卷论号、谥、五祀;第三卷论社稷、礼乐;第四卷论封公侯、京师、五行;第五卷论三军、诛伐、谏诤、乡射;第六卷论致仕、辟雍、灾变、耕桑、封禅、巡狩;第七卷论考黜、王者不臣、蓍龟、圣人、八风、商贾;第八卷论瑞贽、三正、三教、三纲六纪、情性、寿命、宗族;第九卷论姓名、天地、四时、衣裳、五刑、五经;第十卷论嫁娶、绋冕;第十一卷论丧服、崩薨等。这四十多个政典大事的每一件又包含许多具体的问题。如第一卷论爵有十章,包括"天子为爵称""制爵五等三等之异""天子诸侯爵称之异""王者太子称士"等十个问题。显然,《白虎通义》作为汉章帝"临制亲决"并希望解决的是政治制度、君主施政、国家治理、社会礼仪、意识形态等重大实际政治事务,故而《白虎通义》首先是汉代的国家政典。

其次,《白虎通义》又应该看作是汉代的重要经典著作。儒家"五经"作为汉代朝廷确立的经典,本来就与三代先王的君主施政、国家治理、制礼作乐等政治事务密切相关。汉代采用的"独尊儒术"方略,其实就是以儒家经典为依据确立国家的典章制度、治理方法。汉章帝下诏召开的白虎观会议,就是通过"五经"经义的经学讨论,以探讨汉朝的政治制度、国家治理等相关的国家政典问题。所以,参加白虎观会议的不仅是汉代朝廷负责国家典章、礼乐制度等方面顾问应对的官员政要,同时他们也是当时经学领域的学术大家。参加白虎观研讨会议的十多位士大夫,其实均是当时学术地位甚高的经学家。同时,考察白虎观研讨会议的学术成果《白虎通义》,这一部大典的显著特点是大量引用儒家经典而论证、确立汉代政典。有学者做过统计,《白虎通义》四十四篇,引《尚书》及传八十四条,引《三礼》等礼类著作一百七十四条,《春秋》经传一百零八条,《论语》六十三条,《诗经》类六十九条,《易》学经传二十三条,《论语》六十三条,《孝经》九条,《尔雅》九条,各类纬书三十三条。① 从《白虎

① 参见姜广辉主编:《中国经学思想史》第二卷,中国社会科学出版社 2003 年版,第386 页。

通义》引证的儒家经典,可以看出班固及其入会的经学家们的学术旨趣、经学思想。正如清代经学家皮锡瑞所评价,《白虎通义》"集今学之大成"①。可见,《白虎通义》是两汉今文经学的集大成著作,集中体现了两汉今文经学的学术思想。

将东汉班固的《白虎通义》与西汉董仲舒的《春秋繁露》作一比较,也是一个十分有意义的视角。因为这两本书有许多共同点:它们均是汉代士大夫在与君主合作过程中而达成的文化共识,既表达了士大夫的政治思想、政治诉求,也体现出君主向往的国泰民安和长远的政治利益;它们既是汉代士大夫的今文经学代表著作,又在政治史上有重要政治影响。而且,《白虎通义》与《春秋繁露》的许多思想、学术观点完全一致,东汉班固的《白虎通义》学习、继承了西汉董仲舒的《春秋繁露》的思想观点,这包括王道三纲来源于天、灾异谴告说、性情阴阳说等。

但是,《白虎通义》与《春秋繁露》又是两部不一样的典籍,它们从形式到内容均有一些区别。

其一,《白虎通义》与《春秋繁露》在著作形式上有重要区别。董仲舒的《春秋繁露》是一部儒家学者个人的经学著作,作者董仲舒是一位经学大师,汉景帝时代的经学博士,终生潜心研究《春秋》公羊学。根据《汉书·董仲舒传》的记载,董仲舒说"《春秋》事得失,《闻举》、《玉杯》、《蕃露》、《清明》、《竹林》之属,复数十篇,十余万言",后人将他的著作编成文集,初名《董子春秋》,后将其首篇《蕃露》列入书名,遂成董子《春秋繁露》。《春秋繁露》可以说是董仲舒以《春秋》公羊学为主、兼及其他的政治化经学的专著,也是他的经学代表著作。董子的《春秋繁露》的最大特点,就是从儒家经典中引申出经世致用的原则和方法,为汉代朝廷建构出国家典章、礼乐制度、经世大法的政典。而《白虎通义》则是由汉章帝召集汉代朝廷负责国家典章、礼乐制度等方面的政要和文化教育的官员参加的一次国家政典的协商、讨论大会,汉章帝本人

---

① (清)皮锡瑞:《经学历史·经学极盛时代》,吴仰湘:《皮锡瑞集》下册,岳麓书社 2012 年版,第 1162 页。

"临制亲决"。可见,如果说《春秋繁露》是董仲舒以《春秋》公羊学中引申、建构国家典章、礼乐制度、经世大法的话,《白虎通义》则是君主主持、士大夫参与制定的国家治理、典章制度方面的政典。只是为了确立这些国家典章、礼乐制度、经世大法的历史合理性,故而大量引用儒家经典来论证这些政典。所以,《春秋繁露》是从儒家经典中引申出国家典章制度、经世大法的政典,而《白虎通义》的特点是由国家典章制度、经世大法的政典溯源经典。

其二,《白虎通义》与《春秋繁露》在内容方面亦有区别。尽管《白虎通义》与《春秋繁露》均是汉代士大夫与君主在合作过程中达成的政治盟约与文化共识,但是它们在表达士大夫与君主的话语体系、价值立场方面还是有一些差别的。《春秋繁露》是董仲舒的《春秋》公羊学为主的经学代表著作,主要表达儒家士大夫在与君主合作时的话语体系、价值立场。所以,《春秋繁露》虽然体现出士大夫与君主合作时政治妥协的态度,但是仍然充分体现、强调了士人的德治思想和民本精神。而《白虎通义》作为汉代王朝的政典,是汉章帝召集汉代士大夫参加,但是由汉章帝本人"临制亲决"的一次首先有关国家政典的协商、讨论大会,必然会体现出君主在接受儒家士大夫思想时的政治方面的强势态度。譬如,《春秋繁露》虽然在与君主合作时充分肯定君主的政治权力,将他们称之为"天子",但是却不会称之为"圣人"。但是,《白虎通义》作为汉章帝召集并"临制亲决"的汉朝的政典,却在卷七《圣人》章专门探讨"何以知帝王圣人也?"①虽然《白虎通义》主要引《论语》《周易》,论证伏羲、神农、黄帝、尧、舜帝王为"圣人",但是其目的十分明显,就是为当朝的帝王是圣人提供历史和理论依据。

二、《白虎通义》:帝国政治的政典

《白虎通义》是汉代士大夫与帝王在合作过程中而达成的政治盟约与文

---

① (清)陈立:《白虎通疏证》卷七《圣人》,中华书局1997年版,第336页。

化共识,它首先突出地表现出帝国政治的要求,故而可以说是一部汉代帝国政治的政典。作为帝国政治的政典,它的根本目的是确立帝国的政治制度、治理原则、礼乐文化等基本制度和重大原则。

《白虎通义》作为帝国政治的政典,主要体现在以下几个方面。

其一,必须首先确立帝王在国家至高无上的政治权力。

作为汉朝国家宪章的《白虎通义》,在卷一、卷二的最重要位置,通过对爵、号、谥的规定,首先确立了以帝王权力为核心的至高无上的政治权力。《白虎通义》在卷一《爵》章规定:

> 天子者,爵称也。爵所以称天子者何? 王者父天母地,为天之子也。故《援神契》曰:"天覆地载谓之天子,上法斗极。"《钩命决》曰:"天子,爵称也。"帝王之德有优劣,所以俱称天子者何? 以其俱命于天,而王治五千里内也。《尚书》曰:"天子作民父母,以为天下王。"何以知帝亦称天子也? 以法天下也。《中候》曰:"天子臣放勋。"《书·逸篇》曰:"厥兆天子爵。"何以言皇亦称天子也? 以其言天覆地载,俱王天下也。故《易》曰:"伏羲氏之王天下也。"①

《白虎通义》在卷二《号》章规定:

> 帝王者何? 号也。号者,功之表也,所以表功明德,号令臣下者也。德合天地称帝,仁义合者称王,别优劣也。《礼记·谥法》曰:"德象天地称帝,仁义所生称王。"帝者天号,王者五行之称也。皇者,何谓也? 亦号也。皇,君也,美也,大也。天人之总,美大之称也。时质,故总称之也。号言为帝者何? 帝者,谛也。象可承也。王者,往也。天下所归往。《钩命决》曰:"三皇步,五帝趋。三王驰,五伯骛。"号之为皇者,煌煌人莫

---

① (清)陈立:《白虎通疏证》卷一《爵》,中华书局1997年版,第1—5页。

违也。①

《白虎通义》在卷二《谥》章规定:

> 天子崩,臣下至南郊谥之者何? 以为人臣之义,莫不欲褒大其君,掩恶扬善者也。故之南郊,明不得欺天也。故《曾子问》:"孔子曰:天子崩,臣下之南郊告谥之。"②

《白虎通义》关于天子、帝王的一切爵、号、谥的规定,其目的十分明确,就是要在政治制度、思想观念、治理活动中确立帝王的至高无上的政治权力。这些所谓的爵、号、谥,包括天子、帝、皇、王等,均是为了"接上称天子者,明以爵事天也;接下称帝王者,得号天下至尊言称,以号令臣下也。……所以尊王者也。以天下之大、四海之内,所共尊者一人耳。"③

其二,必须进一步确立三纲六纪的社会政治秩序。

帝王虽然是天子,代表"天"实施对天下的统治和治理,但是天子不可能一个人统治天下,他需要三公、九卿、二十七大夫、八十一元士等诸多士大夫一道实施、完成对天下的治理。《白虎通义》强调,君王立三公、九卿等以治理天下,既是帝王的政治安排,也是对天意的顺从。《白虎通义》卷四《封公侯》载:

> 王者所以立三公九卿何? 曰:天虽至神,必因日月之光。地虽至灵,必有山川之化。圣人虽有万人之德,必须俊贤。三公、九卿、二十七大夫、八十一元士,以顺天成其道。司马主兵,司徒主人,司空主地。王者受命为天地人之职,故分职以置三公,各主其一,以效其功。一公置三卿,故九卿也。天道莫不成于三:天有三光,日、月、星;地有三形,高、下、平;人有

---

① (清)陈立:《白虎通疏证》卷二《号》,中华书局 1997 年版,第 43—45 页。
② (清)陈立:《白虎通疏证》卷二《谥》,中华书局 1997 年版,第 72 页。
③ (清)陈立:《白虎通疏证》卷二《号》,中华书局 1997 年版,第 47 页。

> 三尊,君、父、师。故一公三卿佐之,一卿三大夫佐之,一大夫三元士佐之。①

君主除了需要三公、九卿、二十七大夫、八十一元士来实施对天下的治理外,根据家国同构的原理,在家庭、家族中,是由父、夫实施对家庭、家族的治理。这样,《白虎通义》卷八《三纲六纪》中,确立了"三纲六纪"的社会政治秩序:

> 三纲者,何谓也? 谓君臣、父子、夫妇也。六纪者,谓诸父、兄弟、族人、诸舅、师长、朋友也。故《含文嘉》曰:"君为臣纲,父为子纲,夫为妻纲。"又曰:"敬诸父兄,六纪道行,诸舅有义,族人有序,昆弟有亲,师长有尊,朋友有旧。"何谓纲纪? 纲者,张也。纪者,理也。大者为纲,小者为纪。所以张理上下,整齐人道也。人皆怀五常之性,有亲爱之心,是以纲纪为化,若罗网之有纪纲而万目张也。……
>
> 君臣,父子,夫妇,六人也,所以称三纲何? 一阴一阳谓之道。阳得阴而成,阴得阳而序,刚柔相配,故六人为三纲。三纲法天、地、人,六纪法六合。君臣法天,取象日月屈信,归功天也。父子法地,取象五行转相生也。夫妇法人,取象人合阴阳有施化端也。六纪者,为三纲之纪者也。师长,君臣之纪也,以其皆成己也;诸父、兄弟,父子之纪也,以其有亲恩连也。诸舅、朋友,夫妇之纪也,以其皆有同志为己助也。②

《白虎通义》所确立的三纲六纪秩序,既是君主政治主导下的人伦秩序,同样是效法天道的宇宙秩序。

其三,确立汉代国家治理的基本方法和手段:王霸并用。

《白虎通义》作为君主政治的政典,必须确立国家治理的重大原则和方法。《白虎通义》在讨论上古先王的名号时,特别是通过对三王、五霸名号的

---

① (清)陈立:《白虎通疏证》卷四《封公侯》,中华书局1997年版,第130—131页。
② (清)陈立:《白虎通疏证》卷八《三纲六纪》,中华书局1997年版,第373—375页。

文化意义诠释,肯定了汉代国家治理的基本方法和手段是王道和霸道并用。《白虎通义》这样解释"三王"之王道:

> 所以有夏、殷、周号何?以为王者受命,必立天下之美号以表功自克,明易姓为子孙制也。夏、殷、周者,有天下之大号也。百王同天下,无以相别,改制天子之大礼,号以自别于前,所以表著己之功业也。必改号者,所以明天命已著,欲显扬己于天下也。己复袭先王之号,与继体守文之君无以异也。不显不明,非天意也。故受命王者,必择天下美号,表著己之功业,明当致施是也。所以预自表克于前也。①

《白虎通义》又这样解释"五霸"之霸道:

> 五霸者,何谓也?昆吾氏、大彭氏、豕韦氏、齐桓公、晋文公也。昔三王之道衰,而五霸存其政,率诸侯朝天子,正天下之化,兴复中国,攘除夷狄,故谓之霸也。昔昆吾氏,霸于夏者也;大彭氏、豕韦氏,霸于殷者也;齐桓、晋文,霸于周者也。或曰:五霸,谓齐桓公、晋文公、秦穆公、楚庄王、吴王阖庐也。霸者,伯也,行方伯之职,会诸侯朝天子,不失人臣之义。故圣人与之。非明王之张法不张。霸犹迫也,把也。迫胁诸侯,把持其政。《论语》曰:"管仲相桓公,霸诸侯。"《春秋》曰:"公朝于王所。"于是知晋文之霸也。《尚书》曰"邦之荣怀,亦尚一人之庆",知秦穆之霸也。楚胜郑,而不告从,而攻之,又令还师,而佚晋寇。围宋,宋因而与之平,引师而去。知楚庄之霸也。蔡侯无罪,而拘于楚,吴有忧中国心,兴师伐楚,诸侯莫敢不至。知吴之霸也。②

《白虎通义》通过对先秦时期的"三王""五霸"的诠释,为汉代国家治理确立

---

① (清)陈立:《白虎通疏证》卷二《号》,中华书局1997年版,第56页。
② (清)陈立:《白虎通疏证》卷二《号》,中华书局1997年版,第60—65页。

了王道和霸道并用的治理原则。所以,在《白虎通义》的政典中,既贯穿了王道政治"以德治国"的治理原则和"以德服人"的治理方法,同时也贯穿了霸道政治"以刑治国"的治理原则和"以力制人"的治理方法。

因下一节会重点讨论汉代推崇的王道政治、以德治国,这里主要讲讲汉代君主政治同样推崇的"以刑治国"和"以力制人"的霸道政治。《白虎通义》卷五论述《诛伐》时说:

诛不避亲戚何?所以尊君卑臣,强干弱枝,明善善恶恶之义也。《春秋传》曰:"季子煞其母兄,何善尔?诛不避母兄,君臣之义也。"《尚书》曰:"肆朕诞以尔东征。"诛弟也。

……诸侯之义,非天子之命,不得动众起兵诛不义者,所以强干弱枝,尊天子,卑诸侯也。《论语》曰:"天下有道,则礼乐征伐自天子出。天下无道,则礼乐征伐自诸侯出。"上无天子,下无方伯,诸侯有相灭者,力能救之,则救之可也。《论语》曰:"陈恒弑其君,孔子沐浴而朝,请讨之。"王者诸侯之子,篡弑其君而立,臣下得诛之者,广讨贼之义也。《春秋传》曰:"臣弑君,臣不讨贼,非臣也。"又曰:"蔡世子班弑其君,楚子诛之。"①

《白虎通义》卷九论述《五刑》时说:

圣人治天下,必有刑罚何?所以佐德助治,顺天之度也。故悬爵赏者,示有劝也。设刑罚者,明有所惧也。……科条三千者,应天地人情也。五刑之属三千,大辟之属二百,宫辟之属三百,腓辟之属五百,劓、墨辟之属各千,张布罗众,非五刑不见。劓、墨何其下刑者也。腓者,脱其膑也。宫者,女子淫,执置宫中,不得出也。丈夫淫,割去其势也。大辟者,谓死也。

刑不上大夫何?尊大夫。礼不下庶人,欲勉民使至于士。故礼为有

---

① (清)陈立:《白虎通疏证》卷五《诛伐》,中华书局1997年版,第211—215页。

知制,刑为无知设也。庶人虽有千金之币,不得服。刑不上大夫者,据礼
无大夫刑。①

这就是汉代君主政治同样推崇的"以刑治国"和"以力制人"的霸道政治。由
此可见,《白虎通义》作为汉代君主政治的政典,确立了君主政治的国家治理
一定是王道和霸道并用的原则。

三、《白虎通义》:士大夫思想的经典

《白虎通义》作为儒家士大夫与帝王合作而达成的政治盟约与国家政典,
表达的不仅仅是帝王的政治诉求,同样也表达了士大夫的政治理念。我们应
该看到,《白虎通义》作为汉代士大夫与君主合作而达成的文化共识,它不仅
是按照汉代帝王要求制定的汉王朝的政治制度和意识形态,同时也是汉代士
大夫有关两汉今文经学集大成的学术著作和思想形态。

如果说,《白虎通义》作为汉代士大夫与帝王合作而达成的政治盟约,其
政治利益、政治视角必须首先确立以帝王为首的帝国政治立场的话,汉代士大
夫与帝王之间能够达成文化共识,则是因为他们确立了以士大夫为主体的文
化理念、思想形态。东汉时期这些杰出的士大夫如此集中地参与了白虎观会
议并制定了《白虎通义》,这些士大夫群体就是希望说服君主,能够接受儒家
士大夫的政治思想与文化理念。因此,《白虎通义》通过大量引证儒家经典来
表达士大夫的政治思想与文化理念时,使得《白虎通义》在内容和形式上均具
有儒家经学著作的特点,是汉代士大夫的思想表达。

《白虎通义》作为士大夫的政治诉求与思想表达,主要体现在以下几个
方面:

首先,汉代士大夫在《白虎通义》中确立了儒家经典的神圣地位。儒家思

---

① (清)陈立:《白虎通疏证》卷九《五刑》,中华书局1997年版,第437—442页。

想是通过整理、诠释上古先王留下的经典而建构起来的,汉代儒家士大夫希望在具有政典地位的《白虎通义》中确立儒家思想的主导作用,就必须确立儒家"五经"的思想地位。所以,《白虎通义》卷八专列《五经》一章,以确立"五经"的地位和价值:

> 经所以有五何? 经,常也。有五常之道,故曰《五经》。《乐》仁、《书》义、《礼》礼、《易》智、《诗》信也。人情有五性,怀五常不能自成,是以圣人象天五常之道而明之,以教人成其德也。
>
> 《五经》何谓? 谓《易》、《尚书》、《诗》、《礼》、《春秋》也。《礼经·解》曰:"温柔宽厚,《诗》教也。疏通知远,《书》教也。广博易良,《乐》教也。洁静精微,《易》教也。恭俭庄敬,《礼》教也。属词比事,《春秋》教也。"①

《白虎通义》确立"五经"的崇高地位,是为了强调以"五经"的"五常之道"完全能够解决现实政治的"纲散纪乱,五教废坏"问题。《白虎通义》对孔子定《五经》的政治意义作了充分肯定:"孔子所以定《五经》者何? 以为孔子居周之末世,王道陵迟,礼乐废坏,强陵弱,众暴寡,天子不敢诛,方伯不敢伐。闵道德之不行,故周流应聘,冀行其道德。"②《白虎通义》确立了儒家经典在汉代国家政治中的重要地位,明确了儒家经典对汉代政典的指导关系,与此同时,《白虎通义》也凸显了掌握儒家经学话语权的士大夫的重要地位。

所以,《白虎通义》不仅仅是汉章帝主持制定的政典,由于这一部政典的依据全部来源于儒家经典,故而它又是一部依托经典的政典。《白虎通义》确立的全部政典大事,包括爵、号、谥、五祀、社稷、礼乐、封公侯、京师、三军、诛伐、谏诤、致仕、辟雍、灾变、封禅、巡狩、考黜、王者不臣、三纲六纪、五刑、五经、崩薨等,它们得以确立、规范的思想基础、历史依据全部来源于儒家经典。汉代士大夫就是通过引用"五经"的经传以及《论语》《孝经》等汉儒尊崇的儒家

---

① (清)陈立:《白虎通疏证》卷九《五经》,中华书局 1997 年版,第 447—448 页。
② (清)陈立:《白虎通疏证》卷九《五经》,中华书局 1997 年版,第 444—445 页。

经典,来确立汉代政治制度、国家治理的合理性与合法性。由于政典和经典完全合为一体,儒家士大夫可以将他们的政治理念、文化思想融入《白虎通义》的政典中去。

其次,汉代士大夫在《白虎通义》中确立了以儒家礼乐为中心的政治文明、治理方法。儒家创始人孔子继承、发展了西周礼乐文明,倡导建立一个合乎礼乐文明的政治秩序、治理方法。《白虎通义》卷三专设《礼乐》章,从政治秩序的目的、国家治理的功效方面,确立了礼乐的重要性:

> 礼乐者,何谓也? 礼之为言履也。可履践而行。乐者,乐也。君子乐得其道,小人乐得其欲。王者所以盛礼乐何? 节文之喜怒。乐以象天,礼以法地。人无不含天地之气,有五常之性者。故乐所以荡涤,反其邪恶也。礼所以防淫佚,节其侈靡也。故《孝经》曰:"安上治民,莫善于礼。""移风易俗,莫善于乐。"……礼所揖让何? 所以尊人自损也,揖让则不争。《论语》曰:"揖让而升,下而饮,其争也君子。"故"君使臣以礼,臣事君以忠。""谦谦君子,利涉大川。"以贵下贱,大得民也。屈己敬人,君子之心。故孔子曰:"为礼不敬,吾何以观之哉?"夫礼者,阴阳之际也,百事之会也,所以尊天地,傧鬼神,序上下,正人道也。①

《白虎通义》所讲的礼治秩序就是"三纲六纪"的政治社会秩序,维护这种"礼乐"秩序既是目的又是手段。其实,整个《白虎通义》作为一部国家政典,涉及爵、号、谥、五祀、社稷、礼乐、封公侯、京师、五行、三军、乡射、致仕、辟雍、封禅等等,几乎无不是儒家礼乐文明、礼治秩序的体现。

其三,汉代士大夫在《白虎通义》中确立了以儒家为政以德、以民为本、限制君权的政治理念。汉代儒家思想源于先秦原始儒家,原始儒家学者目睹诸侯争霸、民生涂炭的严峻现实,为限制君权、反对暴政,故而系统地提出了为政以德、以民为本的政治思想。汉代儒家士大夫在与君主的政治合作过程中,虽

---

① (清)陈立:《白虎通疏证》卷三《礼乐》,中华书局1997年版,第93—95页。

47

然认同"三纲六纪"的政治社会秩序,但是对君主滥用政治权力一直非常警惕,主张限制君主、大臣的各种政治权力。所以,《白虎通义》中体现出儒家士大夫倡导的为政以德、以民为本的政治理念,它十分巧妙地将君主、大臣拥有的政治权力、社会荣誉与相应的政治责任、道德义务统一起来。《白虎通义》对"爵""号""谥"包含的政治权力、社会荣誉均作出了相应的政治责任、道德义务的规定,如卷一对五等爵位的政治责任、道德义务作出了规定:

> 《王制》曰:"王者之制禄爵,凡五等。"谓公侯伯子男也。此据周制也。所以名之为公侯者何。公者通公正无私之意也。侯者,候也。候逆顺也。《春秋传》曰:"天子三公称公,王者之后称公,其余大国称侯,小者称伯子男也。"《王制》曰:"公侯田方百里,伯七十里,子男五十里。"①

> 公卿大夫者,何谓也?内爵称公卿大夫何?爵者,尽也,各量其职,尽其才也。公之为言公正无私也。卿之为言章也,章善明理也。大夫之为言大扶,扶进人者也。②

《白虎通义》卷二《号》章对五帝三王的名号也作出政治责任、道德义务的解释与规定:

> 夏者,大也。明当守持大道。殷者,中也。明当为中和之道也。闻也,见也,谓当道著见中和之为也。周者,至也,密也。道德周密,无所不至也。……五帝无有天下之号何?五帝德大能禅,以民为子,成于天下,无为立号也。或曰:唐、虞者号也。唐,荡荡也。荡荡者,道德至大之貌也。虞者,乐也,言天下有道,人皆乐也。《论语》曰:"唐、虞之际。"帝喾有天下,号高辛。颛顼有天下,号曰高阳。黄帝有天下,号曰有熊。有熊者,独宏大道德也。高阳者,阳犹明也,道德高明也。高辛者,道德大

---

① (清)陈立:《白虎通疏证》卷一《爵》,中华书局1997年版,第6—7页。
② (清)陈立:《白虎通疏证》卷一《爵》,中华书局1997年版,第16—17页。

信也。①

《白虎通义》中《谥》一章也对帝王作出政治责任、道德义务的引导：

> 谥，何也？谥之为言引也，引列行之迹也。所以进劝成德，使上务节也。……死乃谥之何？《诗》云："靡不有初，鲜克有终。"言人行终始不能若一，故据其终始，后可知也。②

从帝王政治确立政典的需要出发，《白虎通义》关于"爵""号""谥"规定包含着对帝王的政治权力、政治荣誉的规定，是对君主权力的肯定；但是从儒家士大夫的政治理念出发，关于"爵""号""谥"规定则包含着对帝王的政治责任、道德义务的规定，是对君主权力的限制。

《白虎通义》不仅仅是通过名号包含的政治责任、道德义务来限制君权，儒家士大夫还要通过朝议、进谏的政治制度设计，来实现为政以德、以民为本的思想理念和政治目的。《白虎通义》为了限制君权，对汉代朝廷的朝议、进谏等政治制度及其意义做了进一步的阐发。在《白虎通义》卷三《谏诤》章记载："天子置左辅、右弼、前疑、后承，以顺。左辅主修政，刺不法。右弼主纠，纠周言失倾。前疑主纠度定德经。后承主匡正常，考变失，四弼兴道，率主行仁。夫阳变于七，以三成，故建三公，序四诤，列七人，虽无道不失天下，杖群贤也。"③天子建三公、序四诤的目的，就是要将天子置于士大夫群体的政治限制之中，以保证无道的君主也能够做到重民而不失天下，即所谓"明王所以立谏诤者，皆为重民而求已失也"。谏诤的政治制度设计，一方面要求天子应该接受士大夫的谏诤，不能够以言放逐臣子："或曰：天子之臣，不得言放。天子以天下为家也。亲属谏不待放者，骨肉无相去离之义也。"④另一方面，士大夫必

---

① （清）陈立：《白虎通疏证》卷二《号》，中华书局1997年版，第57—60页。
② （清）陈立：《白虎通疏证》卷二《谥》，中华书局1997年版，第67—68页。
③ （清）陈立：《白虎通疏证》卷五《谏诤》，中华书局1997年版，第227—228页。
④ （清）陈立：《白虎通疏证》卷五《谏诤》，中华书局1997年版，第231—232页。

须承担谏君之义:"臣所以有谏君之义何？尽忠纳诚也。《论语》曰:爱之能无劳乎？忠焉能无诲乎？"①"必三谏者何？以为得君臣之义。必待放于郊者,忠厚之至也。冀君觉悟能用之。"②《白虎通义》在《谏诤》章中还认为:"诸侯诤,不从得去何？以屈尊申卑,孤恶君也。"③

为了更加有力地限制君权,使君主能够自觉承担政治责任、道德义务,汉代士大夫特别强调"天"通过灾变而对君主发出"谴告",间接以"天"的宗教性权威来限制君权。《白虎通义》卷四《灾变》一章说:"天所以有灾变何？所以谴告人君,觉悟其行,欲令悔过修德,深思虑也。"④与此同时,"天"还会通过"符瑞"来表彰有德、重民的君王,《白虎通义》说:"天下太平,符瑞所以来至者,以为王者承天统理,调和阴阳,阴阳和,万物序,休气充塞,故符瑞并臻,皆应德而至。"⑤应该说,"天"的意志其实就是表达儒家士大夫的政治理念、文化思想,士大夫无非是希望严格要求帝王,让他们能够按照儒家的为政以德、以民为本的政治思想与文化理念去要求自己,成为合乎儒家道德理想的君王。《白虎通义》强调"天"的崇高权威,通过灾变而对悖德的君主发出"谴告",通过符瑞而对有德的君主作出表彰,其实是表达士大夫的文化思想与政治要求。

最后要特别说明,民本、德治思想虽然源于西周,但是早期儒家将西周的民本、德治思想作了进一步发展,二者的区别还是明显的。西周的民本、德治思想是君王对政治后果的恐惧、当心,故而提出"欲王以小民受天永命"⑥。而早期儒家的民本思想,则是从国家共同体的和谐、君主权力的合法性的思想高度来阐发民本思想。《白虎通义》作为汉代国家政典,在有关国家制度、政治治理的不同方面,均贯穿着民本思想。显然,《白虎通义》的民本思想,不局限于统治者对政治后果的恐惧、当心,而更加强调儒家士大夫关于政治共同体和

---

①　(清)陈立:《白虎通疏证》卷五《谏诤》,中华书局 1997 年版,第 226 页。

②　(清)陈立:《白虎通疏证》卷五《谏诤》,中华书局 1997 年版,第 229 页。

③　(清)陈立:《白虎通疏证》卷五《谏诤》,中华书局 1997 年版,第 228 页。

④　(清)陈立:《白虎通疏证》卷六《灾变》,中华书局 1997 年版,第 267 页。

⑤　(清)陈立:《白虎通疏证》卷六《封禅》,中华书局 1997 年版,第 283 页。

⑥　(西汉)孔安国注,(唐)孔颖达疏:《尚书正义》卷十五《召诰》,李学勤主编:《十三经注疏》,北京大学出版社 1999 年版,第 402 页。

谐与权力合法性的思想。《白虎通义》继承了先秦儒家的民本思想,故而特别强调设官为治的民本意义,提出:"王者即位,先封贤者,忧人之急也。故列土为疆非为诸侯,张官设府非为卿大夫,皆为民也。"①与此同时,《白虎通义》的民本思想也体现在对诸侯的考核上:"诸侯所以考黜何?王者所以勉贤抑恶,重民之至也。"②《白虎通义》的民本思想,显然是以儒家士大夫的民本思想为主导的。

(原文以《〈白虎通义〉:帝国政典与儒家经典的结合》载《北京大学学报》2017 年第 4 期;中国人民大学书报资料中心《中国哲学》2017 年第 10 期转载)

---

① (清)陈立:《白虎通疏证》卷四《封公侯》,中华书局 1997 年版,第 141 页。
② (清)陈立:《白虎通疏证》卷七《考黜》,中华书局 1997 年版,第 302 页。

玄学《论语》学与内圣之道

　　《诗》《书》《礼》《易》是上古圣王遗留下来的王政大典、经世文献,主要与三代时期的典章制度、政纲治术相关;而《论语》则是对孔子及其弟子等普通读书人的言行记录,主要与他教授弟子的生活日用、教学活动有关。此正如皇侃为《论语义疏》作序时所说:"然此书之体,适会多途,皆夫子平生应机作教,事无常准,或与时君抗厉,或共弟子抑扬,或自显示物,或混迹齐凡,问同答异,言近意深,……"①虽然《论语》是孔子"平生应机作教"的记录,随着孔子"圣化"为儒家的大圣人,以及《论语》成为传注之首或成为经典,故而愈来愈受到后来儒家士大夫们的重视,并且在儒家后学的不断诠释中完成经典化的过程。

　　学界肯定,魏晋是一个士大夫个体人格普遍觉醒的时代,魏晋玄学主要是一种人格哲学。汤用彤先生认为魏晋时代"一般思想"的中心问题是"理想的圣人之人格究竟应该怎样"②? 所以,魏晋玄学说到底是一种具有哲学深度的内圣人格的学说。李泽厚先生也认为,"对人格作本体建构,正是魏晋玄学的主要成就"③。为了建构这种新的人格本体论,除了《周易》《道德经》《庄子》所谓"三玄"受到玄学名士的特别关注之外,《论语》同样普遍地受到魏晋学者的重视,他们纷纷通过为《论语》作注疏而建构这种具有哲学深度的内圣之道,从而形成了《论语》学发展的一个高潮。魏晋时期重要的玄学家,几

---

　　① (南北朝)皇侃:《论语义疏》卷一《论语义疏自序》,《儒藏》(精华编),北京大学出版社2007年版,第9—10页。

　　② 汤用彤:《汤一介导读》,《魏晋玄学论稿》,上海世纪出版集团2005年版,第7页。

　　③ 李泽厚:《庄玄禅漫述》,《中国古代思想史论》,时代风云出版社1990年版,第225页。

乎均有《论语》注释方面的著作。有学者统计,魏晋时期有记载的《论语》学专著,数量上达 84 部之多,比战国秦汉时期多出 4 倍多,包括有何晏的《论语集解》、王弼的《论语释疑》、郭象的《论语体略》、江熙的《论语集解》、皇侃的《论语义疏》等等。而玄学家们在注释《论语》时形成了十分重要的学术特色,取得了一系列可观的学术成就。这特别体现在有关"内圣之道"的人格本体的理论建构上,他们通过对《论语》中内圣之道的创造性诠释,从而大大拓展了《论语》的思想内涵,特别是解决了名教制度与人格理想的形而上的依托问题。

魏晋玄学是如何实现这一目标的呢? 应该说,玄学家主要是通过会通儒道的方式而完成对《论语》的诠释。孔子及其《论语》未能为名教、士君子找到形而上的终极依据,但是,道家的《老子》《庄子》却在这方面卓有建树,留有大量思想资源。魏晋玄学的基本思想观念之一,就是主张儒道的价值观念、学术宗旨是一致的,即所谓"以儒道为一",希望为儒家的圣人之道寻求道家思想资源。无论是正始玄学所倡导的"名教出于自然",还是郭象的"名教即自然",其实均是希望会通儒道而重建儒家的内圣之道。所以,魏晋玄学家在注解、诠释《道德经》《庄子》时,总是将儒家的思想观念融合到老庄的道家学说中去;同样,他们在注解、诠释《论语》时,又都毫无例外地将道家的思想观念融合到儒家经典中来。这样,魏晋名士注解的《论语》是一种玄学化的《论语》学;他们所建构的内圣之道,也是一种玄学化的内圣之道。

《论语》本是儒学创始人孔子的言行记录,玄学家们通过以道、释、儒的方式诠释《论语》,从而将儒家的内圣之道玄学化为一种具有崇高精神境界与形上终极依托的人格理想。这具体体现在以下几个方面。

一、圣人之道的价值取向:自然与名教

孔子及其儒家学派是名教的倡导者、追求者,所谓"名教"就是以社会名分为教。孔子在《论语》中提出"君君、臣臣、父父、子子"①。他们主张通过君臣父子的社会名分教化来维护这种道德纲常秩序。老庄及其道家派别则是"自然"的倡导者、追求者。在老子、庄子那里,所谓"自然"是指一种与人为相对立的自然而然的过程与结果。他们认为天地万物是"莫之命而常自然"②的,他们推崇的"道"就是指这个自然无为的过程与结果,"自然"既是天地万物得以存在与变化的依据,更是人应该追求的人生意义与价值目标。

儒道两家在名教与自然的问题上各有所执,但是两家学说并非没有能够相互融通的地方。代表中华文明最高追求的天地万物之"道"本来就是一种规律性与目的性一致的普遍法则与理想目标,而先秦诸子各家各派的学术主张则只是对"道"的某个侧面的把握与表达而已。儒道两家虽然各自片面地执着于以"名教"或"自然"为自己的宗旨,但是两家宗师并没有完全排除其他学派的思想因素与价值追求。这一点,在孔子及其《论语》中表现得很明显,虽然孔子是以名教为宗,但是仍然在一定条件下肯定、接纳了"自然"的观念。譬如,他在与名教相关的人的性情关系上,肯定了人的本然天性、自然之情与礼乐、名教的内在联系。孔子虽然肯定礼乐名教的重要性,但是他更强调人的真情实性是礼乐名教的内在要求,他强调说:"礼云礼云,玉帛玉乎哉? 乐云乐云,钟鼓云乎哉?"③"人而不仁,如礼何? 人而不仁,如乐何?"④他显然认为礼乐应该是以人的实性真情为基本内涵。又如,孔子还充分肯定圣者在施行名教德治的过程中,作为有德者的最高境界是一种无为的状态。他多次发出赞叹:"无为而治者,其舜也与! 夫何为哉? 恭己正南面而已矣。"⑤"为政以

---

① (三国)何晏注,(北宋)邢昺疏:《论语注疏》卷十二《颜渊第十二》,李学勤主编:《十三经注疏》下册,北京大学出版社 2000 年版,第 184 页。

② (魏晋)王弼:《老子道德经注》下篇,《王弼集校释》上册,中华书局 2015 年版,第137 页。

③ (三国)何晏注,(北宋)邢昺疏:《论语注疏》卷十七《阳货第十七》,李学勤主编:《十三经注疏》,北京大学出版社 2000 年版,第 271 页。

④ (三国)何晏注,(北宋)邢昺疏:《论语注疏》卷三《八佾第三》,李学勤主编:《十三经注疏》,北京大学出版社 2000 年版,第 32 页。

⑤ (三国)何晏注,(北宋)邢昺疏:《论语注疏》卷十五《卫灵公第十五》,李学勤主编:《十三经注疏》,北京大学出版社 2000 年版,第 236 页。

德,譬如北辰居其所,而众星共之。"①他肯定古代圣王能够达到无为而成、自然而至的最高人生境界与社会和谐状态。总之,无论是从名教之内涵,还是从名教之推行过程来看,孔子对于自然、无为的理念仍是兼容的。其实就道家方面而言,老庄也并非绝对地排斥儒家的仁爱等道德理念。只是他们强调应该追求合乎自然本性的真情实爱,并进一步认识到这种真情实爱恰恰是真正的仁义或者说高于儒家的仁义,老子所说"上仁为之而无以为"②,此"上仁"其实就是合乎自然本性的仁爱。但是,儒道之间的差别仍是十分明显的,上述道家的说法似乎与儒家要求的真情实性有一致之处,但是在道家那里自然、无为是最高的价值理念,与儒家以人伦秩序为最高价值理念是不同的。

王弼、郭象、皇侃等玄学家们在注释《论语》时,十分注重发挥《论语》中孔子有关礼乐名教应以人的真情实感为基础的思想,并将其与道家的"自然"理念结合起来,使孔子关于名教要以真情仁爱为基础的思想转化为以道家的"自然"为终极目标的思想,从而得出了"名教出于自然"或"名教即是自然"的结论。《论语·子路》记载了孔子"父为子隐,子为父隐,直在其中矣"的观念,皇侃在疏义中解释说:"父子天性,率由自然至情,宜应相隐。"③他将父子之隐的伦理规范归之于父子之间的自然之性、自然之情。又如《论语·里仁》中记有孔子"仁者安仁"之语,皇侃《义疏》云:"若禀性自仁者,则能安仁也。"④所谓"禀性自仁",也就是发自本性自然之仁。玄学家通过注释《论语》而阐发"自然"是"名教"的基础、依据的思想,王弼为《论语·泰伯》的注释中表达得十分充分。在此篇中孔子有"兴于诗、立于礼、成于乐"的主张,这段话分别论述诗教、礼教、乐教在培养士君子人格方面的特点和功能。但是,玄学家王弼在诠释这段话时则赋予了新的意义,他说:

---

① (三国)何晏注,(北宋)邢昺疏:《论语注疏》卷二《为政第二》,李学勤主编:《十三经注疏》,北京大学出版社 2000 年版,第 15 页。

② (魏晋)王弼:《老子道德经注》下篇,《王弼集校释》上册,中华书局 2015 年版,第 93 页。

③ (南北朝)皇侃:《论语义疏》卷七《子路第十三》,《儒藏》(精华编),北京大学出版社 2007 年版,第 234 页。

④ (南北朝)皇侃:《论语义疏》卷二《里仁第四》,《儒藏》(精华编),北京大学出版社 2007 年版,第 60 页。

言有为政之次序也。夫喜、惧、哀、乐,民之自然,应感而动,则发乎声歌,所以陈诗采谣,以知民志风。既见其风,则损益基焉。故因俗立制,以达其礼也。矫俗检刑,民心未化,故又感以声乐,以和神也。若不采民诗,则无以观风;风乖俗异,则礼无所立;礼若不设,则乐无所乐;乐非礼则功无所济。故三体相扶,而用有先后也。①

王弼的注释,明确地将儒家的礼乐名教建立在自然之情的基础上,强调了"自然"在"名教"中的本始地位。他认为,从"为政之次序"来考察,百姓们喜怒哀乐等自然情感是礼乐名教的首要条件和思想基础。本来,孔子关于"诗—礼—乐"的顺序,只是认为百姓的自然情感是统治者"为政"的起点,经过人为的礼乐制度的建设推行,然后又通过"感以声乐",最终回到自然和美的状态。王弼对"立于诗,行于礼,成于乐"的创造性诠释,将孔子的礼乐思想纳入道家的自然思想之中,使人们相信《论语》也是主张"名教出于自然"思想的,从而将孔子及其儒学的名教价值归结为道家的自然理念。

玄学家在诠释《论语》时,不仅把自然之情、自然之性纳入内圣之道,使其成为内圣人格的终极依据与最高目标,而且,他们还进一步认为,由于此性情是发之于自然的,故而"圣人之情应物而无累于物也"②。所以他们在诠释《论语》时反复申论圣人之情的特点,主张圣人之情发之于人心自然,故而无累于外物。《论语·先进》记载:"颜渊死,子哭之恸。"郭象为之注云:"人哭亦哭,人恸亦恸,盖无情者与物化也。"③他认为圣人之情发之自然,该喜当喜,该哀当哀,这是一种不为情所累的体无(无情累)与顺有(与物化)的人生境界。所以,玄学家们这种热衷于阐发《论语》中有关圣人不为情所累的价值追求与人生境界,还体现在许多地方,譬如他们诠释孔子"无为而治者,其舜也与"

---

① (魏晋)王弼:《论语释疑》,楼宇烈校释:《王弼集校释》下册,中华书局1980年版,第625页。

② (西晋)陈寿:《三国志·魏书》卷二十八《钟会传》,转引自何劭:《王弼传》,中华书局2006年版,第591页。

③ (南北朝)皇侃:《论语义疏》卷六《先进第十一》,《儒藏》(精华编),北京大学出版社2007年版,第190页。

时,认为舜"既授受善得人,无劳于情虑,故云'夫何为哉'也"①。玄学家们并不从外在政治功业,而只从内在"无劳于情虑"的精神境界来赞扬和肯定圣人人格,体现出玄学家推崇的圣人之道的道家特点。又如他们在诠释孔子"吾与点也"之叹时,称曾点"善其能乐道知时,逍遥游咏之至也"②,并肯定孔子的志向与曾点相同,均具有不为外在的功利情虑所困的人生境界,这也是道家庄子所推崇的"乐道知时""逍遥游咏"的内圣之化境。

　　玄学家们以"儒道为一"的学术宗旨去诠释《论语》,阐发《论语》内圣之道的人格理想,他们虽然双重肯定儒家名教、道家自然的价值目标,但在价值等级上主张"自然"高于"名教",在价值来源上主张"名教"源于"自然",从而使得魏晋的《论语》学成为一种玄学化的内圣之道的学说。

二、圣人之道的本体:道与无

　　《论语》中所记载的孔子是一位充满人文关切的读书人,他的言行总是与具体的历史情境、社会现实相关,"或与时君抗厉,或与弟子抑扬,或自显示物,或混跡齐凡"③,孔子所说的均是具体的现实问题,故而其弟子们对形而上的"性与天道"问题是"不可得而闻"的。但是,魏晋玄学家在诠释《论语》时,不仅要谈性与天道,而且还赋予了它以"无形无相"的形而上之道的超越意义。正像他们在关于圣人之道的价值取向上,以道家的"自然"高于儒家的"名教"并作为"名教"的来源;在圣人的人格本体上,以道家的"无"作为儒家的"有"的终极依据。这样,《论语》原来只是孔子处于形而下情境中具体经验、人生体验等方面的记载,但经过玄学家们的创造性诠释后而获得了形而上

---

　　① (南北朝)皇侃:《论语义疏》卷八《卫灵公第十五》,《儒藏》(精华编),北京大学出版社2007年版,第274页。

　　② (南北朝)皇侃:《论语义疏》卷六《先进第十一》,《儒藏》(精华编),北京大学出版社2007年版,第206页。

　　③ (南北朝)皇侃:《论语义疏》卷一《论语义疏序》,《儒藏》(精华编),北京大学出版社2007年版,第9页。

的哲学意义。

在《论语》一书中,孔子经常使用"道"的概念,但是孔子所讲的"道"均是有关做人方法、社会秩序的人之道,并无道家老庄等人所赋予的化生天地、神鬼神帝的宇宙本原或世界主宰的意义。但是,玄学家们在诠释《论语》时,则将孔子的"道"注入了形而上之道的深刻内涵。这里列举几条:

> 子曰:"参乎! 吾道一以贯之哉。"
>
> 皇侃疏曰:"孔子语曾子曰:吾教化之道,唯用一道以贯统天下万理也。故王弼曰:'贯,犹统也。夫事有归,理有会。故得其归,事虽殷大,可以一名举;总其会,理虽博,可以至约穷也。譬犹以君御民,执一统众之道也。'"①
>
> 子曰:"人能弘道,非道弘人也。"
>
> 皇侃疏曰:道者,通物之妙也。通物之法,本通于可通,不通于不可通。……故蔡谟云:"道者寂然不动,行之由人,人可适道,故曰'人能弘道'。道不适人,故云'非道弘人'之也。"②
>
> 子曰:"志于道,据于德,依于仁,游于艺。"
>
> 皇侃疏曰:志者,在心向慕之谓也。道者,通而不拥也。道既是通,通无形相,故人当恒存志之在心,造次不可暂舍离者也。③
>
> 王弼曰:"道者,无之称也,无不通也,无不由也。况之曰道,寂然无体,不可为象。"④

---

① (南北朝)皇侃:《论语义疏》卷二《里仁第四》,《儒藏》(精华编),北京大学出版社 2007 年版,第 65 页。

② (南北朝)皇侃:《论语义疏》卷八《卫灵公第十五》,《儒藏》(精华编),北京大学出版社 2007 年版,第 284 页。

③ (南北朝)皇侃:《论语义疏》卷四《述而第七》,《儒藏》(精华编),北京大学出版社 2007 年版,第 111 页。

④ (魏晋)王弼:《论语释疑》,楼宇烈校释:《王弼集校释》下册,中华书局 1980 年版,第 624 页。

在王弼、皇侃等玄学家的注释中，孔子原本十分切近人生日用的忠恕之道，具有了抽象的超越性特征，表现出只有《周易》《道德经》《庄子》等"三玄"才具有的宇宙本体论的含义。玄学家认为孔子之道能够"贯统天下万理"，具有"寂然不动""无形相"的形上意义与本体特征，故而名道为"无之称"。

但是，我们要特别注意的是，玄学家们在注释《论语》时所阐发的以无为本的本体论，不同于《易传》《道德经》中所论述的宇宙本体论，更非西方哲学的实体性本体论，而是理想人格的最高精神境界——一种价值本体论或者人格本体论。从形式上看，这个本体论是通过本末、有无、一多等范畴的理论思辨表现出来的；但从内容上看，玄学本体论的本末、有无之辨恰恰是与价值取向上的自然名教之辨分不开的，它们均与内圣的理想人格及精神境界密不可分。许多当代学人已指出这一点："自然与名教之辨和本末有无之辨密不可分。无为本为体，指自然一面。有为末为用，指名教一面。自然与名教之辨通于本末有无之辨，或者说，魏晋玄学是从本体论的高度来理解和规定自然与名教之关系的。"①而无论是自然名教之辨，还是有无本末之辨，其实又均是与内圣之道相关，体现为理想人格的价值取向与最终依据。

有无之辨与名教自然之辨是如何建立起内在的联系呢？它与内圣之道又是什么关系呢？魏晋玄学提出"道者，无之称也"，用"以无为本"来取代先秦道家"以道为本"，确实是与魏晋时期崇尚自然无为的社会思潮之间有着内在的关联。② 事实上，魏晋玄学所讲的"无"，并不是一种实体性的客观存在，而是一种主体性的人格境界："无为万物之宗主或本体，实指主体心境而言；万物自生自化，乃心境之用，是由心体所起的一种境界观照。"③因而，玄学所讲的本体之"无"同时也是与主体心境人生态度"无为""无执""无着""无累"相一致的"无"，这种"无"的境界就是"自然"。这一点，在玄学家们诠释孔子及其《论语》时，体现得十分充分。在玄学家看来，圣人虽然能够"大爱无私"，既有道德之善又有政治功业，但是他们又是具有"无为""无执""无累""无言"

---

① 高晨阳：《儒道会通与正始玄学》，齐鲁书社 2000 年版，第 31 页。

② 参见王晓毅：《王弼评传》，南京大学出版社 1996 年版，第 246 页。

③ 高晨阳：《儒道会通与正始玄学》，齐鲁书社 2000 年版，第 45 页。

的生命境界之人,其原因就在于他们在"道同自然"中进入"无"的本体境界。孔子曾对上古圣王之崇高人格发出衷心的赞叹:"大哉尧之为君也! 巍巍乎! 唯天为大,唯尧则之。荡荡乎! 民无能名焉。"王弼则是以玄学的观念重新解读古代的圣王,他解释说:

> 圣人有则天之德。所以称"唯尧则之"者,唯尧于时全则天之道也。荡荡,无形无名之称也。夫名所名者,生于善有所章,而惠有所存,善恶相须,而名分形焉。若夫大爱无私,惠将安在? 至美无偏,名将何生? 故则天成化,道同自然,不私其子而君其臣。①

王弼显然是拓展了孔子对上古圣王尧舜之德业的由衷赞叹的意义,将其引申为一种"无为""无执"的"则天成化,道同自然"的"无"之精神境界。作为上古圣王的尧,他能既在名教中得到"高大可美"之称,能"得时有天下",此"有"完全合乎儒家名教理念中的圣王理想;又能达到"无形无名"的"无"的精神境界,完全合乎道家"自然"的理念,并能达到"则天成化,道同自然"的"无"的最高境界。可见,这里所诠释的圣人之道既是价值意义上的名教与自然的合一,也是本体论意义上的"有"与"无"的合一。

显然玄学家诠释《论语》的内圣之道,尽管是使用了有无本末的范畴作本体性哲学思辨,但这一本体论的是人格本体论,体现"自然"的价值特征。这一点,充分体现在王弼对《论语》的多种语录的诠释中。《论语》记载孔子说"予欲无言""天何言哉? 四时行焉,百物生焉。天何言哉?"王弼对孔子的"无言"解释说:

> 子欲无言,盖欲明本,举本统末,而示物于极者也。夫立言垂教,将以通性,而弊至于淫,寄旨传辞,将以正邪,而势至于繁。既求道中,不可胜

---

① (魏晋)王弼:《论语释疑》,楼宇烈校释:《王弼集校释》下册,中华书局 1980 年版,第 626 页。

御,是以修本废言,则天而行化。以淳而观,则天地之心见于不言;寒暑代序,则不言之令行乎四时,天岂谆谆者乎?①

从王弼对孔子"无言"的诠释来看,圣人本来是以无为本的,而由于本体不可言说,故而圣人才是"无言"的。他所说的逻辑关系是:无言—明本—举本统末—则天行化。这样,"无言"既体现出圣人"无为""无执"的人生态度,又体现出圣人"举本统末""则天行化"的形上精神境界。

三、体悟圣人之道的方法:"体无""明道"

魏晋玄学诠释《论语》内圣之道还涉及方法问题。这一内圣之道的方法包括两个方面:其一,圣人"体无"的方法,即圣人如何在自己形而下的道德事功中体"无"的形而上之本体;其二,圣人"明道"的方法,即通过"得意忘言"的方法来解决语言文献与本体境界的问题。魏晋玄学通过对《论语》的诠释而解答了上述的两个问题。

第一,圣人体无的方法。

用今天的学术语言来分疏玄学家《论语》学的内圣之道,我们往往认为"自然"是其价值观念,"无"是其本体,"无为"则是体无的方法。但是,我们从玄学思想的本义来看,"自然""无""无为"的内涵是一致的,它们所表达的是圣人之道的全体大用,即是圣人的一种"则天成化,道同自然"的形上本体与精神境界。所以,"无"与"自然""无为"是相通的,"自然""无为"是一种通向"无"的本体境界的过程;同样,"无"的本体并非是一个客观自在的实体性存在,而是圣人在"自然""无为"的过程中呈现出来的形上本体与精神境界。所以,魏晋玄学将"体无"看作是圣人的"无为""自然"的过程,汤用彤先生提

---

① (南北朝)皇侃:《论语义疏》卷九《阳货第十七》,《儒藏》(精华编),北京大学出版社2007年版,第318页。

出，"玄学很少讲工夫"，其原因是他们相信，"圣人智慧自备"，"圣人不需要常人之'学'。……只要圣人体无，不必讲体如何如何，只须讲儒家之名教即可。"①

玄学家之所以主要是讲"无"的本体境界，而很少讲通过做工夫而如何去实现这种境界，其原因是圣人体无并不是一个人为、执意的努力结果，圣人只是顺其本性自然，并无造作努力之功；圣人能够知人善任，建立政治功业，亦是"无为而无不为"的结果。

但是，玄学家在诠释《论语》时如何解决文本中原有的圣人工夫问题？本来《论语》就记载了孔子苦心求学的执着生活历程，尽管玄学家们所描述的圣人是一种体用如一、本体即是工夫的理想化人格，但他们所诠释的圣人之道又不可能回避孔子的"成圣"确是经过一番"下学"的功夫。这样，他们在注释孔子"加我数年，五十以学《易》，可以无大过矣"时也说到"学"的工夫。皇侃疏曰：

> 所以必五十而学《易》者，人年五十，是知命之年也，《易》有大演之数五十，是穷理尽命之书，故五十而学《易》也。既学得其理则极照精微，故身无过失也。……王弼曰："《易》以几神为教，颜渊庶几有过而改，然则穷神研几可以无过，明《易》道深妙，戒过明训，微言精粹，熟习然后而存义也。"②

尽管《周易》是一部"穷理尽命""穷神研几"的书，但学《易》仍是一种下学工夫，所以玄学家们一方而也承认孔子"五十以学《易》"，"学得其理"以及"戒过明训""熟习然后而存义"的下学工夫的必要性，承认孔子也是经过"五十以学《易》"的下学工夫，才能达到"无大过"的境界；另一方面他们更反复强调圣人津津乐道于"极照精微""穷神研几""明《易》道深妙"的精神境界，这显然

---

① 汤用彤：《魏晋玄学论稿》，上海世纪出版集团 2005 年版，第 131—132 页。

② （南北朝）皇侃：《论语义疏》卷四《述而第七》，《儒藏》（精华编），北京大学出版社 2007 年版，第 118 页。

又是一种即体即用、本体即是工夫的圣人境界。他们在诠释《论语》的圣人之道时,更多地主张"圣人体道为度,无有用意之知","夫名由迹生,故知从事显,无为寂然,何知之有?唯其无也,故能无所不应"①。所以,他们完全不看重所谓求道工夫的问题。

总之,玄学家在诠释《论语》时,他们并不关心也没有兴趣于圣人的工夫论问题,他们所注重的是圣人所具有的"神明之德""无形之道"是如何以"则天成化,道同自然"的方式表现出来的,这是一种无须做刻意工夫而自然天成地表达自己的自由人格。玄学家们这样描述圣人的自由境界:

> 孔子机发后应,事形乃视,择地以处身,资教以全度者也,故不入乱人之邦。圣人通远虑微,应变神化,浊乱不能污其洁,凶恶不能害其性,所以避难不藏身,绝物不以形也。②
>
> 圣人微妙玄通,深不可识。所以接世轨物者,曷尝不诱之以形器乎。黜独化之迹,同盈虚之质,勉夫童蒙而志乎学。③

在玄学家看来,圣人虽然也必须身处乱世之中而面临危难,也得"接世轨物"于形器世界,但是,由于圣人天生具有"通远虑微""微妙玄通"的资质与智慧,故而能够"机发后应""应变神化",他们无须向常人那样执着于某种人为的下学工夫。

第二,圣人明道的方法。

圣人天生具有"体无"的才性与智慧,但是无之体是无形无名的,圣人是如何将此不可言说的形上本体之道表达并传授出来?后学又该如何处理经典的语言文献与圣人体道之意的关系呢?这就涉及玄学思想中的一个十分重要

---

① (南北朝)皇侃:《论语义疏》卷五《子罕第九》,《儒藏》(精华编),北京大学出版社2007年版,第151页。

② (南北朝)皇侃:《论语义疏》卷九《阳货第十七》,《儒藏》(精华编),北京大学出版社2007年版,第310—311页。

③ (南北朝)皇侃:《论语义疏》卷一《为政第二》,《儒藏》(精华编),北京大学出版社2007年版,第22页。

的方法论问题:言意之辨。言意之辨既是圣人"明道"的方法,也是后学领悟圣人之道的重要方法。

本来,孔子所关注的就是现实社会中的实际问题,并希望通过道德政治的途径来解决这些问题,《论语》也非常平实地记载了孔子的日常言行及社会主张,并没有讨论言意之辨等抽象的方法论问题。但是《周易》《道德经》《庄子》等"三玄"对语言与道的关系作了深入的探讨,其中有关言意之辨的观念影响了玄学家,对玄学家们思考言外之意的道、无具有重要的方法论意义。既然玄学家已经从《论语》中阐发出以无为本的无名无形之本体,那么他们必须回答孔子为什么从不说无的问题。《魏志·何劭王弼传》记载了一段有名的对话:

> (裴)徽一见(王弼)而异之,问弼曰:"夫无者诚万物之所资也,然圣人莫肯致言,而《老子》申之无已者何?"弼曰:"圣人体无,无又不可以训,故不说也;《老子》是有者也,故恒言无所不足。"①

王弼认为,孔子虽然从不谈论无,但是其平生事迹体现了圣人能够"体无"的思想境界,倒是不断说无的老子却是不能体无的。根据王弼的这一思想,圣人"体无"的境界是可以通过他的生命历程展现出来的,但另一方面,由于"无"非语言所能表达,圣人从不肯致言无,故而就是《论语》等经籍也只是表达无之本体的筌蹄,筌蹄能够捕捉鱼兔,但其本身不是鱼兔。王弼的巧妙回答反而凸显了言与意之间的矛盾:未言无者能够体无,恒言无者则不能体无。

所以,玄学家们对圣人之道与经籍的关系或者言意之间有自己独特的理解,他们认识到二者之间的差异。《论语》记载了子贡的一段话,而皇侃对其作了独特的发挥:

---

① (西晋)陈寿:《三国志·魏书》卷二十八《钟会传》,转引自何劭:《王弼传》,中华书局2006年版,第591页。

> 子贡曰："夫子之文章,可得而闻也。夫子之言性与天道,不可得而闻也已矣。"

> 皇侃疏曰:文章者,六籍也。六籍是圣人之筌蹄,亦无关于鱼兔矣。……夫子之言即谓文章之所言也。性,孔子所禀以生者也。天道谓元亨日新之道也。言孔子六籍乃是人之所见,而六籍所言之旨,不可得而闻也。所以尔者,夫子之性,与天地元亨之道合其德致,此处深远,非凡人所知,故其言不可得闻也。①

皇侃这段注疏的价值不在于对文本的疏通,而是通过子贡对孔子的文章(言)可得而闻、性与天道(意)不可得而闻的事实,引申出了言与意、六籍与圣人之旨的复杂矛盾关系。他强调,言、六籍均是捕捉鱼兔的筌蹄,故而具有工具的性质;同时他又指出,圣人之意才是我们的精神目标,是筌蹄所要捕捉的鱼兔。故而,王弼一方面肯定了言能达意,阅读六籍是理解圣人之意的重要方法和途径;另一方面他又认为言不尽意,六籍不能完全表达圣人之意。于是,他提出了"得意忘言"的主张,希望以此来解决言意之间作为工具和目标的关系。②他以"得意而忘蹄""得鱼而忘筌"为喻,引申出"得意忘言"的结论。

魏晋时期开展的这种言意之辨,对圣人如何"明道"以及后学如何领悟圣人之道具有重要的方法论意义。首先,他们既能够使人们从筌、蹄的工具性意义上认识到《论语》、六籍等经典文献的意义,故而他们能积极从事对《周易》《论语》以及《道德经》《庄子》的诠释,作出重要的学术成就。特别是他们认识到"言"与圣人之意之间的重要联系,故在诠释《论语》时能够"寄言出意""善会其意",故而在纠正汉儒滞泥于文字而不能通文义方面作出了许多成绩。汤用彤先生于《魏晋玄学论稿》一书中列举了王弼、李充、缪协等人因"善会其意""寄言出意",而对《论语》的解释能纠正汉人"牵强泥于文义",能更好地理解经典原文,他总结说:"凡魏晋南朝之解经依此法者甚多,不必详述,

---

① （南北朝）皇侃:《论语义疏》卷三《公冶长第五》,《儒藏》(精华编),北京大学出版社2007年版,第80—81页。

② 参见王晓毅:《王弼评传》,南京大学出版社1996年版,第223页。

但凡会通其义而不拘拘于文字者皆根据寄言出意之精神也。"①

其次,更重要的是,这种言意之辨的方法论运用,让他们确立了圣人之意作为理解经典的目标,故而使他们能够在诠释经典、拓展《论语》的内圣之道方面,作出创造性的学术成就。在《论语》的文本中,孔子显然完全是一位胸怀人文理想、拥有强烈济世愿望的积极入世者,但是,经过玄学家们"寄言出意""善会其意"的创造性诠释之后,孔子则成了一位既有名教执着、又有自然超脱的圣人,一个能够在"有"中达到"无"的境界的理想人格。《论语·宪问》记载说:"子曰:'君子道者三,我无能焉,仁者不忧,智者不惑,勇者不惧。'子贡曰:'夫子自道也。'"皇侃解释说:

> 孔子云无,而实有也。故子贡云:孔子自道说也。江熙云:"圣人体是极于冲虚,是以忘其神武,遗其灵智,遂与众人齐其能否。故曰:'我无能焉。'子贡识其天真,故曰'夫子自道'之也。"②

孔子是以仁、智、勇作为儒家君子人格的道德准则,他虽然认为自己应终生追求这种很高的德行,但又自谦说"我无能焉"。皇侃的义疏则将这个自谦的"我无能焉"理解为圣人达到了体无的境界,认为"圣人体是极于中虚,是以忘其神武,遗其灵智"。这正是深刻地刻画了一位在名教的"实有"中达到精神超越的理想圣人。魏晋玄学对《论语》中圣人之道的创造性解释,极大地丰富了儒学思想的容量,拓展了内圣之道的深刻内涵。

(原文以《玄学的〈论语〉诠释与儒道会通》载《天津社会科学》2010 年第 3 期)

---

① 汤用彤:《魏晋玄学论稿》,上海世纪出版集团 2005 年版,第 22 页。
② (南北朝)皇侃:《论语义疏》卷七《宪问第十四》,《儒藏》(精华编),北京大学出版社 2007 年版,第 261 页。

王弼的易学

在《易》学史上，王弼无疑是义理派《易》学的杰出代表人物之一。他一改两汉时期经学家沉溺《易》学象数的神秘风气，努力弘扬《易传》已经奠定的义理《易》学的思想传统，从而建构并完成了《易》学史上的义理学形态。正如汤用彤先生所评价："魏晋经学之伟绩，首推王弼之《易》"①。

学术界历来重视对王弼《周易》之学的研究，已经对王弼《周易》义理学的内容、学术特征作了多方面的探析。本文想在前人已有研究成果的基础上，对这种《易》学形态的义理学作进一步的理论思考，并希望将玄学家的《易》学这种独特的学术形态放在《易》学史上来作历史维度的考察。

一、义理的学术形式特征

王弼在《易》学史上的重要地位，是他敢于挑战象数易学，从而确立并完成了义理易学的学术格局。那么，何谓"义理"？这就要联系与之对应的"象数"一起来讨论。《周易》本为卜筮之书，一方面《易经》包括本为占筮而用的阴爻(﹣﹣)、阳爻(—)、八卦、六十四重卦、三百八十四爻而组成的象数体系；另一方面，《易经》还包括与六十四卦、三百八十四爻相对应的卦名、卦辞、爻辞，这些文字中包含着社会、人生经验的"义理"。《易传》对作为卜筮之书的

---

① 汤用彤：《魏晋玄学论稿》，上海世纪出版集团 2005 年版，第 69 页。

《易经》作了思想理论上的升华。但是,《易传》的思想体系是以《易经》的占筮文化为基础而建立起来的,故而,《易传》虽以阐发宇宙人生大义的"义理"为特色,但其学术体系则仍然包括"象数"与"义理"两个方面。以后研治《周易》者绵延不绝,则均离不开象数与义理两种路数。当然,无论是象数还是义理,均与《周易》的原型即卜筮之学有关,均表达作者对吉凶祸福结果的思考与预测,体现出作者对行动的吉凶悔吝的强烈关注,正如《周易·系辞》所说:

> 是故《易》有太极,是生两仪,两仪生四象,四象生八卦,八卦定吉凶,吉凶生大业。……《易》有四象,所以示也;系辞焉,所以告也;定之以吉凶,所以断也。①

> 是故《易》者,象也。象也者,像也。彖者,材也。爻也者,效天下之动者也。是故吉凶生而悔吝著也。②

此处"《易》有太极"是讲筮法而不是讲宇宙生成,筮法中本来包括象数、义理两个方面,它们均是为了探究行动结果的成败得失问题,即希望尽早获得对吉凶悔吝的命运预测。

王弼的易理是对《易传》义理学的继承与发展,所以,尽管王弼吸收了老庄道家的形上智慧与哲学思辨而诠释《周易》的义理,但是,他所阐发的仍是预测吉凶悔吝后果的实用理性,而不是探索宇宙原理与哲学理论的所谓"纯粹理性"。③ 我们在解读王弼的义理易学时,首先必须明确其"义理"的这一特点。由于王弼的"义理"毕竟脱胎于卜筮之书的《周易》,《周易》本来就是

---

① (魏晋)王弼注,(唐)孔颖达疏:《周易正义》卷七《系辞上》,李学勤主编:《十三经注疏》第一册,中华书局 2015 年版,第 289—290 页。

② (魏晋)王弼注,(唐)孔颖达疏:《周易正义》卷八《系辞下》,李学勤主编:《十三经注疏》第一册,中华书局 2015 年版,第 303 页。

③ 余敦康认为,王弼所言理"不是抽象的思辨之理,不是对客观世界的纯粹理性的认识,而是一种与人们的实践密切联系在一起的行为的模式和准则,一种推动形势朝着有利方面转化的应变之方。"(《魏晋玄学史》,北京大学出版社 2004 年版,第 219 页。)王晓毅也认为:"王弼的义理易学,并不是为了总结抽象的哲学原理,而是为了探索命运的规律,为人类以最小损失获得最大功利服务。"(《儒、释、道与魏晋玄学形成》,中华书局 2003 年版,第 113 页。)

要告诫人们在吉凶祸福中作出正确的决策,故而决定了这种义理易学不是纯理性的哲学原理与理论思辨,而是一种与日用实践与实际功利息息相关的生活智慧的结晶。他在《明卦适变通爻》中说:

> 夫卦者,时也;爻者,适时之变者也。夫时有否泰,故用有行藏;卦有小大,故辞有险易。一时之制,可反而用也;一时之吉,可反而凶也。故卦以反对,而爻亦皆变。是故用无常道,事无轨度,动静屈伸,唯变所适。故名其卦,则吉凶从其类;存其时,则动静应其用。寻名以观其吉凶,举时以观其动静,则一体之变,由斯见矣。①

王弼在这段有关卦义、爻义的论述中,深刻表达了他阴阳相对、运动变化的辩证观念,既有所谓"时有否泰""卦以反对"的阴阳对立,又有"爻亦皆变""唯变所适"的运动变化。但是,这并不是一种纯哲学的辩证思维,而是与现实功利得失的生活实践息息相关的实用理性、决策思考。王弼对卦时否泰的辩证思考,只是为了寻求"动静屈伸,唯变所适"的主体行动的方案,最终是为了解决趋吉避凶的功利得失问题。所以说,王弼探讨卦义、爻义的根本目的是"观其吉凶",以为自己寻找合宜的行动,此合宜的行动也就是"义"。"义"也就是"理",王弼说:"或有过咎,非其理也。义,犹理也。"②可见,王弼的卦义、爻义,亦可理解成卦爻中的"义理",它总是与吉凶悔吝的后果有关。当然,我们讨论王弼的义理易学时,要充分肯定这一生活智慧与普遍法则的追求与两汉象数易学的重大区别和历史进步。两汉时期的易学继续发挥《周易》经、传中的有关象数的思想学说,把《周易》中的八卦、六十四重卦、三百八十四爻的不同排列组合与阴阳二气消长的卦气说、阴阳灾异说等结合起来,从而形成了一种含阴阳灾异的象数易学。两汉的象数易学有一个突出特点,就是将人事的

---

① (魏晋)王弼:《周易略例·明卦适变通爻》,楼宇烈:《王弼集校释》下册,中华书局1980年版,第604页。

② (魏晋)王弼:《周易注·下经·解》,楼宇烈:《王弼集校释》下册,中华书局1980年版,第416页。

吉凶祸福、政治的成败兴衰与自然的风雨寒温、日月更替联系起来,从而使得人世间的事情变得十分神秘化。而王弼的义理易学一扫两汉象数易学中弥漫的阴阳灾异的神秘气息,不再从超人间的神秘力量去寻求吉凶祸福的原因,而是把人间的吉凶祸福、成败兴衰归之于由生活实践及实用理性可以把握的"理",即如他所说:

> 物无妄然,必由其理。统之有宗,会之有元,故繁而不乱,众而不惑。①

王弼的易学就是通过对六十四卦、三百八十四爻的研究,探讨千变万化的社会时势及处世方法,这就是所谓的"义""理"。王弼易学所探讨的"义理"可以决定生活实践的吉凶祸福、成败兴衰,它是来之于人世间而非超人间的神秘力量。可见,实用理性是王弼义理易学的最大特点。

所以,尽管王弼的易学仍然是以"穷神研几"为教,但是他对"神""几"的认识并不是导向对超自然、超人间的神秘意志的膜拜,而是对现实人世的义理的认识。他说:

> 《易》以几、神为教。颜渊庶几有过而改,然则穷神研几可以无过。明易道深妙,戒过明训,微言精粹,熟习然后存义也。②

王弼所言的"穷神研几"的工夫,虽然也是希望获得对"几者动之微,吉之先见者也"的认识,但他并没有将吉凶祸福的变化归之于超自然的神意,而是导向对《周易》中六十四种不同时势的社会法则的探索和思考,以寻求与各卦情势相关的"时义",最终达到戒过明训和趋吉避凶的目的。这是一种通过"合以人事明之"而探究"所以然之理"的易道工夫,它充分体现出王弼的义理易学

---

① (魏晋)王弼:《周易略例·明象》,楼宇烈:《王弼集校释》下册,中华书局1980年版,第591页。
② (魏晋)王弼:《论语释疑》,楼宇烈:《王弼集校释》下册,中华书局1980年版,第624页。

中"穷神研几"的思想宗旨。所以,和汉易象数学派从超人间的神意中寻求吉凶祸福不同,王弼总是对卦、爻的解释坚持取义说或卦德说,具有实用理性的精神。譬如,王弼在解释《乾·文言》中说:

> 此一章全以人事明之也。九,阳也。阳,刚直之物也。夫能全用刚直,放远善柔,非天下之至(理)[治],未之能也。故乾元用九,则天下治也。夫识物之动,则其所以然之理皆可知也。龙之为德,不为妄者也。潜而勿用,何乎? 必穷处于下也;见而在田,必以时之通舍也。以爻为人,以位为时,人不妄动,则时皆可知也。文王明夷,则主可知矣;仲尼旅人,则国可知矣。①

《乾》卦系六十四卦之首,它是由两个乾为经卦组成,六爻均是阳爻,故而《乾》卦总是体现出"天行健,君子以自强不息"的德义。而六爻的爻辞则是以"龙"作为刚健的代表,表达"龙"在不同情境中所呈现的爻义。王弼以君德解释龙德,认为不同爻位时"龙"所采用的不同行为方式,譬如"潜龙勿用""或跃在渊""飞龙在天""亢龙有悔",其实就是指具有君子之德者总是因时而行、因理而动,认为君子是能够在不同社会情势中寻求合乎"所以然之理"的行为方式者。王弼所说的"以爻为人,以位为时,人不妄动,则时皆可知也",显然是强调决定吉凶悔吝后果的正是具体情势中的义理。

王弼从《易》学中演绎、提升出来的义理,与原来作为卜筮之用的《周易》筮法形式有着密切的关系。王弼所说的义理,本来就与《周易》的八经卦、六十四重卦、三百八十四爻的卦象、卦名、卦辞、爻辞有着形式上的密切联系,并往往是通过筮法形式表达的意义与道理。譬如,在如何获得对六十四卦卦义的理解方面,他提出了"一爻为主"说,认为:"凡彖者,通论一卦之体者也。一

---

① (魏晋)王弼:《周易注·上经·乾》,楼宇烈:《王弼集校释》上册,中华书局1980年版,第216页。

卦之体必由一爻为主,则指明一爻之美以统一卦之义,《大有》之类是也。"①王弼还提出爻变说,即每卦中的六爻之间存在着十分复杂的变化关系,爻位的不同而导致爻义的变化。他说:"夫爻者,何也?言乎变者也。变者何也?情伪之所为也。夫情伪之动,非数之所求也;故合散屈伸,与体相乖。"②同时,王弼还进一步指出卦义与爻义之间又是一个联动的关系,卦时的不同决定着爻位的性能,即"夫卦者,时也;爻者,适时之变者也"。另一方面,主爻同样也可以决定着卦义,即所谓"故六爻相错,可举一以明也"③。总之,王弼易学的义理,无非是指各卦的卦时、各爻的爻位中的意义,而不像两汉象数易学那样,把易学的象数与灾异、季候等自然现象联系起来去揣摩天神的神秘意志。

但是,这里所讲的只是王弼的义理《易》学在学术形式上的特点,我们更应关注这种"义理"的思想内涵及思想史意义。

二、义理的人文内涵

王弼从《周易》中所阐发的义理是起源于一种对人生吉凶悔吝预测的筮占形式,因为《周易》的人生预测是通过筮占的形式表达出来的,这样,易学中的"义理"表现出一种独特的思想特征。朱伯崑曾经说道:"《易传》中有两套语言:一是关于占筮的语言,一是哲学语言。"④其实,无论是《易传》,还是王弼的易学,其阐发的"义理"均是合占筮与哲学为一体的,表现为一种合"占筮—哲学"为一体的学术形态。

《周易》学一方面表现为与占筮相关的象、数、辞的学术形式特征;另一方

---

① (魏晋)王弼:《周易略例·略例下》,楼宇烈:《王弼集校释》下册,中华书局1980年版,第615页。

② (魏晋)王弼:《周易略例·明爻通变》,楼宇烈:《王弼集校释》下册,中华书局1980年版,第597页。

③ (魏晋)王弼:《周易略例·明象》,楼宇烈:《王弼集校释》下册,中华书局1980年版,第591页。

④ 朱伯崑:《易学哲学史》第一卷,昆仑出版社2005年版,第61页。

面则又表现为与自然、社会、人生等客观法则有关的思想内容。根据王弼的看法,《周易》中的六十四卦,就包含着六十四种卦义,因为每一卦象均代表一种时势,故而也就蕴含着与此情境相关的义理。那么,每一卦的义理既与其象、数、辞的"占筮—哲学"的《周易》学术形式有关,又与卦爻辞及传注的思想内容有关。我们来分析王弼对《乾》卦的注解,看看他的义理易学的这一特征。

《周易》六十四卦以乾卦居首。《乾》卦卦辞是:"乾上乾下,乾。元亨利贞。"《乾》卦的卦德是刚健,而"龙"是刚健的代表。所以,《乾》卦六爻爻辞以"龙"为标志来表达不同时间变化中所应该采用的应对方式。《易经·乾·九二》:"见龙在田,利见大人。"王弼注释曰:

> 出潜离隐,故曰"见龙",处于地上,故曰"在田"。德施周普,居中不偏,虽非君位,君之德也。初则不彰,三则乾乾,四则或跃,上则过亢。利见大人,唯二、五焉。①

《乾·九三》:"君子终日乾乾,夕惕若厉,无咎。"王弼注曰:

> 处下体之极,居上体之下,在不中之位,履重刚之险。上不在天,未可以安其尊也;下不在田,未可以宁其居也……居上不骄,在下不忧,因时而惕,不失其几,虽危而劳,可以无咎。②

《乾·九四》:"或跃在渊,无咎。"王弼注曰:

> 去下体之极,居上体之下,乾道革之时也。上不在天,下不在田,中不在人。履重刚之险,而无定位所处,斯诚进退无常之时也。……用心存

---

① (魏晋)王弼:《周易注·上经·乾》,楼宇烈:《王弼集校释》上册,中华书局1980年版,第211页。

② (魏晋)王弼:《周易注·上经·乾》,楼宇烈:《王弼集校释》上册,中华书局1980年版,第211—212页。

公,进不在私,疑以为虑,不谬于果,故"无咎"也。①

《乾·九五》:"飞龙在天,利见大人。"王弼注曰:

> 不行不跃,而在乎天,非飞而何? 故曰"飞龙"也。龙德在天,则大人之路亨也。夫位以德兴,德以位叙。以至德而处盛位,万物之覩,不亦宜乎!②

关于《乾》卦之卦义,王弼继承了《彖传》"大哉乾云,万物资始,乃统天"的思想,将其解释为:"有天之形,而能永保无亏,为物之首,统之者岂非至健哉!大明乎终始之道,故六位不失其时而成。"③在王弼对卦义、爻义的解释中,这个"义理"明显具有两种含义。一种是由占筮形式发展而来的义理,包括《乾》卦卦体及其六爻爻位表现出的德义,包括"去下体之极,居上体之下,乾道革之时也"等等。一种是卦爻辞所表达的君子应具有的德义,如"用心存公,进不在私,疑以为虑"等等。但是,在这些卦义、爻义中,更多的是双重含义兼具,诸如"德施周普,居中不偏,虽非君位,君之德也";"居上不骄,在下不忧";"夫位以德兴,德以位叙,以至德而处盛位"等等。这些关于《乾》卦及六爻所隐含的义理论述,既是指卦时、爻位所含的筮法方面的义理,同时也是作为君子或君主立身行事所应遵循的人文方面的义理。

王弼《周易》学中的义理包括上述两个方面的含义,但是,需要指出的是《周易》的筮法方面的义理是表面的、形式的;其人文方面的义理是潜在的、内容的。我们要真正从思想史上理解王弼的义理学的思想内容,就必须进一步揭示其义理的政治伦理内涵。

---

① (魏晋)王弼:《周易注·上经·乾》,楼宇烈:《王弼集校释》上册,中华书局 1980 年版,第 212 页。

② (魏晋)王弼:《周易注·上经·乾》,楼宇烈:《王弼集校释》上册,中华书局 1980 年版,第 212 页。

③ (魏晋)王弼:《周易注·上经·乾》,楼宇烈:《王弼集校释》上册,中华书局 1980 年版,第 213 页。

王弼对卦义的解释就是对"理"的认知,他肯定"义,犹理也"。由于这个"理"涉及人必须面对的天下之万事万物,故而有所谓"染而不乱,众而不惑""物虽众""义虽博"等说法,所表达的就是"理"的多样性与复杂性。如果我们进一步分析这个"理"的内容,这时会发现,儒家名教所竭力维护的纲常政治秩序与伦理道德观念,统统被纳入这个义理系统之中。儒家政治伦理的名教内涵已经成为王弼义理易学的重要组成部分。

儒家的名教是以血缘家族伦理为本位的,所以,王弼的义理易学直接论证了家族制度及相应的伦理规范,即所谓的"家道",认为只有维护好家族秩序的稳定才能趋吉得福。《周易》中有《家人》卦,王弼在注《家人·九五》"王假有家,勿恤,吉"时说:

> 假,至也。履正而应,处尊体巽,王至斯道以有其家者也。居于尊位,而明于家道,则下莫不化矣。父父、子子、兄兄、弟弟、夫夫、妇妇,六亲和睦,交相爱乐,而家道正。正家而天下定矣。故王假有家,则勿恤而吉。①

父子、兄弟、夫妇的家族伦常是名教社会的基础,并且占据了儒家"五伦"中的"三伦",故而王弼强调应"明于家道",并指出只要家齐而可以治国、天下平,即所谓"正家而天下定矣"。由于家族制度本来就是以尊卑秩序为依据的,这种名分等级制度十分严格,就像《周易》中的阴阳秩序不能乱一样,即所谓"位有尊卑,爻有阴阳。尊者,阳之所处;卑者,阴之所履也。"②这里所谈的爻位亦可以看作家族等级秩序的表达。王弼认为理想的社会伦常秩序首先要强调人人必须恪守家族名位本分而不可逾越,但另一方面尊卑长幼之间又应该相互和睦,必须"交相爱乐,而家道正"。

儒家名教的核心则是君臣为基本纲常秩序的政治社会。根据儒家"家国

---

① (魏晋)王弼:《周易注·下经·家人》,楼宇烈:《王弼集校释》下册,中华书局1980年版,第403页。

② (魏晋)王弼:《周易略例·辩位》,楼宇烈:《王弼集校释》下册,中华书局1980年版,第613页。

同构"的理念,家族中既讲尊卑等级又讲交相爱乐的父子关系,扩展到国家就是君仁臣忠的政治伦常关系。王弼在注释《周易》而申明的卦义中,形式上、表面上是讲阴阳刚柔的尊卑、交感关系,而在内容上、实质上讲的则是名教社会的政治伦常关系。《益·九五》:"有孚惠心,勿问元吉。有孚,惠我德。"因此爻正当至尊之位,王弼的注释表述了其政治伦常的意义:

> 得位履尊,为益之主者也。为益之大,莫大于信;为惠之大,莫大于心。因民所利而利之焉,惠而不费,惠心者也。信以惠心,尽物之愿,固不待问而元吉。有孚,惠我德也,以诚惠物,物亦应之,故曰"有孚,惠我德"也。①

他这里所讲的正是君臣、君民之间的互利、交感关系,君居尊位而必须有诚信,并"因民所利而利之",而臣民们在得到君主的诚心、恩惠之后作出相应的报答,这样才是一种和谐的名教秩序。在这种政治秩序中,王弼一直是主张以君为尊、为民做主的德治观念,他在注《观·九五》时说:"上之化下,犹风之靡草,故观民之俗,以察己[道]。百姓有罪,在[予]一人,君子风著,己乃无咎。上为化主,将欲自观,乃观民也。"②君主处于政治上的至尊地位,因而担负建立和谐名教秩序的最大责任。

王弼秉承儒家名教思想传统,将家族、国家的社会政治秩序纳入德治、仁政的框架之内,正如汤用彤所评价的:"王弼虽深知否泰有命,而未尝不劝人归于正。然则其形上学,虽属道家,而其于立身行事,实仍赏儒家之风骨也。"③

我们在研究王弼的义理易学时会发现,他在注释《周易》时所阐发的义理

---

① (魏晋)王弼:《周易注·下经·益》,楼宇烈:《王弼集校释》下册,中华书局1980年版,第430页。

② (魏晋)王弼:《周易注·上经·观》,楼宇烈:《王弼集校释》上册,中华书局1980年版,第317页。

③ 汤用彤:《魏晋玄学论稿》,上海世纪出版集团2005年版,第85页。

是把儒家名教的伦理包括在内的,当他声称"物无妄然,必由其理"时,此"理"包括了儒家名教之理。而且,王弼总是将对名教、礼义的遵循与吉凶悔吝的后果结合起来。他在注释《周易》时不断地说:

> 妇制其夫,臣制其君,虽贞近危,故曰"妇贞厉"也。①
> 壮而违礼则凶,凶则失壮也,故君子以大壮而顺[礼]也。②
> 夫不私于物,物亦公焉;不疑于物,物亦诚焉。既公且信,何难何备?不言而教行,何为而不威如? 为大有之主而不以此道,吉可得乎?③

他把儒家的名教秩序、礼仪制度作为必须遵循的"理",并强调是否遵循此"理"是与吉凶悔吝的后果联系在一起的,正体现出义理易学所具有的实用理性特征。

三、实用理性的义理

王弼建构的义理易学,一反两汉时期以天象灾异说《周易》的传统,而注重对《易》学作义理的阐发。唐学者李鼎祚曾评论说:"郑(玄)多参天象,王(弼)乃全释人事。"④确实,汉儒的象数易学重视对阴阳灾异的研究,故而把《周易》中本来与卜筮有关的象数和灾异祯祥有关的天象、物候结合起来;而王弼的义理易学注重对义理的思考,故而关注对"所以然之理"的认识,即他

---

① (魏晋)王弼:《周易注·上经·小畜》,楼宇烈:《王弼集校释》上册,中华书局1980年版,第267页。
② (魏晋)王弼:《周易注·下经·大壮》,楼宇烈:《王弼集校释》下册,中华书局1980年版,第387页。
③ (魏晋)王弼:《周易注·上经·大有》,楼宇烈:《王弼集校释》上册,中华书局1980年版,第291页。
④ 李鼎祚:《周易集解序》,九州出版社2003年版,第21页。

所谓"夫识物之动,则其所以然之理皆可知也。"①由于王弼从人事本身出发解释《周易》,他所理解和阐发的卦义均和人事密不可分,这样,他所希望认识的"所以然之理",就和政治、军事、经济及社会生活各个方面的人事活动保持着密切的联系。

《周易·系辞传》说:"作《易》者,其有忧患乎!"应该说,无论是作《周易》者,还是传注《周易》者,均是和人生社会的深切忧患有密切关系。社会人生本来就处于一种吉凶祸福交替的无常变化之中,那么,在这种变动无居的社会人生中,如何把握不可捉摸的吉凶悔吝之后果呢? 人应该怎样正确地选择合宜的行动方案呢? 无论是象数易学还是义理易学均有很强烈的忧患意识,只是象数易学希望从外在的天文历数的变化中寻找决定吉凶悔吝的原因,而义理易学则努力从现实社会中探寻决定吉凶悔吝的客观法则。因此,王弼的义理易学总是表达出对人生吉凶悔吝的深切忧患,他说:"吉凶有时,不可犯也;动静有适,不可过也。犯时之忌,罪不在大;失其所适,过不在深。"②同时,王弼又热衷于从《周易》中寻找"义理",他探讨那些所谓的"卦义""卦德""爻义",其实就是希望在立身行事中正确把握客观的社会时势,选择合适的行动方案,能在变动不居的情势中保持清醒的头脑,而在吉凶祸福中立于不败之地。

本来,《周易》的经传作者就强调礼仪道德与吉凶悔吝有着内在的联系。但由于《周易》经传又将其联系起来的依据归之于主宰世界的神灵,故而其理性精神受到抑制。两汉的象数易学所以将礼教与灾异联系起来,也是基于对天神之大君的信仰,故而压抑了《易传》的理性精神。王弼义理易学的最大特色就是主张天道无为,并把吉凶悔吝与现实的理性思考结合起来,故而消解了对神灵怪异的崇拜。但是,在王弼易学义理中与吉凶得以联系的依据是什么? 这就要进一步分析王弼易学中义理的理性内涵。

---

① (魏晋)王弼:《周易注·上经·乾》,楼宇烈:《王弼集校释》上册,中华书局1980年版,第216页。
② (魏晋)王弼:《周易略例·明卦适变通爻》,楼宇烈:《王弼集校释》下册,中华书局1980年版,第604页。

在王弼的《易》学中，义理其实包含着对时势与理则的理性思考。在王弼的《易》学中，卦义代表着时势，爻义则代表主体应变所必须遵循的法则；卦义往往是一种必然之理，即"物无妄然，必由其理"，而爻义则主要体现为一种应然之义。王弼认为，卦义是由每一卦所体现的时势所决定的，《周易》六十四卦的卦义，就是缘于人生所面临的各种各样的安危、逆顺、险易、得失的不同时势。王弼将卦义归为吉凶两大类型，就是指其时势而言。虽然六十四卦代表的不同时势决定了其"必然之理"的卦义，但是，各卦中的每一爻则应"适时之变"才可以充分利用、适应这些不同时势，即通过对卦义的掌握以实现"虽险而可以处者""弱而不惧于敌者""忧而不惧于乱者""柔而不忧于断者"。① 这些因顺应时势而采取"适时之变"的爻义，就是实用理性所建构起来的应然之义的理念。各爻的爻义往往与主体在不同时势中采取的应对方案、行为方式有关。

王弼为了顺应不同卦义中的时势，努力以一种实用理性而建构出一系列"适时之变"的爻义。尽管这些爻义十分博杂，故而有"理虽博""义虽博"之说，但是归根结底亦可分为两种类型。首先，属于辩证智慧类的，是各类生活经验的理性化概括、总结与提升。如王弼在《周易注》中对六十四卦的注释，包括注《坤卦·象传》讲"柔顺"之义："夫［两］雄必争，二主必危。有地之形，与刚健为耦，而以永保无疆。……方而又刚，柔而又圆，求安难矣。"②注《讼卦·九五》论"中正"之义："用其中正，以断枉直。中则不过，正则不邪，刚无所溺，公无所偏。"③注《泰卦·六五》论阴阳"交泰"之义："《泰》者，阴阳交通之时也。女处尊位，履中居顺，……尽乎阴阳交配之宜，故'元吉'也。"④注《随卦·九五》论"随时"之义："履正居中，而处随世，尽随时之宜，得物之诚，

① （魏晋）王弼：《周易略例·明卦适变通爻》，楼宇烈：《王弼集校释》下册，中华书局1980年版，第604页。

② （魏晋）王弼：《周易注·上经·坤》，楼宇烈：《王弼集校释》上册，中华书局1980年版，第226页。

③ （魏晋）王弼：《周易注·上经·讼》，楼宇烈：《王弼集校释》上册，中华书局1980年版，第251页。

④ （魏晋）王弼：《周易注·上经·泰》，楼宇烈：《王弼集校释》上册，中华书局1980年版，第278页。

故嘉吉也。"①注《颐卦·初九》论"颐养"之义:"夫安身莫若不竞,修已莫若自保。守道则福至,求禄则辱来。……离其致养之至道,窥我宠禄而竞进,凶莫甚焉。"②以上所引这些义理,均是指各种不同情境、时势中所宜采取的态度、方略,其内容主要是以生活实践为基础的辩证智慧、实用理性。

其次,王弼的《周易》注释中的爻义还包括许多与名教社会相关的伦理准则、道德观念,它们也是指在不同卦象所规定的情境、时势中所应采取的人生态度与行为方式。如他注《乾·九五》倡导德与位同一:"夫位以德兴,德以位叙。以至德而处盛位,万物之覩,不亦宜乎!"③注《家人卦·上九》而论恩威并重:"凡物以猛为本者,则患在寡恩;以爱为本者,则患在寡威。"④注《节卦·九五》论节义:"当位居中,为节之主,不失其中,不伤财,不害民之谓也。"⑤注《中孚·九五》论君子诚信之义:"处中诚以相交之时,居尊位以为群物之主,信何可舍?"⑥如果说前面所引的爻义主要体现为以人生经验为基础的辩证智慧的话,这里所引的爻义则主要是修养德性、爱民养民、诚信相交,是一系列以人生经验为基础的道德理性。王弼认为,这一类与名教伦常相关的道德理性,同样是人们在应对不同时势中转凶为吉的手段。

可见,王弼的爻义具有上述智、德两方面的内涵。当然,在王弼的义理易学中,这两个方面并不是并列或平分秋色的。如果说后来宋儒的义理易学是以德性为本位,智性总是依赖于德性的话;那么,王弼的义理易学显然是以智性为本位的,其义理中的德性内涵是依托于智性内涵的。从分量上看,王弼的

---

① (魏晋)王弼:《周易注·上经·随》,楼宇烈:《王弼集校释》上册,中华书局 1980 年版,第 305 页。

② (魏晋)王弼:《周易注·上经·颐》,楼宇烈:《王弼集校释》上册,中华书局 1980 年版,第 352 页。

③ (魏晋)王弼:《周易注·上经·乾》,楼宇烈:《王弼集校释》上册,中华书局 1980 年版,第 212 页。

④ (魏晋)王弼:《周易注·下经·家人》,楼宇烈:《王弼集校释》下册,中华书局 1980 年版,第 403 页。

⑤ (魏晋)王弼:《周易注·下经·节》,楼宇烈:《王弼集校释》下册,中华书局 1980 年版,第 513 页。

⑥ (魏晋)王弼:《周易注·下经·中孚》,楼宇烈:《王弼集校释》下册,中华书局 1980 年版,第 517 页。

《周易注》在对各爻爻义,特别是各卦主爻之义的阐发上,大量是那些如何应对吉凶时势的生活经验、辩证智慧,他们依赖的主要也是阴阳交感、中正不偏、适时之变这一类以生活经验为基础的辩证智慧;至于那些有关道德品性、名教秩序方面的爻义,不仅是分量明显要轻一些,并且常常是作为智性选择的结果而依赖于生活经验。从重要性来看,爻义的智性因素在有关应对时势、把握吉凶方面显得更为有效。因为爻义是表达行为主体在各种十分复杂而又变化无常的时势中所选择的行动方案,从家族到朝廷,从战争到治国,从刑狱到礼仪,王弼的义理总是更为强调吉凶祸福的过程与结果,故而一种应对险局危情的辩证智慧在这里就占据十分重要的地位。而德性的爻义仍是依从时势、兴于吉凶的一种智性选择。譬如,在一些情况下,他所阐发的爻义中的德性因素最终又依附于智性因素,如王弼注《谦卦》说:

> 夫吉凶悔吝,生乎动者也。动之所起,兴于利者也。故饮食必有讼,讼必有众起。……是以六爻虽有失位、无应、乘刚,而皆无凶咎悔吝者,以谦为主也。"谦尊而光,卑而不可踰",信矣哉![①]

在包括争讼、征伐的争斗中,谦之义既是一种待人的德性,也是一种处事的智慧。但是,在王弼看来,谦作为一种重要的德义,首先因为它能够使人免除凶咎悔吝的结局,达到吉利的目的。在这里,智性的实用理性占据了统治地位,而德性因素则是依托于有关吉凶悔吝的人生智慧。这是我们理解王弼的义理易学所不能忽视的。

四、本体论的义理

无论是重生活经验的辩证智慧,还是重名教秩序的德性准则,它们均在王

---

① (魏晋)王弼:《周易注·上经·谦》,楼宇烈:《王弼集校释》上册,中华书局1980年版,第296页。

弼"全释人事"的义理易学中受到了重视,王弼充分肯定六十四卦、三百八十四爻中所隐含着各种不同义理对天下万事万物的主导作用。但是,王弼在对《周易》的诠释中,还经常透露出一个重要思想,即在众多的义理之中,有一个最根本的"至理"(或太极、一)在起着根本性的决定作用。他说:

> 故自统而寻之,物虽众,则知可以执一御也;由本以观之,义虽博,则知可以一名举也。①

王弼所说的"一"能够统众物、御众理,这个"一"也就是所谓的太极、至理、神。王弼曾对这个"神""至理""一"的统御天地万物的特点作过说明,他在注《观卦·象传》"圣人以神道设教而天下服矣"时说:

> 统说观之为道,不以刑制使物,而以观感化物者也。神则无形者也。不见天之使四时,而四时不忒;不见圣人使百姓,而百姓自服也。②

"神""至理""一"虽然能够统御万物,但它本身却是无形无象的。而这个无形无象的"神""一"是如何统御万事万物的呢? 王弼通过对大衍之数的创造性诠释解答了这个问题。

"大衍之数"原来是指占筮所用的蓍草数目。《周易》体系中的六十四卦、三百八十四爻的众多卦爻,其实均是古代人用蓍草并采用揲蓍的方法而推演出来的。在揲蓍过程中所采用的方法是《系辞传》所说的"大衍之数五十,其用四十有九",即从五十根蓍草中抽出一根不用,只用其中四十九根来推演出每一卦和每一爻。两汉的象数易学对"大衍之数"作出许多神秘化的解释,王弼则是从"执一统众"的宇宙本体论的角度,对《周易·系辞传》的"大衍之数"作了新的解释:

---

① (魏晋)王弼:《周易略例·明象》,《王弼集校释》下册,中华书局1980年版,第591页。

② (魏晋)王弼:《周易注·上经·观》,楼宇烈:《王弼集校释》上册,中华书局1980年版,第315页。

演天地之数,所赖者五十也。其用四十有九,则其一不用也。不用而用之以通,作数而数以之成,斯易之太极也。四十有九,数之极也。夫无不可以无明,必因于有,故常于有物之极,而必明其所由之宗也。①

王弼认为"其一不用",此"一"就是太极,是形而上之本体,它本身虽然不用,但体现在其他四十九数之用中。在王弼所解释的"大衍之数"中,"一""太极"是无形象、无功用的"无",但是却存在于有形象、有功用的"有"之中。

这一点,王弼在注释老子《道德经》时做了更加明确的论述:"凡有皆始于无,故未形无名之时,则为万物之始。"②"无形无名者,万物之宗也。虽今古不同,时移俗易,故莫不由乎此以成其治者也。故可执古之道以御今之有。"③在王弼那里,《道德经》是专讲无形无象的"无""道",最终总是通向"成治""御今"的"有""物";而《周易》则是专门讲人事、论卦爻的"有""象",但是"至理""太极""一"却是无所不在地体现在"有"中间。尽管如此,在王弼对《周易》所作的注释之间,仍然可以发现他对"有"中"无"的存在所作的论述。前面所引他对《观卦》的注释就体现了这一点,又如他在解《复卦·彖传》"复其天地之心乎"说道:

復者,反本之谓也。天地以本为心者也。凡动息则静,静非对动者也;语息则默,默非对语者也。然则天地虽大,富有万物,雷动风行,运化万变,寂然至无是其本矣。故动息地中,乃天地之心见也。若其以有为心,则异类未获具存矣。④

① (魏晋)王弼:《周易注附·韩康伯注系辞上》,楼宇烈:《王弼集校释》下册,中华书局1980年版,第547—548页。
② (魏晋)王弼:《老子道德经注》上篇第一章,楼宇烈:《王弼集校释》上册,中华书局1980年版,第1页。
③ (魏晋)王弼:《老子道德经注》上篇第十四章,楼宇烈:《王弼集校释》上册,中华书局1980年版,第32页。
④ (魏晋)王弼:《周易注·上经·复》,楼宇烈:《王弼集校释》上册,中华书局1980年版,第336—337页。

他认为在天地万物之中存在一个"寂然至无"的本体,所谓的"天地之心"也是以这个"无"作为本体。

这样,在王弼的易学中,出现了两个思想层次的义理。一个是由诸多卦义、爻义而表达的义理,这是人们在吉凶祸福的局势中建立正确理念、选择合理方案,这种义理是人们趋吉避凶的手段,即所谓"明祸福之所生,故不苟说;辨必然之理,故不改其操"①。显然,这种义理是一种实用性的义理。另一个则是最高的"至理",即是能够统御众多物理的"太极"、"道"、"一",它虽然是无形象无作为,但是又存在于众多物理之间,并且统御着诸多物理,这是本体性义理。这两个层次义理的区别是十分明显的,前者是形下的现实人生,是人们有为的追求;后者是形上的超越理想,是无为的自然。但是,由于这个"太极""道"是"不用而用""无为而为",故而,人们在实际生活中只需遵循诸卦爻所表达的具体义理,王弼的这种说法最终又消解了太极的存在。所以,王弼的义理易学着重谈"有",通过"全释人事"以阐发卦爻的义理,是因为他用无形象、无作为的太极取代了两汉象数易学中主宰天地万物的神秘意志,从而使得易学由揣摩神意的宗教迷信走向崇尚义理的实用理性。

王弼的义理《易》学在易学史上具有十分重要的思想地位,因为他是学术史上最早以本末的哲学思想来诠释《周易》的思想家,他因此而成为易学史上具有开拓性的重要人物。所以汤用彤先生认为:"王弼之《易》注出,而儒家之形上学之新义乃成。"②汤先生关于王弼之学对"儒家之形上学"所作出重大贡献的观点很值得注意。人们通常认为,儒家建构形上学的任务与被称为"新道家"的玄学没有关系。其实,玄学的基本哲学使命就是通过汇通儒道将"名教"与"自然"统一起来,体现在哲学上,就是将"自然"作为"名教"的本体依据,使儒家伦理具有形上学之意义。所以,学界也有将玄学称为"新儒家"的,其原因就在这里。但是,王弼《易》学中有关本体的哲学理念并不是从《周易》或其他儒家经典中凝练、提升出来的,而是从道家著作《道德经》中引入

---

① (魏晋)王弼:《周易注·上经·豫》,楼宇烈:《王弼集校释》上册,中华书局1980年版,第299页。

② 汤用彤:《魏晋玄学论稿》,上海世纪出版集团2005年版,第70页。

的。与此相关,王弼所说的形而上之本体是无形象的"无",在价值论上是无作为的"自然",从而使得儒家所追求的价值理想的"有"与体现道家价值的"无"之间存在严重的矛盾,使儒家崇尚名教务实的哲学理念与道家崇尚自然无为的哲学理念产生矛盾。从这个意义上说,王弼以本末观念所诠释的义理《易》学,并没有完成建构"儒家之形上学"的任务。

(原文以《王弼的义理易学》载《中山大学学报》2009 年第 4 期)

师道精神与宋学崛起

南宋陆九渊很早就指出,宋代的理学学术是与师道精神紧密联系在一起的,他说:"惟本朝理学,远过汉唐,始复有师道。"①陆九渊确实道明了宋学形成和发展起来的一个重要契机是由于宋儒师道精神的凸显。在唐宋变革的大背景下,宋代士大夫引领和推动了一场复兴师道的思想运动。师道精神的背后是两宋时期儒家士大夫主体地位的大大提升,从而推动了儒学重建与宋学兴起。师道复兴运动带来学术思想的大变革,从最初宋学的"学统四起",发展并定型为南宋后期的理学独尊,其实均与唐宋"师道"复兴有密切联系。

所以,我们需要进一步探讨唐宋师道复兴以后,为什么会对那个历史时期的儒学重建与宋学兴起产生巨大的推动作用。与此相关,还需要进一步考察"师道"复兴后的儒学重建,对宋代政教形态的历史转型产生的影响。

一、师道与宋学精神

宋代士大夫的师道复兴,推动了新时期的思想解放和学术重建,导致一种具有士大夫精神气质的学术形态——宋学的兴起。正如钱穆先生所说:"宋学最先姿态,是偏重在教育的一种师道运动。"②

---

① （南宋）陆九渊:《书·与李省斡二》,《陆九渊集》卷一,中华书局 2008 年版,第 14 页。
② 钱穆:《宋明理学概述》,台湾学生书局 1984 年版,第 2 页。

宋学兴起是以回归先秦儒学、复兴师道为旗帜的。但是，宋学作为一种新的学术形态，之所以能够在宋代兴起，其背后体现出唐宋之际儒学重建、政教转型的历史要求。全祖望对宋初学术的总体情况，有一个重要概述，他说：

> 有宋真、仁二宗之际，儒林之草昧也。当时濂、洛之徒方萌芽而未出，而睢阳戚氏在宋，泰山孙氏在齐，安定胡氏在吴，相与讲明正学，自拔于尘俗之中。亦会值贤者在朝，安阳韩忠献公、高平范文正公、乐安欧阳文忠公辈卓然有见于道之大概，左提右挈，于是学校遍于四方，师儒之道以立，而李挺之、邵古叟辈共以经术和之。①

北宋前期就开始萌动一场学术巨变，儒家士大夫希望推动一股回归儒家经典以"相与讲明正学"的思潮，但是，宋学兴起的前提是当时大量出现的"学校遍于四方，师儒之道以立"的景象。我们知道，汉学兴起是因为汉武帝在朝廷推动了"罢黜百家，表彰六经"的政策，特别是建构了"兴太学，置明师，以养天下之士"②的政教形态。而宋代似乎不同，作为儒学变革主体力量的士大夫，他们主要是在民间或者是在地方推动政教变革。宋代士大夫批判了汉唐经学，也对汉唐政教形态提出质疑，他们向往和复兴了先秦儒家士人文化主体意识的师道精神，致力于对儒家经典的重新诠释，推动了儒学的一系列创新发展。

宋代士大夫推动两宋重建儒学的思想动力，完全来自他们内心"师儒之道以立"的文化主体意识。在此过程中，宋代士大夫完成了一种新的学术形态即"宋学"的建构，创造了一种适应新时代需要的新经典体系。他们之所以需要标榜"师道"，一方面表现出文化主体的思想视角，强调应该召唤一切儒家士大夫能够"为往圣继绝学"；另一方面其教育的目标与归属均具有鲜明的政治意义，他们通过教育而达到并实现回归三代王道社会。所以，宋儒的"师道"复兴其实可以归因于儒家传统的政教观念，这一种意识也影响了宋学的

---

① （清）全祖望：《庆历五先生书院记》，《鲒埼亭集》外编卷一六，《全祖望集彙校集注》，上海古籍出版社 2000 年版，第 1037 页。

② （东汉）班固：《汉书》卷五十六《董仲舒传第二十六》，中华书局 1962 年版，第 2512 页。

学术旨趣,演变成所谓的"宋学精神"。这就是钱穆所说的:"宋学精神,厥有两端:一曰革新政令,二曰创通经义,而精神之所寄则在书院。"①钱穆先生对"宋学精神"的概括是很精准的,革新政令、创通经义、书院教育三个方面确实表达出崛起的"宋学精神",而且这三个方面也能够鲜明体现出师道的主导作用。

所以,我们需要进一步探讨师道复兴与宋学精神三个方面的密切关系。我们会发现,所谓的"宋学精神"其实也就是宋代的师道精神。

首先,我们考察宋儒复兴师道与革新政令之间的关系。宋学并不是只会空谈义理、体悟心性的无用之学,恰恰相反,宋儒普遍自我标榜其学术宗旨是"明体达用之学",他们希望解决现实的人心世道、经世治国的实际问题,强调学术必须是有体有用。宋儒关怀现实、心忧天下,特别关注国家制度、政治治理,希望自己能够实现博施济众的经世事业。北宋发起的几次重大而有影响的政治改革运动,恰恰也是朝野不同士大夫群体广泛参与的结果。同时,由于学术与政治的密切联系,学术领域的学派与政治领域的朋党密切相关,学派往往也是党派,学术争辩也涉及党争。如荆公新学是学派,荆公新党是党派,他们是同一个群体。与之相对立的洛学、蜀学、朔学均是不同学术特色的宋学学派,同时也是有不同政治主张的洛党、蜀党、朔党等政治朋党。宋朝的政治形态确实发生了很大改变,士大夫在朝廷的主导权力越来越明显。特别是宋代士大夫通过言事、劝谏、封驳、经筵、舆论等各种方式限制皇权,体现出士大夫政治的成型。②

所以,宋代的"师道"运动,首先对宋儒推动的革新政令有深刻影响,而不仅仅是一场学术教育领域的运动。如"庆历新政"就是如此,我们甚至可以将宋代的这一场新政运动,看作是一场师道精神下指导的政治改革。推动"庆历新政"运动的主体是以范仲淹为首的士大夫集团,既是一个推动政治改革、主持新政的政治集团,又是一个倡导复兴师道、重建儒学的学者集团。正如朱

---

① 钱穆:《中国近代三百年学术史》,商务印书馆 1997 年版,第 7 页。
② 参见程民生:《论宋代士大夫政治对皇权的限制》,《河南大学学报》(社会科学版)1999年第 3 期。

熹所说："文正公门下多延士,如胡瑗、孙复、石介、李觏之徒,与公从游,昼夜肄业。"①作为政治集团,他们发动了庆历新政的"革新政令"运动,推动了涉及政治、经济、军事、文化、教育领域的全面革新。值得关注的是,这一个士大夫集团总是将振兴师道作为新政的根本,他们认为"文庠不振,师道久缺,为学者不根乎经籍,从政者罕议教化",即师道不兴才导致吏治腐败、士风衰退、学风不正。此即如范仲淹在天圣五年的《上执政书》中所说:"今天下久平,修理政教,制作充乐,以防微杜渐者,道也。"②这一个"道"就是"师道"。所以范仲淹在《答手诏条陈十事》中提出建议,要求在"诸路州郡,有学校处,奏举通经有道之士专于教授,务在兴行"③。可见,在范仲淹看来,"立师道"应该是整个新政的重心,要推动革新政令的深入开展,必须将复兴师道置于首位。范仲淹在《上时相议制举书》中指出:"夫善国者,莫先育材;育材之方,莫先劝学;劝学之要,莫尚宗经。宗经则道大,道大则才大,才大则功大。"④如果有师道复兴,就能够推动培育人才、发展教育、更新学术,进而推动吏治澄清、提升行政效率等一系列政令的革新。范仲淹不仅仅是宋学的奠基人,更是宋代政治改革的先行者,而他倡导的师道复兴与其政治改革密切相关,所以说,庆历新政其实是一场通过师道复兴而推动整个政教形态转型的改革。

其次,宋代士大夫的师道复兴与创通经义有密切联系。《宋元学案》的案语中谈到师道与宋学的关系:"宋兴八十年,安定胡先生,泰山孙先生、石先生始以师道明正学,继而濂洛兴矣。故本朝理学虽至伊洛而精,实自三先生而始,故晦庵有伊川不敢忘三先生之语。"⑤所谓"以师道明正学",就道出了师道复兴对宋学兴起的深刻影响。儒学经历的从汉学到宋学的演变,这是两种

---

① 《宋名臣言行录后集》卷十一,文津阁《四库全书》第447册,第361页。

② (北宋)范仲淹:《范文正公文集》卷九《上执政书》,《范仲淹全集》,四川大学出版社2007年版,第218页。

③ (北宋)范仲淹:《范文正公政府奏议》卷上《答手诏条陈十事》,《范仲淹全集》,四川大学出版社2007年版,第529页。

④ (北宋)范仲淹:《范文正公文集》卷十《上时相议制举书》,《范仲淹全集》,四川大学出版社2007年版,第237页。

⑤ (明末清初)黄宗羲:《宋元学案》卷二《泰山学案》,《宋元学案》(第1册),中华书局2018年版,第73页。

不同的经学形态,汉学讲究章句训诂,而宋学探究道德义理,创通经义成为宋学的基本精神与主要特点。但是,宋儒之所以敢于、善于创通经义,同样源于其师道精神的坚守。"师道"一方面强调"师"作为文化主体性存在,另一方面坚持"道"是研经传经的真正目的。宋儒希望通过经典以寻求圣人之道、天地之理,故而形成了创通经义的宋学。胡瑗是宋学的开创人物之一,而他也是师道复兴的呼吁者。胡瑗对师道复兴与创通经义之间的关系有明确的认识。他在《洪范口义》中释"八政"之"师"云:"师者,师保之师也,夫能探天下之术,论圣人之道。王者北面而尊师,则有不召之师。师之犹言法也,礼义所从出也,道德以为法也……自古圣帝明王,未有不由师而后兴也。故《传》曰 :'国将兴,尊师而重道。'又曰 :'三王四代惟其师。'故师者,天下之根本也。"①这是一个重大的思想转向,胡瑗所说的"师"不是帝王君主,而是作为儒家之源的"师保之师",他们能够"探天下之术,论圣人之道",因为"师"拥有"道"故而独立于"王者",但是又应该受到帝王的"尊师而重道"。胡瑗推崇"师"应该是"天下之根本",由师道精神推动义理之学建构的宋学,势必成为主导天下秩序的学术。胡瑗等宋初三先生"以师道明正学"的思想行动,得到了当时诸多大儒的高度评价。如欧阳修《胡先生墓表》说:"师道废久矣,自景祐、明道以来,学者有师,惟先生(胡瑗)暨泰山孙明复,石守道三人。"②欧阳修肯定了胡瑗、孙明复、石守道对宋代师道的复兴所产生的重大影响,而此三人恰恰成为推动宋学学统发展的"宋初三先生"。

继宋初三先生之后,宋学的经典诠释与义理建构进一步发展,特别是出现了周敦颐、张载、程颢、程颐、邵雍等道学运动的"北宋五子",到南宋又发展出道学运动的集大成者朱熹与张栻,他们后来成为宋学思潮中的正统派,被列入《宋史·道学传》。他们之所以能够成为宋代大儒,与他们勇于承担和复兴师道密切相关。宋代道学群体的出现,其实也是师道复兴运动发展的结果。"师道"之"道",恰恰也是两宋兴起的"道学"之"道",其思想核心就是体现早

---

① (北宋)胡瑗:《洪范口义》第 54 册,卷上,影印文渊阁《四库全书》本,台湾商务印书馆 1983 年版,第 465 页。

② (北宋)欧阳修 :《胡先生墓表》,《欧阳文忠公集》卷二五,《四部丛刊》影元刊本。

期儒家士人精神的"孔孟之道"。而且,宋儒在"师道"复兴中发展出宋学新经典体系《四书》,正是两宋"师道"运动的最重要学术成果。《五经》是三代先王留下的政典,它们作为核心经典,是君师一体的三代先王的政治训诫;而《论语》《大学》《中庸》《孟子》是儒家士人的讲学记录,它们能够成为南宋以后的核心经典,恰恰是代表早期儒家士人的"师道"追求。可以说,宋代崛起的师道精神推动了《四书》学的兴起和发展,反过来说,《四书》学为宋代的师道精神提供了重要的经典依据和学术资源。

再次,宋儒的师道复兴与书院教育的密切联系。如果说革新政令、创通经义是宋儒师道精神的目标追求的话,那么书院教育则是"宋学精神"的直接体现。关于宋儒的师道复兴与书院教育的密切联系,明清之际的大儒王船山曾经有评论,他说:"咸平四年,诏赐《九经》于聚徒讲诵之所,与州县学校等,此书院之始也。嗣是而孙明复、胡安定起,师道立,学者兴,以成乎周、程、张、朱之盛。"①他认为,宋学由初起走向大盛,与师道主导下的书院教育密不可分。北宋初年,书院兴起,特别是孙明复、胡安定等宋初诸儒的推动,使得师道立而学者兴,推动了宋学之兴,最终形成了宋学的"周、程、张、朱之盛"。确实,宋初形成的庆历士大夫集团,他们均是宋学创始人,同时也是创办书院的教育改革者。它们推崇的师道思想,成为他们创办和主持书院的主要动力。范仲淹主持睢阳书院,并且为之写记以论述自己的书院教育理念。范仲淹在记文中表示书院应该是"经以明道""文以通理",这正是宋代士大夫的师道精神。石介也讲学泰山书院并作《泰山书院记》,肯定泰山书院的目标是传承儒家士人的师道,他在《泰山书院记》中表彰的"道统",其实就是孟子、扬子、文中子、韩愈等体现儒家士大夫"师道"精神的序列。

南宋前期作为民间儒学的理学大盛,同时书院也大盛。南宋理学家更是特别强调,作为独立于地方官学系统的书院,完全是士大夫复兴儒学、重建理学的大本营,所以要特别标榜士大夫的师道精神。朱熹在担任湖南安抚史的时候,他将自己修复岳麓书院的教育活动,看作是一种"师道"复兴的要求,正

---

① (明末清初)王夫之:《真宗一》,《宋论》卷三,中华书局1964年版,第53页。

如他在《潭州委教授措置岳麓书院牒》中所说:"契勘本州岛州学之外复置岳麓书院,本为有志之士不远千里求师取友,至于是邦者,无所栖泊,以为优游肄业之地。故前帅枢密忠肃刘公特因旧基复创新馆,延请故本司侍讲张公先生往来其间,使四方来学之士,得以传道、授业、解惑焉,此意甚远,非世俗常见所到也。而比年以来,师道陵夷,讲论废息,士气不振,议者惜之。"①事实上,朱熹一直将官学之外的书院创建,看作是一项复兴师道的重大举措。所以,纵观朱熹一生,他的主要精力除了从事学术研究、理学建构之外,就是大量创办或恢复书院讲学。他在福建、江西、湖南等地,到处创办或主持书院,将书院教育发展到一个繁荣的阶段。这一切,均是基于他复兴师道的精神动力。

二、师道与宋学道统

在师道复兴的思潮推动下,宋儒不仅推动了宋学兴起和宋学精神的形成,还建构了一个以"师道"为主体的道统论。我们需要展开对师道与宋学道统论关系的论述,以便进一步深化关于师道复兴与宋学建构之间紧密关系的思考。

宋儒虽然承认三代圣王相传的先王型道统,但是更加强调孔孟儒家所传的士人型道统。士人型道统论的建构,成为宋学的一个新的理论与学说,其实宋儒道统论的成熟恰恰是师道复兴的理论成果。宋儒道统论虽然与佛学的"法统"刺激有关,但是还有一个更加深刻的政治根源,就存在于持有人文理想的儒者与持有政治权力的帝王之间的紧张关系中。两宋兴起的师道复兴,推动了宋学的道统论思想建设,宋儒希望以此道统论来重新定位儒家之师与帝王之位的关系。

按照宋儒的看法,春秋战国以来的最大问题是儒者有道而无位,帝王则是

---

① (南宋)朱熹:《潭州委教授措置岳麓书院牒》,《晦庵先生朱文公文集》卷一百,《朱子全书》第 25 册,上海古籍出版社、安徽教育出版社 2002 年版,第 4629—4630 页。

有位而无道,所以宋儒总是呼唤复兴师道。他们希望儒者能够以师道去抗衡帝位,所以需要确立以孔孟士人为主体的道统论。宋儒建构的道统论,是通过复兴师道而开展起来的。宋儒在建构道统论时,有一个明显的思想特点,就是否定了汉儒在道统传承史上的地位。宋儒特别不满意汉唐以来"师道废久矣"①的严重问题,他们对汉唐儒家士大夫的批判,集中在汉唐儒家士大夫缺乏早期儒家"师道尊严"的士人儒学精神时,他们或者是沉溺于章句训诂之学而谋取功名利禄,或者是引导君主"汩于五伯功利之习"而违背孔孟的道德精神。宋儒创建以"师道"为主体的道统论,强调必须传承先秦儒家士人儒学的精神传统,而这一士人精神传统就是师道型的道统论。

学界普遍关注的道统论,其实是与师道的复兴同时发生的。唐宋以来道统论的倡导者,同时也是师道的呼吁者。宋儒为了让"师道"获得神圣性权威,为了让"师道"能够与强大的政治王权抗争,必须建构一个既有神圣性又有永恒性的"道统",而且,这一"道统"应该是由"师道"主导的。其实,自秦汉以来一直存在两种权威的矛盾,一种是君主权力的权威,一种是精神文化的权威。而且,这两种权威有着密切的关联,君主的政治权威需要精神文化权威的维护,而精神文化权威需要强力的君主权威的落实。值得注意的是,历史上的政治权力,往往会与儒家士大夫争夺精神文化的权威。

关于"道统"这一概念最早出现在什么时候,过去学界一般认为是理学家朱熹发明出来的。如陈荣捷在《朱子新探索》中认为,朱子在《中庸章句序》中首次提出"道统"的概念。② 这一观点影响较大。但是,后来又有学者发现,在朱熹之前,其实就出现了"道统"的概念。如叶国良先生就考证,在唐代早期的一篇墓志铭中,记载墓主盖畅曾经撰写一部十卷本的《道统》。可惜该书遗轶。但是,现存文献中仍然可以发现几处在朱熹以前的"道统"用法。③ 我们在这有限的材料中,关注到一个重要的现象,即宋代以前,以帝王之位上接三

---

① (北宋)欧阳修:《胡先生墓表》,《欧阳文忠公集》卷二十五,《四部丛刊》影元刊本。

② 参见陈荣捷:《朱子新探索》,华东师范大学出版社 2007 年版,第 287 页。

③ 参见苏费翔:《朱熹之前"道统"一词的用法》,苏费翔、田浩著,肖永明译:《文化权力与政治文化——宋金元时期的〈中庸〉与道统问题》,中华书局 2018 年版,第 213 页。

代先王"道统"的说法占据了更加重要的地位。

北宋靖康初年担任太学博士的李若水撰有《上何右丞书》,他提出的道统论就特别凸显帝王之位,他认为能够代表道统的人物,完全是那些拥有至高无上政治权力、并且创造巨大政治事功的帝王系列,而与孔子以来的儒家士人没有任何关系。李若水首先肯定早期儒家确立的圣王系列:"盖尧、舜、禹、文、武、周公之成烈,载于《书》,咏于《诗》,杂见于传记。"这是早期儒家推崇圣王,孔孟等赞扬三代圣王的仁德和胸怀,是为了批判现实政治中君王的暴虐和狭隘;但是李若水推崇三代圣王的成就功业("成烈"),则是为了引申出汉、唐、宋等"大一统"王朝开拓出来的政治事功,故而将"道统"归之于汉唐以来的帝王系列。他说:"周衰,私智横议者出,此道坠地。汉兴,力扶而举之,汉末复坠,……至唐力扶而举之……天厌丧乱,眷命有德。艺祖以勇智之资、不世出之才,祛迷援溺。整黄纲于既纷,续道统于已绝。"①在这里,李若水明确提出了"道统"的概念,列入道统脉络的完全是有权有位的"帝王之统",他肯定那些在历史上能够建立统一帝国的王朝就是三代道统的承接者。他罗列了汉、唐、宋几个重要的帝国王朝,认定他们才是尧、舜、禹、文、武之道统的传承人。应该说,作为太学博士的李若水提出的道统论,绝不是一个孤立的现象,而恰恰是代表了朝廷帝王希望建构的道统论。

所以说,宋儒道统论不仅仅是在文化上与佛道争正统,更是希望通过"师道"的复兴,否定汉、唐、宋王朝以帝王之位上接三代圣王的"道统"论,而建立起以孔孟之道为本位的师道型道统论。所以,宋儒复兴师道的最终目的,就是希望重建一个不同于以王位相承的帝王道统论,而是以道学相承的士人道统论。

所以,宋儒的师道确实具有重要的道统意义。一方面,他们强调三代时期的"圣王之道",大力表彰尧、舜、禹、汤、文、武、周公之道的历史传承;但是另一方面,他们同时强调春秋战国以后,能够传承道统的只有开创士人私学的孔孟等人,充斥秦汉以后历史的大多是推行霸道的暴君。开创宋学的诸多儒家

---

① (北宋)李若水:《上何右丞书》,《忠愍集》卷一,文渊阁《四库全书》本。

士大夫,他们总是从师道复兴开始。所以,道统论的系统理论是南宋张栻、朱熹所确立的,他们二人在通过师道复兴以建构道统论方面发挥了非常重要的作用。

张栻是以"师道"复兴而建构"道统"论的重要人物。张栻主持地方书院、创办州县学校,均看作是其振兴儒学、复兴师道的重要举措。他于乾道初年主持岳麓书院以"传道"为根本宗旨,是南宋乾道、淳熙年间最早将师道复兴与书院创建结合起来理学家,推动了理学学统与书院师道的密切结合。张栻将其强烈的师道精神与道统意识结合起来,他通过创建周敦颐、二程等道学学者祠堂的方式,既是推动师道的复兴,也是宋代道统的思想建构。在张栻看来,师道、道学、道统是同一件事情,三代圣王之道至东周不得而传,幸亏孔孟以"师道"方式而传承了此道,但是自秦汉以来,往往是言治者泪于五霸功利之习,求道者沦于异端空虚之说。要如何才能够传承三代圣王之道? 张栻认为汉唐以来的帝王不可能成为道统的传承者,故而将希望寄托在宋代士人身上传承孔孟、复兴"师道"。张栻在为静江府学宫创建周敦颐、二程等道学学者的"三先生祠堂",并向士林表明这一切均是为了复兴师道,他反复指明周程之"师道"的特殊意义:

> 师道之不可不立也久矣! 良才美质,何世无之,而后世之人才所以不古如者,以夫师道之不立故也。……幸而有先觉者出,得其传于千载之下,私淑诸人,使学者知乎儒学之真,求之有道,进之有序,以免于异端之归,去孔孟之世虽远,而与亲炙之者故亦何以相异,独非幸哉? 是则秦汉以来师道之立,宜莫盛于今也。①

张栻反复强调要复兴孔孟奠定的"师道",就是希望宋代士人能够承担起传承三代圣王创建的道统。可见,他希望书院、学校开创出"秦汉以来师道之立,宜莫盛于今也"的局面,将师道与道统统一起来。

---

① (南宋)张栻:《三先生祠记》,《张栻集》第3册,中华书局2015年版,第917—918页。

如果说张栻希望从士人之"师道"过渡到士人之"道统",那么朱熹就是这一师道化道统的全面建构者。朱熹完成的道统论,不仅仅是一种理论建构,还特别体现在下述的经典建设和教育制度建设两个方面。其一,朱熹通过结集《论语》《大学》《中庸》《孟子》而合称《四书》,以毕生精力完成了《四书章句集注》一书。朱熹关注的重点不再是三代先王政典的《五经》体系,而独创一套早期儒家士人经典的《四书》体系,他通过为《四书》作序的机会,系统阐发了他的道统论思想。朱熹在《大学章句序》中,首先肯定的道统人物是"君师"合一的上古圣王,他们创造了"教治"合一的道统:"此伏羲、神农、黄帝、尧、舜所以继天立极,而司徒之职、典乐之官所由设也。"①在《中庸章句序》中,朱熹特别强调"子思子忧道学失其传而作"的道统意义,他说:"盖上古圣神,继天立极,而道统之传有自来矣。其见于经,则'允执厥中'者,尧之所以授舜也;'人心惟危,道心惟微,惟精惟一,允执厥中'者,舜之所以授禹也。尧之一言,至矣尽矣;而舜复益之以三言者,则所以明夫尧之一言,必如是而后可庶几也。"②他说:"若吾夫子,则虽不得其位,而所以继往圣,开来学,其功反有贤于尧舜者。然当是时,见而知之者,惟颜氏、曾氏之传得其宗。及曾氏之再传,而复得夫子之孙子思。"③朱熹将宋代道学学派列入孔孟之道的道统脉络中来,他说:"于是河南程氏两夫子出,而有以接乎孟氏之传,……虽以熹之不敏,亦幸私淑而与有闻焉。"④

其二,朱熹还通过承载他"师道"理想的书院,同时将其新的道统思想落实到书院制度中。宋代书院的兴起与宋代师道复兴运动本来就是密不可分,他们通过书院制度的建立,还希望进一步确立具有师道精神的道统论。朱熹

① (南宋)朱熹:《大学章句序》,《四书章句集注》,《朱子全书》第6册,上海古籍出版社、安徽教育出版社2002年版,第13页。

② 朱熹:《中庸章句》,《四书章句集注》,《朱子全书》第6册,上海古籍出版社、安徽教育出版社2002年版,第30页。

③ 朱熹:《中庸章句序》,《四书章句集注》,《朱子全书》第6册,上海古籍出版社、安徽教育出版社2002年版,第30页。

④ 朱熹:《大学章句序》,《四书章句集注》,《朱子全书》第6册,上海古籍出版社、安徽教育出版社2002年版,第14页。

在他主持的沧洲书院中,特意将代表师道精神的道统与书院的祭祀制度结合起来,他撰写的《沧洲精舍告先圣文》记载:"维绍熙五年岁次甲寅十有二月丁巳朔十有三日己巳,后学朱熹敢昭告于先圣至圣文宣王:恭惟道统,远自羲、轩,集厥大成,允属元圣,述古垂训,……今以吉日,谨率诸生恭修释菜之礼,以先师兖国公颜氏、郕侯曾氏、沂水侯孔氏、邹国公孟氏,配濂溪周先生、明道程先生、伊川程先生、康节邵先生、横渠张先生、温国司马文正公、延平李先生,从祀尚飨。"①从孔、颜、曾、孟,到周、程、邵、张、司马、李,他们均是士人师道精神的典范,也是道统的传承者。朱熹特别是将自己的老师李侗列为道统人物,更是表达了自己要传承这一千年师道精神的宏愿。南宋时期,逐渐有大量书院开始创建本学派宗师的专门祠堂,体现对学统的尊崇,使师道观念和道统意识落实到书院制度中间。

由此可见,由道学派集大成者朱熹完成的道统论,其实是唐宋之际师道复兴运动的思想成果。宋儒通过复兴师道而重建道统论,其实是士大夫主体性的理论建构,体现出先秦儒家师道精神的思想传统。

三、师道与政教转型

两宋的师道复兴,推动了宋学的兴起和发展,同时还引发一个重要的历史转型的发生,即从汉学主导的政教形态转型为宋学主导的政教形态。从儒家学派产生开始,就以"师"的身份成为文化传承和知识创新的主体活跃于历史舞台。从汉学的"师法"到宋学的"师道",对汉宋学术的思想演变与学术授受产生了十分重要的影响。本来,儒家尊师的思想传统,与中国传统政教形态密切相关。唐宋之际出现的师道复兴,特别是宋代士大夫"以师道自居"的责任担当,带来了两宋时期的思想解放和儒学复兴,推动着学术重建与宋学兴起,

---

① 朱熹:《沧洲精舍告先圣文》,《晦庵先生朱文公文集》卷八十六,《朱子全书》第24册,上海古籍出版社、安徽教育出版社2002年版,第4050页。

从根本目标来说，其实就是一场以师道复兴为契机，完成两宋士大夫面临的政教转型的重大历史问题。

从春秋战国到西汉时期衍生出的"士大夫"阶层，是将官员与学者两种身份合一的群体。但是，在具体的现实情境中，每一士大夫对自我身份认同有很大的差别：或者是首先认同其官员（大夫）的政治身份，或者是首先认同其学者或师者（士）的文化身份。与此相关，春秋战国以来的"师"也一直有二重身份：辅助帝王的官员与价值承担的学者。我们会发现，"士大夫"与"师"的身份认同与历史上不同学术形态也有密切关系。汉学强调"师法"，汉儒之"师"其实首先是朝廷的"大夫"，凸显的是朝廷政治身份的认同；而宋儒强调"师道"，宋儒之"师"的身份首先是"志于道"的士人身份认同。所以，在两千多年的历史上，可以将儒学史发展出两种士大夫类型：一种是大夫型的汉儒，一种是士人型的宋儒。大夫型的汉儒拥有庙堂儒家的地位，他们在学术上标榜"师法"，其"师"的身份是朝廷的"博士"，凸显其官员（大夫）政治身份的认同；士人型的宋儒具山林儒家的风貌，他们在学术上张扬"师道"，其"师"的身份其实是孔子所谓"志于道"的士人身份认同，他们希望自己首先应该是"道"的承担者、推行者。

可见，师道复兴不仅仅是学校教育领域的事情，也不仅仅是学术思想领域的事情，其实涉及一个更加重大的问题，即强调应该继承早期儒家士人精神，重建由儒家之道主宰的帝王之治，实现儒家政教文明的转型。所以，在唐宋变革的大背景下，儒家士大夫不满汉代由帝王主导的政教体系，推动了一场由士人"师道"精神主导的复兴先秦儒学、重建儒学的宋学思潮。虽然宋代学术仍然是传统政教形态的组成部分，但是，这是宋代士大夫主导并表达士大夫思想追求的新儒学运动，体现了他们希望推动两宋政教形态转型的要求。他们希望充分体现士大夫既能够主导"教"，也能够主导"政"，从而在政、教两个领域均能够表达士大夫的主体精神。可见，两宋时期的师道复兴和士大夫主体精神，在中国历史上具有政教文明演进的特别意义。

我们会发现一个重要的历史现象：两汉确立的学术思想、政教形态在历史上被称为"周孔之教"；而两宋确立的学术思想、政教形态，则开始称为"孔孟之道"。为什么唐宋变革以来,儒学史上开始悄悄地将"周孔之教"转型为"孔孟之道"? 这绝不仅仅是一个名称表述的差别,其实背后恰恰是发生了政教形态的转型。那么,汉学型"周孔之教"与宋学型"孔孟之道"之间究竟有哪些重要差别呢?

其一,政教形态的主导者不同。汉代建构的政教形态是"秦政"与"周孔之教"的结合,"秦政"决定了帝王的集权不仅要主导"政",同时要主导"教"。而在"周孔之教"体系中,本来就是体现为三代先王典章制度的"周"为主,而"孔"为辅,历代帝王可以很方便地改造"周孔之教"以满足"秦政"的需要。所谓"师法"其实是希望庙堂之上的经师通过经义解说,逐渐转化为朝廷建构"秦政"的制度与为治理提供文献咨询与理论论证。宋代士大夫希望推动的政教形态转型,他们提出并建构的孔孟之道,体现的是春秋战国时期儒家士人的思想视角和政治利益,而宋学建构的"孔孟之道"恰恰首先是士人人格和师道精神的典范。宋儒希望重新张扬先秦孔孟等儒家士人的师道精神,以努力推动宋代政教形态的转型,致力于由掌握师道的士大夫来主导新的政教形态。

其二,主要经典体系不同。"周孔之教"是以《五经》为核心的经典体系,作为汉学型政教形态的《五经》源于三代的王官之学,其内容是记载三代时期关于礼乐政典方面的王室档案。《尚书·五子之歌》说:"明明我祖,万邦之君。有典有则,贻厥子孙。"①三代文明遗留的"典"与"则",就是《六经》的文献基础。汉儒以《五经》为核心经典而建立的"儒术",就是这样一种学术类型,也就是陈寅恪所说的"儒学",他说:"故二千年来华夏术族所受儒家学说之影响最深最巨者,实在制度法律公私生活之方面,而关于学术思想之方面,或转有不如佛道二教者。"②陈寅恪所说儒家对政治社会一切公私行动影响最深最巨者的法典,恰恰是以《五经》体系为根本的汉学型的"周孔之教"。而宋学型的"孔孟之道"是以《四书》为核心的经典体系,属于"六经以外立说"的子学体系。《四书》作为民间士人的讲学记录,凸显儒家士人在政教形态中的

---

① （西汉）孔安国注,（唐）孔颖达疏:《尚书正义》卷七《五子之歌》,李学勤主编:《十三经注疏》第 2 册,北京大学出版社 1999 年版,第 179 页。

② 《陈寅恪集·金明馆丛稿二编》,生活·读书·新知三联书店 2001 年版,第 283 页。

主导地位,弘扬的是士人的"师道"精神。特别是宋儒诠释的《四书》学,成为一种能够兼容并能够取代佛道二教的思想与学术。可见,《五经》《四书》之间有着重要的思想区别:如果说《六经》的思想主体就是君主的话,那么儒家子学就是春秋战国时期在民间讲学的士人"立说";如果说《六经》的思想核心就在君王求治的话,那么,儒家子学的思想核心在士人求道。[①] 所以,宋儒诠释的《四书》学,能够充分体现宋学型政教形态的特点。

由于上述两个方面的重要差别,导致汉学因"师法"而关注礼法典章,宋学因"师道"而强调道德义理。宋代士大夫希望以宋学型的《四书》学来取代汉学型的《五经》学,其实也就是希望以更能够表达儒家士人价值理想的孔孟之道,来代替由满足朝廷政治需求的周孔之教,从而推动两宋政教形态的转型。由于汉代的政教形态是"秦政"与"周孔之教"的结合,儒家士大夫面对现实政治中"尽是尊君卑臣之事"的"秦之法"[②],却又无可奈何。这也如张栻所说:

> 自秦汉以来,言治者汩于五伯功利之习,求道者沦于异端空虚之说,而于先王发政施仁之实,圣人天理人伦之教,莫克推行而讲明之。故言治者若无预于学,而求道者反不涉于事。[③]

必须由主动承担"道"的儒者来主导和推动政教转型,才能够实现"五伯功利之习无以乱其真,异端空虚之说无以申其诬,求道者有其序,而言治者有所本。"[④]唐宋历史变革为这种君主主导的政教形态转型提供了可能,宋代士大夫不仅在文化领域强化了其主体的地位,也逐渐在宋代政治领域获得了主体地位。这样,宋代士大夫推动的先秦师道复兴、儒学重建以及文化教育下移等

---

① 参见朱汉民:《六艺与儒家子学的思想差异》,《中国哲学史》2017年第1期。

② (南宋)朱熹:《朱子语类》卷一三四,《朱子全书》第18册,上海古籍出版社、安徽教育出版社2002年版,第4189页。

③ (南宋)张栻:《南康军新立濂溪祠记》,《张栻集》,中华书局2015年版,第915页。

④ (南宋)张栻:《南康军新立濂溪祠记》,《张栻集》,中华书局2015年版,第916页。

一系列思想文化变革,其实均体现出他们希望推动汉代政教形态的转型。

有一个与此密切相关的现象,宋代儒家士大夫在推动师道复兴的同时,也在追求王道的复兴。甚至可以说,他们之所以追求师道,其实是基于一个更高的王道理想。所以,在讨论宋儒推动师道复兴的问题时,也需要厘清儒家关于师道与王道的关系。从一般意义上看,师与王之间可能存在明显的权力紧张与政治冲突。但是,因为儒家称道的"王"原本是指三代圣王,而春秋战国以后,圣王已死而王道不继,现实的君王都是一些暴虐、私利之徒,孔孟儒家不得不以民间之"师"的身份,承担起复兴"天下之道"的责任和使命,儒家士人不能够以治理天下的"王"者身份,只能够以从事文化教育的"师"者身份进入中国传统的政教相维的运动中来。所以,春秋战国时期的师道兴起,其实是在儒家士人追求天下之道与君主帝王的争霸现实的紧张中产生的。西汉确立儒学的主导地位以后,就是一个有志于道的"师"与争夺权位的"王"之间不断合作又充满紧张的历史。可见,师道与王道本来就是密切相关的,宋儒复兴的"师道",其实也就是儒家士人在春秋战国时期宣讲的"王道",它是儒家士人引导甚至是对抗王权的尚方宝剑。按照宋儒杨时的说法:"人主无仁心,则不足以得人。故人臣能使其君视民如伤,则王道行矣。"①士大夫必须具有师道精神,才有可能以人臣的身份使君主推行王道。

根据宋儒的看法,"师道"是在"王道"不可实现的历史局面下儒家士人不得已的追求,而且"王道"的实现并不像汉唐一样完全依赖于帝王,两宋时期的"三代"王道理想,恰恰得依赖于儒家士大夫复兴的"师道"。那么,要在两宋以后真正实现王道型的政教理想,最根本的出路是士大夫主导的师道复兴。也可以说,宋儒推动的政教转型运动中,师道复兴才是他们的唯一希望。

(原文以《师道复兴与宋学崛起》载《哲学动态》2020 年第 7 期;《中国社会科学文摘》2021 年第 1 期摘要)

---

① (明末清初)黄宗羲:《龟山学案》,《宋元学案》卷二十五,中华书局 2018 年版,第 947—948 页。

《伊川易传》的义理诠释

在中国学术上,宋学的兴起具有划时代的历史意义。宋学十分重视对《周易》的研究,其研究成果汗牛充栋、浩如烟海。但在众多的宋易研究成果中,最有地位和影响的当属程颐的《伊川易传》。

程颐的《易》学属于宋学中的义理派,其《易》学成为理学思想体系的经典依据与学理基础。朱伯崑先生认为,程氏易学"将义理学派推向一个新的阶段,在易学史上有其划时代的意义","为宋明理学奠定了理论基础"①。在中国学术史上,程颐的《易》学的最大贡献是完成了儒家形上学的理论建构,解决了儒家士大夫在名教中安身立命的问题,从而鲜明地体现出宋学精神。

一、天理论的儒家形上学

程颐的《伊川易传》在易学史及儒学史上的最重要贡献,是完成了儒家形上学的思想建构,使儒家伦理能够坚实地奠定形而上之天道、天理的依据。程颐能够圆满完成这一历史使命,得益于他的一个十分重要的《易》学观念,即他在《易传序》开篇中所说的:

---

① 朱伯崑:《易学哲学史》第二卷,昆仑出版社 2005 年版,第 195 页。

　　至微者理也，至著者象也。体用一源，显微无间。①

　　正是由于这一极富理论思辨的创造性思维，使得儒家义理《易》学的形上本体论观念发生了重大变化。据《外书》卷十二记载："和靖（尹焞）尝以《易传序》请问曰：'至微者理也，至著者象也。体用一原，显微无间。莫太泄露天机否？'伊川曰：'如此分明说破，犹自人不解悟。'"②可见，在程氏师徒讲学中，这就是一个令学者难以解悟的重大学术难题。

　　本来，以本体论观念诠释《周易》的创始者是王弼，王弼不仅继承了《易传》以义理解释《易经》的学术传统，而且把义理《易》学发展到本体论的思想高度。这得益于他以道释儒、儒道结合的创造性诠释。事实上，以本末、一多诠释经典，始于魏晋玄学。王弼在《周易注》中就运用了本末、一多观念来分析和理解卦体、爻体（即卦义、爻义）。这表明王弼的《易》学是一种以本体论为依据的义理之学。但是，这种本体论并没有能真正完成"儒家之形上学"的任务，其理论上的重大缺陷主要有两个方面。其一，本与末、体与用的分离。王弼完全是以道家的"无"为本、为体，以儒家的"有"为末、为用，如果"无"的内涵是无形、无象、无为，而将儒家自强不息、厚德载物的价值观理想奠定在"无形""无为"的"无"的本体基础之上，必然使"本"与"末""体"与"用"分裂为二。其二，一理与众理的分裂。王弼肯定诸多的卦爻各有其不同的义理，但他又认为"由本以观之，义虽博，则知可以一名举也"③。也就是说众多的义理最终统辖于最高的义理即"无""太极""一"。但是，众多的义理正是儒家实用理性所必须依据的法则，而作为终极依据的本体则是无形象、无作为的"无"，这个无作为的"无"如何主宰实用功利的"有"呢？故而众理与一理仍是处在割裂的状态之中。那么，程颐的《易传》又是如何解决这个问题，从而

---

　　①　（北宋）程颢、程颐：《周易程氏传·序》，《二程集》下册，中华书局 2004 年版，第 689 页。
　　②　（北宋）程颢、程颐：《河南程氏外书》卷十二，《二程集》上册，中华书局 2004 年版，第 430 页。
　　③　（魏晋）《周易略例·明象》，楼宇烈：《王弼集校释》下册，中华书局 1980 年版，第 591 页。

实现儒家形上学重建的呢?

程颐的《易传》继承了王弼以本体论建构《易》学义理的思想传统,在王弼义理《易》学中已经占有重要地位的"理"范畴,经程颐汲收后已在他的《易》学中成为一个最重要的核心范畴,他从而建立起一个以"天理"为宇宙本体的义理《易》学体系,从根本上弥补了王弼所建构的本体论《易》学所存在的缺陷。特别是他通过"体用一源,显微无间"的天理论的理论建构,从而真正完成了儒家形上学的思想体系。

程颐的《易》学为实现体与用的结合,通过"体用一源"的命题而建构了体用合一的本体论。程门弟子尹焞曾以伊川"体用一源,显微无间"之语为"太泄露天机",确是由于这段话是以程颐为代表的新儒学建构天人之学的理论核心和思想精髓所在。那么,究竟"体用一源,显微无间"的思想内涵是什么?它为什么能够建立并表达出儒家形上学的体用结合呢? 这可以从价值内涵和思辨形式两方面做一分析,由此真正了解新儒学的"天机"。

先从价值内涵看,王弼所试图建构的本体论《易》学是通过儒道结合而完成的。他所谓的以无为体、以有为用的本体思想,从价值论的角度就是以道家自然为体、以儒家名教为用。而一旦把道家的自然作为名教的形上根据,不但没有能够真正为儒家伦理建立形上本体论,甚至从根本上也消解了名教的价值。程颐通过诠释《周易》而建立的"天理"论学说,就是要以儒家伦理为核心而建立体用合一的理论结构。具体而言,程颐所确立的宇宙本体被称之为"天理",他认为"易之义"能够"周尽万物之理,其道足以济天下"①。他希望通过天道、天理来构建天地万物的终极依据,而这个天道、天理不是名教之外的"无",恰恰相反,它来自于名教本身,是名教得以建立礼仪秩序的规范与准则。程颐为《艮·象传》作传:

> 不失其时,则顺理而合义。在物为理,处物为义。……夫有物必有

---

① (北宋)程颢、程颐:《河南程氏经说》卷一《易说·系辞》,《二程集》下册,中华书局2004年版,第1028页。

则,父止于慈,子止于孝,君止于仁,臣止于敬,万物庶事莫不各有其所,得其所则安,失其所则悖。①

程颐以"理"通天人、贯体用。一方面,此理在普天之下具有绝对的主宰性,即所谓"父子君臣,天下之定理,无所逃于天地之间"②,能够作为"天下之定理"的当然是"体";另一方面,儒家忠孝仁爱之理必然体现在生活日用之中,《外书》载:"先生(尹焞)尝问于伊川:'如何是道?'伊川曰:'行处是。'"③这种不离日常行处的"道""理"即体现为"用"。程颐所理解的天理总是即体即用的,不是体不得谓天理,不能用亦不得谓天理。总之,程颐总是将体、用合起来用在与"理"相关的概念上:

> "和顺于道德而理于义"者,体用也。④
> 理义,体用也。⑤

他以理义而言体用,"理"是作为形而上之体的主宰性而言,理体现在生活日用中又称"义",即所谓"顺理而行,是为义也"⑥。因此,所谓理即是义,也就是体用合一,这即是程颐"体用一源,显微无间"的真正含义。王弼以自然为体、以名教为用的思想必然会在价值取向上割裂体用的关系,而程颐的天理论则是将名教秩序规定为"天下之定理",实现了"体用一源"。

---

① (北宋)程颢、程颐:《周易程氏传》卷四《艮》,《二程集》下册,中华书局 2004 年版,第968 页。

② (北宋)程颢、程颐:《河南程氏遗书》卷五,《二程集》上册,中华书局 2004 年版,第77 页。

③ (北宋)程颢、程颐:《河南程氏遗书》卷十二,《二程集》上册,中华书局 2004 年版,第432 页。

④ (北宋)程颢、程颐:《河南程氏遗书》卷十一,《二程集》上册,中华书局 2004 年版,第127 页。

⑤ (北宋)程颢、程颐:《河南程氏遗书》卷十一,《二程集》上册,中华书局 2004 年版,第133 页。

⑥ (北宋)程颢、程颐:《河南程氏遗书》卷十八,《二程集》上册,中华书局 2004 年版,第206 页。

再从思辨形式来看,王弼是很早就以本末、一多的思维方法来诠释《周易》的思想家,他所借助的思想资源是老子《道德经》对道体的形上思辨。他在诠释《周易》中所运用的一与多、本与末的思辨形式,总是从《道德经》中的"无"之道为一、为本,以《周易》卦爻象辞所表达的"有"为多、为末。这样,他所认同的"本"则是"无""一""静",所言的"末"则是"有""多""动",正如余敦康先生所说:"以哲学理论的角度来看,王弼的这种体用思想并没有达到即体即用、体用一源的思辨高度。"①王弼的体用常处于分离甚至是对立状态,并不能圆融而为一体,譬如他主张以体用言意与象,故而提倡"象生于意",但他往往重体而轻用,故而又主张"得意在忘象"②,体现出他的体用观念的分离对立。程颐的"体用一源"正是针对王弼《易》学将"意"与"象"对立、分裂的思想倾向,他坚持"意"与"象""数"是不能分离的。他说:

> 君子居则观其象而玩其辞,动则观其变而玩其占。得于辞,不达其意者有矣;未有不得于辞而能通其意者也。③

程颐正是从意象不分的哲学思辨而得出"体用一源,显微无间"的结论。在《伊川易传》中,他坚持用这种由象显义、体用一源的哲学观念去解释卦义与卦象的关系,譬如他在解释《乾·初九》时说:"理无形也,故假象以显义。乾以龙为象。龙之为物,灵变不测,故以象乾道变化,阳气消息,圣人进退。"④在这里,君子刚健、自强不息的德义,总是通过《乾》卦的卦象、龙的象征形象而表达出来。程颐还深入论述了体用、理象的这种隐显、幽明的特征,他说:

---

① 余敦康:《内圣外王的贯通》,学林出版社 1997 年版,第 368 页。
② (魏晋)王弼:《周易略例·明象》,楼宇烈:《王弼集校释》下册,中华书局 1980 年版,第 609 页。
③ (北宋)程颢、程颐:《易传序》,《二程集》下册,中华书局 2004 年版,第 689 页。
④ (北宋)程颢、程颐:《周易程氏传》卷一,《二程集》下册,中华书局 2004 年版,第 695 页。

遍理天地之道,而复仰观天文,俯察地理,验之著见之迹,故能"知幽明之故"。在理为幽,成象为明。"知幽明之故",知理与物之所以然也。①

程颐依据《周易》中原有的"幽明"的思想资源来重新说明体与用、理与事(物)之间一体不分的关系。他还通过《易传》中相关的哲学思辨形式,包括以"形而上者谓之道,形而下者谓之器",以及"寂然不动,感而遂通"这一类有关形而上与形而下、道与器、寂与感的一体对应,有力地证明了"体用一源,显微无间"的重要思想。

程颐通过诠释《周易》而建构以"天理"论为中心的儒家形上学,他还必须解决一个重要问题,即一理与万理的关系问题。他曾在《易序》中就提出这个问题:

> 《易》之为书,卦爻象之义备,而天地万物之情见。……六十四卦,三百八十四爻,皆所以顺性命之理,尽变化之道也。散之在理,则有万殊,统之在道,则无二致。②

一方面,程颐认为"凡事皆有理",六十四卦、三百八十四爻就蕴含着各个不同的理,即所谓"万殊"之理;另一方面,他又坚持"天下只有一个理"③,天地万物均是由此"一个理"主宰着。那么,这个"万殊"之理与"一个理"之间又是什么关系呢?

其实,王弼在《周易注》中早就面临这个问题,他试图以儒道会通的方式解决这个问题。王弼以义理解《易》,并从六十四卦、三百八十四爻中解读到

---

① (北宋)程颢、程颐:《河南程氏经说》卷一《易说·系辞》,《二程集》下册,中华书局2004年版,第1028页。

② (北宋)程颢、程颐:《易序》,《二程集》下册,中华书局2004年版,第690页。

③ (北宋)程颢、程颐:《河南程氏遗书》卷十八,《二程集》上册,中华书局2004年版,第196页。

各个分殊的义理，但他强调，"物无妄然，必由其理。统之有宗，会之有元，故繁而不乱，众而不惑。……义虽博，则知可以一名举也。"①他认为众多的义理最后要统之于一个最高的理。他在论"大衍之数"时，亦曾以"一"与"四十九"的关系，说明一理与众理的关系。这个"一"就是"太极"，它是"至理"，而"四十九"则代表众理，它们是受"至理"主宰的。但是，我们会发现，王弼玄学所试图解决的"一"与"万"的关系并没有得到很好地解决。首先，从他诠释的"大衍之数"来看，《周易》的六十四卦均是根据筮法从四十九根蓍草推演出来的，而被他看作是"太极"的那一根蓍草完全是游离在四十九根蓍草之外，这个"一"如何能够主宰或体现在那个"四十九"之中呢？其次，在论述具体的义理与统体的义理的关系时，王弼坚持那个能够主宰万物、众理的"太极"或"至理"是自然无为、无形无象的"无"，问题是，太极、至理是"无为"的，它如何能够主宰那具体事物中之众理呢？太极、至理是孤傲、至静的，它如何能够融合在天地万物的众理之中呢？这就导致"一理"与"万殊"之间的分裂。

程颐力图通过"天理"论来解决"一理"与"万殊之理"的隔阂。他也认为《周易》六十四卦、三百八十四爻各有其不同的义理，而最后必须"统之有宗""统之以一"。他说：

> 乾坤，天地也，万物乌有出天地之外者乎？知道者统之有宗则然也。②

从语言及思辨形式上看，程颐的看法是继承了王弼在其《易》学中所反复申论的"物无妄然，必由其理，统之有宗，会之有元"，以及"物虽众，则知可以执一御也"③的思想。但是，王弼那个统御万理的"一"是"无"，是孤傲的、冷漠的

---

① （魏晋）王弼：《周易略例·明象》，楼宇烈：《王弼集校释》下册，中华书局1980年版，第591页。

② （北宋）程颢、程颐：《河南程氏经说》卷一《易说·系辞》，《二程集》下册，中华书局2004年版，第1031页。

③ （魏晋）王弼：《周易略例·明象》，楼宇烈：《王弼集校释》，中华书局1980年版，第591页。

无形无为之道，故而在"一"与"万"之间存在着隔阂。而程颐则强调这个"一"就是理。他在为《咸·九四》作传时说：

> 夫以思虑之私心感物，所感狭矣。天下之理一也，塗虽殊而其归则同，虑虽百而其致则一。虽物有万殊，事有万变，统之以一，则无能违也。①

虽然"万殊"之物中各有其理，"万变"之事中亦各有其理，但是，"天下之理"最终"统之以一"。这个"一"不是王弼所言的"无"，而是实存于万事万物之间又"统之于一"的理，正如他所解释的："理则天下只是一个理，故推至四海而准，须是质诸天地，考诸三王不易之理。故敬则只是敬此者也，仁是仁此者也，信是信此者也。"②敬、仁、信等儒家伦理准则是"万殊"的理，但均是这"一个理"的体现。尽管程颐的这个"理一"有不同名称，以"形体言之谓之天，以主宰言之谓之帝，以功用言之谓之鬼神，以妙用言之谓之神，以性情言之谓之乾"③，但是最终他仍将其归之为"天理"，即是那个"物有万殊，事有万变，统之以一"的"天理"。

二、卦才论的士大夫主体意识

程颐在他的《周易程氏传》中，出现了一个十分重要的概念："卦才"。在已有对程颐《易》学思想的论著中，均肯定"卦才"这一概念在其《易》学中的重要性。尽管对于《周易程氏传》中"卦才"的一些具体含义，还存在着不同看

---

① （北宋）程颢、程颐：《周易程氏传》卷三《咸》，《二程集》下册，中华书局 1980 年版，第 858 页。

② （北宋）程颢、程颐：《河南程氏遗书》卷二上，《二程集》上册，中华书局 1980 年版，第 38 页。

③ （北宋）程颢、程颐：《周易程氏传》卷二十二上，《二程集》上册，中华书局 1980 年版，第 288 页。

法,但是程颐对"卦才"的创发,确是反映了他对王弼以道家精神为背景的义理《易》学的超越,从而成功地构建起真正属于儒家的易学系统。①

那么,程颐的"卦才"究竟应如何理解?程颐的易学中,卦时和卦才相对应,也分别代表客观时势与主体应变。程颐在论述"卦才"时,总是将其看作是在吉凶祸福变动的客观时势下主体所应具有的能力。我们从《周易程氏传》中引用几段关于"卦才"的论述:

> 以卦才言之,五居君位,为需之主,有刚健中正之德,而诚信充实于中,中实有孚也。②
>
> 有以其卦才而言者,《大有》元亨是也。由刚健文明,应天时行,故能元亨也。③
>
> 以卦才之德而言也,乾体刚健,艮体笃实。人之才刚健笃实,则所畜能大,充实而有辉光;畜之不已,则其德日新也。④
>
> 以卦才言也。上下皆离,重明也。五二皆处中正,丽乎正也。君臣上下皆有明德,而处中正,可以化天下,成文明之俗也。⑤

从以上所引材料来看,程颐所讲"卦才",均是指在各卦"卦时"所代表的不同客观时势中,主体通过自己的积极努力以实现吉亨结果的能力。可见,"卦才"代表客观时势下的主体能动性。

为什么"卦才"能够取代"爻变"而成为把握客观时势的主体性能力呢?

---

① 参见杨立华:《卦序与时义:程颐对王弼〈易〉体例的超越》,《中国哲学史》(季刊)2007年第4期。

② (北宋)程颢、程颐:《周易程氏传》卷一《需》,《二程集》下册,中华书局2004年版,第723页。

③ (北宋)程颢、程颐:《周易程氏传》卷一《大有》,《二程集》下册,中华书局2004年版,第768页。

④ (北宋)程颢、程颐:《周易程氏传》卷一《大畜》,《二程集》下册,中华书局2004年版,第828页。

⑤ (北宋)程颢、程颐:《周易程氏传》卷一《离》,《二程集》下册,中华书局2004年版,第850页。

从字面上看，"卦才"构成卦的材质。《周易·系辞下》云："是故《易》者，象也。象也者，像也。彖者，材也。爻也者，效天下之动者也。"①"象"即卦体本身，卦由爻构成，亦可说是由作为爻画的"才"构成的。爻本身具有阴阳、刚柔不同的特性，每爻的爻位不同，"卦才"在不同爻位体现出不同的德性。《周易》强调决定吉凶悔吝的根本在六十四卦，而六十四卦吉凶悔吝的根本又在各爻位及其阴阳刚柔的组合与特质中。程颐主张"卦才"能够反作用于卦时的客观时势，故而"卦才"成为客观时势中能发挥能动作用的主体。《周易程氏传》对"卦才"的能动作用做过许许多多的论证与描述，以体现在面临不同命运趋势下人的主观能动作用。在程氏《易传》中"卦才"包括的范围很广，可以将其概括为德性、智能两个方面的主体能力。② 在前面所引《周易程氏传》论"卦才"的言论中，体现"卦才"之德性的有"中正之德""诚信""君臣上下皆有明德，而处中正"等等，体现出智能方面的有"刚健笃实""应天时行""有刚明之才，……能发天下之蒙，成治蒙之功"③等等。

《周易程氏传》以"卦才"兼德、能，其实正是与六十四卦的"时义"相对应的。如前所述，程颐认为"时义"代表客观的时势与义理，时势和义理是统一的，因为时势的发展是由其内在的义理所决定的。"卦才"代表主体的应变条件，"卦才"必须与"时义"相适应。程颐易学中的义理基本上可分为两个方面：人文世界的应然规范和自然世界的必然规律。前者称"人文"，后者称"天文"，他在注释《贲》卦时论述过两者的区别与联系：

> 天文，天之理也；人文，人之道也。天文谓日月星辰之错列，寒暑阴阳之代变。观其运行，以察四行之迁改也。人文，人理之伦序。观人文以教

---

① （魏晋）王弼注，（唐）孔颖达疏：《周易正义》卷八《系辞下》，李学勤主编：《十三经注疏》第一册，中华书局 2000 年版，第 303 页。

② 参见胡自逢：《程伊川易学述评》，台湾文史出版社 1995 年版，第 163 页。

③ （北宋）程颢、程颐：《周易程氏传》卷一《蒙》，《二程集》下册，中华书局 2004 年版，第 721 页。

化天下,天下成其礼俗,乃圣人用贲之道也。①

程颐将"理"分为人文之理与天文之理,但又强调二者是同一个天理,它们均是代表时势发展的必然之理,均可决定时势的吉凶悔吝。在《周易程氏传》中,纲常名教往往是易理的核心,是"时势"和吉凶的关键:

> 治蛊之道,如卦之才,则元亨而天下治矣。夫治乱者,苟能使尊卑上下之义正,在下者巽顺,在上者能止齐安定之,事皆止于顺,则何蛊之不治也? 其道大善而亨也,如此则天下治矣。②

程颐当然强调天理对时势的决定作用,但是,他同样重视"卦之才"的主体能动作用,尤其强调在人文世界中主体的德性能力,主张主体"苟能使尊卑上下之义正",就能扭转时势的发展,导致"元亨而天下治"的结果。所以,程颐的"卦才"虽然体现为知时识势与行义救世两个方面的能力,但他的天理论对人文因素的强调,使得他的学说向行义救世的主体能力方面拓展。

程颐建构的理学体系有一个根本宗旨,就是将人道等同于天道,这样,"时义"所代表时势和义理的统一就包含着一个巨大的矛盾。如前所述,程颐易学中的义理基本上可分为两个方面:人文世界的应然规范和自然世界的必然规律,前者称"人文",后者称"天文"。在自然世界中,时势和义理是完全统一的;但是,在人文世界中,义理与时势可能存在着统一、分离这样两种十分不同的状况。程颐有关"卦才"的提出,包含着一个理论上的前提:义理与时势可能存在着的分离。本来,义理易学的基础理论预设是时势与义理的统一,因为《易》学本来就引导人们对客观世界的趋势的思考而指导人们的行动,所以程颐也反复强调学《易》者"贵乎识势之重轻,时之变易"。所谓的"义理"也

---

① (北宋)程颢、程颐:《周易程氏传》卷二《贲》,《二程集》下册,中华书局 2004 年版,第808 页。

② (北宋)程颢、程颐:《周易程氏传》卷二《蛊》,《二程集》下册,中华书局 2004 年版,第789 页。

就是这种时势中的必然法则,它是从时势中体认出来并且必须严格遵循的,因为时势与义理均与行为的吉凶悔吝后果有着密切的关联。但是,由于"时义"存在着义理与时势的统一、分离这样两种十分不同的状况,故而"卦"才就应采取不同的态度和对策。

一种是时势与义理的统一状况。在这种情境中,顺从时势与遵循义理是一致的。如《泰》卦是"泰"的时势与"小往大来"的卦义统一,而"卦才"则是在顺应通泰时势的同时实现通泰的义理。程颐解释说:

> 小谓阴,大谓阳。往,往之于外也。来,来居于内地。阳气下降,阴气上交也。阴阳和畅,则万物生遂,天地之泰也。以人事言之,大则君上,小则臣下,君推诚以任下,臣尽诚以事君,上下之志通,朝廷之泰也,阳为君子,阴为小人,君子来处于内,小人往处于外,是君子得位,小人在下,天下之泰也。①

无论是"阴阳和畅""万物生遂"的"天地之泰",还是"君推诚以位下,臣尽诚以事君"的"朝廷之泰",均体现出时势与义理的统一。又如《革》卦,其时势与义理也是统一的。"革"既表达推迁改易的时势,即所谓"极乎天地变易,时运终始也"。又表达"上顺天命,下应人心,顺乎天而应乎人"的推革之道。这时,"卦才"所表达的主体能动性就是顺应"革"的时势与义理,程颐说:"以卦才言革之道也。……革而能照察事理,和顺人心,可致大亨。"②

另一种是时势与义理分离的状况。在这种卦象中,卦时所呈现的客观趋势与卦义所表达的义理并不一致。这时,"卦才"的能动作用则是通过对义理的追求和坚守,以实现对时势的控制与把握。譬如,程颐所注释的《遁》卦。"遁"即退避的意思,程颐对此卦的解释:"遁者,阴长阳消,君子遁藏之时也。"他认为《遁》卦所呈现的时势是"阴长将盛,阳消而退,小人渐盛",但是他认为

---

① (北宋)程颢、程颐:《周易程氏传》卷一《泰》,《二程集》下册,中华书局 2004 年版,第753 页。

② (北宋)程颢、程颐:《周易程氏传》卷四《革》,《二程集》下册,中华书局 2004 年版,第952 页。

君子要有守道救世的情怀,应该采取"君子退藏以伸其道,道不屈则为亨"的义理坚守。程颐在解释此卦《彖传》"刚当任而应,与时行也"时说:

> 虽遁之时,君子处之,未有必遁之义。五以刚阳之德,处中正之位,又下与六二以中正相应,虽阴长之时,如卦之才,尚当随时消息,苟可以致其力,无不至诚自尽以扶持其道,未必于遁藏而不为,故曰与时行也。①

他在解释"遁之时义大矣哉"时又进一步强调"扶持其道"的观念。他说:

> 圣贤之于天下,虽知道之将废,岂肯坐视其乱而不救?必区区致力于未极之间,强此之衰,艰彼之进,图其暂安,苟得为之,孔、孟之所屑为也,王允、谢安之于汉、晋是也。②

孔子所处的春秋时期就是一个道与势相分裂的时代,但是孔子并没有采取其他隐士那样的人生态度,而是希望守道济世,尽全力以扭转时势。程颐在《遁》卦中强调,"卦才"在时势与义理分离时必须体现出孔孟那种守道济世的精神。这一理念,在其他卦中亦有表达。譬如,在《未济》卦中,他亦肯定"卦才"有"致亨之道",他说:"未济之时,有亨之理,而卦才复有致亨之道,唯在慎处。"③在这里,"未济之时"与"有亨之理"是不统一的,但是,经"卦才"坚守"有亨之理"的主观努力,可以将"未济"转化为可济。

对于理学家程颐而言,《周易》六十四卦中"时势"与"义理"的两种状态,表达出理学必须满足建构两种哲学类型的需求。宋儒本来就担负建构经邦治国的政治哲学与安身立命的人生哲学的双重使命,程颐讲"时势"与"义理"的

---

① (北宋)程颢、程颐:《周易程氏传》卷三《遁》,《二程集》下册,中华书局 2004 年版,第866 页。

② (北宋)程颢、程颐:《周易程氏传》卷三《遁》,《二程集》下册,中华书局 2004 年版,第866 页。

③ (北宋)程颢、程颐:《周易程氏传》卷四《未济》,《二程集》下册,中华书局 2004 年版,第1022 页。

统一,是理学家建构政治哲学的内在要求。程颐论证纲常名教的"人文"与日月寒暑的"天文"是一致的,他的目的是将人伦秩序论证为合乎自然法则的必然之势。所以,他从天之道引申出人之道,或者从人之道而上达于天之道,所表达的均是同一个意思,即"义理"是合于"时势"的。程颐希望证明,君仁臣忠、父慈子孝绝不仅仅是一个道德的要求,同时也是合乎"时势"、达于吉利的客观必然要求。他说:"君臣能相感,则君臣之道通,上下能相感,则上下之志通;以至父子、夫妇、亲戚、朋友,皆情意相感,则和顺而亨通。事物皆然,故咸而亨之理也。"①这种"势"与"理"的统一,是宋儒建构一种伦理主义政治哲学的内在要求。当程颐强调"父子君臣,天下之定理,无所逃于天地之间"②时,这种理、势合一的说法,正是为了建构一种伦理主义的政治学说。

但是,当程颐讲"时势"与"义理"的分离及"卦才"所采取的态度时,则更主要是在谈士大夫的人生哲学。事实上,在现实的人文世界中,时势与义理的分离是一种经常的状态。对个体人生而言,儒家士大夫常常会面临时势与义理的分离,困穷、艰险往往是那些怀有很高社会理想的士大夫的生活常态,"道之将废"势必成为他们最为严重的心灵震撼。所以,尽管程颐在谈到"卦才"时强调守道济世而扭转时势,但他自己心里也非常清楚,做转势之事业谈何容易!那么,士大夫人生哲学的首要问题,就是如何在一个理与势相分离的人文世界中安身立命?具体来说,就是如何在种种患难、困穷、艰险的生活境遇中立身处世的问题。程颐的《易》学对这个问题表现出特别的关注和重视,并且作出了突出的思想贡献。

（第一节原文以《论程颐易学对王弼易学的继承》载《齐鲁学刊》2010 年第 1 期,中国人民大学书报资料中心2010 年第 3 期《中国哲学》转载;第二节原文以《程颐易学的卦才论》载《天津社会科学》2011 年第 4 期）

---

① （北宋）程颢、程颐:《周易程氏传》卷三《咸》,《二程集》下册,中华书局 2004 年版,第854—855 页。

② （北宋）程颢、程颐:《河南程氏遗书》卷五《二程集》上册,中华书局 2004 年版,第 77 页。

朱熹《四书》学的人文信仰

朱熹《四书》学其实就是一套完整的关于"修己治人"的儒家工夫论。从《四书》的文本意义及朱熹对《四书》的诠释来看,将《四书》学理解为儒者立志于成就为内圣外王的一整套工夫论,确是具有充分理由的。朱熹的《四书》学坚持了圣门第一义的实践精神,将儒学建构成如何成就内圣外王的儒家工夫论体系。由此可以认为,朱熹的知识学形态——《四书》学,确是非常深刻地体现了中国知识传统的实践特色。

一、朱熹《四书》学的工夫论视角

朱熹一直强调,"第一义"的儒者学问,应该是来之于个体自我的身心实践,他说:"学问,就自家身己上切要处理会方是,那读书底已是第二义。"①如何理解这个"第一义"呢? 我们认为,"第一义"与"第二义"并不是重要程度的排序,而是"本原义"与"派生义"的关系表述。那么,作为"第二义"的读书,是依托在"第一义"的自家身心实践基础之上的,故而朱熹又强调,"读书,不可只专就纸上求理义,须反来就自家身上推究"②。我们似乎可以说,以朱

① (南宋)朱熹:《朱子语类》卷十,《朱子全书》第 14 册,上海古籍出版社、安徽教育出版社 2002 年版,第 313 页。
② (南宋)朱熹:《朱子语类》卷十,《朱子全书》第 14 册,上海古籍出版社、安徽教育出版社 2002 年版,第 337 页。

熹为代表的宋儒所要复兴的儒学,最关键的并不是创造了一种新的儒学知识形态,即以一种道德义理之学去取代汉唐的章句训诂之学;而是在努力恢复先秦儒者那种"第一义"的学问,即要复兴儒学的人文关怀与实践品格,努力在修己治人的身心实践中建立一个"天下有道"的理想世界。所以他感叹"秦汉以后无人说到此,亦只是一向去书册上求,不就自家身上理会"①。朱熹所要恢复、建立的这一套能够从"自家身上"推究的学问,就不会是一种与现世实践相隔离的语文知识和历史知识,而是一种与生活日用联为一体的实践工夫论。

问题是,《四书》学本来就是一种经学的学术形态,经学是由体现为历史文献的原典及其历代儒者的训释系统构成的。对历代的儒家学者而言,经学包括了文献版本、文字训诂以及历史、哲学、政治、伦理等多种学问构成的知识体系。这些学问知识如何能够转化成日用伦常的实践工夫? 朱熹要求"就自家身上推究"的《四书》学又是如何将"知"转化为"行"?

其实,要回答这个问题,首先要回到原典本身,也就是要还原朱熹所反复强调的原典的学术特征与文化精神。因为朱熹认为,儒家学者所诠释的《四书》学所以能够转化成生活日用的实践工夫,其根本原因就在于《四书》原本就是圣人修身工夫与实践历程的记录。孔子、曾子、子思、孟子等先圣先贤均是终生致力于修己治人的实践活动,他们在这种修身实践中获得许多的感悟与体会,圣贤及其生徒们将这些感悟、体认总结、记录下来,就成为后代儒者们所读到的儒家经典《四书》。因此,《四书》只是实践工夫的记录而不是一种知识推理的体系。黄俊杰先生认为:"所谓'工夫',就是指这种道德心在具体情境中的展开过程,而不是一种客观而抽象的推理过程,因此,严格地说,古代儒家并没有提出一套作为方法论意义的'工夫论'。古代儒家强调人要随时随地自我提升,在这种'工夫'实践完成之后,才会有对这种'工夫'境界的体认与描述。"②先秦儒家圣贤们的"体认与描述"就成为儒家经典的《四书》,它们

---

① (南宋)朱熹:《朱子语类》卷十,《朱子全书》第14册,上海古籍出版社、安徽教育出版社2002年版,第337页。

② 黄俊杰:《东亚儒学史的新视野》,台湾喜玛拉雅基金会出版社2001年版,第412页。

记录了古代圣贤的修己治人工夫的体认。朱熹强调了《四书》本身的工夫论特征,他在多个地方均反复说:"《论语》之书,无非操存、涵养之要;《七篇》之书,莫非体验、扩充之端。"①因此,朱熹认为,后来的儒者在阅读、训释孔、孟留下来的儒家经典时,其目的并不只是为了获得一种与经典文献相关的知识,而是要从先圣先贤的实践工夫中获得启示,寻求自我身心实践的方法与手段。也就是说,《四书》留下了孔孟等圣贤修己治人的实践工夫记录,而朱熹等通过诠释《四书》而建立的《四书》学体系则只是恢复、完善这套工夫论体系。朱熹在《四书》的诠释方法方面反复强调"从自家身上理会""从自家身上推究"等体验—实践的诠释方法,并将其称之为"第一义"的方法,就是希望先圣先贤留下的这一套成德工夫能够继续为后来的儒家学者所践履。

朱熹在讨论《四书》的大义、在阐发圣人教人的根本宗旨时,总是要强调"做事""行"的"第一义"。譬如,他在为视之为"入德之门"的《大学章句》作序时说:

> 夫以学校之设,其广如此,教之之术,其次第节目之详又如此,而其所以为教,则又皆本之人君躬行心得之余,不待求之民生日用彝伦之外,是以当世之人无不学。②

他还对学生们强调《四书》的工夫论特质、实践性品格:

> 圣贤千言万语,无非只说此事。须是策动此心,勇猛奋发,拔出心肝与他去做!③

---

① (南宋)朱熹:《朱子语类》卷十九,《朱子全书》第14册,上海古籍出版社、安徽教育出版社2002年版,第664页。

② (南宋)朱熹:《四书章句集注·大学章句·序》,《朱子全书》第6册,上海古籍出版社、安徽教育出版社2002年版,第13页。

③ (南宋)朱熹:《朱子语类》卷八,《朱子全书》第14册,上海古籍出版社、安徽教育出版社2002年版,第284页。

由于儒家所教者不过是修己治人之术,它们来之于"人君躬行心得之余",求之于"民生日用彝伦"之中,因此,学者们在学习儒家经典、倾听圣贤的谆谆告诫之时,必须懂得他们所学的"知"是来之于"行",最终又要归之于"行"的。圣贤千言万语所表达的,其实就是人们必须践行的"事",所以学者们应牢牢记住"策动此心"去做事。

但另一方面,我们应该如何理解朱熹对独立性知识体系的探求?他一生探讨学问,广泛涉及经学、佛学、道学、史学、文学、天文、地理等各门学说,特别是他建构了一个包括太极、阴阳、理、气、天命之性、气质之性、道心、人心等抽象范畴的庞大知识体系,它们显然是一种解释世界的概念化知识体系,与"行""做事"的实践工夫并没有多少直接的关联。确实,朱熹不仅是一个策动人们奋发去做的道学家,也是一位有着广泛知识兴趣的学问家。但是,朱熹本人总是不断强调,一切学问均应与自己的身心实践有关联,而不是某种脱离自己身心实践的外在知识。他说:

> 学问是自家合做底。不知学问,则是欠阙了自家底;知学问,则方无所欠阙。今人把学问来做外面添底事看了。①

他强调学问与"自家合做底"生活实践之间不可分离的关系,可见在他眼中并无独立的知识。就以最为明清儒家学者所批评的无极太极、理气、心性的空谈来看,其实均是有强烈的实践诉求的。朱熹建构了一个十分抽象、庞大的宇宙论知识体系。但是,朱熹所探讨、论述的宇宙自然并不是一个独立于人的外在存在,那个推动宇宙化生、自然演进的太极、天理,总是完满地体现在道德实践者的本性、本心之中。那个由太极与阴阳、理与气构造的概念世界并不是一个客观的知识体系,而是一个与实践主体息息相关的"实践知识",因为儒家的宇宙世界从来就是由人类"参天地,赞化育"的生生不息的过程。那么,一切

---

① (南宋)朱熹:《朱子语类》卷八,《朱子全书》第14册,上海古籍出版社、安徽教育出版社2002年版,第280页。

有关太极阴阳、理气、天命之性与气质之性、道心与人心的论述与描绘,均是为了使实践的人在"参天地,赞化育"的过程中获得实践目的、操作程序的理论依据。譬如,天理是纯静的本体,于是,人的实践工夫也应该是"持敬以静为主"①;天理拥有对天地自然的主宰性,同样,那包含着天理的人心对人文世界也具有主宰性。总之,那"参天地,赞化育"的宇宙之理,其实也是"圣门日用工夫"的实践之理。朱熹说:

> 圣门日用工夫,甚觉浅近。然推之理,无有不包,无有不贯,及其充广,可与天地同其广大。故为圣,为贤,位天地,育万物,只此一理而已。②

可见,那表面上十分高远、抽象的天理,却是存在于同样十分浅近、具体的日用工夫之中,是一种可做可行的操作方法、活动程式,"道"与"术"应该是一体的。

因此,朱熹以毕生精力研究《四书》,完成了这种新时期的经学形态——《四书》学,而他所建构的《四书》学则正是这样一整套修己治人的儒术,至于其中广泛讨论的理气、心性等问题,其实只是为日用工夫提供文本依据与理论意义。我们可以就此问题对《四书》的主旨与朱熹的诠释意义作进一步的分析。

《大学》是朱熹列入《四书》之首的经典,其理由他曾多次强调:

> 是以是书(指《大学》)之规模虽大,然其首尾该备,而纲领可寻,节目分明,而工夫有序,无非切于学者之日用。③

---

① (南宋)朱熹:《朱子语类》卷九,《朱子全书》第14册,上海古籍出版社、安徽教育出版社2002年版,第301页。

② (南宋)朱熹:《朱子语类》卷八,《朱子全书》第14册,上海古籍出版社、安徽教育出版社2002年版,第276页。

③ (南宋)朱熹:《大学或问上》,《朱子全书》第6册,上海古籍出版社、安徽教育出版社2002年版,第515页。

《大学》是修己治人底规模。如人起屋相似，须先打个地盘。①

《大学》之所以被列为学问之先，视为修身治人底规模，是因为它提出了为学工夫的八目，即格物、致知、正心、诚意、修身、齐家、治国、平天下，朱熹在《大学章句序》中将其称之为"教人之法""教之之术""修己治人之方"等等，总之，《大学》列入《四书》之首是因为它完整、系统地展示了儒术的纲目，是儒家工夫论的序列与体系。至于其他儒家经典所列的工夫论，均可分别纳入这个序列、体系之中，朱熹明确说：

《大学》是为学纲目。先通《大学》，立定纲领，其他经皆杂说在里许。通得《大学》了，去看他经，方见得此是格物、致知事；此是正心、诚意事；此是修身事；此是齐家、治国、平天下事。②

这样一部为学纲领的书，也就是指导儒家学者生活实践的"行程"。所以，朱熹亦常常称《大学》为"行程"，因为其主要目的是指导学者的践行。他说："《大学》如一部行程历，皆有节次。今人看了，须是行去。今日行得到何处，明日行得到何处，方可渐到那田地。"③朱熹在诠释《大学》时，对这部"行程"的每个具体的节目、工夫均作了系统的阐述，成为表达"儒术"、指导儒者践行的方法和手段。

　　朱熹将《论语》《孟子》两书列之于《大学》之后，这种编排亦是从工夫论的角度考虑。他认为《论语》《孟子》也是两部教人做工夫的经典，可以将其所述工夫纳入《大学》的框架、纲领中去。朱熹说："《论语》《孟子》都是《大

---

　　①　（南宋）朱熹：《朱子语类》卷十四，《朱子全书》第14册，上海古籍出版社、安徽教育出版社2002年版，第420页。
　　②　（南宋）朱熹：《朱子语类》卷十四，《朱子全书》第14册，上海古籍出版社、安徽教育出版社2002年版，第422页。
　　③　（南宋）朱熹：《朱子语类》卷十四，《朱子全书》第14册，上海古籍出版社、安徽教育出版社2002年版，第421页。

学》中肉菜,先后浅深,参差互见。若不把《大学》做个匡壳子,卒亦未易看得。"①朱熹经常与弟子讨论《论语》《孟子》的各自特色与差别,这种种特色、差别也正是工夫论意义的。他说:

> 《论语》之书,无非操存、涵养之要;《七篇》之书,莫非体验、扩充之端。盖孔子大概使人优游餍饫,涵泳讽味;孟子大概是要人探索力讨,反己自求。故伊川曰:"孔子句句是自然,孟子句句是事实。"亦此意也。如《论语》所言"居处恭,执事敬,与人忠","出门如见大宾,使民如承大祭","非礼勿视听言动"之类,皆是存养的意思。孟子言性善、存心、养性,孺子入井之心,四端之发,若火始燃,泉始达之类,皆是要体认得这心性下落,扩而充之。②

朱熹认为《论语》《孟子》所教者均是如何做修己治人的工夫,但两者的特色、差异是工夫的侧重点不同,也就是朱子的学生所概括的,"孔子教人就事上做工夫,孟子教人就心上做工夫"。③在《朱子语类》卷十九的《论孟纲领》中,有朱熹与其弟子讨论《论语》《孟子》之纲领的大量言论,这些言论的主要内容就是讨论《论语》《孟子》所讲的工夫论的特色和差异。譬如,"孔子教人只从中间起,使人便做工夫去,久则自能知向上底道理,所谓'下学上达'也。孟子始终都举,先要人识心性著落,却下功夫做去"。④这都体现朱熹集注《论语》《孟子》的工夫论学术特色。

《中庸章句》一书的工夫论特点更加鲜明。首先,《中庸》一书亦如《论

---

① (南宋)朱熹:《朱子语类》卷十九,《朱子全书》第14册,上海古籍出版社、安徽教育出版社2002年版,第644页。
② (南宋)朱熹:《朱子语类》卷十九,《朱子全书》第14册,上海古籍出版社、安徽教育出版社2002年版,第664页。
③ (南宋)朱熹:《朱子语类》卷十九,《朱子全书》第14册,上海古籍出版社、安徽教育出版社2002年版,第645页。
④ (南宋)朱熹:《朱子语类》卷十九,《朱子全书》第14册,上海古籍出版社、安徽教育出版社2002年版,第645页。

语》《孟子》一样,是《大学》工夫论的体现与深入。朱熹将《中庸》所谈的种种工夫均纳入《大学》修己治人的八大纲目中去,他说:"如读《中庸》求义理,只是致知功夫;如慎独修省,亦只是诚意。"①可见,《中庸》的工夫论也被纳入儒学"修己治人之术"的大框架之中。当然,《中庸》一书提出了更加多样化、系统化的修身工夫论,这些工夫论成为朱熹等宋儒反复探讨、躬行实践的对象。譬如被称之为"为学之序"的"博学之,审问之,慎思之,明辨之,笃行之";作为"修道凝德之大端"的"尊德性而道问学""致广大而尽精微""极高明而道中庸",等等。这些修身工夫论有了更加深入细致的规定、含义,但是,它们亦均可纳入《大学》的工夫论体系之中。如学问思辨、道问学等均属格物致知的工夫,而行、尊德性则均属正心诚意的工夫。

当然,《中庸》一书还有更加精深的一面,就是将工夫提升为本体。本来,《中庸》一书的篇名、学术宗旨就是工夫论。《中庸》之"中"本来就不是一种关于外部世界的对象性知识,而是对实践主体的人如何把握行为之"度""宜"的运作技艺。主体的人必须在生活实践的"过"与"不及"的两端中寻求适度、合宜的行为方式,它被称之为"中"。从子思,到程朱对《中庸》的诠释,均使得工夫论意义的"中"形而上化。子思的"中也者,天下之大本也;和也者,天下之达道也",朱熹将"中和"诠释为天理、天道。他说:"大本者,天命之性,天下之理皆由此出,道之体也。达道者,循之谓,天下古今之所共由,道之用也。"②而这个被称之为"天下之大本""天理"的"中",其本来意义、思想来源从来就是主体实践活动中所要达到合宜的行为方式或操作技艺,也是孔子所传授、子思在《中庸》一书中表述的"执其两端,用其中于民"。所以,尽管朱熹从天理论的角度对《中庸》作了许多形上本体论的诠释,但他始终强调这一点,即《中庸》所传授的儒家的"心法"。他说:"此篇乃孔门传授心法,子思恐其久而差

---

① (南宋)朱熹:《朱子语类》卷六十二,《朱子全书》第16册,上海古籍出版社、安徽教育出版社2002年版,第2004页。

② (南宋)朱熹:《四书章句集注·中庸章句》第一章,《朱子全书》第6册,上海古籍出版社、安徽教育出版社2002年版,第33页。

也,故笔之于书,以授孟子。"①所谓"心法",亦相当于"心术",即一种精神修炼的技艺或方法。

可见,《中庸》一书所以能够从《礼记》中列出,成为《四书》之一,一方面是由于它本身所具有的工夫论特色,另一方面更是由于它成功地将工夫与本体结合起来。"允执厥中"能够从一种工夫上升为"天理"的本体,也正说明了这样一个重要的事实:《四书》学的真正学术主旨是修己治人的工夫论,天理的本体论来之于生活实践的日用工夫的把握,同时它最终仍须回归到生活实践的工夫中去。

二、朱熹《四书》学工夫论的体系构架

朱熹的《四书》学建构了一个与汉唐儒家不同的学术形态,他是从修己治人的工夫论角度解读《四书》,故而建立了一套工夫论形态的《四书》学。他认为只有这样才能真正回到先秦的原典儒学,复兴原始儒学的"道统""心传"。朱熹在《中庸章句序》中就表达了他对这种"道统之传"的自信。朱熹之所以能够对自己充满自信,是因为他相信自己承传的从尧舜、周公到孔孟的工夫意义上的"心传"就是"道统"。

我们首先需要分析这种"工夫"或"心术"的学术特征。无论是称之为"心术",还是修己治人的"工夫",均与那种纯观念的知识形态有着明显的区别。如果说观念的知识形态一般表现为对认知对象的描述和解释,并且总是体现为一种概念—语言的形态的话,在儒家传统中,"术""工夫"则总是指修己治人的精神—实践活动,而作为记录先圣前贤修身工夫的经典文献则主要表现出实践理性或行动知识的特征。所以,如果进一步解构这个"工夫"或"儒术"的话,朱熹等宋儒所理解、解释的工夫应该是一种理性精神和身体力行合为一体的过程,亦可以将其理解为一种"精神—实践"的把握世界的方式。一方面,

---

① (南宋)朱熹:《四书章句集注·中庸章句》第一章,《朱子全书》第6册,上海古籍出版社、安徽教育出版社2002年版,第32页。

工夫是观念性的,它体现为一种精神的追求和理性的态度,不论是日用之中的道德精神,还是形而上的宇宙精神,均可能体现在人的日用工夫之中,正如朱熹所说:"圣门日用工夫,甚觉浅近。然推之理,无有不包,无有不贯,及其充广,可与天地同其广大。故为圣,为贤,位天地,育万物,只此一理而已。"①天理作为一个贯穿天地之道的宇宙法则,作为日用伦常并记载于儒家经典的人文法则,必须要实现为一种自觉的精神过程,故而总会体现为人的主观认知和精神自觉,也就是所谓的"工夫"。一切不具有这种伦理—宇宙精神价值的行为活动均不能称为"工夫"。另一方面,"工夫"又是实践性的,它必须体现为人的身心一体的客观性活动,而不同于那种对儒家经典的传注训诂,它不是那种语言—概念的知识形态。朱熹反复对学生说:"讲学固不可无,须是更去自己身上做工夫。若只管说,不过一两日都说尽了。只是工夫难。"②"小立课程,大作工夫。"③"自早至暮,无非是做工夫时节。"④可见,朱熹所说的"工夫",不是那种纯粹知识形态的研究、学习("讲学""课程"),而是一种身心一体的实践性活动,而且他将这种日用实践工夫视为儒者"第一义"的学问。

由于儒家修己治人的工夫是精神自觉与日用实践的统一,故而决定了这种工夫论是一种知行结合与互动的构架。所以,在朱熹的学术视域中,《四书》不过是儒家关于知行结合的工夫论记载。譬如《大学》的格物、致知、正心、诚意,《论语》的操存、涵养,《孟子》的尽心、存性、体验、扩充,《中庸》的学问、思辨、行以及尊德性、道问学、极高明、道中庸等等,这些修身工夫原就是先圣先贤在自己的修身实践中的个人体悟、经验总结的记录,同时它们均可以纳入那个知行的工夫论架构中去。譬如,朱熹在讨论儒家修身工夫论时,不断地

---

① (南宋)朱熹:《朱子语类》卷八,《朱子全书》第14册,上海古籍出版社、安徽教育出版社2002年版,第276页。

② (南宋)朱熹:《朱子语类》卷十三,《朱子全书》第14册,上海古籍出版社、安徽教育出版社2002年版,第394页。

③ (南宋)朱熹:《朱子语类》卷八,《朱子全书》第14册,上海古籍出版社、安徽教育出版社2002年版,第284页。

④ (南宋)朱熹:《朱子语类》卷八,《朱子全书》第14册,上海古籍出版社、安徽教育出版社2002年版,第284页。

告诫其学生如何分清"第一义"的工夫与"第二义"的工夫,不断地将修身工夫归之于两大类,即所谓力行的工夫,致知的工夫,并且探讨它们二者的关系。他坚持认为,儒家修己治人的工夫论体系是由两大类型构成的,即行的工夫(第一义)与知的工夫(第二义)。而且,这两类工夫论之间具有重要的内在联系,包括"派生"与"互发"的多重关系等等。所以,探讨儒家工夫论上述这种内部结构,能够使我们从体系内部把握儒学的修身工夫论,更重要的是,也能使我们理解《四书》中那许许多多不同修身工夫的确切含义以及它们在工夫论体系中的地位和特点。

在《四书》的原典以及朱熹的诠释中,儒家诸多的工夫论均包含知与行的思想观念。现将朱熹诠释《四书》时几条主要对应的工夫论列之于下:

致知　力行

大学　小学

格物致知　正心诚意

道问学　尊德性

穷理　居敬

进学　操存

可以发现,朱熹的上述工夫论表现出这样的特点:其一,这些修身工夫论有着鲜明的对应性,朱熹总是将它们并列加以讨论,譬如讲"道问学"时,就得讲述"尊德性";讲"穷理"时,就得讲"居敬"。也就是说,必须通过对两者关系的把握,才能明确任何一种工夫的确切含义。其二,朱熹往往将上述种种工夫均归结到"知"与"行"的问题上,"格物致知""道问学""穷理""进学"均可以归结为"知"的工夫,而"正心诚意""尊德性""居敬""操存"则可以归结为"行"的工夫。所以朱熹总是以知行问题来概括一切工夫论,他说:"只有两件事:理会,践行。"[1]

---

[1] (南宋)朱熹:《朱子语类》卷九,《朱子全书》第14册,上海古籍出版社、安徽教育出版社2002年版,第299页。

朱熹所阐发的一切工夫论均可归之于这两个问题。其三,在知行关系问题上,朱熹强调"行"才是它们的"本原",从而坚持了实践工夫的"第一义"的本原意义。他总是说:"主敬、穷理虽二端,其实一本。"①那么,这个"一本"是什么呢? 显然他强调的是力行。他反复强调,"学之之博,未若知之之要;知之之要,未若行之之实。"②

所以,在《四书》中,孔子、曾子、子思、孟子提出了一系列如何修德成圣的工夫,它们均被纳入朱熹的学术视域,不断地被加以思考、诠释与实践。我们可以发现,朱熹在探讨这些具体的修身工夫时,往往体现着鲜明的对应性,也就是说,如果仅讲其中的一面,而不能够全面地考虑相对应的另一面,则不仅不能正确地理解这一面,尤其是不能实现成圣成贤的工夫论目的。朱熹在反省自己与陆九渊的工夫论偏向就说:"大抵子思以来教人之法,惟以尊德性、道问学两事为用力之要。今子静所说专是尊德性事,而熹平日所论却是道问学上多了。……今当反身用力去短集长,庶几不堕一边耳。"③与此同时,朱熹所讨论的这些相对应的工夫,均被纳入"知"与"行"的关系之中,譬如他多次论述这个观点:"格物者,知之始也;诚意者,行之始也。"④他还认为陆九渊光讲"尊德性"工夫,"其病却是尽废讲学而专务践履"⑤。可见讲"格物""道问学"是"知"的工夫,而"诚意""尊德性"则是"行"的工夫。由于朱熹所讨论的种种工夫论,均可以纳入或归结为"知"的工夫或"行"的工夫,故而知行关系问题的讨论与解决,对其他修身工夫就有着普遍意义。

朱熹以知行结构来统摄《四书》的工夫论,还体现在他关于"小学""大

---

① (南宋)朱熹:《朱子语类》卷九,《朱子全书》第 14 册,上海古籍出版社、安徽教育出版社 2002 年版,第 301 页。

② (南宋)朱熹:《朱子语类》卷十三,《朱子全书》第 14 册,上海古籍出版社、安徽教育出版社 2002 年版,第 386 页。

③ (南宋)朱熹:《朱文公文集》卷五十四《答项平父》,《朱子全书》(第 23 册),上海古籍出版社、安徽教育出版社 2002 年版,第 2541 页。

④ (南宋)朱熹:《朱子语类》卷十五,《朱子全书》第 14 册,上海古籍出版社、安徽教育出版社 2002 年版,第 488 页。

⑤ (南宋)朱熹:《朱文公文集》卷三十一《答张敬夫》,《朱子全书》第 21 册,上海古籍出版社、安徽教育出版社 2002 年版,第 1350 页。

学"的为学工夫之中。这是一个纵贯的工夫论体系。朱熹按照儒家教育传统,将人一生的求学划分为"小学""大学"两个阶段的教育,也将人一生的学问历程分为"小学""大学"。但是,朱熹独具特色的地方是用"知"与"行"的工夫论思想去通贯"小学""大学"的求学历程。朱熹认为,知与行的工夫通贯于人的一生求学历程,但因对"知"与"行"的不同偏重而可划分为"小学"与"大学"。

他在《大学章句序》中,将人的一生求学划分为"小学""大学"两个阶段,"小学"是"教之以洒扫、应对、进退之节,礼乐、射御、书数之文";"大学"则是"教之以穷理、正心、修己、治人之道"。"小学"阶段是学做事,主行;"大学"阶段是穷理,主知。他坚持认为,这两个为学阶段及教学内容均是贯穿着"知"与"行"的核心问题。"小学"阶段直接学"事","大学"阶段则是此"事"的道理,他说:

> 小学者,学其事;大学者,学其小学所学之事之所以。①
> 小学是事,如事君,事父,事兄,处友等事,只是教他依此规矩做去。大学是发明此事之理。②

小学所学之"事"本身就是"行",而大学所学之理只是此"行"的道理,属"知"。但是,朱熹又认为,"知"最终仍要在"行"中体现,并最终回到"行"中。朱熹说:"读书便是做事。……读书而讲究其义理,判别其是非,临事即此理。"③这样,朱熹所说的小学、大学两个阶段所学虽有"行"与"知"的分别,但每个阶段均包括知与行。小学所学的"知"是"事",其本身是"行",但"理"就蕴含在"事"中间;大学所学的"知"的对象是"理",是所行之事的道理,故而

---

① (南宋)朱熹:《朱子语类》卷七,《朱子全书》第14册,上海古籍出版社、安徽教育出版社2002年版,第269页。

② (南宋)朱熹:《朱子语类》卷七,《朱子全书》第14册,上海古籍出版社、安徽教育出版社2002年版,第269页。

③ (南宋)朱熹:《朱子语类》卷十一,《朱子全书》第14册,上海古籍出版社、安徽教育出版社2002年版,第339页。

最终仍要归之于"行"。所以,朱熹在其工夫论体系中,一直贯穿着一个核心问题,那就是如何正确处理知行问题。而要能够解析朱熹工夫论的结构,其实也就是探讨知与行的关系问题。在很多关于朱熹哲学思想的著作中,知行论被理解成关于知识的来源、知识与实践关系的认识论问题。其实,在朱熹的思想体系中,有关知行问题的种种讨论,均是与如何参与到日用伦常、宇宙大化的成圣成贤实践活动相关的,它表达的不是认识论而是工夫论。许多有关的修德工夫,包括察识、持养、操存、集义、尽心、居敬等在内,与认识论并无多少关系,但它们却是朱熹反复讨论、终生思考的重要问题,并也被纳入知行结构之中,完全是因为它们始终体现着成德的工夫论。所以,我们在这里将知行问题纳入工夫论结构中来探讨,因为朱熹所反复讨论的知行问题,其实并不是知识论问题,即不是讨论知识的来源、构成、真实等问题;而是一个工夫论问题,即是探讨个人在成德成圣的过程中人格观念与日用实践的关系及其如何统一的问题。所以,如果我们从工夫论的角度分析、解读朱熹的知行论的话,会使知行观有一个更加合乎其历史本义的看法。

朱熹的知行观包括以下一系列主要思想,即知先行后、行重于知、知行互发。如果完全从认识论的角度分析、理解这些思想的话,往往不一定能得其要领,并且也产生了许多歧义。但是,如果从工夫论的角度来理解这些思想,则不仅能够更深入地领悟这些命题的本义,也能够厘清一些从认识论角度不能够讲清的问题。

"知先行后"是朱熹知行论的一个重要观念。他的这一思想与他所诠释的《大学》直接相关。《大学》的三纲八目的工夫论,均是以属于"知"的工夫列之于首位,即所谓的"明明德""格物致知"。二程即在诠释《大学》时明确提出"知先行后"的观点:"然天下之理不先知之,亦未有能勉强行之者。故大学之序先致知而后意诚,其等有不可躐者。"①朱熹继承了这些思想,并且进一步强调《中庸》《孟子》《易传》等儒家经典都是主张"知先行后"的,他说:"《文

① (南宋)朱熹:《大学或问》卷二,《朱子全书》第6册,上海古籍出版社、安徽教育出版社2002年版,第524页。

言》所谓学聚问辨,《中庸》所谓明善择善,孟子所谓知性知天,又皆在乎固力行之先,而可以验乎大学始为之功为有在乎此也。"①但是必须进一步讨论的则是"知先行后"的真实意义是什么。如果将"知先行后"视为一个认识论的命题,那么将"知""行"划成时间先后的关系,就被认为其"知"是脱离"行"的产物,没有正确地阐述知识的来源问题。应该说,这种解读并未得到"知先行后"命题的要领。其实,"知先行后"表述的是一个工夫论的问题,它主要解决的是工夫的程序,而不是知识的来源问题。从成圣成贤的工夫程序来看,一个儒者或者任何个人必须首先要懂得当然之则的要求,才能作出合乎当然之则的行为;换句话说,首先是要明道德义理,然后才有体现道德义理的行为。朱熹曾谈到在时间之先的"知":"知,谓知其事之所当然。"②既然"知"是明了所行的"当然之则",那么,在整个工夫的程序上就一定要将"知"列为第一步骤。因此,从工夫论意义上看,"知先行后"是一个准确地表达工夫程序的主张,以它不能解决知识来源问题而指责它是没有多少道理的。

其次,朱熹的"行重于知"观念亦需要从工夫论的角度重新解读。朱熹在许多地方均谈到"行"的重要性,他说:"致知力行,论其先后固当以致知为先,然论其轻重,则当以力行为重。"③确实,朱熹有着非常明确的行重于知的观念,但是,我们不能从知识论的角度将其理解为朱熹在论述知识来源于实践的道理。他同样是从工夫论的意义上肯定行重于知,这当然也是由工夫论本身的特点所决定的。我们已经论述过,儒家的工夫是一种精神性的实践活动,实践性是工夫的本质性规定。儒家工夫虽然包括精神上的追求甚至是形而上的超越,但是,这种精神追求与形上超越总是要落实在日用常行的实践之中。我们知道,儒家的精神追求与形上超越是以道德为基础的,而道德在本质上是实践的。因此,工夫中的精神追求、形上超越不但要依托于日用实践,也是从日

①　(南宋)朱熹:《大学或问》卷二,《朱子全书》第 6 册,上海古籍出版社、安徽教育出版社 2002 年版,第 526 页。

②　(南宋)朱熹:《孟子集注·万章章句上》,《四书章句集注》卷九,《朱子全书》第 6 册,上海古籍出版社、安徽教育出版社 2002 年版,第 378 页。

③　(南宋)朱熹:《朱文公文集》卷五十《答程正思》,《朱子全书》第 22 册,上海古籍出版社、安徽教育出版社 2002 年版,第 2324 页。

用实践中发展或升华起来的价值和意义。所以,当朱熹主张、强调"行重于知"时,不是由于知识来源于实践这种现代认识论的主张,而是指儒家工夫论关于日用实践是道德良知的完成形态,一切有志于成圣成贤的儒者都必须将目标追求、手段途径贯彻于日用实践之中,而不能局限在语言文辞、文献典册之内。这才是朱熹所言的"行重于知"的本义所在。显然,我们只有从工夫论的角度,才能正确地理解朱熹关于行重于知的真实意义。

再次,朱熹关于"知行互发"的思想,更不是一个认识论的命题,而是一个工夫论的陈述。认识论所要解决的是知识的来源、真伪的问题,工夫论所思考的是如何成圣成贤的方法与途径问题。因此,朱熹的"知行互发"并不是要在知识与实践的互动中探讨知识的来源与真伪问题,而是关注在成圣成贤的工夫结构中精神因素与实践因素之间的互动关系。朱熹在论述知行互发、知行相须的道理时说:

> 知行常相须,如目无足不行,足无目不见。①
> 知之愈明,则行之愈笃;行之愈笃,则知之益明。②

这种知行互发的原理,确与知识的来源、真伪没有多少关系,而是探讨成圣成贤的工夫结构中知的因素与行的因素之间的互动关系。也就是说,在工夫结构中,"知"的精神因素与"行"的实践因素具有相互激发、促进的作用:知的工夫能够促进行的工夫;行的工夫又能促进知的工夫。一个有志于成圣成贤的儒者,如果能够在知的方面与行的方面齐头并进,则能够受益于这种"相须""互发",促使自己更快地成就为圣贤。与之相反,"知""行"若有任何一个方面的欠缺,均会对成就圣贤造成消极的影响,"致知力行,用功不可偏。偏过

---

① (南宋)朱熹:《朱子语类》卷九,《朱子全书》第 14 册,上海古籍出版社、安徽教育出版社 2002 年版,第 298 页。
② (南宋)朱熹:《朱子语类》卷十四,《朱子全书》第 14 册,上海古籍出版社、安徽教育出版社 2002 年版,第 457 页。

一边,则一边受病。"①朱熹反复强调知、行的相须、互发,就是希望学者们能够理解儒家工夫论的内在结构及相互影响的原理,一旦出现用功之偏时,能够做到"知有未至则就知上理会,行有未至则就行上理会,少间自是互相发"②。

（原文以《朱熹〈四书〉学与儒家工夫论》载《北京大学学报》2005 年第 1 期;中国人民大学书报资料中心 2005 年第 5 期《中国哲学》转载）

---

① （南宋）朱熹:《朱子语类》卷九,《朱子全书》第 14 册,上海古籍出版社、安徽教育出版社 2002 年版,第 299 页。

② （南宋）朱熹:《朱子语类》卷九,《朱子全书》第 14 册,上海古籍出版社、安徽教育出版社 2002 年版,第 299 页。

王阳明的心学

　　王阳明是明代影响最大的思想家,宋明"心学"一派的代表人物,其思想对当时及后世均有深远的历史影响。王阳明在思想的形成过程中,也经历了一个由"出入释老"而"归本孔孟"的思想历程。他最初是"泛滥于辞章",接着是"遍读考亭之书",继而又是"出入佛老者久之",直至正德三年被贬至贵州龙场驿,才真正形成自己的心学思想体系,历史上称之为"龙场悟道"。此后,他的心学思想日益成熟,相继提出了"知行合一""致良知"等心学思想。王阳明在形成自己的思想过程中,经历了两次不同的"三变"。其弟子钱德洪说:

　　　　先生之学凡三变,其为教也凡三变:驰骋于辞章,已而出入二氏,继乃居夷处困,豁然有得于圣贤之旨:是三变而至道也。居贵阳时,首与学者为"知行合一"之说;自滁阳后,多教学者静坐;江右以来,始单提"致良知"三字,直接本体,令学者言下有悟:是教亦三变也。①

　　"前三变"是"学三变",指王阳明求学由究心辞章而归于圣道,"后三变"

_____

① (明)钱德洪:《刻文录叙说》,《王阳明全集》(新编本)卷五十二,浙江古籍出版社2011年版,第2088页。另《明儒学案》卷十《姚江学案》引述王畿所述王阳明之学所经"前三变"和"后三变"。其"前三变"与钱说同,"后三变"则异,包括"一意本原,默坐澄心""专提致良知""时时知是知非,时时无是无非,开口即得本心"三个阶段,本人认为,钱说是在整理老师的文稿编年,并征得王阳明审阅同意后提出,其"后三变"旨在说明王阳明的学术思想之三变。本文从钱说。另外,王畿"后三变"之说的着眼点不同,重点在王阳明本人的思想境界。

133

是指"教三变",指王阳明的教义由"知行合一",而到"致良知"的完成。由此我们可以发现一个事实:王阳明思想的逻辑起点是工夫论,而不是本体论。不像人们通常所理解的那样,阳明之学及明代心学是先建立、体悟出"心即是理"的本体论,然后从本体论中引申出"知行合一""静坐""致良知"的修身工夫,而是相反,他们在生活实践中体悟,获得的修身工夫论才是他们思想的基础,其本体论只是修身工夫论的理论诠释。

王阳明之所以首先要以"知行合一"的工夫论为其学说的逻辑起点,后来又以"致良知"为"千古圣圣相传的一点真骨血",因为"知行合一""致良知"均是以生活实践为基础的工夫论,阳明心学本体论是对这一工夫论的理论诠释。这是儒家实践理性不同于西方思辨理性的最大区别。这里在论述王阳明的心学思想时,是按照历史的(王阳明思想形成过程)和逻辑的(修身工夫论逻辑地先于"心即是理"的本体论)相结合的方式,首先讲"知行合一",其次讲"致良知"(静坐工夫已包括在"致良知"的工夫之中),再讲那建立在日用工夫基础之上的"心即是理"的本体论的特点。最后讨论其"四句教"的精义。

一、"知行合一"论

王阳明之所以批判程朱理学,并创立了一套心学体系,这不是纯粹思辨理性的要求,而是他通过自己的生活实践的生命历程和切身体验的结果。

王阳明在年轻时曾信仰程朱之学,相信"格物致知"的知识化途径可以成圣,但是,21岁时格竹子失败的经历使得他对朱学的信念发生动摇。所以,后来他又有泛滥辞章、出入释老的经历,最后才又重新回到儒家圣道中来。但是,真正促使他创立自己的思想体系、形成独立学派,则是他在贬到贵州龙场、获得一种令他刻骨铭心的体悟之后。据《年谱》载:

> 自计得失荣辱皆能超脱,惟生死一念尚觉未化,乃为石墩自警曰:
> "吾惟俟命而已!"日夜端居澄默,以求静一;久之,胸中洒洒。……因念:

"圣人处此,更有何道?"忽中夜大悟格物致知之旨,寤寐中若有人语之者,不觉呼跃,从者皆惊。始知圣人之道,吾性自足,向之求理于事物者误也。①

"格物致知"是《大学》所倡的修身工夫,自朱熹作《补传》重新解释后,亦为宋明儒家修身的圭臬。王阳明的"大悟格物致知之旨",表明他已获得了对"格物致知"的不同见解。他认为朱学的"格物说"有两个错误:其一,求理于外物;其二,知和行分割为二。而他本人所悟,正是对这两个失误的反省和补救。

体悟只是个人的精神活动,要将这种直觉的结果作理论阐述才能传播。根据《年谱》的记载,王阳明于正德四年开始建立自己的学说以表达自己的生命体悟,并通过书院讲学而传播开来。王阳明对体悟的理论表述就是"知行合一"。据《年谱一》记载的正德四年:

> 是年先生始论知行合一,始席元山书提督学政,问朱陆同异之辨。先生不语朱陆之学,而告之以其所悟。书怀疑而去。明日复来,举知行本体证之《五经》诸子,渐有省。往复数四,豁然大悟,谓:"圣人之学复睹于今日;朱陆异同,各有得失,无事辩诘,求之吾性本自明也。"②

从这段记载可以看到,王阳明是以"知行合一"之旨来表述他所体悟的心得的。为什么"知行合一"能够表达他对"格物致知"的体悟,并能纠正朱熹"格物说"的两个失误呢?关键是"知行合一"命题既包含着知、行一体的工夫论,又包含着"吾心即理"的本体论。王阳明在讲到"知行合一"时说:

---

① (明)王守仁:《年谱一》,《王阳明全集》(新编本)卷三十二,浙江古籍出版社2011年版,第1234—1235页。

② (明)王守仁:《年谱一》,《王阳明全集》(新编本)卷三十二,浙江古籍出版社2011年版,第1234—1235页。

知之真切笃实处，即是行；行之明觉精察处，即是知，知行工夫本不可离。只为后世学者分做两截用功，失却知行本体，故有合一并进之说。……外心以求理，此知行合一之所以二也。求理于吾心，此圣门知行合一之教，吾子又何疑乎？①

可见，"知行合一"所谈的是工夫问题，具体包括两个方面：其一，求理于吾心的内向工夫；其二，知行合一的并进工夫。而这两方面的工夫又是相互依存的整体，因为"知"不是外求的物之理，而是内求的心之理，"心之理"必是"真切笃实"的，它们表现为行动的意念、动机，是"行"的组成部分；而"行"的坚定性、正确性是由个人之"心"的思考、决断的结果，它依赖于个体对心中之理的践履、体知，故而"行"是知的表现。可见，王阳明的"知行合一"学说旨在明确两个思想：第一，"格物致知"的"知"必须要"求理于吾心"；第二，内心之知与外在之行又是"合一并进"的。他认为如果求理于外，这种知就不可能转化为坚定的"行"，其知和行必然分裂为二。这样，"知行合一"就成为王阳明在贵州龙场的生命体悟后的一种工夫论的表述。

由此可见，王阳明在贵州龙场的体悟，不是一种纯知识理性的思辨，也不是脱离生活的静观，而是在艰苦生活的处境、顽强奋斗的实践中的生命体悟。其体悟的结果，就是"求理于吾心""知行合一并进"。至于"心外无理""心即是理"的本体论思想，则是对这一工夫论的进一步的理论诠释。

所以，"知行合一"是王阳明龙场之悟后首先建构的学术宗旨和思想体系。他自己就明确将"知行合一"作为自己的"立言宗旨"。他曾经声称：

我今说个知行合一，正要人晓得，一念发动处，便即是行了；发动处有不善，就将这不善的念克倒了，须要彻根彻底，不使那一念不善潜在胸中。

---

① （明）王守仁：《传习录中·答顾东桥书》，《王阳明全集》（新编本）卷二，浙江古籍出版社2011年版，第46页。

此是我立言宗旨。①

这里有两点十分明确,第一,"知行合一"是王阳明的"立言宗旨",在阳明学说中占有显著的地位;第二,"知行合一"说是为了纠正那种将道德认知与生活实践"分作两件"的弊端,从而肯定它们是一个不能割裂的同一过程,以使人们能在生活实践过程中克服那"不善的念"。事实上,在宋明理学以至原始儒学那里,知行问题主要不是一个知识论问题,而是涉及道德认知和生活实践之间关系的问题。

在程朱学派那里,知行关系被视为一个由知到行的过程。程颐说:"不致知,怎生行得?勉强行得,安能持久?"②朱熹说:"故圣贤教人,必以穷理为先,而力行以终之。"③这就是程朱学派所标榜的"知先行后"。这一理论的特点,就是将个体道德品格的形成,规定为一个由道德认知到道德实践的时间先后的历程。然而,这一理论暴露出许多严重弊端,最突出的就是许多学者手捧儒家经典,满口仁义道德,但是一到了生活实践中,就不能自觉地践行儒家伦理规范。王阳明认为这主要是程朱错误地宣扬"知先行后"的结果。他以"心即理"为思想基础,指出朱熹"物理吾心终判为二"是导致"知行之所以二也"的原因,而如果将知与行分作两件事去做,这在理论上有失却"知行本体"的后果,在实践上会造成"终身不行,亦遂终身不知"的流弊。为了纠正这些弊端,他努力倡导"知行合一"的学说,认为"只说一个知,已自有行在;只说一个行,已自有知在","知行如何分得开?"④可见,他是将自己的"知行合一"学说作为一剂解救社会病痛的良药,即所谓"对病的药"。

王阳明不仅提出"知行合一"学说的命题,还对它作了理论上的论证。他

---

① (明)王守仁:《传习录下》,《王阳明全集》(新编本)卷三,浙江古籍出版社2011年版,第106页。

② (北宋)程颢、程颐:《二程集》卷十八,中华书局2004年版,第187页。

③ (南宋)朱熹:《答郭希吕》,《朱文公文集》卷五十四,《朱子全书》第23册,上海古籍出版社、安徽教育出版社2002年版,第2567页。

④ (明)王守仁:《传习录上》,《王阳明全集》(新编本)卷一,浙江古籍出版社2011年版,第5页。

主要是从下列几个方面论述"知行合一"的学说的。

首先,从"知"与"行"作为一个动态的完整过程来看。在理论上,儒家习惯于把道德认知称为"知",把道德践履称为"行"。但在生活实践中,知与行是一个相互包含、相互渗透的动态过程。王阳明正是抓住知行这一相互包含、不可分割的特点,来论证他的"知行合一"学说。他说:

"知是行的主意,行是知的工夫;知是行之始,行是知之成。"①从生活实践的行为过程来看,道德认知与道德行为是相互包含、相互渗透的。具体而言,"知"本是道德认知的意识活动,但是,若从整体的动态行为过程来看,"知"正是人的道德行为过程的重要组成部分,是道德行为的第一个阶段。按照王阳明的说法,"知是行的主意""知是行之始",那么,可以将"知"视为"行"。同样的道理,"行"本是指道德行为的实践活动,但是这种"行"总是以道德观念为指导的,是将道德观念付诸行为实践去完成。即如王阳明所说的"行是知的工夫""行是知之成",那么,同样可以将"行"视为"知"的结果和完成。总之,"知"是"行"的重要组成部分,而"行"亦是"知"的实践及完成,"知"与"行"是一个统一的整体。

根据王阳明的学说,生活实践与道德认知是同一的,它们就是这样一个"知行合一"的过程。王阳明说:

> 凡谓之行者,只是着实去做这件事。若着实做学问思辨的工夫,则学问思辨亦便是行矣。学是学做这件事,问是问做这件事,思辨是思辨做这件事,则行亦便是学问思辨矣。若谓学问思辨之,然后去行,却如何悬空先去学问思辨得?行时又如何去得个学问思辨的事?②

在程朱理学的知行学说中,学、问、思、辨的工夫属于道德认知,它们先于

① (明)王守仁:《传习录上》,《王阳明全集》(新编本)卷一,浙江古籍出版社2011年版,第5页。

② (明)王守仁:《答友人问》,《王阳明全集》(新编本)卷六,浙江古籍出版社2011年版,第222页。

"行",但是王阳明则坚持认为:"学、问、思、辨、行"是一个完整的生活实践的动态过程。尽管学、问、思、辨体现为一种"致知"的形态,但其"致知"的内容则完全离不开"行",也就是王阳明所说的"学做这件事""问做这件事""思辨做这件事",那么,学、问、思、辨的道德认知完全应该纳入道德实践的行的过程。他由此证明,修身的过程应是一个"知行合一"的过程,也即如他所说的"知行原是两个字说一个工夫"①。

其次,从"知"与"行"的本来意义上看。王阳明提出"知行合一"的学说,与居统治地位的传统观念不同,故而遭到许多人的非议与疑虑。为了解答这些非议与疑虑,王阳明强调从"知"与"行"的本义上理解"知行合一"的正确性。

王阳明的学生徐爱曾对"知行合一"提出疑问,因为现实生活中存在着大量具有道德知识而又偏偏不付诸实践的人。他问:"如今人尽有知得'父当孝、兄当弟'者,却不能孝、不能弟,便是知与行分明是两件。"王阳明这样回答:

> 此已被私欲隔断,不是知行的本体了。未有知而不行者,知而不行,只是未知。圣贤教人知行,正是要复那本体,不是看你只恁的便罢。……就如称某人知孝,某人知弟,必是其人已曾行孝行弟,方可称他知孝知弟,不成只是晓得说些孝弟的话,便可称为知孝弟?不如知痛,必已自痛了,方知痛;知寒,必已自寒了;知饥,必已自饥了。知行如何分得开?此便是知行的本体,不曾有私意隔断的。②

王阳明在此所说的"知行的本体",就是指"知"与"行"的本来意义。他认为从本义上来讲,知与行是不能割裂、分离的,任何"知"都是包括"行"在内的,

---

① (明)王守仁:《答友人问》,《王阳明全集》(新编本)卷六,浙江古籍出版社2011年版,第223页。

② (明)王守仁:《传习录上》,《王阳明全集》(新编本)卷一,浙江古籍出版社2011年版,第4页。

如果有人将其割裂、分离开来的话,那是因为他"被私欲隔断",并且不能理解知行的本来含义。如果有人自称已知而又不能行的话,则不能称其为已知,即如他所说"知而不行,只是未知"。譬如,一个人被称为知孝悌,但不能在生活中行孝悌,就不能称他为知孝悌,知孝悌必包括行孝悌在内。

为了说明知行的本义是相互不分的,王阳明还用"真知"来表述"知"必包括"行"在内。他提出:"真知即所以为行,不行不足谓之知。"①他提出所谓"真知",也就是说,任何真正的道德认识,一定是要付诸道德实践的,不能付诸道德实践的知识,均不是"真知"。这种"真知"为什么一定会付诸行呢? 在王阳明看来,因为它们是心之本体的自然呈现,作为心之本体的良知,必然呈现为主体道德意识的"知",也必然会呈现为主体道德实践的"行"。王阳明说:"知是心之本体,心自然会知。见父自然知孝,见兄自然知弟,见孺子入井自然知恻隐,此便是良知,不假外求。"②在这里,作为"心之本体"的"知"当然是"真知",而且当然会付诸"行"。

第三,从"知"与"行"的"合一并进"来看。王阳明不仅从道德行为的全过程、从知行的本义上证明"知行合一",而且还从"知"与"行"的"合一并进"来证明"知行合一"的正确性。

在南宋朱熹、张栻等人的知行观中,就曾充分肯定知行相须互发。朱熹说:"知、行常相须。"③"知与行须是齐头做,方能互相发。"④但朱熹这种"相须""互发"是建立在"知先行后"的理论基础之上的。王阳明继承并改造了这一思想,他以"知行并进"来证明"知行合一""知行本不可离"。王阳明说:

---

① (明)王守仁:《答顾东桥书》,《王阳明全集》(新编本)卷二,浙江古籍出版社2011年版,第46页。

② (明)王守仁:《传习录上》,《王阳明全集》(新编本)卷一,浙江古籍出版社2011年版,第7页。

③ (南宋)朱熹:《学三·论知行》,《朱子语类》卷九,《朱子全书》第14册,上海古籍出版社、安徽教育出版社2002年版,第298页。

④ (南宋)朱熹:《朱子十四·训门人五》,《朱子语类》卷一一七,《朱子全书》第18册,上海古籍出版社、安徽教育出版社2002年版,第3687页。

知之真切笃实处即是行,行之明觉精察处即是知。知行工夫本不可离。……以求精其察而言谓之辨,以求履其实而言谓之行。盖析其功而言则有五,合其事而言则一而已。此区区心理合一之体、知行并进之功,所以异于后世之说者,正在于是。①

在王阳明看来,由于"知"与"行"在本质上是"不可离""合一"的,故而获得"知行并进之功"是理所当然的。譬如,那种"真切笃实"的"知"势必导致"真切笃实"的"行",而那种"明觉精察"的"行"就是来自并引发"明觉精察"的"知"。可见,"知"与"行"是一个相互促进的道德修养的工夫。所以,致知总是发生在整个生活实践过程中,是"知行之合一并进而不可以分为两节事矣"②。

王阳明从以上三个方面,论述了他倡导的"知行合一"理论,他由此证明,"知"与"行"是一个不可分离、完整统一的过程。他的"知行合一"论,在中国思想史上有重要意义。

第一,王阳明的"知行合一"论异常鲜明地强调儒家以生活实践为本的观点,突出地体现出儒家的实践理性的思想特色。王阳明还把传统的"学、问、思、辨、行"这五个环节统统纳入道德实践过程中,力图证明道德认知紧紧依托并置于道德实践中。这些思想的提出,是对中国传统知行观的重要发展,它更加鲜明地突出了生活实践在人的观念形成、人格培养中的重要作用。正如他所说:"凡人为学,终身只为这一事,自少至老,自朝至暮,不论有事无事,只是做得这一件,所谓'必有事焉'者也。"③这样,就使得中国古代重践行的思想特色更为突出,使明代回归生活实践的思潮在理论上更加鲜明、深化。

第二,从实践上来看,王阳明提出的"知行合一",主要是针对一些人"将

① (明)王守仁:《答顾东桥书》,《王阳明全集》(新编本)卷二,浙江古籍出版社2011年版,第46—50页。
② (明)王守仁:《答顾东桥书》,《王阳明全集》(新编本)卷二,浙江古籍出版社2011年版,第51页。
③ (明)王守仁:《启问道通书》,《王阳明全集》(新编本)卷二,浙江古籍出版社2011年版,第64页。

知行分做两件去做”,以致在实践上出现“知而不行”的不良倾向和道德危机。他强调“知行合一”,就是要学者们全身心地投入道德实践中去,并对学生说:“吾与诸公讲致知格物,日日是此,讲一二十年俱是如此,诸君听吾言,实去用功,见吾讲一番,自觉长进一番,否则只作一场话说,虽听之亦何用?”①另一方面,王阳明提出“知行合一”的思想,亦是为了强调“知”对生活实践的指导作用,要求人们的道德行为,均是受“心”主宰,从而保证人们的生活实践的道德性。

当然,王阳明的“知行合一”论包含着许多理论上的错误,其中最突出的,就是在强调“知行合一”的时候,否定了二者的内涵及阶段上的区别,以致常常将知、行混淆起来。王船山对此有一个中肯的批评,他说:“其所谓知者非知,而行者非行也。知者非知,然而犹有其知也,亦悄然若有所见也;行者非行,则确乎其非行,而以其所知为行也。以知为行,则以不行为行,而人之伦、物之理,若或见之,不以身心尝试焉。”②王阳明的“知行合一”是“以知为行,则以不行为行”,确是其根本的失误之处。

二、“致良知”论

王阳明在提出“知行合一”的学说以后,其思想又发生了一些深刻的变化。如果说他是在经过生活实践的体悟后,首先提出“知行合一”的话,那么,他在经历了进一步的生活磨炼之后,又提出了“致良知”的学说。根据钱德洪、邹守益所编《年谱》,王阳明于正德十六年(公元 1521 年)开始倡导“致良知”之教。《年谱》记载说:

---

① (明)王守仁:《传习录下》,《王阳明全集》(新编本)卷三,浙江古籍出版社 2011 年版,第 134 页。

② (明末清初)王夫之:《尚书引义·说命中》,《船山全书》第 2 册,岳麓书社 2011 年版,第 321 页。

是年先生始揭致良知之教。先生闻前月十日武宗驾入宫，始舒忧念。自经宸濠、忠、泰之变，益信良知真足以忘患难，出生死，所谓考三王，建天地，质鬼神，俟后圣，无弗同者。乃遗书守益曰："近来信得致良知三字，真圣门正法眼藏。往年尚疑未尽，今自多事以来，只此良知无不具足。……"①

这一段时期，王阳明再次历经了人生的多种生死、患难的磨炼，他在这种多变、复杂的生活实践中又获得许多新的人生体悟，他将自己所受的各种磨炼和所获的种种体悟均凝聚于"致良知"的思想中，所以他自己又感慨地说："某于此良知之说，从百死千难中得来，不得已与人一口说尽。"②故而，"致良知"成为王阳明思想的最成熟形态。

为什么王阳明本人及后学均极力推崇"致良知"之学呢？和"知行合一"所表述的是修身工夫论一样，"致良知"同样讲的是修身工夫问题。那王阳明为什么要用"致良知"的工夫论来取代以前的工夫论呢？据王阳明本人说："悔昔在贵阳举知行合一之教，纷纷异同，罔知所入。"③"知行合一"的思想采用了一种与过去知行论十分不同的表述，使学者们感到难以理解，所以王阳明不得不用很大的力气为这种新的主张作论证。于是，一方面，这种"知行合一"易流入言辞之辨、理论之争，反而悖离了"知行合一"的以生活实践为本的宗旨；另一方面，"知行合一"的工夫论在实践中，又有使人"罔知所入"的弊端。而"致良知"工夫论的提出，则表现出突出的优越性。

首先，"致良知"命题的提出，在思想上鲜明地将"内求于心"的工夫论，由工夫中"直指本体"的思想直截、简易地表达出来，而不像"知行合一"易流于文辞、学理的争辩和不易见内在本体的弊端。王阳明在谈到自己体悟出"致

---

① （明）王守仁：《年谱二》，《王阳明全集》（新编本）卷三十三，浙江古籍出版社2011年版，第1287页。

② （明）王守仁：《年谱二》，《王阳明全集》（新编本）卷三十三，浙江古籍出版社2011年版，第1287—1288页。

③ （明）王守仁：《年谱一》，《王阳明全集》（新编本）卷三十二，浙江古籍出版社2011年版，第1236页。

良知"的得意感觉时说：

> 吾"良知"二字，自龙场以后，便已不出此意，只是点此二字不出，与学者言，费却多少辞说。今幸见出此意，一语之下，洞见全体，真是痛快，不觉手舞足蹈。①

王阳明认为自他提出良知之学以后，就可"一语之下，洞见全体"，直截地表达出原来要"费却多少辞说"的思想，显然是由于"良知"或"致良知"能够鲜明地表达"良知即是天理"的本体论和"内求于心之理"的工夫论，同时这也是从工夫中见本体的简易表述。所以，其弟子钱德洪在谈到王阳明创"致良知"之教的意义时亦说："江右以来，始单提'致良知'三字，直指本体，令学者言下有悟。"就是说，"致良知"的表述达到了一种奇特的效果，那就是它能用简易的三个字表达出阳明心学中由工夫中见本体的明代心学的特点。

其次，"致良知"，包含着工夫论方面的思想更加深入、更加全面。"知行合一"只是解决了工夫论的方向，即"求理于吾心""知行合一并进"的问题，以消除"心理为二""知行为二"的弊端。至于如何向内作工夫，"知行合一"的思想却不能提供，而王阳明后来因"知行合一"说引起"纷纷异同，罔知所入"时，又只好教学生通过"静坐"的工夫"使自悟本性"②。然而只讲静坐工夫又易流于空虚的弊端，尤不能体现明代儒学重生活实践的学术风尚。但"致良知"的提出则是将"静处体悟"和"事上磨炼"结合起来了。王阳明说：

> 吾昔居滁时，见诸生多务知解，口耳异同，无益于得，姑教之静坐。一时窥见光景，颇收近效。久之，渐有喜静厌动、流入枯槁之病，或务为玄解妙觉，动人听闻。故迩来只说致良知。良知明白，随你去静处体悟也好，

---

① （明）钱德洪：《刻文录叙说》，《王阳明全集》（新编本）卷五十二，浙江古籍出版社 2011 年版，第 2089 页。

② （明）王守仁：《年谱一》，《王阳明全集》（新编本）卷三十二，浙江古籍出版社 2011 年版，第 1236 页。

随你去事上磨炼也好。良知本体,原是无动无静的,此便是学问头脑。①

"致良知"的提出,已从工夫论方面将静与动结合起来,这样,也就同时将未发与已发、收敛与发散、知与行统一起来了。这一点,其弟子王畿作了清楚的表述。他说:

> 江右以后,专提致良知三字,默不假坐,心不待澄,不习不虑,出之自有天则。盖良知即是未发之中,此知之前更无未发;良知即是中节之和,此知之后更无已发。此知自能收敛,不须更主于收敛;此知自能发散,不须更期于发散。收敛者感之体,静而动也;发散者寂之用,动而静也。知之真切笃实处即是行,行之明觉精察处即是知,无有二也。②

可见,"致良知"作为一种工夫论,它具有更大的包容性:一方面它将此前王阳明所倡的诸种修身工夫,包括知行合一、静坐、事上磨炼统统纳入"致良知"的工夫中来;另一方面探索、体悟出了一些新的修身工夫,和以前的工夫融为一个整体。

应该说,王阳明在晚年提出的"致良知",不仅是他本人思想的成熟形态,同时也是明代或宋明时期心学思潮发展的高峰。这是因为,一方面,"致良知"中的"良知",是本体论,"良知"是主体性人格的本体,同时也是天下之大本。他说:"良知即是未发之中,即是廓然大公、寂然不动之本体,人人之所同具者也。"③"是良知也者,是所谓天下之大本也。"④另一方面,"致良知"强调了"致"的工夫论,"致良知"本身是一种修身工夫的实践活动,良知本体必须

---

① (明)王守仁:《传习录下》,《王阳明全集》(新编本)卷三,浙江古籍出版社2011年版,第115页。

② (明末清初)黄宗羲:《姚江学案》,《明儒学案》卷十,中华书局2008年版,第180页。

③ (明)王守仁:《传习录中》,《王阳明全集》(新编本)卷二,浙江古籍出版社2011年版,第68页。

④ (明)王守仁:《杂著·书朱守谐卷》,《王阳明全集》(新编本)卷八,浙江古籍出版社2011年版,第293—294页。

通过"致"的工夫才能体现出来。这样,"致良知"既突出了修身工夫论的优先地位,又能在工夫中追溯本体存在。

"致良知"正好完善地表达了王阳明关于本体、工夫一致的思想。他在谈到二者关系时说:

> 工夫不离本体,本体原无内外;只是后来做工夫的分了内外,失其本体了。如今正要讲明工夫不要有内外,乃是本体工夫。①

工夫不离本体,同样,本体也不离工夫,因而,"致良知"不但兼容了"知行合一"的思想,也是对这种本体、工夫的一体结构的最好表述。

可见,"致良知"首先是王阳明关于工夫论的表述。这里主要从工夫论的意义上,对"致良知"的基本含义作一论述。

"致良知"作为一种修身工夫论,确在王学中占有重要地位。王阳明本人说:"吾平生讲学,只是致良知三字。"他还将"致良知"作为"孔门正眼法藏",认为是"千古圣圣相传的一点真骨血"。"致良知"的工夫论之所以如此重要,首先是因为它充分体现了阳明心学内求本心的工夫论特点。根据王阳明的观点,学者必须从自己的内心中求理、致知,而无须通过从物中求理的途径。因此,王阳明主张"致良知",或说"致知"是"致吾心之良知"。他说:

> 致吾心之良知者,致知也。②
>
> 致者,至也,如云"丧致乎哀"之致。《易》言"知至至之",知至者知也,至之者致也。致知之者,非若后儒所谓充广其知识之谓也,致吾心之良知焉耳。③

---

① (明)王守仁:《传习录下》,《王阳明全集》(新编本)卷三,浙江古籍出版社 2011 年版,第101页。

② (明)王守仁:《答顾东桥书》,《王阳明全集》(新编本)卷二,浙江古籍出版社 2011 年版,第50页。

③ (明)王守仁:《大学问》,《王阳明全集》(新编本)卷二十六,浙江古籍出版社 2011 年版,第1018页。

王阳明提出"致良知"就是要纠正宋儒那种"即物穷理""充广其知识"的客观外求方法,而强调从"吾心之良知"上下工夫的主观内求方法。

王阳明的"致良知"主要包括两个环节。第一,就是良知本体的自我呈现。王阳明认为,每一个人都具有内在的良知,而良知的内容就是仁、义、礼、智的天理,每一个人必须首先认识到这一点。他说:"见父自然知孝,见兄自然知弟,见孺子入井自然知恻隐,此便是良知。"①"吾心之良知,即所谓天理也。"②第二,就是将自我发现、扩充的良知贯彻到自己的行为实践中去。王阳明认为,真正的"知""良知"都不是纯观念上的,而必须体现在行为实践中,使天下的事事物物均受到天理的主宰与支配。他说:

> 孰无是良知乎?但不能致之耳!《易》谓"知至至之",知至者,知也;至之者,至知也。此知行之所以一也。近世格物致知之说,只一知字,尚未有下落,若致字工夫,全不曾道着矣。此知行之所以二也。③

王阳明提出对"良知"的"致之"工夫,其实就是强调任何道德的"知""良知"均应落实于行为实践之中,即所谓"致吾心之良知于事事物物也",使主体的良知贯彻到客体的事事物物之中去。

王阳明认为良知是一切人所固有的,良知的特点是"不虑而知""不学而能"。因此,任何学者要实现"致良知"的目标,首先就应注意通过直观内省的方式,以"自明本心""反身而诚"。他认为,许多人不能认识自我良知,不能自明本心,是由于受到私欲的干扰,因此,要能"自明本心",必须首先去掉欲弊习害。王阳明说:

---

① (明)王守仁:《传习录上》,《王阳明全集》(新编本)卷一,浙江古籍出版社2011年版,第7页。

② (明)王守仁:《答顾东桥书》,《王阳明全集》(新编本)卷二,浙江古籍出版社2011年版,第49页。

③ (明)王守仁:《与陆原静》,《王阳明全集》(新编本)卷五,浙江古籍出版社2011年版,第202页。

君子之学,以明其心。其心本无昧也,而欲为之蔽,习为之害,故去蔽与害而明复,非自外得也。心犹水也,污入之而流浊;犹鉴也,垢积之而光昧。孔子告颜渊克己复礼为仁,孟轲氏谓万物皆备于我,反身而诚。夫己克而诚,固无待乎其外也。世儒既叛孔、孟之说,昧于《大学》格物之训,而徒务博乎其外,以求益乎其内,皆入污以求清、积垢以求明者也,弗可得已。①

王阳明认为道德修身就是所谓"明心",因为一切道德真知皆源于主体自我的本心、良知;而要求"吾心"之明,则强调要通过"去蔽与害"的途径。他反对程朱理学倡导通过"格物致知"这条"博乎其外"的道德修身工夫,认为他们不懂得道德之善来自心内,而欲蔽习害来自身外,这就势必"人污以求清,积垢以求明",永远不会实现"明心"的目的。

王阳明在强调"明心"的同时,表现出对"自得"之法的重视。"自得"原为孟子所说。孟子认为"君子深造之以道,欲其自得之也",即主张学者通过独立探索、内心体悟的方式进行道德修养。王阳明进一步发挥了孟子"自得"的修身方法。他说:

夫君子之论学,要在得之于心。众皆以为是,苟求之心而未合焉,未敢以为是也;众皆以为非,苟求之心而有契焉,未敢以为非也。②

王阳明所强调的"自得于心",就是要引导学者向内体认自己的本心、良知,以确立自我的道德主体精神,并由自我的本心、良知判断道德是非,确立道德价值,而不受其他人的错误观念的影响。此即如他所说:"先儒之学得有浅深,则其为言亦不能无同异,学者惟当反之于心,不必苟求其同,亦不必故求其

① (明)王守仁:《别黄宗贤归天台序》,《王阳明全集》(新编本)卷七,浙江古籍出版社2011年版,第248页。
② (明)王守仁:《答徐成之》,《王阳明全集》(新编本)卷四,浙江古籍出版社2011年版,第157页。

异:要在于是而已。"①

如何才能使学者实现"自得于心"？王阳明提出一种"自家解化"的方法。王阳明在教育实践中十分重视启发式,启发式包括"点化"与"解化"两种。所谓"点化",是指教师通过对学者的指点而使其开化;所谓"解化",则是指让学者本人省悟自得而实现开化。根据王阳明的"致良知"的内省方法,他显然更加重视"自家解化"的方法。他说:"学问也要点化,但不如自家解化者,自一了百当。不然,亦点化许多不得。"②"自家解化"更加合乎"致良知"的特点,更能培养出王阳明所积极倡导的伦理主体性精神。所以,他认为学者遇到疑难问题时,面临道德困境时,更能培养出一种"反求诸己""自求自得"的能动精神,通过"自家解化"的途径而实现"致良知"的目标。诚如他所说:"学也者,求以尽吾心也,是故尊德性而道问学。尊者,尊此者也;道者,道此者也。不得于心,而惟外信于人以为学,乌在其为学也?"③

以上我们从总体上论述了"致良知"工夫论的内求本心的特点。这里,我们进一步论述"致良知"的具体方法。王阳明的"致良知"体现在动、静、有、无的各个方面、各个环节,现分别论述其动静的工夫,在最后一节讨论其有、无的工夫。

(一)事上磨炼

王阳明所倡导的"事上磨炼"是一种动的修身工夫,修身者通过"事上磨炼"从而将人的"本心""良知"贯彻到行为实践中去。他曾多次提出:

---

① (明)王守仁:《书石川卷》,《王阳明全集》(新编本)卷八,浙江古籍出版社2011年版,第286页。

② (明)王守仁:《传习录下》,《王阳明全集》(新编本)卷三,浙江古籍出版社2011年版,第125页。

③ (明)王守仁:《答徐成之》,《王阳明全集》(新编本)卷四,浙江古籍出版社2011年版,第157页。

人须在事上磨炼做工夫乃有益,若只好静,遇事便乱,终无长进。①

然欲其良知,亦岂影响恍惚而悬空无实之谓乎? 是必实有其事矣。故致知必在于格物。物者,事也。凡意之所发,必有其事,意所在之事谓之物。②

"本心""良知"均只是指一种道德观念,这些观念必须落实在实事上,即在万事万物的"发用流行"中方得以体现。故而,王阳明强调"吾教人致良知在格物上用功"③。

在王阳明的"致良知"中,"良知"是知,即是前面所述的"自明本心""自得于心"的知;"致"的主旨是行,也即是这里所言的"事上磨炼"。所以,"致良知"与"知行合一"在理论上是相通的。这一点,古代学者已多有论述。黄宗羲说:"先生致之于事物,致字即是行字,以救空空穷理。"④可见,王阳明倡导"事上磨炼",既是为了贯彻其"致良知"的为学宗旨,也是为了体现其"知行合一"的为学原则。

王阳明在讲学实践中,总是不忘对来学者讲"事上磨炼"的道理。一次,王阳明正在讲"事上磨炼",一属吏听讲后只知其原则而不知如何落实,并提出"只是簿书讼狱繁难,不得为学",王阳明回答说:

我何尝教尔离了簿书讼狱悬空去讲学? 尔既有官司之事,便从官司的事上为学,才是真格物。如问一词讼,不可因其应对无状,起个怒心;不可因他言语圆转,生个喜心;不可恶其嘱手托,加意治之;不可因其请求,屈意从之;不可因自己事务烦冗,随意苟断之;不可因旁人谮毁罗织,随人

① (明)王守仁:《传习录下》,《王阳明全集》(新编本)卷三,浙江古籍出版社 2011 年版,第 101 页。

② (明)王守仁:《大学问》,《王阳明全集》(新编本)卷二十六,浙江古籍出版社 2011 年版,第 1019 页。

③ (明)王守仁:《传习录下》,《王阳明全集》(新编本)卷三,浙江古籍出版社 2011 年版,第 109 页。

④ (明末清初)黄宗羲:《姚江学案》,《明儒学案》卷十,中华书局 2008 年版,第 178 页。

意思处之。这许多意思皆私,只尔自知。须精细省察克治,惟恐此心有一毫偏倚,杜人是非,这便是格物致知。簿书讼狱之间,无非实学,若离了事物为学,即是著空。①

王阳明在此着重阐明的是修养工夫必须"在事上磨炼"。正因为他强调"在物上用功""在事上磨炼",故而他的"格物致知""致良知"便不是某种空洞道德观念,而是与政治、军事、经济、生产等现实活动不可分割地联系在一起的。王阳明倡导在"事上磨炼"的方法,体现出一种重视现实生活的务实特色。但是,他这样做的目的,最终也只是为了将儒家伦理贯彻落实到"事事物物"的现实生活中去。这正如王阳明本人所说:"吾心之良知,即所谓天理也。致吾心良知之天理于事事物物,则事事物物皆得其理矣。"②

(二)静坐体悟

王阳明"致良知"的工夫论包括动、静两个方面:"事上磨炼"属于"动"的工夫,即要求在生活实践的动态过程中作修身工夫;静坐体悟则属于"静"的工夫,在静坐中自悟性体而达到精神境界的提升。

静坐体悟历来就受到理学家们的重视,而对于重视主观精神修炼的心学一派更是如此。应该说,王阳明能够在程朱理学统治了意识形态、学术思想时期,独树一帜,倡导自己的心学体系,就是与他静坐体悟的个人经历和独特体验有关。王阳明在弘治中因受佛道的影响,曾通过静坐以体悟佛道超然自得的精神境界,获得过这种体悟本体的经验。正德三年的"龙场悟道",王阳明又有"忽中夜大悟格物致知之旨,寤寐中若有人语之者,不觉呼跃,从者皆惊"的经历,从而成为他创立自己学说的起点。以后,他一直将静坐体悟作为一种重要的修身工夫。如正德五年他在常德辰州时就教人静坐以"自悟性体",正

① (明)王守仁:《传习录下》,《王阳明全集》(新编本)卷三,浙江古籍出版社2011年版,第104页。
② (明)王守仁:《答顾东桥书》,《王阳明全集》(新编本)卷二,浙江古籍出版社2011年版,第49页。

德八年他在滁州时更是以静坐体悟作为一种重要的修身方法。他创立了"致良知"的工夫论后,静坐体悟亦成为"致良知"的重要方法。他说:"故迩来只说致良知,良知明白,随你静处体悟也好,随你去事上磨炼也好,良知本体元是无动无静的,此便是学问头脑。"①可见,"静处体悟"包括在"致良知"之中。他说:

> 吾昔居滁时,见诸生多务知解,口耳异同,无益于得,故教之静坐,一时窥见光景,颇收近效。②
>
> 教人为学,不可执一偏。初学时心猿意马拴缚不定,其所思虑多是人欲一边,故且教之静坐息虑。③

他仍然认为人欲是影响人心清明如镜的根本原因。他主张学者通过静坐的方式,屏息思虑,认为这样就可以恢复自己"无视无听、无思无作、淡然平怀"④的良知本性,因此,他对学者们要求,在无事时将好色、好货、好名等私欲"逐一追究搜寻",使之永不复起。这即是他所描述的"货、色、名、利等心,一切皆如不做劫盗之心一般,都消灭光了,只是心之本体,看有甚闲思虑。此便是寂然不动,便是未发之中,便是廓然大公,自然感而遂通,自然发而中节,自然物来顺应"⑤。总之,王阳明主张通过屏息思虑、静坐体悟的方式,来体悟本体。他自认为静坐屏虑、自明本心的方法,就是"从心髓入微处用力"的方法,容易使人获得自我与天地万物原为一体的最高精神境界。

---

① (明)王守仁:《传习录下》,《王阳明全集》(新编本)卷三,浙江古籍出版社2011年版,第115页。

② (明)王守仁:《传习录下》,《王阳明全集》(新编本)卷三,浙江古籍出版社2011年版,第115页。

③ (明)王守仁:《传习录上》,《王阳明全集》(新编本)卷一,浙江古籍出版社2011年版,第17页。

④ (明)王守仁:《传习录下》,《王阳明全集》(新编本)卷三,浙江古籍出版社2011年版,第127页。

⑤ (明)王守仁:《传习录上》,《王阳明全集》(新编本)卷一,浙江古籍出版社2011年版,第24页。

三、心即理的形上学

如果要对宋明理学的形上学作一粗略分析可知,那么,它们主要分为两大类:一类是宇宙论形上学,旨在寻求外在天地万物的形上依据;一类是人格论形上学,旨在寻求内在人格心灵的形上依据。周敦颐、邵雍、张载、二程、朱熹等宋代理学家所建立的就是一种宇宙论的形上学,他们所信仰的最高存在、第一原理如"太极""太和""天理"等等,均是构成宇宙间天地万物的形上本体。陆九渊、陈献章、湛若水、王守仁等宋明理学家所建立的是一种人格论的形上学,他们所信仰的最高存在、第一原理是"心""良知""真我"等等,是个体人格的形上本体。

王阳明的"心即理"是一种非常典型的人格论形上学。这种人格论形上学的基础不是建立在"我思故我在"的逻辑的、思辨的第一原理基础之上的,而是建立在"我在故我思"的存在的、实践的日用工夫的基础之上。王阳明在生活实践中体悟到并倡导"知行合一""致良知"的内求工夫论,故而作出了"心即是理"的本体诠释,建立起一种以"心""良知"为第一原理、最高存在的人格论形上学。

王阳明的"心""良知"首先是以"知觉"的个体意识的形式而存在的。在王阳明的思想中,"心"并不是指生理的血肉之物,而是指的人的个体意识和人格精神。王阳明说:

> 心不是一块血肉,凡知觉处便是心。如耳目之知视听,手足之知痛痒,此知觉便是心也。①

---

① (明)王守仁:《传习录下》,《王阳明全集》(新编本)卷三,浙江古籍出版社2011年版,第133页。

> 身之主宰便是心,心之所发便是意,意之本体便是知,意之所在便是物。①

他认为"心"是"知觉"的精神现象,是身体的主宰,是一种体现为个体意识的精神存在。与此同时,王阳明又将这个个体意识的"心"视为一种普遍的精神与终极的存在。他说:

> 人者,天地万物之心也;心者,天地万物之主也。心即天,言心则天地万物皆举之矣。②
>
> 天地万物,与人原是一体,其发窍之最精处,是人心一点灵明。③

在王阳明看来,"心"不仅是人身体的主宰,也是天地万物的主宰;不仅是人格的精神,也是宇宙的本体。王阳明又将此"心"称为"良知"。他说:"天地万物,俱在我良知的发用流行中,何尝又有一物超于良知之外?"④由此可见,"心"(良知)在王阳明的思想体系中,代表着人格的本体与终极的存在。

王阳明如此强调"心"的重要性,正是为了从人的"心""良知"之中,寻求道德的形上依据。他异常鲜明地强调,仁义礼智、纲常伦理的"天理"不是某种外在的东西,而是统统来自于人的本心。王阳明就是用"心即理""心外无理"的命题,论证了道德的本源来自于人心。他说:

---

① (明)王守仁:《传习录上》,《王阳明全集》(新编本)卷一,浙江古籍出版社2011年版,第6页。

② (明)王守仁:《答季明德》,《王阳明全集》(新编本)卷六,浙江古籍出版社2011年版,第228页。

③ (明)王守仁:《传习录下》,《王阳明全集》(新编本)卷三,浙江古籍出版社2011年版,第118页。

④ (明)王守仁:《传习录下》,《王阳明全集》(新编本)卷三,浙江古籍出版社2011年版,第117页。

心即理也。天下又有心外之事、心外之理乎？①

夫物理不外于吾心，外吾心而求物理，无物理矣；遗物理而求吾心，吾心又何物邪？心之体，性也；性即理也。故有孝亲之心，即有孝之理；无孝亲之心，即无孝之理矣。有忠君之心，即有忠之理；无忠君之心，即无忠之理矣。理岂外于吾心邪？②

在宋明理学的思想体系中，"理"本来就是忠孝仁爱等伦理规范体系的总和，但是王阳明强调，"理"并非存在于天地万物之中的客观之物，而直接来源于"吾心"。这样，"吾心"就成为纲常伦理的道德本原，即所谓"天下之事虽千变万化，而皆不出于此心之一理，然后知殊途而同归，百虑而一致"③。由于社会道德规范均来自人的"心"中，社会伦常之理源于人的心中之理，那么，整个天地万物、人类社会所显示出来的道德秩序均是人心所建立的。正如王阳明所说："理也者，心之条理也，是理也，发之于亲则为孝，发之于君则为忠，发之于朋友则为信，千变万化至不可穷竭，而莫非发于吾之一心。"④整个世界所体现的道德规范、人伦秩序均来自人之"本心"。

王阳明的"心即是理""心外无理"的提出，体现出两个鲜明的特点，即道德主体化和人心本体化。

（一）道德主体化

所谓"道德主体化"，就是不将道德视为一种外在权威的强制、神秘意志的命令、客观世界的法则，而是将其归结为主体的人的内在欲求、自由意志的

---

① （明）王守仁：《传习录上》，《王阳明全集》（新编本）卷一，浙江古籍出版社 2011 年版，第 2 页。

② （明）王守仁：《答顾东桥书》，《王阳明全集》（新编本）卷二，浙江古籍出版社 2011 年版，第 47 页。

③ （明）王守仁：《博约说》，《王阳明全集》（新编本）卷七，浙江古籍出版社 2011 年版，第 183 页。

④ （明）王守仁：《书诸阳卷》，《王阳明全集》（新编本）卷八，浙江古籍出版社 2011 年版，第 294 页。

选择、主观精神的扩充,道德规范、人伦秩序均是人的主观精神的"心"的产物。王阳明提倡"心即是理""心外无理",正是为了完成这个道德主体化的任务。宋元以来,程朱理学占据社会的统治地位,道德规范之"理"被视为一种客观世界的普遍法则与外在天命的强制性命令,学者们必须通过"格物穷理"的途径认识天理,这样就会导致诸如"空谈义理""知而不行"的种种弊端。王阳明认为这种论调将伦理规范与道德主体割裂开来,即"析心与理为二",故而生出许多病痛,他的使命就是要将道德主体化。所以,他重新倡导心学,将天理与人的主体精神统一起来。他说:

> 夫在物为理,处物为义,在性为善,因所指而异其名,实皆吾之心也。心外无物,心外无事,心外无理,心外无义,心外无善。吾心之处事物纯乎理而无伪之杂谓之善,非在事物之有定所之可求也。处物为义,是吾心之得其宜也。义非在外可袭而取也。①

在王阳明看来,无论是外在的义理,还是内在的善性,其实均源于主体精神的"吾心"。而一旦离开这一主体精神,一切道德、理义、善性均无从谈起。王阳明在把道德主体化为人的内在意志、精神之后,继而突出"吾心"的主宰作用。所谓"主宰"作用,首先当然是指对人自身的主宰,即所谓"心者身之主宰""身之主宰便是心"。其次则是强调对天地万物的主宰,因为在儒家学者看来,天地万物亦是显示出一种伦理秩序。所以他说:

> 身之主宰便是心,心之所发便是意,意之本体便是知,意之所在便是物。如意在于事亲即事亲便是一物,意在于事君即事君便为一物,意在于仁民爱物即仁民爱物便是一物,意在于视听言动即视听言动便是一物。②

---

① (明)王守仁:《别王纯甫》,《王阳明全集》(新编本)卷七,浙江古籍出版社2011年版,第247页。

② (明)王守仁:《传习录上》,《王阳明全集》(新编本)卷一,浙江古籍出版社2011年版,第6页。

我的灵明便是天地鬼神的主宰,天没有我的灵明谁去仰天高? 地没有我的灵明谁去俯他深? 鬼没有我的灵明谁去辨他吉凶灾祥?①

从这里可以看到,"心"不但可以主宰人的身体,还可以主宰"天地鬼神",这实质上是强调道德主体性的绝对主宰作用,以显示道德主体精神在建设社会秩序、自然秩序中的重要地位。而且,由于道德主体是用"吾心"去事君事亲、仁民爱物的,根据"心即是理"的原则,社会秩序、天地秩序所遵循的"理",均是"吾心"的产物。这一切,均显示出王阳明"心即是理"思想的第一个特点:道德的主体化。

(二)人心本体化

王阳明强调"心即是理""心外无理",将道德之"理"归之于"心",不仅仅是为了高扬伦理主体性的重要地位,而且是要将人心本体化,确立"吾心"作为天地万物的终极存在。换句话说,作为道德主体的"心"不仅仅是吾身、天地万物的主宰,而且是人文世界、自然世界的本体存在。王阳明倡导"心即是理""心外无理",首先就是为了强调"心"是道德本体,以从人的心中寻求道德人文世界的本原。所以他反复强调:"心即理也。天下又有心外之事、心外之理乎?②"都只在此心,心即理也。此心无私欲之蔽,即是天理,不须外面添一分。以此纯乎天理之心,发之事父便是孝,发之事君便是忠,发之交友治民便是信与仁。"③他认为,道德规范并不依存于道德的客体,而是来自于主体的"心","心"是一切道德的本原,忠、孝、仁、信等儒家道德规范均来自人心。其次,王阳明的"心即是理""心外无理",也是为了确立"心"是宇宙本体,将

---

① (明)王守仁:《传习录下》,《王阳明全集》(新编本)卷三,浙江古籍出版社2011年版,第136页。

② (明)王守仁:《传习录上》,《王阳明全集》(新编本)卷一,浙江古籍出版社2011年版,第2页。

③ (明)王守仁:《传习录上》,《王阳明全集》(新编本)卷一,浙江古籍出版社2011年版,第3页。

"心"规定为天地万物的本原。他说:"心即天,言心则天地万物皆举之矣。"①
"心即道,道即天,知心则知道知天。"②无论是支配天地万物的理,还是天地万
物本身,均源之于人心,可见"心"是宇宙的本体。所以王阳明既主张"心外无
理",又主张"心外无物",他认为外物的存在是人心所发、意向所涉的结果。
他说:"身之主宰便是心,心之所发便是意,意之本体便是知,意之所在便是
物。"③所谓心、意、知均是指人的主观意识,外物则是人的主体意识结构的组
成部分。他由衷地赞叹良知之心是"造化的精灵","生天生地,成鬼成帝,皆
从此出,真是与物无对!"④这些观点鲜明地体现出王阳明将人心本体化的心
学特点。

由此可见,王阳明"心即是理"的观点,充分高扬了人心的主体性地位,同
时也强调了人心的本体性存在,从而建构了一种人格论的形上学。

四、"四句教"的体用论

王阳明在晚年,曾将自己的学术宗旨概括为四句话,以之传授给弟子,这
就是著名的"四句教言":

> 无善无恶心之体,有善有恶意之动。知善知恶是良知,为善去恶是
> 格物。

---

① (明)王守仁:《答季明德》,《王阳明全集》(新编本)卷六,浙江古籍出版社 2011 年版,第
228 页。
② (明)王守仁:《传习录上》,《王阳明全集》(新编本)卷一,浙江古籍出版社 2011 年版,第
23 页。
③ (明)王守仁:《传习录上》,《王阳明全集》(新编本)卷一,浙江古籍出版社 2011 年版,第
6 页。
④ (明)王守仁:《传习录下》,《王阳明全集》(新编本)卷三,浙江古籍出版社 2011 年版,第
128 页。

　　王门"四句教言"涉及理学思想中诸如生命与道德、本体与工夫、人性论与道德教育等一系列重要的理论问题。由于"四句教言"本身思想的丰富性、多重性,还引发了王门内部的学术之争及后来的学派分化。

　　要全面理解王阳明的四句教言及其体用论,就必须分析王门两位大弟子钱德洪、王畿是如何围绕"四句教言"展开学术争辩,以及王阳明本人对此争辩的解答的。这就是著名的"天泉证道"。嘉靖六年(1527)即王阳明去世前一年秋,王阳明被任命为两广提督,赴广西平息少数民族暴乱。起程前,他应高徒钱德洪、王畿之请,于越城天泉桥上阐发并解答有关"四句教言"的思想。当时王畿认为,心与意、知、物是体用关系,心既然是无善无恶的,那么,意、知、物也都应该是无善无恶的。他说:"心体既是无善无恶,意亦是无善无恶,知亦是无善无恶,物亦是无善无恶。"①可见,王畿主张心、意、知、物的"四无"说。而钱德洪则认为,正因为意有善有恶,才需要努力去做为善去恶的工夫,如果否定了意有善有恶,就会从根本上取消道德修养的工夫。此外,他对王阳明所言心体无善恶的说法持怀疑态度,而主张心体至善无恶。因此,钱德洪主张心、意、知、物的"四有"观点。王、钱二人因"四句教言"争执不休,最后只好质之于王阳明。王阳明对二人的看法提出了一个综合、折衷的意见,说:"二君之见,正好相取,不可相病,汝中(王畿)须德洪工夫,德洪须透汝中本体。二君相取为益,吾学更无遗念矣。"②

　　他认为,从工夫的角度而言,钱王二人的见解正好可以相互补充,而并不是相互对立的。具体而言,"四无说"是具有上等资质之人的本体透悟,而"四有说"则为中等资质以下者的渐修工夫。但是,王阳明继续对王、钱二人说:"汝中见得此意,只好默默自修,不可执以接人。上根之人世亦难遇,一悟本体即见工夫,物我内外一齐尽透,此颜子明道不敢承担,岂可轻易望人。二君以后与学者言,务要依我四句宗旨:无善无恶是心之体,有善有恶是意之动,知

---

　　①　(明)王守仁:《年谱三》,《王阳明全集》(新编本)卷三十四,浙江古籍出版社2011年版,第1317页。

　　②　(明)王守仁:《年谱三》,《王阳明全集》(新编本)卷三十四,浙江古籍出版社2011年版,第1317页。

善知恶是良知，为善去恶是格物。以此自修，直跻圣位；以此接人，更无差失。"①可见，尽管王阳明十分推崇"上根之人"对心之本体的体悟，但他在现实中，却十分重视"下根之人"的渐修工夫。

"无善无恶心之体"是"四句教言"的首句，它涉及对人的生命、对本体存在、对人性结构的认识与理解的问题，亦是后人颇感困惑的一个问题。在原始儒学、宋明儒学中，性善论一直占据统治地位，而王阳明为什么主张"无善无恶心之体"呢？这需要从纵横两个方面来逐一理解、阐释。首先，从纵向的角度看，"无善无恶心之体"是指人的精神本体处于"未发"的本然状态。这时，人心之理、人性在纯静的状态中而无任何善与恶的意向，所以，王阳明称此心理状态是"无善无恶"的。王阳明说：

> 性之本体，原是无善无恶的。②
> 无善无恶者理之静，有善有恶者气之动。③
> 心之本体，本无不正，自其意念发动，而后有不正。④

由于人的心性首先是一种先验的本体，不受任何欲望意念的干扰和影响，故而不能做善恶的价值判断；在心之所发、意之所动之后，才产生了善恶不同的意念。可见，从时间历程来看，心之本体原是无善无恶的。其次，从横向的关系来理解，心之本体也是一种无形无迹、无滞无化的本然存在。也就是说，它既无目的性，又无执着性，是一种不受善恶评价的心灵本体、精神存在。王阳明在解释"无善无恶心之体"时说："有只是你自有，良知本体原来无有，本

---

① （明）王守仁:《年谱三》,《王阳明全集》(新编本)卷三十四,浙江古籍出版社2011年版,第1317—1318页。

② （明）王守仁:《传习录下》,《王阳明全集》(新编本)卷三,浙江古籍出版社2011年版,第126页。

③ （明）王守仁:《传习录上》,《王阳明全集》(新编本)卷一,浙江古籍出版社2011年版,第32页。

④ （明）王守仁:《大学问》,《王阳明全集》(新编本)卷二十六,浙江古籍出版社2011年版,第1018页。

体只是太虚,太虚之中,日月星辰雨露风霜阴霾噎气,何物不有?而又何一物得为太虚之障?人心本体亦复如是,太虚无形,一过而化,亦何费纤毫气力!"①他认为,心之本体、良知之本体是"无",是"太虚",它显然不同于有形有迹的形而下的"有""万事万物"。善恶等道德评价只适宜对形而下的万事万物的评价,而不适宜对形而上的心体、太虚的评价。所以王阳明说:"心之本体原无一物,一向着意去好善恶恶,便又多了这分意思,便不是廓然大公。《书》所谓无有作好作恶,方是本体。"②也就是说,由于"心之本体原无一物",故而是超越是非善恶的,而善恶均离不开感性的意欲好恶。

根据上述讲法,在王阳明的"无善无恶心之体"的教言中,存在着一个超越善恶、追求真实自我的存在主体,这显然又和儒家的人性善的信念、道德本位相矛盾。王阳明解决矛盾的方式,是提出心之体的"无善无恶",本质上是一种"至善"。他说:"不动于气,即无善无恶,是谓至善。"③"至善也者,心之本体也,动而后有不善。"④可见,由于他充分肯定心之体是"至善"的,从而在最高理论层次上维护了儒家人性本善的信念,也维持了其思想观念的统一。

王阳明"四句教言"中的后三句,均是讨论道德修养的工夫论问题。正如前面所述,王门两大弟子王畿、钱德洪对"四句教言"有不同的理解,故而在工夫论问题上有很大的区别。王畿主张"四无说",即认为心、意、知、物均是无善无恶的,那么,学者们的道德修养就不能从为善去恶的意念上下工夫,而是从直接彻悟心体无善无恶入手,也即是"从无处立根基",就可以恢复那无善无恶的先验的心之体。钱德洪主张"四有说",认为心、意、知、物均是有善有恶的,学者们的道德修身主要是通过意念上为善去恶的渐修工夫,是一种"从

---

① (明)王守仁:《年谱三》,《王阳明全集》(新编本)卷三十四,浙江古籍出版社2011年版,第1317页。

② (明)王守仁:《传习录上》,《王阳明全集》(新编本)卷一,浙江古籍出版社2011年版,第37页。

③ (明)王守仁:《传习录上》,《王阳明全集》(新编本)卷一,浙江古籍出版社2011年版,第32页。

④ (明)王守仁:《大学古本序》,《王阳明全集》(新编本)卷七,浙江古籍出版社2011年版,第258页。

有上立根基"的方法。由此可见,王门弟子对人的本质、人性规定的不同见解,导致在修身方法上的极大分歧。

王阳明对心之体的看法本来就有一个矛盾:一方面,他提出"无善无恶心之体",另一方面,他又肯定"至善也者,心之本体也"。与此相关,他在道德修身的工夫论方面,也是试图将王畿、钱德洪的两种观点调和起来。他认为王畿的"四无说"有其合理之处,这种道德修养方法适用于上根之人。上根之人入道以顿悟为方法,他能够彻悟心之体的无善无恶,而无须去做为善去恶的工夫。但他也赞成钱德洪的"四有说",认为这种道德修养的方法适用于下根之人,因为下根之人必须通过为善去恶、循序渐进的渐修工夫。也就是说,根据人的资质不同,可以采用不同的道德修身的方法。这样一来,无论是"四无说",还是"四有说",它们均是成立的,只是有不同的使用范围而已。

但是,王阳明并不是主张完全将两种方法分开来看,而是要求将其结合起来。"四无说"是对于上根之人的教法,但是上根之人要能成圣成贤,他们在领悟无善无恶的心之体之后,仍然要做为善去恶的渐修工夫。同样,"四有说"是对下根之人的教法,但是下根之人要能真正超凡入圣,在经过意念上的为善去恶的渐修工夫以后,最终仍要"从有以归于无,复还本体"。所以,无论是上根之人,还是下根之人,均应将两种修身方法结合起来。王阳明不赞成两位弟子各执一端,他对王畿、钱德洪说:"二君子('子'字当为'之')见正好相资为用,不可各执一边。……汝中之见是我这里接利根人的,德洪之见是我这里为其次立法的,二君相取为用,则中人上下皆可引入于道。若各执一边,眼前必有失人,便于道体各有未尽。"①可见,王阳明的"四句教言"既包括上根之人,又包括下根之人;既包括"一悟本体既见工夫,物我内外一齐尽透",又包括"在有善有恶上立根基,心与物皆从有生,须用为善去恶工夫"。也就是说,他所倡导的"四句教言"具有普遍有效性,能够适用于各种资质的人实现"超凡入圣"的需要。

---

① (明)王守仁:《传习录下》,《王阳明全集》(新编本)卷三,浙江古籍出版社2011年版,第128—129页。

从以上所述的王阳明的"四句教言"中,我们可以看到两个重要的事实。

第一,在阳明心学乃至整个宋明理学中,本体论与工夫论是一个互相制约、规定的两个方面。一种新的工夫论的提出,就势必对本体论作出新的诠释,王阳明提出了"致良知"的工夫论,就相应地对"良知""心"作出了新的本体论诠释。同时,这种新的本体论的提出,亦要求在修身工夫论方面相一致。王阳明将"无善无恶心之体"解释成"至善",钱德洪、王畿分别提出"四有说"和"四无说",都是在力图将本体论、工夫论统一起来。

第二,从王阳明的"四句教言"及钱德洪、王畿的争论中可以看到,阳明学派所追求的本体境界,既包括合乎儒家人生理想的"至善"的伦理境界,也包括兼融佛、道人生理想的"空""无"的精神境界。王阳明本人曾肯定"性"(或心)之本体,原是无善无恶的,"人心本是天然之理,精精明明,无纤介染著,只是一个无我而已"[1]。王畿一派更是将这种"无"的精神境界作为人生的最高目的,以彻悟心之本体为"无",即所谓"从无处立根基"。这一点,体现了阳明学派对佛、道之学的兼容。

(部分内容以《由工夫以见本体——王阳明心学的实践性品格分析》原载《北京师范大学学报》2006 年第 3期)

---

[1] (明)王守仁:《传习录下》,《王阳明全集》(新编本)卷三,浙江古籍出版社 2011 年版,第137 页。

船山学的道统、治统与学统

　　王船山是中国学术史上最杰出的学者之一,他不仅对宋明理学作了深入的思考与全面的总结,并由宋明上溯到延续两千多年的中华学术文化的历史传统的源头,且以"六经责我开生面"的气魄对此历史传统作出了传承与开拓的学术伟绩。

　　在船山先生毕生的价值追求中,道、治、学是三个最重要的目标,由这三个目标形成了他追求的道统、治统、学统的三统合一的精神追求与学问宗旨。他的一生充分表达出一种要将道统、治统与学统统一的精神追求与学问宗旨,无论是总结明亡的政治教训,还是反思宋明的学术弊端,都只是他内在学术旨趣的某一方面表达而已。船山先生所取得的非凡学术成就、独特学术见解均与此学术旨趣有关。

一、道统的因革

　　在船山先生毕生的价值追求中,道、治、学是三个最重要的目标。由这三个目标形成了三统合一的最高理想,即他追求的是道统、治统、学统的合一。然而,在道、治、学三者的关系中,他仍坚持儒学主流的观点,认为"道"是三者的根本。他说:

道者,学术事功之正者也。①

他强调"道"是学术之正的"正学"、事功之正的"治统"的依据。王船山以"道"为核心的道统观念,既有对儒家传统的因袭,又有重要的时代变革。

在许多船山学的论著中,均认为王船山是道统论的批判者、反对者,笔者不同意这种观点。只要能够客观地品读船山的著作,就可以发现他是宋儒道统论的支持者,只是他对宋代以来道统论的缺陷、不足做了反思、修正而已。唐宋时期道统论提出,一方面是为了与佛教"法统"的对抗而为儒家建立的授受道脉;另一方面也是为了提高儒家士大夫在与帝王"共治天下"时的文化优势。但是,宋儒的道统论在发展过程中,一些理学家与理学学派为了提高本学派及其宗师的地位,"道统"就与他们的"单传""心法"联系起来。王船山对这种做法持否定态度,他说:"古今此天下,许多大君子或如此作来,或如彼作来,或因之而加密,或创起而有作,岂有可传之心法,直指单传,与一物事教奉持保护哉!"②王船山否定的是这种狭隘心态的道统观。

王船山认同的道统观念,是在关于与"帝王之统"相对应的"儒者之统"的联系与紧张中系统阐发出来的。他肯定"道统"与"治统"的并列存在,并且肯定它们在天下的所有事物中有至为重要的地位。他说:

天下所极重而不可窃者二:天子之位也,是谓治统;圣人之教也,是谓道统。③

尽管王船山从历史现实中看到"道统"与"治统"的分离,但是在他尊崇的文化理想中,"道统"与"治统"必须合一。他认为一旦"道统"与"治统"分离,就会

---

① (明末清初)王夫之:《读四书大全说·中庸》,《船山全书》第6册,岳麓书社2011年版,第516页。

② (明末清初)王夫之:《读四书大全说·孟子》,《船山全书》第6册,岳麓书社2011年版,第1029页。

③ (明末清初)王夫之:《读通鉴论》卷十三,《船山全书》第10册,岳麓书社2011年版,第479页。

出现治统断统、道统以人而独存的状况。他对此表达了深刻的忧虑：

> 儒者之统，与帝王之统并行于天下，而互为兴替。其合也，天下以道而治，道以天子而明；及其衰，而帝王之统绝，儒者犹保其道，以孤行而无所待，以人存道，而道可不亡。①

王船山对道统与治统的分离现实表现出特别的忧虑与关切，譬如，他认为魏晋以来玄学盛行、治统脱离道统制约，从而导致严重后果，他说："魏、晋以降，玄学兴而天下无道，五胡入而天下无君，上无教，下无学，是二统者皆将斩于天下。"②王船山对历史上"天下无道"局面的反思是与明清之际"天下无道"的现实反思紧密联系在一起的，他所说的道统、治统的分离，一方面导致"帝王之统绝"；另一方面，则导致"儒者犹保其道，以孤行而无所待"的局面。其实后者正是他的自我期许、自我写照。明清之际，王船山既不能以他追求的"道统"与明朝的"治统"结合，因为明朝已经因"无道"而斩于天下；而他更不能将"道统"与作为夷狄的清朝结合。但是，船山坚信他作为一个追求文化理想的儒家学者，完全可以在孤独的精神追求中"以人存道"。他说："是故儒者之统，孤行而无待者也；天下自无统，而儒者有统。道存乎人，而人不可以多得，有心者所重悲也。虽然，斯道恒天垂地而不可亡者也，勿忧也。"③他认为在"天子之位"的治统消亡后，儒者通过对"道统"的执着追求而实现"儒者有统"。其实，王船山蛰伏在衡阳山村的学术工作，正是在承担一种"以人存道"的文化使命。

　　王船山不仅仅持有"道统"的信念和使命，而且他的道统论是承宋儒发展而来，他也肯定三代时圣王的道统、治统合一，至春秋战国时候道、治分离，儒

---

① （明末清初）王夫之：《读通鉴论》卷十五，《船山全书》第 10 册，岳麓书社 2011 年版，第 568 页。

② （明末清初）王夫之：《读通鉴论》卷十五，《船山全书》第 10 册，岳麓书社 2011 年版，第 568 页。

③ （明末清初）王夫之：《读通鉴论》卷十九，《船山全书》第 10 册，岳麓书社 2011 年版，第 569 页。

者有道而无位，特别是肯定了宋代有周、程、张、朱等大儒承传了儒家道统。他向往的圣王统治时期是这样的状况：

> 三代之教，一出于天子之所立之学官，而下无私学。然其盛也，天子体道之精，备道之广，自推其意以为教，而师儒皆喻于道。①
>
> 夫尧、舜之学，与尧、舜之治，同条而共贯者也。安石亦知之乎？尧、舜之治，尧、舜之道为之；尧、舜之道，尧、舜之德为之。②

在王船山看来，三代以上的圣王统治时期，道统、治统、学统是一体的。但是，王船山继而认为，东周以后，道统仅存在于无治统的儒者手中，他说："至于东周而邪慝作矣。故夫子赞《易》而阐形而上之道，以显诸仁而藏诸用，而孟子推生物一本之理，以极恻隐、羞恶、辞让、是非之所由生。"③他进而提出，"自汉、魏以降，儒者无所不淫"④，至宋儒周、程、张、朱才承传并弘扬了这一道统："宋自周子出，而始发明圣道之所由，一出于太极阴阳人道生化之终始，二程子引而伸之，……故朱子以格物穷理为始教"⑤。他强调，孔孟发明的圣道至宋代方得以明。

王船山虽然肯定了宋儒在道统史上的地位，但对于宋代濂、洛、关、闽诸大儒，他最为推崇关学张载，认为"张子言无非《易》，立天，立地，立人，反经研几，精义存神，以纲维三才，贞生而安死，则往圣之传，非张子其孰与归！"⑥王

---

① （明末清初）王夫之：《读通鉴论》卷十七，《船山全书》第10册，岳麓书社2011年版，第628页。

② （明末清初）王夫之：《宋论·神宗》，《船山全书》第11册，岳麓书社2011年版，第153页。

③ （明末清初）王夫之：《张子正蒙注·序论》，《船山全书》第12册，岳麓书社2011年版，第10页。

④ （明末清初）王夫之：《张子正蒙注·序论》，《船山全书》第12册，岳麓书社2011年版，第10页。

⑤ （明末清初）王夫之：《张子正蒙注·序论》，《船山全书》第12册，岳麓书社2011年版，第10页。

⑥ （明末清初）王夫之：《张子正蒙注·序论》，《船山全书》第12册，岳麓书社2011年版，第12页。

船山认为张载是宋儒中继承、弘扬"往圣"道统的最重要人物。显然,这一观点与宋明以来的主流道统观存在一些差异。南宋后期及元、明时期,主流意识形态已经普遍承认濂、洛、关、闽的理学流派对孔孟道统的继承地位,但是,其中程朱理学又在诸流派中拥有更为正统的地位,王船山不同意这种主流的看法,而坚持认为张载之学才拥有道学正统的地位,即"张子之学,无非《易》也,即无非《诗》之志,《书》之事,《礼》之节,《乐》之和,《春秋》之大法也,《论》、《孟》之要归也。"①

王船山之所以要重新确立道统,将张载列入道统谱系中的正统地位,完全是基于他对儒家之道的深入思考与透彻洞察。船山认为,作为"儒者之统"的道,首先是人道,人道来之于人性,其内容体现为孔孟所反复倡扬的仁、义、礼、智信之道,他认为"性存而后仁、义、礼、知之实章焉"②。但是,王船山又认为此人道是与天道相通的,他说:"'立人之道,曰仁与义',在人之天道也。'由仁义行',以人道率天道也。"③儒家之道既是人道,又是"在人之天道",儒家可以"以人道率天道"。作为人道,它可以"纲维三才",因为儒家之道所代表的是一种体现仁、义、礼、智的理想社会,也是一种成就君子圣贤的理想人格;儒者之道是"在人之天道",具有终极意义,故而又能够使个人"贞生安死",并能制约天子之位的治统。王船山认为张载之学恰恰体现出这种人道与天道的合一,他晚年潜心注张子《正蒙》,是因为他认为《正蒙》正是这样一部将人道与天道的合一、将体与用结合的重要著作。他说:"故《正蒙》特揭阴阳之固有,屈伸之必然,以立中道,而至当百顺之大经皆率此以成,故曰'率性之谓道'。……呜呼!张子之学,上承孔、孟之志,下救来兹之失,如皎日丽天,无幽不烛,圣人复起,未有能易焉者也。"④张载之学所讲的"道"既是太虚阴阳

---

① (明末清初)王夫之:《张子正蒙注·序论》,《船山全书》第12册,岳麓书社2011年版,第12页。

② (明末清初)王夫之:《周易外传》卷五,《船山全书》第1册,岳麓书社2011年版,第1006页。

③ (明末清初)王夫之:《思问录·内篇》,《船山全书》第12册,岳麓书社2011年版,第405页。

④ (明末清初)王夫之:《张子正蒙注·序论》,《船山全书》第12册,岳麓书社2011年版,第11页。

屈伸的天道，又是人之存神尽性、明诚立礼的人道，这种天人合一、明体极用之道才是儒家道统所坚守的道。他肯定在道统系谱中张载高于程朱，是因为"程、朱二子发明其体之至大，而未极其用之至切"①。也就是说，程朱发明儒家道之体的功劳很大，亦是孔孟道统的传承者，但由于程朱之学未能极道之用，即在下述的治统方面存在欠缺，故而其在道统谱系中的地位不如张载。

二、治统的重建

船山先生的学术旨趣虽然以"道"作为根本的追求和最高的学术境界，但是，"道"的真正实现与完成却离不开"治"。所以，关于治与治统的问题，在船山学术旨趣与学术体系中占有十分重要的位置。

当然，在王船山的学术思想体系中，"道"是与"儒者之统"联系在一起的，称"道统"；而"治"是与"帝王之统"联系在一起的，称"治统"。在王船山的文化理想与政治理想中，道统与治统应该合一，即实现"天下以道而治，道以天子而明"。但在历史现实中，道统是儒者之统，治统是帝王之统。所以，它们的区别是明显的，就是主体不同，即掌握道统的是文化主体的儒者，而掌握治统的是政治主体的帝王。当然，儒者、帝王两者继"统"的依据都一样，道统的继承是靠儒者对"道"的文化使命与文化自觉，而政治的继承离不开帝王"道"的政治承担。但是，这个问题无论是儒者还是帝王，普遍存在一系列错误观念。所以，船山需要对政治领域的"正统论"问题作一全面清算和批判。

在帝王之统的政治领域，最核心的问题是帝王权力的"合法性"来源问题，而在这个问题上的主流观点是所谓"正统论"。正统论认为，"必有所承以为统，而后可以为天子"。历代王朝、帝王为了证明自己的权力"必有所承以为统"，故而提出种种以表达"天意"的神秘学说以证明其权力是"正统"的。

---

① （明末清初）王夫之：《张子正蒙注·乾称篇》，《船山全书》第 12 册，岳麓书社 2011 年版，第 357 页。

这种学说中影响最著的是战国时期邹衍的"五德终始说"。王船山批判了这一学说：

> 正统之论,始于五德。五德者,邹衍之邪说,以惑天下,而诬古帝王以征之,秦、汉因而袭之,大抵皆方士之言,非君子之所齿也。……天下之势,一离一合,一治一乱而已。离而合之,合者不继离也;乱而治之,治者不继乱也。明于治乱合离各有时,则奚有于五德之相禅,而取必于一统之相承哉!①

历朝帝王为说明自己的王朝具有顺天意而建的"正统"性权力,总是利用邹衍的"五德终始说"来证明自己的权力具有"天意"的合法性。这样,那些乱华的夷狄、篡位的帝王均获得了"正统"的光环,正统论就成为掩饰那些残暴帝王篡位夺权、暴君横取的工具。

所以,王船山不仅批判邹衍的五德之说的祸害,并且将批判的矛头直接对准了"正统"论本身。他认为在政治领域中的"正"与"统"两个观念均有问题。他论述"统"时说:"统之为言,合而并之之谓也,因而续之之谓也。而天下之不合与不续者多矣!"②王船山上推数千年中国的治乱、离合的历史,证明不合、不续即无所谓"统"的政治事实。王船山继而否定了"正",他说:"天下之生,一治一乱。当其治,无不正者以相干,而何有于正? 当其乱,既不正矣,而又孰为正? 有离,有绝,固无统也,又何正不正之云邪?"③船山以政治常态的治乱、朝廷政权的离绝,否定了"正统"之"正"。他特别强调自己在政治上

---

① (明末清初)王夫之:《读通鉴论·齐武帝》,《船山全书》第 10 册,岳麓书社 2011 年版,第 610 页。

② (明末清初)王夫之:《读通鉴论》卷末,《船山全书》第 10 册,岳麓书社 2011 年版,第 1176 页。

③ (明末清初)王夫之:《读通鉴论》卷末,《船山全书》第 10 册,岳麓书社 2011 年版,第 1177 页。

否定"正统论",是为了强调天下"必循天下之公","抑非一姓之私也"①。

王船山严厉批判了政治领域的"正统论"观念,因为这种正统论并不能为朝廷、帝王的政权合法性提供正确的依据,反而成为维护那些暴政的君王、乱华的夷狄的政权,变成他们"一姓之私"的工具。那么,要建立一个什么样的政权合法性的依据呢? 王船山强调,只有"道"或"大公之道"。他说:

> 天下之生,一治一乱,帝王之兴,以治相继,奚必手相授受哉! 道相承也。②

在王船山看来,这个能够导致天下大治的依据就是"道","道"既是治道,是儒家治理国家、实现天下大治的政治理念,又是其政权具有天道合法性的依据。可见,王船山反对以"天意"证明王朝合法性的"五德终始"论,是为了确立以"天道"检验政权合法性的道统、治统合一论,即所谓"儒者之统与帝王之统并行于天下"的理想社会。

所以,王船山不仅以道的价值与信仰,来重新建构儒者的道统谱系;同时又以"道"的实现与完成,来重新确立帝王的治统谱系。譬如,他认为商、周之朝坚持了"大公之道",应该纳入"天子之位"的治统谱系,他说:"商、周之德,万世之所怀,百王之所师也。祚已讫而明禋不可废,子孙不可替,大公之道也。"③因此,商、周朝的治统是具有道统合法性的。而秦朝则违背了这个"大公之道",他说:"秦起西戎,以诈力兼天下,蔑先王之道法,海内争起,不相统一,杀掠相寻,人民无主"④。由于秦王朝的政权不具有道的合法性,故而很快

---

① (明末清初)王夫之:《读通鉴论》卷末,《船山全书》第 10 册,岳麓书社 2011 年版,第 1177 页。

② (明末清初)王夫之:《读通鉴论·唐玄宗》,《船山全书》第 10 册,岳麓书社 2011 年版,第 853 页。

③ (明末清初)王夫之:《读通鉴论·唐玄宗》,《船山全书》第 10 册,岳麓书社 2011 年版,第 853 页。

④ (明末清初)王夫之:《读通鉴论·唐玄宗》,《船山全书》第 10 册,岳麓书社 2011 年版,第 853 页。

被汉高祖所灭,不能纳入他所认可的天子之位的治统谱系。而汉朝政权则因"灭秦夷项,解法纲,薄征徭,以与天下更始,略德而论功,不在汤、武之下矣"①。船山对汉朝的治统地位给予了充分的肯定,至于曹魏、南北朝、隋朝等,则因是夷狄乱华、"天伦绝、民害滋"等种种原因不能纳入治统。船山肯定唐朝承袭了汉代的治统,认为"唐扫群盗为中国主,涤积重之暴政,予兆民以安,嗣汉而兴,功亦与汉埒等矣"②。从船山对治统谱系的认可来看,他是反对完全以皇朝权力的"手相授受"来确定帝王是否具有"治统"合法性的依据,他的依据是"道",具体体现为帝王、皇朝的"德"与"功",即如他说:

> 德足以君天下,功足以安黎民,统一六宇,治安百年,复有贤子孙相继以饰治,兴礼乐,敷教化,存人道,远禽狄,大造于天人者不可忘,则与天下尊之,而合乎人心之大顺。③

他认为那些具有"德""功"的帝王,其实都是"以道相承",故而能够纳入治统的脉络。

作为一个对"治"具有强烈思想情怀、学术旨趣的学者,王船山在有关治道、治术方面发表了许多重要的见解,并受到了后世的高度关注与评价。其实,船山先生诸多的政治思想的依据,就是来源于道治相融、道统制约治统的学术旨趣。

首先,我们从治道的角度考察船山先生对帝王的专制权力的看法。人们在研读船山的政治论述时,可以看到一个似乎是矛盾的现象。一方面,船山以非常激烈的言论,猛烈地批判了专制君主的专横与残暴,同时也批判了君主专制的政治制度。他不仅对历朝君主的专横、自私、残忍、暴虐等种种行为作了

---

① (明末清初)王夫之:《读通鉴论·唐玄宗》,《船山全书》第 10 册,岳麓书社 2011 年版,第 853 页。

② (明末清初)王夫之:《读通鉴论·唐玄宗》,《船山全书》第 10 册,岳麓书社 2011 年版,第 853 页。

③ (明末清初)王夫之:《读通鉴论·唐玄宗》,《船山全书》第 10 册,岳麓书社 2011 年版,第 854 页。

无情的揭露与批判,还对专制君主造成历史灾难的制度性原因也做了深刻的反思,提出的许多反君主专制的言论常常成为近代民主思潮的先声,譬如他说:"秦、汉以降,封建易而郡县一,万方统于一人,利病定于一言,臣民之上达难矣。"①"一姓之兴亡,私也,而生民之生死,公也。"②但是另一方面,王船山对"帝王之统"的君主政治制度并没有否定,他只是否定"舍君天下之道而论一姓之兴亡"③,即只否定将"一姓之兴亡"看成治道的根本,但是仍然肯定"君天下"的君主政治制度。他认可的"明王"就是这种君主政治的典范,即"明王之淀臣民也,定尊卑之秩,敦忠礼之教,不失君臣之义"④。船山对君主制度的认识看起来似乎是矛盾的,其实,我们如果以他的道、治一体来看就不矛盾了。船山肯定"天子之治也,是谓治统",这就充分肯定了君主、帝王在驾驭臣民的权力与"定尊卑之序"的地位,但是,君主的最高政治权力与最尊政治地位必须纳入"道"的制约和控制之下,以君主政治权力为核心的"治统"必须受到儒者文化权力的制约。王船山强调治统的维系是"道相承也",表达的就是这个思想。他对君主专制权力的种种批判,均是以道统为价值标准的批判,他最激烈的言论是君权"可禅可继可革"⑤,也并非否定君主制,而是指当君主的权力不再受"道"的制约时,其权力面临的合法性危机时则可继、可禅、可革。

其次,我们再从治术方面考察王船山关于天子、宰相、谏官之间"环相为治"的权力制衡观念。王船山意识到君主拥有至高的政治权力,如何从制度上保证君主的权力可以受到"道"的制约,君主必须"乐闻天下之言",故而强

---

① (明末清初)王夫之:《尚书引义》卷五,《船山全书》第 2 册,岳麓书社 2011 年版,第 401 页。

② (明末清初)王夫之:《读通鉴论·梁敬帝》,《船山全书》第 10 册,岳麓书社 2011 年版,第 669 页。

③ (明末清初)王夫之:《读通鉴论·齐武帝》,《船山全书》第 10 册,岳麓书社 2011 年版,第 611 页。

④ (明末清初)王夫之:《读通鉴论·梁敬帝》,《船山全书》第 10 册,岳麓书社 2011 年版,第 669 页。

⑤ (明末清初)王夫之:《黄书·原极第一》,《船山全书》第 12 册,岳麓书社 2011 年版,第 503 页。

调设置监督君权的专门官职:谏官。所以,他理想的权力制衡的模式是:"宰相之用舍听之天子,谏官之予夺听之宰相,天子之得失则举而听之谏官;环相为治,而言为功。"①应该说王船山是看到了君主制度的严重弊端的,他所设计的"环相为治"也充满政治智慧。但是,这一治术只是为了让无形的"道"在权力制约中更好地发挥作用,与现代西方政治学的权力制衡观念是不一样的。

三、追求"正学"的学统

王船山是历史上完全以学术研究并取得辉煌成就而载入史册的人物。《清史·儒林传》称他为"其学深博无涯涘"的学者,也是中国学术史上著作最多的学者之一。他的学术研究遍及中国传统学术的经、史、子、集的各个领域,而且在每个领域里都有独到而深刻的学术观点,如在经学领域内,他遍研群经,对《易》《书》《诗》《礼》《春秋》及《四书》均有专门的研究著作。现代学者曾根据各种书目及历史文献记载,认为船山著作约一百余种,四百多卷,近千万字。其中流传至今的仍有 72 种,近 500 万字。包括经部 23 种,166 卷;史部 5 种,77 卷;子部 14 种,54 卷;集部 29 种,71 卷。② 长期以来艰苦的学术工作,耗尽了王船山的全部心血。

船山先生用其毕生的精力从事知识创造的学术工作,他的知识理念、学术宗旨是什么呢? 在他谈论自己所追求的理想学问时,他使用了一个重要的概念:正学。船山在晚年为自己撰写的墓志铭表达了他的学术追求:"希张横渠之正学而力不能企。"他的儿子王敔在《大行府君行述》中进一步强调其"正学"的追求:"亡考慨明统之坠也,自正、嘉以降,世教早衰,因以发明正学为己事,……至于守正道以屏邪说,则参伍于濂、洛、关、闽,以闢象山、阳明之谬,斥

①　(明末清初)王夫之:《宋论·仁宗》,《船山全书》第 11 册,岳麓书社 2011 年版,第 122 页。
②　参见刘志盛:《王船山著作丛考》,《附录·王船山著作传本知见录》,湖南人民出版社 1999 年版,第 242—243 页。

钱、王、罗、李之妄,作《思问录内外篇》,明人道以为实学,欲尽废古今虚妙之说而返之实。"①王敔对船山先生的"正学"做了很好地理解,这个"正学"所标志的"正道",是与佛道之流的那些"邪说"相对立的;同样,这种"正学"也是一种具有务实品格的"实学",是与"古今虚妙之说"的"虚学"相对立的。其实,船山先生使用"正学"来表达自己的学术理念时,此"正学"的意思就与宋代出现、明清流行的"学统"观念接近,是儒家学者标榜其学术正统性的概念。

王船山将自己的学术宗旨归结为"正学",其目的首先是与佛、老的"邪学""异端"相对应。船山常常将自己追求的"正学"称为"圣学",代表的是"儒者之统",就是标榜从孔孟到周张程朱以来的儒家正统之学是"正学"。船山刻苦研究儒家经典《易》《书》《诗》《礼》《春秋》等,就是因为这些经典所代表的是儒家的"正学",而且,他总是通过对儒经的诠释而对佛、道之"邪学"展开批判。譬如,他通过《周易外传》而阐述儒家道器一体的"正学"观念,同时批判老学、佛学、玄学"离器言道""器外求道"的邪说;他通过《尚书引义》阐发儒家"能必副其所"的正学,进而批判佛教"以能为所"的异端。可见,王船山终生是在与各种"邪学""异端"的斗争中确立、追求儒家"正学"的。他认为与儒家"正学"对立的"异端""邪学"中,最主要的是老庄、佛教、申韩,他称"古今之三大害有三:老、庄也,浮屠也,申、韩也"②。所以他在倡明正学时对这"三大害"做了最严厉的批判。

其次,船山先生倡明儒家"正学",是要批判儒家内部的"虚妙之说而返之实",这一点,更是船山宣扬儒学"正学""正统"的重点。他认为,佛老之学明确标明与儒家"正学""圣学"的差异,是一种容易使儒者看清楚的"邪学""异端",而儒学内部的象山、阳明之学,虽然他们也标榜自己是儒家圣学,但其实是和佛老之学一样的"邪学"。他说:

> 然游、谢之徒,且岐出以趋于浮屠之蹊径,……然而遂启姚江王氏阳

---

① (清)王敔:《大行府君行述》,《船山全书》第16册,岳麓书社2011年版,第73页。
② (明末清初)王夫之:《读通鉴论》,《船山全书》第10册,岳麓书社2011年版,第651页。

儒阴释诬圣之邪说;其究也,为刑戮之民、为阉贼之党皆争附焉,而以充其
无善无恶、圆融理事之狂妄,流害相激而相成,则中道不立,矫枉过正有以
启之也。①

王船山认为,宋明以来,程门弟子中有游酢、谢良佐等,特别是王守仁及其后学
等均是阳儒阴释的邪说,这些"虚妙之说"的玄虚理论,远离了儒家圣道的实
学精神。要弘扬儒家的"正学",就必须与王阳明的邪说划清界限。

王船山严厉批判佛老之学、阳明之学等邪说,就是为了弘扬一种"正学"。
那么,他弘扬的这种"正学"是什么呢? 首先,它应该是传承、弘扬儒家"圣道"
之学问,即道学或圣学。我们知道,王船山是儒家道统的倡导者与建构者,他
主张"道者,学术事功之正者也",就是强调学术之"正"的依据就是"道",那
么,所谓"正学"就是"道学"。王船山以"贞邪相竞"来考察儒家"正学"与"邪
说",就是用他认可的道统谱系来确立"正学"的。他说道:

> 宋自周子出,而始发明圣道之所由,一出于太极阴阳人道化生之终
> 始,二程子引而伸之,而实之以静一诚敬之功。……故朱子以格物穷理为
> 始教,而檃括学者于显道之中。②

我们发现,王船山将历代学者向来特别推崇的濂、洛、关、闽之学均纳入他的道
统谱系,故而均属他推崇的"正学"范围。当然,在此道统谱系中,他对周濂
溪、张横渠两人又表现出特别的尊崇。特别是对于其中的张横渠之学,他将其
尊为儒家"正学"的典范,并以继承张横渠学统作为自己的毕生学术追求。

其次,王船山强调的"正学"是一种务实的学问,能够落实于治理天下的
"实学"。在王船山的学术体系中,"道"不是一种抽象、玄虚之物,而是与现实

---

① (明末清初)王夫之:《张子正蒙注·序论》,《船山全书》第 12 册,岳麓书社 2011 年版,
第 10—11 页。

② (明末清初)王夫之:《张子正蒙注·序论》,《船山全书》第 12 册,岳麓书社 2011 年版,
第 10 页。

世界的器物不可分离地联系在一起的,即所谓"尽器则道在其中"①,"无其器则无其道"②。对王船山来说,他所关切的器物世界,其实也就是如何建立和实现那个合乎人文理想(道)的天下大治的局面。所以,王船山关怀的"道",最终是必须落实于"治"的器物世界。他批判释老、阳明的学说是邪说、虚学,就是因为释老、王阳明所讲的"道",是一种脱离社会政治、与现实生活不相干的玄虚之物。而儒者的"道",则是存在于合离、治乱的历史过程之中,船山说:"一合而一离,一治而一乱,于此可以知天道焉,于此可以知人治焉。"③"天道"与"人治"构成了一合一离、一治一乱的历史,"道"落实于"治"中才能建立起理想的世界。所以,王船山呼将"道"与治理天下结合起来,他说:"王者之道存,则天下犹足以王"、"德弃天下,天下不亲;道持天下,天下不崩"。④

这样,王船山追求"正学",总是兼具道、治在内的。无论是从事经学研究,还是从事史学钩沉,其宗旨均与道的追求、治的思考联系在一起的。就以经学而言,他热衷于《春秋》学研究,著有《春秋稗疏》《春秋家说》《春秋世论》《续春秋左氏传博议》等。他从事的《春秋》学研究,就是关于"道"与"治"的学问,他说:"王道衰而《春秋》作。《春秋》者,以续王道之绝也。"⑤"《春秋》有大义,有微言。义也者,以治事也;言也者,以显义也。"⑥他认为,《春秋》作为学问总是体现为文本、微言,但此"文""言"是要表达"大义""王道"的,而此"大义""王道"是要落实于"治事"的。王船山亦特别重视史学研究,他晚年所著《读通鉴论》即是其史学代表著作。在这部巨著中,王船山表达了他通

① (明末清初)王夫之:《思问录·内篇》,《船山全书》第12册,岳麓书社2011年版,第427页。
② (明末清初)王夫之:《周易外传》卷5,《船山全书》第1册,岳麓书社2011年版,第1028页。
③ (明末清初)王夫之:《读通鉴论·齐武帝》,《船山全书》第10册,岳麓书社2011年版,第611页。
④ (明末清初)王夫之:《春秋世论·隐公》,《船山全书》第5册,岳麓书社2011年版,第387页。
⑤ (明末清初)王夫之:《春秋世论·隐公》,《船山全书》第5册,岳麓书社2011年版,第387页。
⑥ (明末清初)王夫之:《春秋家说·隐公》,《船山全书》第5册,岳麓书社2011年版,第109页。

过历史学研究而追求道统与治统合一的学术旨趣。王船山之所以对《资治通鉴》具有强烈的兴趣,是因为这部书是将对历史的"通鉴"与实用的"资治"结合起来,这正是王船山深感兴趣的事情。但是,他并不仅仅满足于将历史之学与现实之治结合,他还希望寻求为治的依据,其实是对"道"的探求。他在《释资治通鉴论》中说:"旨深哉! 司马氏之名是编也。曰'资治'者,非知治知乱而已也,所以为力行求治之资也。……然则治之所资者,一心而已矣。"①可能读者会惊奇王船山为何会将为治的依据归之于"心"。其实,王船山之所以将"力行求治之资"归之于心,是因为人心能够得道,他在本文的最后说:"道无方,以位物于有方;道无体,以成事之有体。鉴之者明,通之也广,资之也深,人自取之,而治身治世、肆应而不穷。"②"力行求治"的依据是"心",但最终还是"道"。其实,这也是王船山在《读通鉴论》一书中的一个主题,即以"道统"去制约、统合"治统"。

王船山以"道""治""学"的统合为"正学",并且最后将"正学"归之于张载及其气学,他的自题墓志铭有"希张横渠之正学而力不能企"之句,表明他认可的道统、正学的代表是张横渠之学,是因为张载将圣道、圣功、圣学合为一体,并将三者奠定为"太虚即气"的实有世界的基础,从根本上否定了释老、陆王的虚无之学。

（原载《北京大学学报》2013 年第 1 期,中国人民大学书报资料中心《中国哲学》2013 年第 6 期转载）

---

① （明末清初）王夫之:《读资治通鉴》卷末,《船山全书》第 10 册,岳麓书社 2011 年版,第 1183—1184 页。

② （明末清初）王夫之:《读资治通鉴》卷末,《船山全书》第 10 册,岳麓书社 2011 年版,第 1184 页。

曾国藩的礼学与礼治

晚清时期,曾国藩无疑是一位地位显赫、影响巨大的历史人物,他的成就尤体现在事功、学术两个领域。值得注意的是,曾国藩的儒家价值信仰与其事功、学术密切关联,甚至可以说,没有他对儒家文化价值的坚定信仰,就没有他的事功、学术成就。

曾国藩显然继承了湖湘先贤的学术传统。从南宋开始,湖湘地区就形成了追求道、学、治统一的学术旨趣,并且延续到清末。譬如,清道光时期的魏源是一位倡导湖湘学风的先贤,他特别否定"治经之儒与明道之儒、政事之儒,又泮然三途"①的局面,希望将当时学术思想界已分裂为三的明道、治经、政事重新统一起来。曾国藩作为一个身兼学问家、中兴大臣为一体的重要历史人物,继承了这一湖湘学术的传统。这特别体现在他的礼学中,礼学是他统合信仰、学问与治术的核心。他的礼学旨趣特色鲜明,即要求将礼义的价值信仰贯穿于礼学的经史钻研、落实于礼治的经世实践之中。

所以,本文通过对曾国藩礼学的探讨,揭示其学术旨趣的一般特点,以反映湖湘学术旨趣的区域特色。

一、礼学的学术研究

"礼"在传统中国就具有十分独特的地位。一方面,传统中国社会就是一

---

① (清)魏源:《魏源集·默觚上》,中华书局1976年版,第23页。

个礼制社会,礼制包括了古代的政治、法律、军事、宗教、教育等方面的各种典章制度、行为方式,即所谓"一切法则制度皆礼也"①。另一方面,"礼"又是中国传统学术的根本。自孔子提出"不学礼,无以立"②,礼学就成为历代儒家学者十分关注的重要学问,以至于清代礼学家凌廷堪认为:"是故圣人之道,一礼而已矣。……礼之外,别无所谓学也。"③所以,礼学在中国传统学术体系中具有十分重要的地位。

曾国藩作为一个重要学术人物,"礼"在他的学问中居于十分重要的地位。在曾国藩一生的治学生涯中,"礼学"成为他学问的核心,他声称"人无不出于学,学无不衷于礼"④。以至于李鸿章说:"其(指曾国藩)学问宗旨,以礼为归。"⑤应该说,曾国藩之所以会形成"以礼为归"的学术宗旨,与清代学术思潮的历史背景和发展趋势是息息相关的。要了解曾国藩礼学及其特色,我们必须回到清代学术思想界的历史状况。

清中叶礼学思潮的兴起,成为清学术史上一个十分突出的文化现象。明末清初时期,学术界一直在反省理学末流关注抽象理气思辨以及空谈心性的种种弊端,倡导一种黜虚趋实的实学精神。那些处在学术前沿的学术大师们开始普遍追求学术知识的具体性、客观性、有用性,以"实"来表达一种新的学术追求。而清中叶出现的推崇礼学,甚至提出"以礼代理"的主张,就成为这种崇实黜虚的文化思潮中一种重要的学术主张。后来的研究者发现并指出:"礼学思想为清中叶的一股新思潮,亦为儒学在清代之新面貌新发展形态,以其相当坚实完备的理论体系及符合时代精神的创意典范,与宋明理学相对峙,

---

① 张显清主编:《十世可知章》,《孙奇逢集·四书近指及晚年批定四书近指》卷三,中州古籍出版社 2003 年版,第 295 页。

② (南宋)朱熹:《四书章句集注·论语集注卷八》,中华书局 2008 年版,第 174 页。

③ (清)凌廷堪:《复礼上》,《校礼堂文集》卷四,中华书局 2006 年版,第 27 页。

④ (清)曾国藩:《诗文·江宁府学记》,《曾国藩全集》第 14 册,岳麓书社 1995 年版,第 338 页。

⑤ (清)王安定:《勇侯曾文正公神道碑》,《求阙斋弟子记》卷三十一,《续修四库全书》第 551 册,上海古籍出版社 2002 年版,第 742 页。

甚至欲取而代之。"①礼学在清代学术界受到普遍的关注。从清初开始一直到清中叶,学术界出现了顾炎武、张尔岐、万斯同、江永、戴震、程瑶田、金榜、凌廷堪等许多的礼学名家。特别是凌廷堪不仅以礼学名世,并旗帜鲜明地倡导"以礼代理",主张"礼之外别无所谓学也",直接标榜以礼学为学术重心的宗旨。

清代兴起的礼学思潮深刻地影响着早就有志于学的曾国藩。曾国藩接触礼学的时间很早,据《曾国藩年谱》记载,他还在少年时期的家塾中,即已经"受读《周礼》《仪礼》成诵"②,可见礼学教育对他的影响很早。但这只是他少年求学的入门而已,真正意义上的礼学研究应该是在他出仕后,特别是他和清代的主流礼学学术有过较多交往之后。他在中进士、入翰林院以后的读书与交流中,大大拓展了他的学术眼界,奠定了他礼学学问的基础。曾国藩的礼学修养,在他任职礼部时即有一定影响。咸丰帝继位后,曾对是否应对道光皇帝行"效配""庙袝"之礼而询问诸臣时,只有曾国藩所奏的意见令咸丰帝满意。可见,曾国藩的礼学知识在当时引起了关注。事实上,他一直刻苦钻研礼学。如在咸丰九年,他在自己的读书笔记中,专有一则论"礼",并列举了一些清代礼学家及其成就:

> 近世张尔岐氏作《中庸论》,凌廷堪氏作《复礼论》,亦有以窥见先王之大原。秦蕙田氏辑《五礼通考》,以天文、算学录入为观象授时门;以地理、州郡录入为体国经野门;于著书之义例,则或驳而不精;其于古者经世之礼之无所不该,则未为失也。③

从曾国藩对清代张尔岐、凌廷堪、秦蕙田几位著名礼学家及其著述的论述、评

---

① 张寿安:《以礼代理——凌廷堪与清中叶儒学思想之转变·原序》,河北教育出版社2001年版,第8页。

② 黎庶昌:《曾国藩年谱》,岳麓书社1986年版,第3页。

③ (清)曾国藩:《诗文·笔记二十七则》,《曾国藩全集》第14册,岳麓书社1995年版,第359页。

价来看,他不仅已对当时礼学学术非常熟悉,并能够对他们的礼学特点与成就作恰当的分析与评价。

从清初到清中叶,学术界涌现出一批从事礼学研究的大师与著名学者,无疑曾国藩的礼学正是这些大师们所推动的礼学思潮的承传者,他不仅广泛、深入地学习研究这些重要的礼学著作,而且他所做的礼经、礼仪的研究就深受这些礼学名家的影响。清代礼学是在乾嘉汉学思潮的大背景下发展起来的,故而不管是礼经学还是礼仪学的研究,均具有鲜明的重考据训诂的乾嘉汉学的特色。曾国藩的礼学就明显受到这一学术风范的影响。从他的全集中《读书录·经》所记载的有关礼经学的心得笔记来看,他确实对《周官》《仪礼》《礼记》下过工夫,无论是对三礼的旧注,还是清代汉学家顾炎武、张尔岐、戴震等人的新注,他均能从文字训诂、文献考订等方面作出客观分析,体现出乾嘉汉学治礼的学术风格。据黎庶昌所订《年谱》记载,曾国藩还著有《冠礼长编》《礼记章句校评》《周官雅训杂记》等礼学著作,应也是这种汉学家治礼的著述。礼学研究已经成为他毕生的学术事业。他说:"必从事于《礼经》,考核于三千三百之详,博稽乎一名一物之细,然后本末兼该,源流毕贯,虽极军旅战争,食货凌杂,皆礼家所应讨论之事。"①所以,在他的《日记》《书信》中常常有这样的记载:"阅《仪礼·士丧礼》,以张稷若句读、张皋文图为主,而参看徐健庵、江慎修、秦味经诸书"②(同治五年九月二十一日)。"阅《读礼通考》《疾病》、《正终》二卷,及《始死》、《开元》、《政和》、《二礼》、《书仪》、《家礼》等,考证异同。"③(同治五年九月二十九日)可见他已非常深入地从事礼经及礼仪制度的考证研究工作。他在同治九年正月复刘蓉的书信中,亦有关于他对礼经的研究心得以及对祭礼、军礼等礼仪制度的考订。譬如他认为宗庙礼仪久失不传,"虽经后儒殷勤修补,而疏漏不完";而《礼经》17 篇中无军礼,"使先

① (清)曾国藩:《曾国藩全集》第 22 册,《书信二·复夏弢甫》,岳麓书社 1995 年版,第1576 页。

② (清)曾国藩:《日记二·同治五年九月》,《曾国藩全集》第 17 册,岳麓书社 1995 年版,第 1304 页。

③ (清)曾国藩:《日记二·同治五年九月》,《曾国藩全集》第 17 册,岳麓书社 1995 年版,第 1305 页。

王行军之礼无绪可寻"。他清楚地认识到要以礼去"经纶万物",就必须做这些古礼的考订修复工作,而他本人的礼学学术研究,最终是为了以礼治人,从而实现儒家士大夫的文化理想与政治理想。

曾国藩礼学的学术旨趣努力追求道、学、治的统一,即要求将礼学的经史考订与礼义的价值信仰、礼治的经世实践结合起来。所以,曾国藩的礼学不仅能够从文字训诂、文献考订等方面治礼,同时也包括通过"义理之学"确立礼义的价值信仰,通过"经济之学"推动礼治的经世实践。

二、礼义的价值信仰

乾嘉汉学在中国学术史上取得了一系列重大的学术成果,但是,这种过分偏重考据训诂的学术亦有严重的弊病,容易忽略儒家应该追求"天下有道"的价值关怀与人文信仰,儒学所具有的维护人心世道、辅助经世治国的功能就会弱化。这一点,连乾嘉学者亦已经发现并深感忧虑,据陈寿祺所记:

> 仪征阮抚部夫子(即阮元)、金坛段明府若膺(即段玉裁)寓书来,亦兢兢患风俗之弊。段君曰:"今日大病,在弃洛、闽、关中之学,谓之庸腐,而立身苟简,气节败,政事芜。天下皆君子而无真君子,故专言汉学,不治宋学,乃真人心世道之忧。"……抚部曰:"近之言汉学者,知宋人虚忘之病,而于圣贤修身立行大节略而不谈,以遂其不矜细行乃害于其心其事。"二公皆当世通儒,上绍许、郑,而其言若是。①

段玉裁、阮元发现,如果一味沉溺汉学、不讲宋学,则会有"气节败、政事芜"的严重弊端,从而引起儒者的"人心世道之忧"。所以,就在乾嘉汉学大盛之后

---

① (清)陈寿祺:《孟子八录跋》,《左海文集》卷七,《续修四库全书》第1496册,上海古籍出版社2002年版,第297页。

的道光年间,中国的学术界又经历了一场巨大的变革。据王国维说,清朝三百年间学术思潮发生三次大的演变,他说:"我朝三百年间,学术三变:国初一变也;乾、嘉一变也,道、咸以降一变也。"①学术界所以会出现道光、咸丰以来的又一变迁,就在于乾嘉汉学的学术倾向导致了儒家士大夫们的"人心世道之忧"。而这一学术风尚的转向体现在两个方面:一是出现了今文经学的经世致用;二是出现了理学经世派。前者以魏源为代表,后者以曾国藩为代表,他们均是清代湘学中的重要人物。

曾国藩之学在清代学术发展史上具有其特殊的地位,他强调儒家之道在中国思想文化领域中的至高无上的地位,并且将宋儒的义理之学作为礼学的根本。在曾国藩刚去世不久,清廷专门作有《御制碑文》称他"阐程朱之精蕴,学茂儒宗",这就明确肯定他在承传宋儒道统、弘扬孔孟之道中的重要地位。事实上,曾国藩不仅不像乾嘉学者那样贬抑程朱理学;相反,他一直十分推崇理学,在传统的各种知识学问中,一直是将义理之学作为一切学问的根本,曾国藩能够成为"理学家""学茂儒家",亦恰恰在这一点上。他有一个著名的学术主张:

> 为学之术有四,曰义理、曰考据、曰辞章、曰经济。义理者,在孔门为德行之科,今世目为宋学者也。考据者,在孔门为文学之科,今世目为汉学者也。辞章者,在孔门为言语之科,从古艺文及今世制义诗赋皆是也。经济者,在孔门为政事之科,前代典礼政书及当世掌故皆是也。人之才智,上哲少而中下多,有生不过数十寒暑,势不能求此四术遍观而尽取之,是以君子贵慎其所择,而先其所急。择其切于吾身心不可造次离者,则莫急于义理之学。②

曾国藩在思想史、学术史上的特点是对义理之学的强调,以在晚清强化对义理

---

① 王国维:《王国维文集·沈乙庵先生七十寿序》,北京燕山出版社 1987 年版,第 475 页。

② (清)曾国藩:《诗文·劝学篇示直隶士子》,《曾国藩全集》第 14 册,岳麓书社 1995 年版,第 442 页。

的价值信仰。他强调作为价值信仰的义理之学应该落实于考据、辞章、经济等其他门类中，使得儒家义理之学成为现实世界、文化世界的真正主宰。他声称："兄之私意，以为义理之学最大。义理明则躬行有要而经济有本。词章之学，亦所以发挥义理者也。"①曾国藩对学术的四分法即分学术为义理、考据、辞章、经济之学的基础上，又全面阐述了义理（德行）与其他各科的内在关系，并以义理（德行）统帅其他的思想，也道出了他重视礼义、坚持将宋儒的义理信仰作为礼学的根本的学术取向。乾嘉学者推崇礼学，甚至倡导"以礼代理"，但是，在曾国藩的礼学中，"理"却是"礼"的最高依据。

宋儒之学以性命之理为宗旨，对礼的内在义理作了最大的发挥。所以，曾国藩常常将仁与礼对举，提出："昔仲尼好语求仁，而雅言执礼，孟氏亦仁礼并称，盖圣王所以平物我之情，而息天下之争，内之莫大于仁，外之莫急于礼。"②他还认为"汉儒掇拾遗经"是要"存礼"，而"宋儒远承坠绪"则是希望"求仁"，而船山之学恰恰是能够兼并"育物之仁"与"经邦之礼"③。曾国藩所赞扬的船山"仁礼兼得"的儒学精神，恰恰体现出他对儒家义理及其价值信仰特别重视。他曾专门著有《顺性命之理论》，将人的视、听、言、动所必须遵循的"礼"，归之于人必须顺从的"性命之理"："其必以仁、敬、孝、慈为则者，性也；其所纲维乎五伦者，命也。此其中有理焉，亦期于顺焉而已矣。"④礼的内在义理是儒家的价值信仰，也是人们必须遵循的"性命之理"。

所以，曾国藩在研治礼学时，有一个不同于其他清代礼学家之处，就是他不仅仅站在清代乾嘉学派的立场，以考据学的方法研治礼学，同时也坚持宋学的主张，十分关注礼学的义理依据与价值信仰，这样，他在礼学研究上具有鲜

---

① （清）曾国藩：《家书一·致澄弟温弟沅弟季弟》，《曾国藩全集》第19册，岳麓书社1995年版，第55页。

② （清）曾国藩：《诗文·王船山遗书序》，《曾国藩全集》第14册，岳麓书社1995年版，第277—278页。

③ （清）曾国藩：《诗文·王船山遗书序》，《曾国藩全集》第14册，岳麓书社1995年版，第278页。

④ （清）曾国藩：《诗文·顺性命之理论》，《曾国藩全集》第14册，岳麓书社1995年版，第133页。

明的汉宋兼采的特色。曾国藩十分明确地标明自己的学术主张是"一宗宋儒、不废汉学",表达了对程朱理学的宗奉。和清中叶凌廷堪等礼学家将礼学与理学对立起来,并倡导"圣人之道一礼而已"的学术宗旨不一样,曾国藩往往是将礼学放在"可以通汉、宋二家之结,而息顿渐诸说之争"①的学术会通上,礼学不仅不与理学对立,而且还可以会通汉学的考据与宋学的义理。

三、礼治的经世致用

曾国藩穷毕生之力从事礼学研究,无论是礼经、礼仪的历史考证,还是礼义的理论思考与身心体悟,但其最后的指向均是经世治国。所以,我们在这里要把关注的重点,放在曾国藩的政治实践方面,考察作为中兴名臣的曾国藩是如何实践礼治的经世致用。曾国藩一谈及治术,总是归结到礼治:

> 先王之道,所谓修己治人,经纬万汇者,何归乎? 亦曰礼而已矣。②
> 古之学者,无所谓经世之术也,学礼焉而已。③

曾国藩继承了先秦以来儒家重视礼治的传统,他认为礼学的地位之所以特别重要,就在于礼制在建立政治秩序、维护社会稳定、规范行为方式等方面有决定性的意义。他说:

> 先王之制礼也,人人纳于轨范之中。自其弱齿,已立制防,洒扫沃盥有常仪,饔食着裁有定位,绥缨绅佩有恒度。既长则教之冠礼,以责成人

---

① (清)曾国藩:《书信二·复夏弢甫》,《曾国藩全集》第22册,岳麓书社1995年版,第1576页。

② (清)曾国藩:《诗文·圣哲画像记》,《曾国藩全集》第14册,岳麓书社1995年版,第250页。

③ (清)曾国藩:《诗文·孙芝房侍讲刍论序》,《曾国藩全集》第14册,岳麓书社1995年版,第256页。

之道;教之昏礼,以明厚别之义;教之丧祭,以笃终而报本。其出而应世,则有士相见以讲让,朝觐以劝忠;其在职,则有三物以兴贤,八政以防淫。其深远者,则教之乐舞,以养和顺之气,备文武之容;教之《大学》,以达于本末终始之序,治国平天下之术;教之《中庸》,以尽性而达天。故其材之成,则足以辅世长民;其次,亦循循绳矩。三代之士,无或敢遁于奇邪者。人无不出于学,学无不衷于礼也。①

在曾国藩看来,礼学在学术上的重要性,起因于礼治在政治生活与社会生活中的重要地位。那么,其从事礼经研究、礼仪考订,就有着十分明确的经世治国的目的。譬如他认为礼经本来就是经世之书:"盖古之学者,无所谓经世之术也,学礼焉而已。《周礼》一经,自体国经野,以至酒浆廛市,巫卜缮稿,夭鸟蛊虫,各有专官,察及纤悉。"②他不仅肯定礼学就是经世之术,同时强调礼学在经世治国实践中的特别价值。他充分肯定清代兴起的礼学思潮与经世致用的密切联系,他说:"顾亭林氏著书,以扶植礼教为己任,江慎修氏纂《礼书纲目》,洪纤毕举。而秦树澧氏遂修《五礼通考》,自天文、地理、军政、官制,都萃其中。旁综九流,细破无内。"③曾国藩继承了清代礼学诸家如顾亭林、江慎修、秦树澧等通过礼学研究、礼仪考订以寻求经世之术的学术特点,但是和清初至清中叶的礼学家不一样的是,他本人将礼学中的天文、地理、官制、军政等各个方面的学术探索直接运用在治国平天下的政治活动之中,并且创造了巨大的政治事功,被列为"中兴第一名臣",这正是曾国藩礼治实践的结果。

曾国藩将礼学付诸政治实践,其影响最大、事功最著者,当属他在创建湘军时所形成的一套军制军礼,这是他的礼治实践的成功之处,也是他能够修齐治平、做事建功的基本条件。曾国藩对清廷的国家军队——绿营的各种弊端,

---

① (清)曾国藩:《诗文·江宁府学记》,《曾国藩全集》第 14 册,岳麓书社 1995 年版,第 337—338 页。

② (清)曾国藩:《诗文·孙芝房侍讲刍论序》,《曾国藩全集》第 14 册,岳麓书社 1995 年版,第 256 页。

③ (清)曾国藩:《诗文·孙芝房侍讲刍论序》,《曾国藩全集》第 14 册,岳麓书社 1995 年版,第 256 页。

诸如军风败坏、习气散漫、建制不合理等均有深刻的认识。他希望通过一系列合乎礼的精神的军制改革,从而建立起一支"别树一帜"的有战斗力的军队。《清史稿》载:

> (曾国藩)又慨古礼残阙无军礼,军礼要自有专篇,如戚敬元所纪者。论者谓国藩所订营制、营规,其于军礼庶几近之。①

其实其他古礼亦早已残阙,但是,曾国藩却努力通过"博稽古法,辨等明威"的学术探索而制订出湘军的各种营制营规。这一制订军礼的活动一方面保持继承了古代军礼的一些传统,尤其是明代戚继光所记的《纪效新书》《练兵实纪》等军礼专篇;另一方面又进行军制方面的改革,使湘军的营制营规成为清代军礼的重要体现。②而曾国藩在军礼方面卓有成效的探索,正是他创建巨大政治事功的根本条件。

曾国藩以礼治军、制订军制军礼的特色与成就,主要体现在以下几个方面。

其一,通过"勇由将招"的招募制而取代八旗绿营的世兵制,使湘军成为一支包括古代社会中家族、姻亲、邻里乃至师生关系在内而具有宗法特色的军事组织,从而更有效地发挥礼治在建军作战中的作用,强化军队组织的凝聚力与战斗力。绿营的弊端是"卒与卒不相习,将与将不相和",而湘军实行"呼朋引类"的招募方式,使得一营之内包括家族、宗亲、邻里等各种宗法关系,湘军的将领之间更是包含兄弟、宗亲、姻亲、师友等宗法社会关系,故而使得"一营之中,指臂相联。弁勇视营、哨,营、哨官视统领,统领视大帅,皆如子弟之事其父兄焉"③。本来礼治的核心是从宗法血缘关系来建立政治秩序,曾国藩也正是用这种宗法血缘关系和地缘关系来组建、管理军队。一方面,湘军的营制,

---

① 赵尔巽:《曾国藩传》,《清史稿》第 39 册,中华书局 1977 年版,第 11917 页。

② 有关湘军的军礼,可参见陈戍国:《中国礼制史》(元明清卷),湖南教育出版社 2002 年版,第 596 页。

③ (清)王安定:《湘军记》,岳麓书社 1983 年版,第 338 页。

坚持统领挑选营官,营官挑选哨弁,哨弁挑选什长,什长挑选勇丁;另一方面,湘军的统领、营官们在招募乡勇、组建湘军时,总是将同乡、亲友招进来,正如湘军将领刘长佑向朝廷所说:"臣由书生以团练杀贼,谬膺重寄,所与立功,非臣亲党,即臣邻里。"①这样做就强化了湘军内部的凝聚力,此正如曾国藩本人所说:"既得其人,……皆令其人自为。如封建之各君,其国庶节节维系,无涣散之虞。"②

其二,与湘军浓厚的宗法色彩相应,曾国藩凸显了礼治所具有的仁与刑、恩与威并重的特色,强调了礼治具有的内(自治)与外(治人)结合的宗法型政治文化精神。在中国古代,"礼"本来是指外在的政治及社会生活的典章制度与行为规范,但儒家学派主张在遵礼、爱礼的同时,强调礼所包含的思想情操、道德修养等方面的精神内涵,故而儒家推崇的礼治就包括了外在礼节与内在修身、严刑峻法与仁心爱民的二重性,从而形成了独具中国特色的政治文化。曾国藩在其经世实践中将礼治文化的二重性发展到极致。譬如,他在统领湘军、治军带勇的过程中就十分强调仁刑结合、恩威并用的礼治特色。他在总结自己的带兵之法时说:

> 用恩莫如仁,用威莫如礼。仁者,即所谓欲立立人,欲达达人也。待弁勇如待子弟,常有望其成立,望其发达之心,则人知恩矣。礼者,即所谓无众寡,无小大,无欺慢,泰而不骄也;正其衣冠,尊其瞻视,俨然人望而畏之,威而不猛;持之以敬,临之以庄,无形无声之际,常有凛然难犯之象,则人知威矣。③

治军者通常都强调威猛之气,"礼"的秩序、规范是军队形成这种"威猛"战斗

---

① 刘长佑:《刘武慎公遗书·奏稿》卷六,《近代中国史料丛书》第25辑,文海出版社1968年版,第813页。

② (清)曾国藩:《曾国藩未刊往来函稿·复邓厚甫》,岳麓书社1986年版,第60页。

③ (清)曾国藩:《日记一·咸丰九年六月》,《曾国藩全集》第16册,岳麓书社1995年版,第391页。

力的保证；但曾国藩还强调治军中仁恩的一面，将孔子关于忠恕之道的仁爱思想贯彻到带兵之中，并以"待弁勇如待子弟"的血缘情感渗透到军队以增强军队的凝聚力与战斗力。其实，礼治的精神不仅体现在威猛、严酷的一面，同时也体现在施恩、仁爱的一面，后者尤体现出孔孟儒学关于礼治的理想。曾国藩的礼治实践正是对二者的充分利用，他声称："威惠并施，刚柔互用，或一张而一弛，有相反而相成。"①可见，他深刻地把握了礼治的实质，并充分发挥了儒家政治文化的优势和特点。

其三，曾国藩以礼治军的特色，还体现在他对礼的教化精神的重视与实践。儒家礼治的根本精神，就是强调维护礼的社会秩序不能依赖于暴力，而是要通过教化的方式使人们自觉地遵循礼的义务性规范，这就是孔子所要求的"道之以德，齐之以礼"②。所以儒家一直将"修六礼""明七教"③的礼教作为礼治的基本精神和主要任务。湘军组建的一大特色，是儒生与山农的结合，正如当时人们所记："曾国藩既请练军长沙，奋然以召募易行伍，尽废官兵，使儒生领农民，各自成营。"④"迨曾国藩以儒臣治军长沙，罗泽南、王鑫皆起诸生，讲学敦气谊。乃选士人领山农"⑤。这种儒生与山农的结合，使得曾国藩有条件对湘军实施以"训"为中心的儒家礼教的教化活动。由于他对礼教的特殊重视，故而将有关礼教的"训"置于比军事的"练"更加重要的地位。一方面，在形式上，以曾国藩为代表的儒将承担着训导兵勇的任务，即如他本人所说："每逢三、八操演，集诸勇而教之，反复开说至千百语，……每次与诸弁兵讲说，至一时数刻之久，虽不敢云说法点顽石之头，亦诚欲苦口滴杜鹃之血。练者其名，训者其实。"⑥另一方面，他们所"训"的内容，主要是合乎礼教的"作人之道"，具有浓厚的"礼教"色彩，如在曾国藩所亲自撰写的"上而统领，下而

① （清）曾国藩：《曾国藩未刊信稿·复劳辛阶制军》，中华书局1959年版，第73页。
② （南宋）朱熹：《四书章句集注·论语集注卷一》，中华书局2008年版，第54页。
③ （清）孙希旦：《礼记集解》，中华书局2010年版，第361页。
④ （清）王闿运：《湘军志》，岳麓书社1983年版，第158页。
⑤ （清）王安定：《湘军记》，岳麓书社1983年版，第337页。
⑥ （清）曾国藩：《书信一·与张亮基》，《曾国藩全集》第21册，岳麓书社1995年版，第208页。

哨弁"的《劝诫营官四条》中,其内容无非是"禁骚扰以安民""戒烟赌以儆惰""勤训练以御寇""尚廉俭以服众"等,均是道德礼仪方面的教化。尤有特点的是,曾国藩的军事训练内容既包括营规,又包括家规,使得其以礼治军的礼制色彩更浓。曾国藩作出这样的"劝诫"与规定:

> 训有二端:一曰训营规,二曰训家规。……点名、演操、巡更、放哨,此将领教兵勇之营规也;禁嫖赌、戒游惰、慎语言、敬尊长,此父兄教子弟之家规也。为营官者,待兵勇如子弟,使人人学好,个个成名,则众勇感之矣。①

上述从形式到内容的礼教活动,是曾国藩治军的一大特色,也促使他能够组建起一支合乎儒家礼教精神的具有"忠义血性"的队伍。

四、礼学、礼治与礼义的贯通

道、学、治的贯通向来是儒家的理想,而曾国藩像许多湖湘士大夫一样是这一理想的追求者。曾国藩努力通过"礼"去实现道、学、治的贯通:他的礼学已经实践化为一种礼治的经世活动与制度建设,他的礼治又是以深厚的礼学为思想基础与学术依托,而他的礼义信仰又贯通在礼学与礼治之中。这样,曾国藩的礼学有了不同于其他礼学家的学术特色,他的礼治又有了不同于其他军政大臣的风貌;同时,他的礼义信仰则具有了坚实的学术基础和社会实践基础。

我们这里对曾国藩通过"礼"去实现道、学、治的贯通作一总体考察。

---

① (清)曾国藩:《诗文·劝诫浅语十六条》,《曾国藩全集》第 14 册,岳麓书社 1995 年版,第 438 页。

（一）礼学与礼治的贯通

将学术与治术统一起来，这既是儒家士大夫的学术理想，又是传统中国的政治理想。曾国藩作为一位兼学术大家与军政名臣于一身的人，他最想实现的就是学术与治术的贯通，即研究治术化的学术，实践学术化的治术。所以，他在学术上的宗旨是"以礼为归"，故而在政治实践上则是以礼治为本。

曾国藩形成了以礼为中心而融通学术与治术的思想，他说："古之君子之所以尽其心、养其性者，不可得而见，其修身、齐家、治国、平天下，则一秉乎礼。自内焉者言之，舍礼无所谓道德；自外焉者言之，舍礼无所谓政事。故六官经制大备，而以《周礼》名书。"①对于曾国藩而言，一切知识学问的追求与取舍，均是以修己治人为宗旨。礼学之所以重要，恰恰在于这一点。所以，他坚持学术不能离开经世实践，他说："今日而言学术，则莫若取笃实践。"②由于礼学作为一种经世之学范围广大，有关经世治国所需要的天文、地理、军政、官制等大小事情无不囊括其中，但由于两千多年的时间洗礼，礼学逐渐衰微，曾国藩认为必须像乾嘉学者一样从事历史研究、文献考订，才能使礼学转化为清代政治所需的经世之术、经济之学。所以曾国藩十分赞同"礼非考据不明"的说法，他希望的"明礼"就是要通过历史文献的考证以探索经邦济世的礼仪制度、治国方略，即如他说："盖古之学者，无所谓经世之术也，学礼焉而已。"③无论是礼经的经典诠释，还是礼仪的历史考订，均是为了寻求"经世之术"。

在中国历史上，曾国藩是一位难得的毕一生精力去融通学术、治术的士大夫。他本来就是儒家"学治一体"的文化理想的信奉者，他努力去贯通学术与治术并不是一种手段的寻求，这一切来之于他的学术、治术贯通的内在要求和真诚信仰。早在他从事学术、经世的初期，就这样提出：

---

① （清）曾国藩：《诗文·笔记二十七则》，《曾国藩全集》第 14 册，岳麓书社 1995 年版，第 358 页。

② （清）曾国藩：《书信一·复贺长龄》，《曾国藩全集》第 21 册，岳麓书社 1995 年版，第 4 页。

③ （清）曾国藩：《诗文·孙芝房侍讲刍论序》，《曾国藩全集》第 14 册，岳麓书社 1995 年版，第 256 页。

今日而言治术,则莫若综核名实;今日而言学术,则莫若取笃实践。①

"治术""学术"虽是分别就为治者、为学者而言的,但是,它们均在"礼"的统摄下得到了贯通。曾国藩认为"治术"就是"综核名实",因为所谓礼治,就是在尊卑、贵贱、长幼、亲疏的不同名分中建立稳定的等级社会秩序。所谓"综核名实"就是确定君臣父子的不同名分而使人们各遵其行为规范。另一方面,曾国藩认为学术应该"取笃实践",而"实践"首先就是遵循礼的仪轨,因为礼本来就是古代社会生活的行为规范与活动仪式,即《说文》所说的"礼者,履也",曾国藩所研究的礼学学术,完全是与现实生活中礼的践履分不开的。由此可见,曾国藩所说的治术因强调"综核名实"就是礼治,所言学术因"取笃实践"而就是礼学。而且,由于礼治必须是以对社会成员的不同名实作历史的考索、文献的综研,故而礼治总是离不开礼学;又由于礼学的最终目的均是为了"取笃实践",故而礼学最终必须走向礼治。

曾国藩的礼学、礼治是一体的:以礼学为依据去推行礼治,以礼治为目标去研究礼学。曾国藩倡导以礼治国、以礼治家、以礼修身,而且均取得了重要的社会功效,为当时及后世的人们所称道。

(二)礼义与礼治的贯通

曾国藩本人在为湘军名将罗泽南撰写"碑铭"时曾这样说:"无本者竭,有本者昌。""大本内植,伟绩外充。"②应该说,曾国藩及其湘军所以能够建立起巨大的政治事功,固然由于他们坚持了"经世宰物,纲维万事,无他,礼而已矣"③,但这一礼治的维持则是由于礼义的价值信仰。也就是说,曾国藩及其湘军的"本"根植于儒学礼义的价值信仰之中,礼义与礼治的贯通是他取得政

---

① (清)曾国藩:《书信一·复贺长龄》,《曾国藩全集》第 21 册,岳麓书社 1995 年版,第 4 页。

② (清)曾国藩:《诗文·罗忠节公神道碑铭》,《曾国藩全集》第 14 册,岳麓书社 1995 年版,第 307 页。

③ (清)郭嵩焘:《曾文正公墓志铭》,文海出版社 1968 年版,第 2557 页。

治功业的重要原因。

从曾国藩以礼治军可以看出其礼义与礼治的贯通。首先,曾国藩将儒家礼义信仰运用在建军宗旨、战争意义上,将湘军宗旨定位在儒家礼教上的"卫道",他要求"抱道君子,痛天主教之横行中原,赫然奋怒,以卫吾道"①,这就是他坚持以维护儒家礼教为己任,讨伐太平天国背弃民族礼教文明的思想与行为,提出"举中国数千年礼义人伦、诗书典则,一旦扫地荡尽。此岂独我大清之变,乃开辟以来名教之奇变,我孔子、孟子之所痛哭于九原!"②他赋予湘军以儒家礼义维护者的神圣使命,奠定了湘军与儒家礼教文化的内在联系。这一维护儒家礼义的建军宗旨,使得湘军能够更加全面地渗透以儒学为根基的礼治精神。

其次,从湘军构成来看,这是一支由"儒生领农民"的队伍,儒生是礼教文化的实践者、维护者、传播者,而山农则是中国宗法—礼治社会的基础,儒生与农民的结合而建立的湘军,正好是中国礼治社会的浓缩,能够充分地实现曾国藩以礼治军的政治理想。再加之湘军实行"乡党信从""父兄子弟"的"呼朋引类"式的招募制,故而湘军内部的上下、左右关系类似于家族内部的礼制秩序,能够实现"皆如子弟之事其父兄焉"的既有政治等级统属又有宗法家族亲情的关系,从而建立起以"政治—宗法"关系为基础的军营制度,形成一种比较典型的礼制秩序。

再次,曾国藩所实施的"训作人之道"的教训内容,也主要是以礼教观念,包括"父兄教子弟之家规"或儒家礼教的经典如《孝经》《中庸》《大学》《论语》《孟子》等等。湘军的军事训练从内容到形式均体现出礼治的要求与礼义的信仰。在治军训军的过程中,这些湘军将领又念念不忘给湘军官兵传授正统儒学、宋学道脉。据说罗泽南就曾"日登将台,与官兵讲宋五子之学"③。王鑫

① (清)曾国藩:《诗文·讨粤匪檄》,《曾国藩全集》第14册,岳麓书社1995年版,第233页。

② (清)曾国藩:《诗文·讨粤匪檄》,《曾国藩全集》第14册,岳麓书社1995年版,第232页。

③ (晚清至民国)朱德裳:《续湘军志》,岳麓书社1983年版,第277页。

"以训练为急,所部壮丁习刀矛火器,暇则训以《孝经》、四子书,转相传诵,营门夜扃,书声琅琅出壕外,不知者疑为村塾也"①。由此可见,这样一支具有文化品格的武装,其实就是一支以儒学礼义信仰为军队灵魂的文化部队。

总之,曾国藩及其领导的湘军所具有的文化特质突出体现在礼义与礼治的贯通方面。可以说,曾国藩领导的湘军正是在"扶持名教"、尊奉孔孟的旗号下,由一群深受传统文化思想浸染的士大夫、文人以及普通民众组成的集合体。曾国藩及其领导的湘军获得政治成功得益于儒家礼义的理念与信仰。正是由于曾国藩在组建、统领湘军的政治实践中坚持了儒家礼义与礼治的贯通,在很大程度上增强了湘军的组织力、凝聚力、战斗力,使这样一支由农民组建的民间武装,发展成为一支既有组织程序又有共同文化信仰的军队。

(三)礼义与礼学的贯通

曾国藩对程朱理学的尊崇,突出了"性命之理"作为礼制的最终依据,也主要是强调了礼的内在精神与主体自觉。孔孟以礼归仁而确定了礼的道德情操与主体精神,宋儒进一步弘扬了孔孟儒学的主体道德精神,曾国藩则自觉地继承了从先秦到宋明等儒学大师对内圣人格精神的强调。他坚持这样做同样是依据于礼义与礼学的贯通原则。这样,他虽然尊崇汉学并从事汉学研究,但是并没有染上汉学的繁琐、杂芜;他虽然特别信奉理学,按理学的要求去完成"礼"的身心实践,但又无其他理学家的迂腐、空疏。总之,曾国藩因强调礼学与礼义的贯通而形成自己的鲜明学术特色。

曾国藩批评一些乾嘉学者在从事"稽核名物"的汉学考据时,喜欢以"非毁宋儒为能",而程朱理学的内向求仁恰恰是礼义的价值信仰的追求。他十分赞扬一位叫刘椒云的国子监学正,因为这位学正在弃官归去、专事学术时,能够将宋儒内在仁爱的体认与外在体仪的考证结合起来。曾国藩说:

> (刘椒云)积其谨以严父母之事,以达于凡事无所不严;积其诚以推

① (晚清至民国)朱德裳:《续湘军志》,岳麓书社1983年版,第277页。

及父母之所爱,若所不爱,无不感悦。其又不合,则考之《礼经》,核之当世之《会典》,以权度乎吾心自然之则。必三善焉而后已。病中为日记一编,记日日之细故,自责绝痛。将卒,又为遗令,处分无憾。盖用汉学家之能,综核于伦常日用之地,以求一得当于朱子。①

曾国藩所欣赏的正是这种将汉学家的文献考据与宋学家的身心修养结合起来的学术理念。这是他不同于乾嘉考据派礼学的地方,同时又深刻地体现了他"一宗宋儒,不废汉学"的礼学思想特色。

（原载《中国哲学史》2007 年第 1 期；中国人民大学书报
资料中心《中国哲学》2007 年第 5 期转载）

---

① （清）曾国藩:《诗文·汉阳刘君家传》,《曾国藩全集》第 14 册,岳麓书社 1995 年版,第212—213 页。

国　学　论

国学:知识传统与精神传统

作为学科意义的"国学"提出以后的一百年来,中国人文学界的硕学鸿儒都对这一个问题发表过自己的学术见解。特别是在近一二十年来,中国思想文化界兴起的"国学"热更加强盛,官方和民间均纷纷兴办以"国学"命名的文化学术社团,许多大学纷纷成立以"国学"命名的教育研究机构。事实上,"国学"已经成为当代人文学术、思想文化领域的一个热点问题。与此相关,国学学科是否应该进入国家学科目录的问题,也开始浮出水面并引发学界普遍关心和认真讨论。

国学学科是否应该进入国家学科目录的问题,既是一个国家学术制度的问题,也是一个国学学科建设问题。作为一名学者,我们希望能够进一步探讨国学学科建设问题。笔者认为,国学学科建设问题,与"国学"所包含的知识与价值两个问题相关。所以,我们应该从中国古典学的知识传统与中华民族的精神传统的两个方面,思考其必要性与合理性。

一、中国古典学知识传统的国学

"国学"虽然是历史文献中古已有之的概念,但是作为我们讨论的学科意义的"国学",却是 20 世纪初才出现并成为一个重要的学术概念。"国学"的出现,其基本原因就是回应近代以来的西学大潮对中国知识传统与思想传统的冲击。这一回应,既是知识学意义的,也是价值观意义的。

我们首先从知识学的视角和意义讨论国学。

在经历了强大的西学东渐思潮洗礼后,特别是经过晚清新政、民国学制的改革,西方的学科体系和教育体系全面移入中国。但是有一个问题也跟随而来:长期主导中国知识界的传统学术,如何进入新的学科体系和教育体系中来?为了区别西方的知识体系和学科体系,许多学者将中国传统学术称之为"国学"。他们还给这一知识学意义上的"国学"取了另一个名词,就是所谓的"国故学"。

1906 年 9 月,章太炎在日本东京发起"国学讲习会",不久又成立了国学振起社。章太炎又称"国学"为"国故",并著有《国故论衡》。《国故论衡》分上中下三卷:上卷论小学,共十一篇,讨论语言、音韵问题;中卷论文学,共七篇;下卷论诸子学,共九篇,通论诸子学的流变。显然,章太炎所说的"国故"一词,"国"当然是指作为国家、国族的中国,"故"则是中国历史上已经过去的古典学术,"国故"也就是"我国固有的文化、学术"。可见,"国故"显然是一个中国古典学意义上的概念。

胡适作为中国近代学术的奠基人之一,也是从"国故学"的意义接受了"国学"概念。1921 年 7 月,胡适在南京高师暑期学校演讲时说:"'国学'在我们的眼里,只是'国故学'的缩写。中国的一切过去的文化历史,都是我们的'国故';研究这一切过去的历史文化的学问,就是'国故学',省称为'国学'。"[1]在胡适看来,中国的国故书籍,实在太没有系统了,他主张现代学者对这些没有系统的历史资料,通过引进西方学术的方法重新加以辨别、整理,用这些新的研究方法建立起"国故学"。这样,胡适心目中的"国故",还主要是一套历史文献的材料,这是他和章太炎的区别。

"国故学"的提出,肯定了中国传统学术应该以及如何进入民国时期新的学科体系和教育体系中来,肯定了"国学"在新的学科体系和教育体系中应有一席之地。同时,"国学""国故学"的提出,也对新的中国史学、中国文学、中国哲学的建立起到了一定的促进作用。1922 年,北京大学正式设立"国学

---

① 胡适:《〈国学季刊〉发刊宣言》,《胡适文存》二集,黄山书社 1996 年版,第 6 页。

门",确立了"国学"在新的学科体系中的重要地位,国学门分设文字学、文学、哲学、史学、考古学五个研究室。同时,胡适还在校庆演讲中,以整理国故的工作与全校师生共勉,以贯彻其整理国故的学术宗旨。此后不久,即1925年的清华学校成立国学研究院,清华国学研究院完全采用传统书院的学科制度和教育制度,没有采用引入的西学分科制度,希望延续作为独立知识体系的中国传统学术,在历史上影响很大。

由于胡适等仅仅是从"国故学"的意义接受了"国学"概念,其中包含的矛盾和问题也是十分明显的。胡适反复强调,"国故学"的建立就是要引进西方学术的科学方法,对中国传统学术重新加以辨别、整理。显然,他心目中的"国故学"还不具有现代的学科意义,中国传统学术似乎只是一堆没有自己独立系统的文献材料。故而,这种"国学"并不是一种独立知识体系的学科,而只能是西方学科体系的附属,即只能够被肢解到西方的文学、哲学、史学等学科之中。1922年北京大学设立的"国学门",最后还是按照西学分科设立的建制。所以,这种并不是独立知识体系的"国学"也难以持续。1932年,国学门改称文史部。与此同时,清华国学研究院也因为与清华大学的西学学科体制和教育体制不相容,被认为在教学上与大学部"脱节",故而被看作是一种"畸形发展组织",最终在四年后即停办。

其实,当代学界在讨论"国学"作为一门独立学科时,面临的重大问题仍然是:"国学"与中国哲学、中国史学、中国文学的关系问题。北京大学的"国学门"将国学看作是中国哲学、中国史学、中国文学等学科的总和,即以西方哲学、历史、文学的学科观念与方法处理中国学术的材料,这种"国学"失去了中国传统学术本有的内在体系、完整知识、文化生态。但是,如果像清华国学研究院那样完全采用传统书院体制而不分科,又很难与已经定型的现代中国的学科体制和教育体制相容。如何化解这一矛盾?

几年前,笔者和学界同仁一起倡导,从古典学的学科视角和方法来建构国学,即将"国学"看作是"中国古典学"。① 古典学的一大特点,就是将世界上

---

① 参见朱汉民:《国学即中国古典学》,《光明日报》2010年10月20日"国学版"。

实存的文明形态、历史文化作为一个整体来研究,以解决北京大学"国学门"将中国传统学术分化到中国哲学、中国史学、中国文学等各个不同学科的问题。西方一些大学如哈佛、剑桥、牛津等,都设立了古典学系。当然,这些大学的古典学系,主要是以古希腊、罗马的原典文献为依据,将古希腊、罗马作为一个文明整体来研究。但是,这与当代中国学者希望以中华原典文献为依据、以中华古典文明为整体来研究的"国学"学科理念,确实是高度契合的。西方大学的古典学是研究古希腊、罗马文明的一门单独的学科,中国大学的国学也应该是研究中华古典文明的一门单独学科,完全可以纳入当代中国的学科体系与教育体系中来。

我们将国学看作是"中国古典学",与胡适将国学看作是"国故学"有相通的地方,就是均希望中国传统学术进入近代以来新的学科体系和教育体系中,肯定中国传统学术文化在新的学科体系和教育体系中的地位,推动这些新学科的建立。但是,将国学看作是"中国古典学",与胡适将国学看作是"国故学"又有特别不同的地方。

胡适将国学看作是"国故学",强调以"科学"的方法去研究中国传统学术的材料;而作为"中国古典学"的国学,并不将中国传统学术看作是一堆任现代学者切割、处理的杂乱材料,而是有着自身的体系性、完整性、合理性和完整生命的文化生态。因而,作为中国古典学的国学,应该以中华文明的历史的、整体的原生态为研究对象,以古汉语为载体的经、史、子、集为文献和历史文化遗产为依据,探讨在几千年的漫长历史中形成的、并且具有典范意义的中华文明体系。"中国古典学"应该以中国古人留下的历史文献为依据,以中国传统学术体系为学科基础,这是一门从学术范式到知识构架、学理依据均不同于现有的中国文学、中国历史、中国哲学的独立学科。

"中国古典学"与胡适的"国故学"还有一个重要区别。胡适将国学看作是"国故学",强调中国传统学术是"故"去了的文化知识。当然,世界上其他古文明形态可以说是中断了,但是中华文明从来没有中断,是世界上唯一延续的古老文明。作为"中国古典学"的国学,并不将中国传统学术看作是死去的文化知识,而看作是一个活的文明体系,是一个承载着中华民族思维方式的知识体系和中华民族精神的价值体系。这样,研究者对"中国古典学"的研究,就不能够简单以所谓"科学"的傲慢态度,而应该持一种人文的"温情敬意"的态度来对待。从春秋战国到晚清时代,中国传统士大夫在诠释中国传统学术时,均坚持了这一态度。恰恰是近代中国,一些知识界人士自己以为掌握了"科学"的工具,将中国传统学术看作是"死"去的学问、"故"去的材料,以粗暴和傲慢的态度看待养育中华民族的文化与学术。更有甚者,一些宣扬全盘西化论者,他们对待中国传统学术文化采用一种精神暴力的态度,很像不孝之子不恭地对待自己年迈的父母,将自己混得不好归责于自己的父母没有留下丰厚的遗产,其实他们对自己祖先留下的珍贵遗产完全熟视无睹。所以,我们认同的"国学"不仅仅是"国故学",国学还与当代的中华民族精神价值建构问题密切相关。下面我们进一步讨论这个问题。

二、中华民族精神传统的国学

当近代世界进入以西方文明为主导的全球化时代以来,西洋学术和文化在国家制度层面逐渐占据主导地位。"国学"概念的出现,首先是中国知识界为了强化中华民族的国家认同、民族精神而产生的一种文化现象。将"国学"看作是"中国古典学",只是强调其知识学的特点。其实,晚清以来知识界之所以提出"国学"概念,首先考虑的并不是学科建设的知识学问题,而是一个民族精神的价值建构问题。"国学"看起来是知识界希望复兴中国传统学术,其实骨子里是与民族精神的价值建构紧密联系在一起的。所以,近代中国知识界在倡导"国学"的同时,还提出一个"国粹"的价值概念。

中国文化近代化的过程,一直存在两个相辅相成的演变趋势和发展方向。一方面,中国知识界不断通过学习、引进西方文化而推动中国近代化,所以中国近代史是一个从西方器物文化、制度文化到精神文化的引进过程,西方文化在由浅入深、延续不断地影响、改变着古老的中华文明;另一方面,深受西方文化影响的中国知识精英,其骨子里仍然坚持一种强烈的民族主义精神,他们引进西方器物文化、制度文化、精神文化的精神动力，正是源于中华文化与学术中的民族主义精神。加之在 20 世纪的文明史上，以西方为主导的现代文明已经暴露出越来越多的严重弊端，文明的多元互补成为越来越多的各界精英的思想共识。

中国人强烈的民族主义精神，其实正根植于中国传统学术文化之中。近代知识界一部分人开始意识到，只有通过对中国传统学术文化的挖掘、弘扬，才能够更多地获得中华民族的国家认同与精神弘扬。他们之所以提出"国学"概念，就是希望通过对中国传统学术文化的保存、挖掘，以弘扬中华文化的民族主义精神。所以说，"国学"并不仅仅是一个与知识学相关的学科概念，更是一个表达中华民族精神的思想概念。"国学"的学科、知识表达是"国故"，"国学"的思想、价值表达则是"国粹"。早在晚清时期，一些士大夫提出"国学"概念时，就将"国学"与"国粹"等同起来。如 1902 年秋，梁启超写信给黄遵宪提议创办《国学报》，不仅使用了"国学"之名，还提出"以保国粹为主义"的弘扬民族文化价值的思想。1906 年 9 月，章太炎还在日本东京发起"国学讲习会"。提出"国学"概念的章太炎、邓实、黄节等，也同时以"国粹"的价值建构为目标，形成中国近代文化思潮中的"国粹派"。1905 年年初，国学保存会成立，他们提出了"研究国学，保存国粹"的宗旨，并创办了《国粹学报》。邓实在为《国粹学报》所写的《发刊辞》中说："一国之立必有其所以自立之精神焉，以为一国之粹，精神不灭，则国亦不灭。""国粹"一词的"国"是国家、国族；"粹"则是精粹、优质。"国粹"之说强调通过挖掘中华传统学术资源，实现中华文化中精粹、优质的传统资源、价值体系、民族精神的建构和弘扬。他们张扬"国粹"的目的，就是要反对民族文化虚无主义态度，摆脱中国百事不如人的自卑心理，弘扬民族主义的自信、自强精神，即"用国粹激动种性，增进爱国的热肠"。他们追求民族精神的价值建构，离不开中国传统学术的知识保存和挖掘。所以，国粹派的精神领袖章太炎强调，中国人为什么提倡国粹，就是要人们爱惜中华民族的历史，这个历史包括语言文字、典章制度、人物事迹。国粹派希望通过对代表"吾国固有之文明"的传统学术等体现"国粹"价值的挖掘、弘扬，达到弘扬民族精神的目的。

在西学东渐的大背景下，"国粹派"特别强调从中国传统典籍的国学中寻求"一国之立必有其所以自立之精神"的想法，在历史上曾经受到知识界其他思想流派的批判。但是，国粹派努力从中国传统国学中寻求中华"一国之民族精神"，其实也得到许多知识界的同情性理解和支持，因为希望确立"一国之民族精神"，应该是近代中国不同思想流派的普遍精神追求。就是那些推动西化的自由主义者，他们在国族认同、民族精神的追求上，也是希望确立"一国之民族精神"的。

如民国时期民主主义者杨昌济，虽然也致力于引进西方文化而推动中国文化的近代化，但是又有很强烈的民族主体性文化意识。杨昌济在1914年10月曾发表《劝学篇》，系统地阐发了他的中国文化主体性理念。杨昌济对于晚清中国的师夷长技、变法维新、建立共和政治军等均持积极肯定态度，认为引进西方文化是中国近代化的必经途径。但是，他又强调中国的近代化过程必须以本国的民族文化、民族精神为主体。他说："夫一国有一国之民族精神，犹一人有一人之个性也。一国之文明，不能全体移植于他国。"[1]杨昌济认为中国近代化过程太关注西方的器物、制度文化，故而呼吁挖掘中华文明的传统资源。他相信中国近代化应该以中华文化精神为主体，而这一中国文化的主体精神就存在于国学典籍中。他说："且夫学问非必悉求之于他国也。吾国有固有之文明，经、史、子、集义蕴闳深，正如遍地宝藏，万年采掘而无尽时，前此之所以未能大放光明者，尚未谙取之之法耳。今以新时代之眼光，研究吾国之旧学，其所发明，盖有非前代之人所能梦见者。"[2]他肯定中华文化有着"万年采掘无尽时"的恒常价值与普遍意义，他希望"以新时代之眼光"来研究传统学术，以激活中华文化恒常价值与普遍意义。

一百多年来，从"国学"概念的提出，到今天的"国学热"，国学之所以能够不断兴盛和发展，其深层次的历史原因首先是思想史而不是学术史。所以说，"国学"的提出并不是一种学术现象，而是一种思想文化现象。"国学"概念从

---

[1]　杨昌济：《劝学篇》，《杨昌济集》第一册，湖南教育出版社2008年版，第73页。

[2]　杨昌济：《劝学篇》，《杨昌济集》第一册，湖南教育出版社2008年版，第76页。

出现到今天成为一个热词,恰恰体现了一百多年来,在世界进入以西方文明为主导的全球化时代以来,古老的中国传统文化及其精神价值历经了兴衰起落的巨大历史演变。

所以说,"国学"看起来是一个学术、学科概念,但是,"国学"学科的提出、变革的背后,是为了实现民族精神的价值建构。"国学"的兴起和发展,首先应该从中华民族精神的价值建构的时代需求来考察。我们认为,国学在当代的复兴,应该从中华民族精神的价值建构的时代需求来看待,因为国学能够为当代中华文明的崛起提供重要的精神支撑。中国崛起与中华文明崛起不是一个概念,中国崛起是指一个独立的中国在政治上、经济上的强大,而中华文明崛起则是强调一种延续了五千年的文明体系在经历了近代化、全球化的"浴火"之后,重新成为一个有着强大生命力的文明体系。在世界文明史上,中华文明是唯一历经五千年而没有中断的古文明,并且一直保持其强大的生命力。近代中国学习、吸收西方先进文明的同时,开始形成了一种文明的自觉意识,而国学的兴起,充分体现了中华文明的主体性自觉。

国学之所以能够为中华民族提供精神源泉,不仅仅是因为国学中具有中华民族的历史价值和特殊意义,同时还包括传统国学的现代价值和普世意义,能够为当代世界、未来人类文明建构提供精神资源。现代化导致社会的急剧变革,个人命运往往变化无常,但是,现代人有关驾驭命运的精神动力、行动选择的人生智慧却严重不足,而中国传统的心性之学能够为当代中国人的安身立命提供帮助,为现代人的个体精神需求提供思想营养。特别是现代化转型过程中,人们正在面临着种种社会失序的严重问题,中国传统的仁爱思想、忠恕之道,仍然可以成为建构现代和谐社会的价值理念。总之,国学传统中的仁爱、中和、大同等价值追求,不仅仅对中华民族具有重要的意义,同时也具有全球性的、普遍意义的价值观念,能够弥补某种单一文明主导的价值观念的缺失。西方人强调西方文明的核心价值具有普适性,而中国传统国学中表达的中华文明核心价值同样具有普适性,能够丰富、完善人类文明,我们相信,21世纪建构的人类文明,必然是一种多元互补的文明。

三、知识与价值统一的国学

"国学"提出一百多年了,尽管国学能否成为一个独立学科,仍然在争议与讨论之中,但是诸多大学纷纷建立国学的研究教学机构,推动国学教育的试点,有关国学的著作、教材也出版了许多种。国学学科建设问题受到学界的密切关注。

要完成国学的学科建设,需要在当代中国知识界形成一系列共识。如上所述,这些共识中这两点最为重要:其一,从学科的知识形式来说,国学是中国古典学;其二,从学科的知识内容来说,国学是民族精神之学。由于"国学"既要体现中国古典学的知识传统,又要追求中华民族的精神传统,所以,国学学科建设的任务十分艰巨,应该实现中国古典学的知识传统与中华民族的精神传统的统一。

在当代学科分类中,体现为知识和价值统一的学科是人文学科。近代以来,知识界、教育界受科学主义思潮影响很深,认为一门学科必须是"科学"的,才具有存在的合理性。学界有人认为国学、儒学只是一种价值诉求而不具有"科学"性,故而不能够成为独立学科,就是受了这种科学主义思潮的影响。其实,当代人类的文化知识可以分成基本的两大类。英国著名学者斯诺在他的名著《两种文化》一书中,将一切文化知识分为科学文化与人文文化两种。科学知识与人文知识确实存在很大区别。一切科学(包括自然科学和社会科学)的目的都是要揭示对象的性质和规律,以获取关于对象的本质性、必然性的知识,其所要回答的主要是客观对象是什么、为什么等问题。与此不同,人文学科的根本目的则是要探寻作为主体的人本身,思考人的本质、人的生存意义等人的价值问题,并由此表达某种价值观念和价值理想,从而为人的行为确立某种价值导向,其所要解决的主要是人应该如何的问题。因此,如果说科学知识是一种求真的真理性知识的话,而人文知识则是一种追求善、美、圣的价值性知识。按照马克斯·韦伯的说法,科学知识源于人的工具理性,而人文知识源于人的价值理性。

中国传统国学应该是以价值理性为主体的人文知识。尽管中国传统学术也包括一些科学知识,但我们今天谈的国学学科应该是人文学科。因为人类对客观自然的认识总是在不断深化,过去的科学知识或者已经过时,或者在不断改变。但是,人文学科的价值则总是非常稳定,那些基本的人文价值往往具有恒常性。中国传统学术本来也是以价值理性为擅长,那些深刻表达中国人文价值的文化经典往往具有恒常性意义。国学对人的本质、人的生存意义等问题的思考,对价值观念和文化理想的倡导,在当代世界仍然有着十分重要的现实意义。所以,作为具有恒常价值和意义的国学经典,仍然可以为当代中国和世界提供重要的价值资源。

国学是一门人文学科,具有人文学科的一般特点。但是,国学与其他文史哲的人文学科有什么区别? 为什么要将中国传统国学看作是一门独立的学科? 这是由于国学除了具有人文学科的一般特点外,还具有一系列不同于一般中国文学、中国史、中国哲学等人文学科的特点:

其一,中国传统学术的整体性。我们强调国学应该是一门独立门类的人文学科,应该不同于现代中国大学所设文、史、哲的任何一个门类的人文学科,因为这些文、史、哲的学科分科、知识体系、学科范式、研究方法源于西方分门别类的知识传统。这些文、史、哲的学科均不可能研究一个整体文明的知识体系、价值体系,特别是不能够将这种知识体系、价值体系一起来作系统性研究。而我们希望建立的中国古典学,则应该是一个将中国传统学术作整体性研究的学科,是一种包括中华文化的知识体系、价值体系的整体性研究。

其二,中国传统学术的延续性。西方的人文学科是在继承、发展他们的学术传统而繁荣起来的,欧洲的文艺复兴和 18 世纪的新人文主义都是在继承古希腊、罗马的人文精神中实现创新的。西方现代大学及其体制首先是源于其传统的人文知识,他们的哲学、文学、历史学、古典学等均是在古希腊、罗马文化学术基础之上形成的。而中国的新文化运动、整理国故运动乃至新式的大学体制,都是在否定自身传统的基础上进行的。中国现代大学的人文学科没有很好地继承和发展本民族的知识传统和价值传统。所以,当代中国知识界希望通过复兴国学、儒学并推动相关学科建设,既是为了延续中国学术的知识传统,同时也是为了延续中华民族的精神传统。

其三,中国传统学术的民族性。人文学科还有一个重要特点,即人文价值、人文经典具有民族性特点。如果说科学知识强调客观性、普遍性的话,那么,人文知识则总是具有地域性、民族性的特征。表达价值理性的人文经典,不像表达工具理性的科学知识那样,完全以一种普遍的人类性为知识形态特征,而人文知识则是以地域性、民族性为基础。人类人文价值理性本来就源于各个不同地域文明传统的特殊性,不同文明的圣哲依据自己文明条件而提出了各自文化特点的价值体系、文化信仰。与自然科学、社会科学较注意探讨普遍规则不同,而人文学科则与各民族文化的特殊性紧密相关,它提醒人们注意文明和文化的差异性、多元性,以及不同文明的交流和互补。所以,西方大学的古典学是以古希腊、罗马文明形态为研究对象,以探讨西方民族、文明传统的特殊性,并且在各民族文明传统中寻求普遍性价值。而中国大学建立的中国古典学,应该是以整体的中华文明形态为研究对象,通过探讨特殊的中华民族文明传统,并且在这一特殊的民族文化传统中寻求普遍性价值。

其四,中华文化的主体性。将中国传统国学看作是一门独立的学科,还与人文学科的另一个重要特点相关,即与人文价值、人文经典具有主体性的特点相关。人文学科思考人的本质、人的生存意义等人的价值问题,总是与作为主体存在的人本身有关,与一个文明体系的民族主体有关。“国学”以“国”名“学”,就是强调这一学科的民族主体性、文明主体性意义。国学的兴起,本来就鲜明地表达出中华文化的主体性要求,故而国学学科的建立,就具有民族文化主体性的特点,表达出中华文化复兴的要求。

随着中华文明的复兴和世界文明多元互补格局的形成,国学的学科建设会显得日益重要。而且,中国人文学科的现状和发展表明,缺乏对自身知识传统和价值传统的继承,人文学科很难有所突破与创新。由于国学学科建设承担着建构整体性、民族性、延续性、主体性的中华文明的历史使命,所以,在中华文明传统的继承、创新和发展的进程中,国学学科建设必将是中国人文学界面临的一个长远而艰巨的任务。

（原文以《古典学知识与民族精神的双重建构——当代中国国学学科建设的思考》载《中山大学学报》2017 年第 5 期）

国 学 之 道

在当代中国人的精神生活中,国学的地位、作用、影响正在日益提升。所以,人们也会越来越关心:国学是一门什么学问?

我们可以简要地回答:国学是一门求道的学问。但是,什么是"道"?记忆中古代圣哲所讲过的"道",似乎是很遥远、很玄妙、很高深的。儒家的道存在于久远的唐尧虞舜的大同之世:"大道之行,天下为公。"①道家的道不可言说:"道可道,非常道。"②"道不可闻,闻而非也;道不可见,见而非也;道不可言,言而非也。"③佛教的道是无比超越的:"问有将无对,问无将有对,问凡以圣对,问圣以凡对。二道相因,生中道义。"④原来,"道"是很遥远的,是我们人类永远追求的目标;"道"是很玄妙的,是我们说不清道不明的存在;"道"是很超越的,我们要突破思维与语言的枷锁才能幡然领悟和直达本体。既然如此,我们为什么要消耗自己短暂的生命,去追求这么难以企及的目标……

但是,我们也会发现,中国的圣哲曾经很亲切地告诉我们,国学所讲的"道"是很平实、很常见、很简易的。儒家说:"道也者,不可须臾离也;可离

---

① (东汉)郑玄注,(唐)孔颖达疏:《礼记正义》卷二十一,《礼运篇第九》,李学勤主编:《十三经注疏》,北京大学出版社 2000 年版,第 769 页。

② (魏晋)王弼:《老子道德经注》上篇,楼宇烈:《王弼集校释》上册,中华书局 2015 年版,第 1 页。

③ (清)王先谦:《庄子集解·知北游》,中华书局 2012 年版,第 231 页。

④ 丁福保笺注:《付嘱品》,《六组坛经笺注》,齐鲁书社 2012 年版,第 223 页。

非道也。"①道家在回答"所谓道,恶乎在"的疑问时,肯定道"无所不在"②。佛家说:"担水劈柴,无非妙道。"③原来,"道"是很平实的,它本来就是我们日用常行的规则;"道"是很常见的,它无所不在地存在于我们的身边;"道"是很简易的,我们每时每刻的生命实践就是"道"。所以,"道"是可以追求的,而且必须有"道",我们的生命实践才获得永恒的意义与价值……

本来,国学是古代中国人创造出来的知识与价值,他们留下的国学典籍与文献,不仅仅是要告诉我们什么是道,更加重要的是要告诉我们,如何在生活实践中识道、体道、遵道,最终达到与道为一的目标。所以,国学之道就是我们今天讲的"国学实践"。学习国学的过程,就是一个实践国学、以使自己与道为一的过程。古代中国人思考、信仰、体认天道,但是中国人体认的天道,并不是一个独立于人的某种外在实体,而是存在于我们的日用常行、喜怒哀乐的生活世界之中,是一个必须由人类"参天地、赞化育"的生生不息的过程。故而,古代中国人求道的过程,就是一个参天地、赞化育的生活实践即生命活动的过程。

由于中国的国学传统更为关注主体实践,而并不特别在意应如何论述客观世界是什么,故而国学的最重要特点不是解释世界是什么,而是告诉我们应该怎样做。可见,中国传统国学具有鲜明的实践性特色。《论语》记载学生问孔子什么是"仁",而孔子的诸多回答则不是概念和定义上的,因为他回答的目的并不是让学生学会定义"仁"的概念,而是希望身边的弟子能够在不同的社会情境中去实践仁。所以,孔子的回答包括"克己复礼为仁""爱人""能行五者于天下为仁""己所不欲,勿施于人""己欲立而立人,己欲达而达人""仁

---

① (东汉)郑玄注,(唐)孔颖达疏:《礼记正义》卷五十二《中庸篇第三十一》,李学勤主编:《十三经注疏》,北京大学出版社2000年版,第1661页。

② (清)王先谦:《庄子集解·知北游》,中华书局2012年版,第231页。

③ 出自唐代禅宗大师马祖道一与居士庞蕴的对话中,庞居士所言偈诗:"日用事无别,惟吾自偶偕。头头非取舍,处处勿张乖。朱紫谁为号,青山绝点埃。神通并妙用,运水及搬柴。"这是对禅宗六祖慧能"平常心是道"的发展,到慧能第三代传人马祖道一"随时著衣吃饭,长养圣胎",进一步强调在生活中修行悟道的思想。(参见宋普济编著:《五灯会元》卷三,《庞蕴居士》章,中华书局1984年版,第186页。)

者不忧""仁者先难而后获"等等,均是如此。那么,学生求仁的目的也不是为了获得"仁"的知识,而是如何在生活实践过程中去实现"仁",能够在自己的家庭、社会、国家的生活中去实践和完成"仁"。可见,这种对"仁"的学习过程,就不仅仅是获得知识学意义上的"仁"的概念,而是社会实践意义上的"仁心""仁性"的实现。广而言之,儒家的经学均不是一套概念性知识体系,而是应用性很强的实践性知识。《周易》是告知你如何学会在不同情境下的决策和践行,《尚书》向你展示的是先王施政治国的历史经验,《仪礼》告诉人们各种各样社会行为的准则等等,经学其实均是后人的生活实践、社会政治实践的规范性、程序性知识。

其实不光是儒家,其他各家各派的知识形态均具有很浓厚的实践性知识的特点。向来以探讨形而上之道著称的道家,他们在讲到许多关于"道"之不可描绘、不可言说的特点后,最后则讲了许多关于如何在实践中领悟、把握道,正如庄子以庖丁的口气所说,"臣之所好者道也,进乎技矣。"因此,尽管道家的理论十分抽象深奥,但是最终的知识具有浓厚的实践特色,《汉书·艺文志》说:"道家者流,盖出于史官,历记成败存亡祸福古今之道,然后知秉要执本,清虚以自守,卑弱以自持,此君人南面之术也。"[①]这种"清虚以自守,卑弱以自持"的知识就是一种实践性知识。佛教传入中国的历史,也是一部佛教中国化的历史。隋唐佛学大盛,形成了许多不同的佛学流派,包括法相宗、华严宗、天台宗、禅宗等等。但是,最后能够传衍下来,并且对中国文化作出重大贡献、对中国人的精神生活和社会生活产生重大影响的,却主要是禅宗。禅宗的最大优势,就是保留了中国文化重视社会实践的传统,将佛学与践行统一起来,而不是一味翻译佛学经典,研究繁琐、抽象的佛学理论。禅宗的生活化、实践化,使佛教能够在中华大地生根、开花、结果。

总而言之,中国传统国学的特色、优长,均体现在实践方面。国学重视知识教育,其教书始终与育人是联系在一起的,知识教育的目的是做人(内圣)、做事(外王)。所以,指导人们如何做人(内圣)、做事(外王)的实践,向来是

---

① (东汉)班固:《汉书》卷三十《艺文志第十》,中华书局 1962 年版,第 1732 页。

国学的根本。由于中国传统国学具有实践性的品格,故而先哲给我们谈学习国学的方法,就是要求将国学的求知与实践统一起来。孔子最早提出了"学""思""行",荀子提出"闻""见""知""行",而《中庸》则系统地提出了"学""问""思""辨""行",其实它们最终均可以简化为求知、实践两个基本环节。将躬行实践作为国学教学过程的最重要环节,强调教学过程与生活实践过程合为一体,成为中国古代教育思想、教学过程论中最显著的特色。故而,"尽天之学,无有不行而可以言学者"①。国学的求知必须落实于生活实践,因为实践方是国学知识的源泉、动力和目的。

（原载《人民政协报》2016 年 11 月 28 日"学术版";《新华文摘》2017 年第 5 期全文转载）

---

① （明）王阳明:《答顾东桥书》,《王阳明全集》(新编本)卷二,浙江古籍出版社 2011 年版。

国学的学科与意义

我们都看到了一个事实:国学已经正在进入中国大学的校园,许多著名高校已经成立了"国学院"与"国学研究院";国学同时也渗透到我们的生活之中,社会大众对国学的兴趣、需求越来越强烈。

但是,"国学"又是一个颇有争议的学科概念。学界在追问:"国学"是一门学科吗? 大众在追问:生活在发生惊人变化的现代社会,传统国学还有什么意义? 这里,我们做一简要回应。

一、国学是一门独立的学科

尽管国学如此重要,但对国学是否可以成为一个独立学科,学界内部还存在着不少疑虑与分歧。人们首先会问,国学的确切定义是什么?

其实,"国学"有非常明确的内涵和外延。首先,"国学"的"国"应该是指中国;其次,这个"学"就是指传统学术,即中国传统的知识体系,这种知识体系总是要通过文字、典籍的形式固定和保存下来。所以,我们既可以从国学的典籍形式与分类来定义国学,中国古代文献典籍有经、史、子、集,所以今天人们所说的国学往往也分为经、史、子、集;我们也可以从国学的思想内容与学术派别来定义国学,可以将国学分为儒、佛、道及诸子百家。

人们又会进一步追问:国学的知识构架和学理依据是什么? 当然,国学之所以可以成为一个独立学科,必须要有两个重要条件:其一是国学学科体系的内在条件,即国学体系的知识构架和学理依据;其二是国学的外在条件,即国学能否具有现代学术视野而能得到普遍承认,并开展广泛的或全球化的学术交流。

国学这门学科,之所以在学界还有不少疑虑与分歧,与它在当代中国的学术体制内的处境有关。现在大学院系的分科,基本上是近代引进西学而建立起来的,分为理学、工学、文学、历史、哲学、艺术、宗教、政治学、教育学等。尽管近些年各个大学纷纷创建了国学院,但是国学在当代中国的学术体制内并无合法性的身份。这样,我们延续几千年的中国传统国学,在这种学科体制下只能变成其他学科的材料。比如国学中最重要的经学,在现代大学的学科中就没有合法的独立地位,我们不能独立地研究、学习经学,只能够将其分别切割到文学、历史学、哲学、政治学、法学、宗教学、教育学的不同学科。这样,国学中的经、史、子、集的不同门类知识,全部被分解到了文学、历史、哲学、艺术、宗教、政治学、教育学的不同学科视野里,变成其他不同学科的材料。

近代引进的文学、历史、哲学、艺术、宗教、政治学、教育学的不同学科,在帮助我们研究中国传统国学方面,确实有它的长处,但也有其短处。中国传统学术是一个有着密切联系的有机整体,其知识体系和价值体系有着内在联系。当我们用各门现代学科把传统国学分割之后,就有可能失去原来知识体系的联系和特点。每一种知识体系或学科框架,实际上是我们人类把握世界的一种具有主观性因素的图式。不同文明有不同的把握世界的图式,西方知识学有它自己的长处,中国传统知识体系也有自己的长处,譬如中国的知识传统具有整体性、实践性、辩证性的特点,就成就了中华文明的世界性贡献。正因为如此,研究中国传统学术,应该保持对其原文化生态的、有机整体的学问特点的思考。国学作为这样一种原文化生态的、有机整体的学问特点,有它存在的必要性和合理性。

其实,在讲到中国"国学"合法性的时候,我们还可以暂且借用西方大学的"古典学"的概念。在西方世界许多大学都设立了古典学系。这个古典学研究什么呢?它最初是以古希腊、罗马的文献为依据,研究那个时期的历史、哲学、文学等等。古典学的特点是注重将古希腊、罗马文明作为一个整体来研究,而不是分别研究古希腊、罗马时期的历史、哲学、文学。在西方,古典学一直是一门单独的学科。

我们认为,"国学"其实也可以说是"中国古典学"。如果我们用"中国古典学"来说明中国"国学",可以提供"国学"作为一门独立学科的上述两个条件。一方面,在几千年的漫长历史中,中国形成了建立自己特有的具有典范意义的文明体系。建立"中国古典学",也就是以中国古人留下的历史文献为依据,将中华文明作为一个整体来研究。由于"中国古典学"是以中国传统学术体系为学科基础,这是一门从学术范式到知识构架、学理依据均不同于现有的文学、历史、哲学学科的独立学科,这是"中国古典学"得以确立的内在条件。另一方面,由于"国学"概念仅仅能够为中国人自己使用,西方人则只能使用汉学,以"中国古典学"来定义原来的国学,"国学"具有了知识共享、学术交流的现代学科的要求,并能兼容国学、汉学,为中外学者所通用,这是国学能够具有现代学术视野并能开展国际学术交流的外在条件。

二、国学的现代价值

我们生活在日益变化的现代社会,传统国学还有什么意义? 我认为,对现代中国和世界而言,国学至少有四个层面的重要意义。

其一,国学能够为现代人的个体精神需求提供思想营养。中国正面临社会的急剧变革,每个人的命运发生很大的无常变化,每个人的行动有更多的选择自由,但是,能够给我们驾驭命运的精神方向、行动选择的人生智慧却严重不足。现代中国人往往会感受到是非的迷茫、得失的困扰,同时引发对生命意义的追问。社会底层民众是这样,那些成功人士也是如此。儒家、道家、佛家的经典,诸子百家的思想,他们对个人人生意义的选择,包括是非的迷惘、毁誉的困扰、得失的彷徨,对人生的终极价值选择,都能够提供很多很好的思想营养。今天很多人思考的问题,其实古代先贤都思考过,而且有非常好的解决办法。我们回头去看经典,原来我们的老祖宗已经有很好的思考了。

其二,国学能够满足当代社会为建立和谐社会的需求提供重要的文化资源。在中国的现代化转型过程中,我们正面临着种种社会问题、思想危机。我们常常感到当代中国的人与人之间越来越缺乏信任,我们不相信超市里买来的食品是否安全,我们不相信来自陌生人的帮助是否藏着恶意,我们甚至还在讨论见到老人摔倒该不该扶起,还有许多人的损人利己的做法,已经到了完全不能容忍的地步。诚信危机、道德危机成为我们建立和谐社会的大敌。大家都在想,怎么来制止相关恶劣事件的发生,怎么来建立一个有诚信、有道德的和谐社会。在中国传统国学里,对于如何建立有诚信、有道德的和谐社会,提出了一系列重要的思想,中国传统的仁爱思想、忠恕之道,仍然可以成为建构现代和谐社会的价值理念,"己所不欲,勿施于人",仍然是我们建立有诚信、有道德的和谐社会的金科玉律。

其三,国学能够为当代中华文明的崛起提供重要的支撑力量。当前的"国学热"其实还和中华文明的崛起有密切关系。中国崛起与中华文明崛起不是一个概念。中国崛起是指一个独立的中国在政治上、经济上的强大,而中华文明崛起则是强调一种延续了五千年的文明体系在经历了近代化、全球化的"浴火"之后,重新成为一个有着强大生命力的文明体系。在世界文明史上,中华文明是唯一历经五千年而没有中断的原生形态的古文明,并且一直保持其强大的生命力,位居世界文明的前列。但是,中国近代史是一部中国被瓜分、侵略的历史,在这个历史过程中,中国人开始失去了文明的自信。其实,近代中国学习、吸收西方先进文明是非常正确的,但是我们必须坚持中华文明的主体性,采取对自我文化的一种虚无态度是非常不应该的。我们必须有一种文明的自我意识,我们要理解到,现代化中国的崛起,离不开中华民族文化精神的崛起。我们活下来并且能够昂首挺胸的不仅仅是我们的身体,首先应该是我们高贵的精神和灵魂! 那么,我们高贵的精神和我们的灵魂是如何形成的呢,其实,就是国学熔铸了我们的精神和灵魂。正是从这个意义上说,国学能够为当代中华文明的崛起提供重要的支撑力量。

其四,国学能够为 21 世纪新的人类文明建构作出重要的贡献。我一直认为,中国国学里面所包含的许多价值观念,比方说仁爱、中和、大同,不仅仅对中华民族具有重要的意义;同时,它们都一定能够成为具有全球性的、普遍意义的价值观念,能够弥补某种单一文明主导的价值观念的缺失。西方文明一直在坚持,他们倡导的许多核心价值具有普适性。其实,中华文化近代化的过程,就是一个接受这种价值的普遍意义的过程。但是,许多中国人在此过程中,却忽略或者忘记了中华文明中的普适性价值。特别是在整个 20 世纪的文明史上,以西方为主导的现代文明已经暴露出越来越多的严重弊端。21 世纪建构的人类文明,一定是一种多元一体的文明,而延续五千年没有中断的中华文明,一定要对 21 世纪的人类文明建构作出自己的贡献。

（原为《岳麓书院国学文库·总序》,东方出版社 2015 年版）

国学即中国古典学

——岳麓书院国学学科问题会讲

时　　间：2010 年 9 月 3 日

地　　点：湖南大学岳麓书院文昌阁

会讲主持：朱汉民（湖南大学岳麓书院院长、教授）

会讲嘉宾：林庆彰（台湾"中央研究院"中国文哲所研究员）、姜广辉（湖南大学岳麓书院教授）、李清良（湖南大学岳麓书院教授）、吴仰湘（湖南大学岳麓书院教授）、邓洪波（湖南大学岳麓书院教授）

朱汉民：国学是否可以成为一个独立学科，学界内外都还存在着不少疑虑与分歧。主要有两个原因：其一是国学学科体系的内在条件，即国学体系的知识构架和学理依据；其二是国学的外在条件，即国学能否具有现代学术视野而能得到普遍承认并开展国际学术交流。

最近我注意到，有些学者在讲到中国国学合法性的时候，援引了西方大学的"古典学"的概念。在世界一些著名的大学，如哈佛、剑桥、牛津等，都设立了古典学系。那么这个古典学研究什么呢？ 它是以古希腊、罗马的文献为依据，研究那个时期的历史、哲学、文学等等。古典学注重将古希腊、罗马文明作为一个整体来研究。在西方，古典学可以作为一门单独的学科，为什么"国学"就不能被容于中国现在的学科体系呢？

我认为，"国学"其实就是"中国古典学"。如果我们用"中国古典学"来定义"国学"，可以解决"国学"作为一门独立学科的两个难题。一方面，在几千年的漫长历史中，中国形成了自己特有的具有典范意义的文明体系，建立

"中国古典学",也就是以中国古人留下的历史文献为依据,将中华文明作为一个整体来研究。由于"中国古典学"是以中国传统学术体系为学科基础,这是一门从学术范式到知识构架、学理依据均不同于现有的文学、历史、哲学学科的独立学科,这是"中国古典学"得以确立的内在条件。另一方面,由于"国学"概念仅仅能够为中国人自己使用,西方人则只能使用汉学,以"中国古典学"来定义原来的国学,"国学"具有了文化共享、知识共用的现代学科的要求,并能兼容国学、汉学,为中外学者所通用,这是国学能够具有现代学术视野并能开展国际学术交流的外在条件。

今天我想利用这个机会,邀请各位老师,共同来从学理层面上思考、讨论一下以"中国古典学"来定义原来的"国学",以推进"国学"作为一门学科的学科建设问题。先请林先生谈谈。

林庆彰:现在国学非常热,几乎每个星期都有国学机构在剪彩。那么剪彩之后能否有一个比较长期的规划呢? 能否针对以前中国传统文化研究的缺点加以改造呢? 我认为这些应该是更重要的。

其实国学在民国初年的时候就慢慢分化了:史部分化到历史系了,子部由哲学系来承担,集部有中文系来承担。单单这个经部,就无家可归了。所以今天的国学院最重要的是把经学放在比较重要的位置。

国学院不能以院长的专长来进行专业设置,不能院长研究什么,国学院就以什么研究为主。

我八年前曾去日本参加一个"古典学再构筑"的会议。我讲完后,大概有三四位学者向我提问。他们主要问我说,他们西方都有自己的古典学,你们为什么对古典那么痛恨,那么不友善? 他们说古典对子孙后代来讲有着非同一般的意义,保护它、研究它,是他们的一个天职和责任。他们还追问我们对待传统的态度还有没有改善的空间。我当时确实不了解中国大陆的情况,就说不知道,他们有点失望。我回来后一直想这个问题。国学如果用其他用语来表示,可能会比较中性,不像"国学"有那么多的争议。这次朱院长有把"古典学"等同于"国学"的想法,我觉得非常好。昨天晚上请了几个助理印了些关于西洋的古典学的资料看了一下。哪些大学有开古典学的专业呢? 耶鲁大学、剑桥大学、牛津大学、哈佛大学、海德堡大学、慕尼黑大学、巴黎大学、莫斯科大学、东京大学等都有。如果我们岳麓书院有意朝这个方向走,这些大学的古典学系都可以作为我们的参考。如果我们朝这个方向迈进,应该大有可为,因为大部分人还没有觉醒过来,只是在国学的热潮中炒冷饭。

朱汉民:我为什么想到要把国学当成中国的古典学呢? 因为西方古典学的研究方式和内容基本上就是研究古希腊、罗马依存的文献,跟我们现在研究以古汉语为载体的历史文献诸如经、史、子、集等非常接近。但另一方面又有差别。古希腊、古罗马、古埃及、古印度文明都曾中断了,它们都只是作为一种历史存在而被研究。而中国的古典学从来没有中断,是延续的。由于近代以来西方文化的影响,虽然发生了很大的变化,但中国传统文化和古典自身的生命线没有断。只是作为一种学术,中国的古典学科分化到了文、史、哲等各个学科中去了。现在,我们需要重新回到中国古典学的历史的、整体的原生态。

经学是中国古典学的核心。姜广辉先生对经学的研究很有成就,那么接下来请他谈谈。

姜广辉:朱院长提出,可以把"国学"理解为"中国古典学",从这个视角重新讨论国学在现代教育体系中的定位问题,我觉得这个提议非常好。

西方很多现代著名的大学都有古典学系,古典学甚至成为他们的招牌学科与专业。马克思本人当年也是修的古典学。而我们的大学却没有这样的古典学系。我们把古典学的内容分割成了哲学、历史、文学等专业。现在我们提出中国古典学,但学界对古典学的理解也有很大差异,有的把中国古典学理解为中国的上古史,或者上古学术史,下限到秦汉时期。其实,在西方称之为千年黑暗的中世纪时代,中国的古典学也一直在延续,一直延续到清末。这个延续一方面发挥了积极的作用,培养了无数的人才;但另一方面也带来较大的副作用,特别在清中期以后,影响了中国近代化的发展。人们把这个副作用看得非常重,以致现在很多人反对国学。我个人觉得,要定义中国古典学,不能简单地与西方古罗马时代相对应,截至在汉代,中国的古典学一直到清代都是一脉相承的。

最近有些学者在报纸、网络上发表了很多文章,讨论关于中国古典学建构的问题。人民大学又走在前面,设立了比较古典学专业的实验班。这里就有个问题,中西比较古典学已经包含了国学,但又设立了国学院,这就有重叠和冲突。那么国学院还要不要呢?

很多人认为"国学"应该包括"今学",指责搞国学的人基本上把国学定义为中国传统文化,或者是经、史、子、集之学,没有包括"今学"。国学如果真的包括今学,那概念可能更混乱了。还有,他们觉得"国学"这个词含有感情因素。有篇文章提到,"国学是有感情因素的概念,因此也就由感情高扬而导致非科学理性"。我对这个意见甚不以为然。有感情因素并不是什么坏事。

朱汉民:西方讲古典学也有感情因素。

姜广辉:是啊。我们经常说的一些带"国"字的词汇也都有感情因素,比如祖国、国旗、国歌等,难道因为"有感情因素"就一定会"导致非科学理性",就要把这些词汇废掉?我们承认"今学"对于国家独立和富强起了很大的作用,甚至是决定性的作用(我们权且用这个"今学"概念),但不能因为"今学"有这么大的作用就认为可以完全取代古典学。古典学仍旧有它的意义在。这个意义在哪里?我觉得可以从两个方面来讲:

第一个方面,是中华民族的精神家园问题。中国传统文化有几千年的历史,是一种辉煌灿烂的文化,一种在四大文明古国里唯一没有中断的文化。传统文化里面有没有寄托中华民族的价值和感情的文化内涵呢?答案是肯定的。我最近看程颐的文集,他有一段话大意是说:你要自己有家,别人的家再好,你也不会舍弃自己的家而跑到别人的家里去。有些儒者之所以跑到异教中去,是因为自己没有体认到儒学之道。我觉得程颐的话说得很好。有的学者写书,说孔子是"丧家狗"。其实我们想一想,到底是孔子是"丧家狗",还是我们自己是"丧家狗"?没有精神家园,这是我们现代人的问题。

第二个方面,给当今教育改革的反思提供一些思路。刚刚过世不久的钱学森教授在病床上的时候,温家宝总理多次去看望他。钱老向温总理多次提出这样一个问题:中国的教育为什么培养不出来杰出的人才?这个问题是值得认真反省的。

我们回顾历史,唐、宋、明、清几个大朝代,差不多都有三百年左右的历史,所出的一流名人的数量大致与各个朝代的存在年数相当,检点各朝的历史人物,总能检点出二三百位的著名学者和文人,他们都有传世的著作。而且每个朝代都有非常著名的"超级"大师。为什么我们这个时代就培育不出可以与之媲美的杰出人物来? 在我看来,这与我们对传统文化的肢解有很大的关系。中国传统文化被肢解成哲学、文学、历史等等。这就像瞎子摸象,每个人都只接触到它的一部分,而不知其全貌,没有得到传统文化的全部营养,所以要成就大师级的人物就很难。而且现在的趋势,从全国的许多文科的教学和科研机构看,是一代不如一代。这样的教育体系应不应该反省,应不应该改革?

现在高校重新考虑中国古典学的学科建设,意义非常重大。关于学科的名称,究竟叫什么好,我认为"国学"还叫"国学",后面可以加个括号,即"中国古典学"。或者,将"中国古典学"简称为"国学"。用"中国古典学"来界定"国学"。没有必要因为提倡中国古典学而废掉"国学"的称谓。至于"国学"或者"中国古典学"应不应该设一级学科? 我认为非常应该。但为了慎重起见,可以在某些院校先试行。

朱汉民:林先生和姜先生都赞成"中国古典学"这个概念。其实中国古典学也是借鉴了西方古典学的用语,接下来请李老师来谈谈。

李清良:西方古典学的兴起比较早,从希腊化时期就已开始,经过文艺复兴之后更加兴盛。发展到后来,它跟中国的经学有非常类似的问题,也有考据和义理之争。有注重文献、校勘、注释的,也有注重发挥义理的,认为如果不管义理,那就跟现实生活脱节了。尼采 24 岁就成了古典学专业的教授,他就是主张义理的。与当时的一个非常有名的注重考据的古典学家维拉莫维兹(Wilamowitz)发生了争论并且产生了重要影响。德国古典学的传统,就是既重视对古典文献的研究、注释、校勘,也非常强调其中的义理并且据此来对现代性进行反思。所以德国思想非常发达,这与他们非常重视古典研究是密切相关的。

古典学的研究在西方从未间断过,因此他们的思考总是有基础、有根本。从西方哲学的角度来举几个例子。如哲学诠释学的代表人物伽达默尔,他是海德格尔的学生。海德格尔对古希腊的解释并没有得到学术界的承认;伽达默尔则专门花费了时间从事古典学的研究,后来通过了国家考试,成为了一位古典学专家,是古希腊柏拉图、亚里士多德的研究专家,非常厉害,得到了古典学圈内的承认。他在古典学的基础之上提出他的哲学诠释学,与古希腊智慧联系起来,尤其是与经过他重新诠释的亚里士多德实践哲学、柏拉图的对话辩证法联系起来,他的基本观点就基本上能够为学术界所接受。这是因为他本人就是西方古典学专家。

此外,最近几年我们开始注意到法国著名哲学家列文纳斯。他是法国人,曾经在德国跟随胡塞尔、海德格尔学习过。他是把德国的现象学介绍到法国的第一人。但他在海德格尔的基础上讲出了另外一套理论,即"为他者""爱他者"的哲学,并且提出不是存在论而是伦理学才是第一哲学。他为什么能够做到这一点呢?因为他是一个犹太人,并且是犹太民族的经典《塔木德》的研究专家。几十年来他担任一所师范学校的校长,不仅在学校中推行犹太经典的教育,而且在研究《塔木德》的学术圈子中差不多每年开年会都要提交论文。举这些例子,都是为了说明,哲学思想的创造性,与古典学的研究是分不开的。

具体来讲,古典学对现代社会的意义主要有如下三个方面:

第一个方面,经典凝聚着一个民族的各个方面的经验和教训,并且是经过历史的淘汰与锤炼的经验和教训。如果我们围绕着古典学来继承和发展,就使得每个人都不是凭着个人的私智小慧,而是依赖整个民族的历史经验和集体智慧来思考、决策和行动。

第二个方面,古典经典是对整个民族智慧的积累、参与和反思的一个公共平台和公共空间,也可以说是精神家园,因而具有强大的凝聚力。它把大家的思考尤其是把历代的思考和智慧都汇聚到这个中心点上来,从而可以使一个民族的思想发展有始有终、有线索可寻。最重要的是学有传承,思有传承。我一直在反思,西方哲学为什么有这么强大的创造力?我觉得其中一个重要原因就在于他们一直有传承。一有传承,整个民族的文化就不是凭借个人智慧,而是凭借一个庞大的公共空间和全民的集体智慧来发展。现当代的中国思想文化的传承味道不浓,其中一个重要的原因就是我们没有以经典为主轴来形成和发展我们的思想。用孟子的话来说,一个民族的学术发展,如果有传承、有这个公共空间,就是"有本者",就能够"源泉混混,不舍昼夜。盈科而后进,放乎四海";而如果没有以经典为根本的,就像七八月的雨水是突然来也突然去的,虽然在下雨时"沟浍皆盈",但"其涸也,可立而待也"①。没有传承,就什么都是零散的、片断的、不能深入,也没有什么力量,不能发挥什么作用。

第三个方面,经典之所以成为经典,还在于它是永远不可能被完全占有的思想源泉与典范。没有一个人,也没有一个时代,敢说自己完全理解了经典,发挥了经典的全部意义。从这个角度来讲,经典可以说是一个"绝对的他者"。经典不仅是我们思想的基础,它还可以映衬出我们的相对性和有限性,从而使我们总是能够不断发展。

这三个方面中,前两个方面是使一个民族的创造力得以强大亦即"可大",后一个方面则是使这种创造力得以持续不断亦即"可久",三者合一,就是使民族文化的创造力"可大""可久"。其实不仅是对于整个民族、国家而言是这样的,对于个人而言,同样如此。把中国古典学作为一级学科来建设,确实是一项刻不容缓的工作。

朱汉民:确实如李老师所言,"国学"或者古典学是我们中华民族的集体智慧的结晶,整个民族的精神家园,是促进我们不断向前发展的精神动力。下面请吴教授谈谈。

吴仰湘:"国学"一词,原指我国古代由朝廷设立并直接管理的高等教育机构。到了晚清,由于西学潮涌而入,加上欧化论日盛一日,不断有人从新的意义上来使用"国学",用来泛指中国固有的学术、文化、思想乃至价值体系。民国以来,这种被赋予新义的"国学"名词,迅速在全社会流行起来,但是其间并没有经过科学的界定。习俗相传的"国学",有时指中国传统学术、文化、思想(整体或局部),有时又指对中国传统学术、文化、思想开展研究的学问。这样的概念相当含混、游移。有鉴于此,当要表示后一种意蕴的"国学"时,只好

---

① 上述所引参见(战国)孟子:《孟子·离娄下》,《四书章句集注》,中华书局 1983 年版,第293 页。

改用"国学研究"或"国故整理"。今天继续使用"国学"这一概念,与当今的学术文化与教育体制更是不相适应。事实上,"国学"这个名词,民国时期就曾经引起过很大的争议,当代也不断受到质疑。前段时间因为申报"国学"一级学科,更是引起一场轩然大波。正是因为"国学"一词过于模糊、陈旧,有人提出了"大国学""新国学"的说法。然而,这些新的概念比"国学"更为宽泛、含混,不易获得学术界的广泛认同,似乎更难以纳入现行的学科体系之中。

1923年,梁启超在东南大学国学研究所演讲时,提出可以开展"古典考释学"的工作,即"将所有重要古典,都重新审定一番,解释一番"。近些年来,国内也有学者借鉴西方的"古典学"概念,提出"中国古典学"一词,将它界定为研究先秦、秦汉时期中国古代文明的学问,并主张将"中国古典学"作为"国学"的一个分支。我个人认为,我们可以借助梁启超等前代学者的提示,借鉴西方"古典学"的界定方法,把研究以古汉语为工具记录的文献的学问称为"中国古典学"。当然,这只是一个粗浅的想法,如何完成"中国古典学"的正名与定位,并且建立起一套相对完备的学科体系,还需要作大量严谨、详细的论证工作。

朱汉民:我们今天在岳麓书院探讨这个话题,其实也有特别的意义。书院在中国古代历史上,一千多年前就开始在研究、传授中国传统学术。我们今天在这里学习、研究传统文化和学术,可以说是对岳麓书院一千多年学术传统的承传。

邓洪波:国学在现阶段是不是(或可不可以成为)一级学科,这是一个有很多争议的问题。可以回顾一下,过去的经、史、子、集四部之学,受到冲击之后,是怎样一步步退出正规教育的学科体系的。1903年和1912年是两个节点。我们的传统是讲究博通之学,四部之下没有具体的学科分类。晚清从书院到学堂,新的学科体系基本上是按西方的标准来建立的。当初张百熙的设计中,就没有经学的位置。但张之洞对此特别反对,第二年的癸卯学制中第一个学科就是经学,这是张之洞坚持的结果。最后实行的新学堂都有经学的地位。按照西方的学科体系,把四部之学拆分为若干部分,一一对应西方的学科如文、史、哲等,唯独经学成了孤家寡人,无处可去。张之洞就干脆单独为经学设立了一门学科。这种设计在 1903—1911 年间尚还一直得到实行,可是在蔡元培当教育总长的时候就全部撤销了,经学科目完全废弃,经学从此就无家可归四处游荡了。此后的历史不断对传统学术进行打压,一直在批判中国文化,连孔孟都被打倒,到"文化大革命"时登峰造极。传统学术中最精华的东西失去了。我们现行的学科体系和学术分科,一级学科、二级学科的设置,全是按西方的一套来设计的。在这样的学科体制之下,经学作为中国传统文化的核心始终没有挂靠的地方。还有史部也不能说全部进入了历史学。比如史部中的目录学是一门很重要的学问,不只是翻翻书本的工具,而是辨章学术、考镜源流的一门学问,是在更高层次上对学问的把握。但是我们现在的目录学,已经分到图书馆了,完全变成了一种工具了,本身所固有的最核心、最高的学术价值却丢失了。现在的新书出来两个月就上网了,可以查目录了,而大量的古籍却都没有上网,还要靠卡片去找书。这也可见我们传统的东西难以进入现代的学科体系。现在很多人在争论国学是不是一级学科、二级学科,能不能作为一级学科等问题。其实问题的关键是,我们所有思考的原点完全是西方的学术体系。所以,百多年我们传统中最核心的东西找不到自己的归宿,有些即使找到了归宿,但也变了样。

我们提出来中国古典学就是国学,并且列入教育的学科体系中。我认为是非常必要的。既然国学是承载着感情的,挨打的时候,当时的学部并没有反对,民国时候无论是北洋还是南京政府都没有反对;反而是今天我们的民族开始伟大复兴,找回自信的时候,为什么不能让它找到一个归宿,成为一门学科呢?我觉得国学理所当然地可以列为一级学科。可以跟其他学科"中西并行",没有矛盾。

最后,从书院的角度来讲,书院改制之前,长期以来都是讲授经、史、子、集四部之学,这是当然的事情。晚明的时候就有西学的传入,但此时的西学都可以纳入中国固有的学科体系中,比如传教士带过来的几何学就归入到算学中。同光以后,西学大量输入,传统的经、史、子、集四部之学就统摄不了了。这也是百年来的一个现状,是我们应该重视的一个问题。就岳麓书院来讲,同光之后,特别是"中兴"以后,岳麓书院的学生曾国藩等人打下太平天国之后,清朝中兴了,书院等文化机构也开始"复兴",都把经史作为根柢之学在书院教授。在书院课程的设计中(包括张之洞和岳麓书院的王先谦),虽然对西学大多都有过试验,都有翻译、数学等内容,但是经和史从来都是根柢,是不动摇的。如果我们把国学界定为中国古典学,使之以一级学科进入我们的学科体系中,然后参照传统中国一千多年中书院的课程设置,借鉴在与西方打交道的过程中总结出来的经验,再来设计一些二级学科,我认为完全是可以的。

朱汉民:今天这场讨论特别有意义。国学本身确实从近代以来就一直是一个非常模糊的概念。既然如此,是否可以用一个符合现代学术规范而且有利于中外交流、沟通的概念来重新界定它呢?我们今天至少形成了这样一个比较接近的意见:国学可以用中国古典学这样一个具有学理性更为清晰、并且能在中外学术交流中通用的概念来重新界定。这样一来,国学作为一门独立学科的思路,它的内涵外延就要清晰得多。在这个问题上,我们当然要借鉴西方古典学的概念体系和学术范式。这个学科在西方已有两百多年的历史,基本上成熟了,我们可以借鉴它们的经验。但这并不意味着只有以它为依据中国古典学才具有合法性。我们更需要挖掘中国传统学术自身,从中寻找中国古典学的学理脉络。

刚才很多老师提出,中国古典学的建立还存在一些问题,这些问题需要我们探索解决。我认为,我们应该可以在一些著名的大学,对如何建立中国古典学开展讨论,做一些学术上的专题思考和研究,同时办一些试验班。我们岳麓书院研究中国传统文化的同仁们应该一起努力,来建立作为我们民族精神家园的中国古典学。

(录音整理:戴金波、邓梦军;原载《光明日报》2010 年 10 月 20 日"国学版")

国学与儒学

国学、儒学本来属于中国传统学术，在当代中国，这些传统科目的国学、儒学日益受到重视。无论是体制内，还是体制外，国学、儒学的学术研究和人才培养，已经成为人们普遍关注、积极实践的文化教育事业了。

但是，有一个问题一直在困扰着这个领域的专业人员：尽管当代中国大学已经创办了越来越多的国学院、儒学院、书院，大家正在努力推动国学、儒学的学术研究和人才培养，而国学、儒学等中国传统学术在现有的学科体系中并没有独立的一席之地。那么，现代大学是否应该将国学、儒学等中国传统学术纳入现代大学学科制度中来呢？

我认为将国学、儒学纳入现代学科制度既有必要，又有可能，具体方案是，将国学增设为一个独立的学科门类，儒学则是国学门类下的一级学科，将国学、儒学一道列入现代学科制度。笔者在几年前就曾经参与对这一件事情的思考与讨论，并且倡议将国学纳入现代学科制度。在今年的成都会议上，我亦支持儒学列为一级学科。因为成都会议时间短，我没有进一步就此议题展开论述。借此机会，我进一步谈谈自己的想法。

一、国学应该是一个独立的学科门类

当代中国的学科制度其实是晚清以来在西学东渐的大背景下，移植西学的基础上建立起来的。近代以来的中国学科制度建设，对中华文明的近代化转型和发展,功不可没,对整个中国的知识界、教育界均产生了十分深刻的影响。所以,我一直认为,这一变革有其历史的合理性。

但是,中国近代的学科制度建设也有缺陷,其中比较显著的一点就是完全放弃了中国原来的知识体系和学科制度。中华文明是一个连续的文明体,几千年来形成了一套独立的知识体系和学科制度。中国传统学术是一个有着密切联系的有机整体,包含一套以中华文明为背景的知识体系和价值体系。但是,在近代学科制度下,中国传统的知识形态被西学的不同学科分解,这样,就使得拥有自己体系化的中国传统学科失去了其整体性、系统性,原来作为生命有机体的学科制度已经不复存在。当我们用各门现代学科把传统国学分割之后,就已经失去了原来知识体系的联系和特点。这种学科制度的不合理,以及由此带来的中国传统学术的人才缺陷和知识断层,在急于推动富国强兵的近代中国,并没有被中国的知识界、教育界所重视。但是,这一文化教育状况,在历史上不断地受到许多知识界、教育界人士的质疑。

这一情况,在今天进一步突出。大家注意到一个事实:当代中国正在全方位地崛起,中国的崛起是一种带着自身文明因素而进入现代化的过程和结果,所以,中国崛起不仅仅是21世纪一个重大的经济领域、政治领域的历史事件,而应该是世界文明史上的一个重大历史事件,它为人类的现代化文明发展模式提供了一种新的可能性。所以,当代中国出现了一股强大的中国文化热、国学热、儒学热,其实正和中华文明的崛起有密切关系。我认为,对现代中国和世界而言,国学至少有四个层面的重要意义:其一,国学能够为现代人的个体精神需求提供思想营养;其二,国学能够满足当代社会为建立和谐社会的需求提供重要的文化资源;其三,国学能够为当代中华文明的崛起提供重要的支撑力量;其四,国学能够为21世纪新的人类文明建构作出重要的贡献。国学包含着中国传统思想文化中所包含的许多核心价值观念,如仁爱、中和、大同,不仅仅对中华民族具有重要的意义,同时能够成为具有全球性的、普遍意义的价值观念,能够弥补某种单一文明主导的价值观念的缺失。

国学如此重要,但是它在中国现代学科体制中,却没有一席之地。现在大学院系的分科,基本上是近代引进西学而建立起来的,现代学科分为理学、工学、医学、军事学、管理学、文学、历史、哲学、艺术、法学、经济学、教育学等不同学科门类。尽管近些年各个大学纷纷创建了国学院，但是国学在当代中国的学术体制内并无合法性的身份。所以，十多年来，许多学者、教育家均在不断呼吁将国学列为一个独立的学科，希望这样可以保存国学知识内在的完整性，避免国学成为其他不同学科的材料，分解到其他不同学科中去。

学术界、教育界在讨论如何将国学列为独立学科时，往往要面临两个问题："国学"这门学科是否成立？"国学"这门学科应该归于哪一个学科门类？我们的解答是：

其一，"国学"这门学科可以成立。关于这门学科是否成立的疑问，其实涉及"国学"是否具有学理的合法性。中国传统知识体系也有自己的长处，譬如中国的知识传统具有整体性、实践性、辩证性的特点，其成就了中华文明的世界性贡献。正因为如此，研究中国传统学术，应该保持对其原文化生态的、有机整体的学问特点的思考。国学作为这样一种原文化生态的、有机整体的学问，要保存国学知识内在的完整性，这是国学存在的必要性和合理性的依据。我认为，我们在确立国学的学理依据时，还可以参考西方大学的"古典学"概念。在西方世界许多著名大学都设立了古典学系。这个古典学最初是以古希腊、罗马的文献为依据，研究那个时期的历史、哲学、文学等等。古典学的特点是注重将古希腊、罗马文明作为一个整体来研究，而不是分别研究古希腊、罗马时期的历史、哲学、文学。在西方大学，古典学一直是一门单独的学科。我们认为，"国学"其实也可以说是"中国古典学"。如果我们用"中国古典学"来理解"国学"，完全可以将"国学"作为一门独立学科来看待。可见，"中国古典学"是"国学"作为独立学科的学理条件：一方面，在几千年的漫长历史中中国形成了建立自己特有的具有典范意义的文明体系，建立"中国古典学"，也就是以中国古人留下的历史文献为依据，将中华文明作为一个整体来研究。由于"中国古典学"是以中国传统学术体系为学科基础，这是一门从学术范式到知识构架、学理依据均不同于现有的文学、历史、哲学学科的独立学科，这是"中国古典学"得以确立的内在条件。与此同时，"中国古典学"还可以与西方的"汉学"相对应。尽管"国学"概念仅仅能够为中国人自己使用，但是西方学界的"汉学"与此很接近。这样,"中国古典学"意义上的"国学",其实可以与国际汉学作对等的学术交流,就能够满足知识共享、学术交流的现代学科的要求。"中国古典学"能兼容国学、汉学,为中外学者所通用,这是国学能够具有现代学术视野并能开展国际学术交流的外在条件。

其二,"国学"这门学科应该是一个独立的学科门类。多年来学界在不断努力呼吁国学应该成为一个独立的学科,并且希望国学成为一个一级学科。但是,这个一级学科到底应该归于哪一个学科门类,则存在很大的分歧。各个大学的国学院、不同学科的学者,均有不同的看法,有的主张属于历史学,有的主张属于哲学,也有的主张属于文学。笔者曾经参加教育部历史教学指导委员会的学科会议,会上还讨论过将"中国古典学"即"国学"列为历史学一级学科的问题。如前所述,国学之所以要成为一个独立学科,就是希望要保存国学知识内在的完整性,使这一原文化生态、有机整体的知识体系不被分解,如果将其归属于历史、哲学、文学的任何一个学科门类,都会有缺陷。解决的办法是将国学列为一个独立的学科门类。

二、儒学可以作为一级学科

如果说国学应该成为一个学科门类,那么儒学则应该是国学中的一级学科,而且是国学系统中最为系统、最为成熟的一门学科,最应该、也是最容易纳入国学门类中去的一级学科。

我们的主要理由如下:

其一,儒学是中国文化的主干,在中华传统学术中居于十分重要的地位。中华文明在国际学术界被称之为儒教文明,如果说国学是中华文明的知识化、学术化形态,作为中华文明核心的儒学当然是国学中最重要的一级学科。事实上,在国学或者是"中国古典学"的知识体系中,儒学一直是其中最核心、最重要的组成部分。在经、史、子、集的国学典籍中,只有儒学是贯穿到其中的每一个部类之中的学问。国学典籍中最重要的是"经部",而"经部"的著作则全部是儒家经典。另外,儒家的价值观念、制度文化、学术典籍,在"史部""子部""集部"的国学典籍中所处的地位、所占的分量,均是最为重要的。

其二,儒学在中国传统学术中形成了最为系统的知识体系。儒学本来就重视知识与教育,关注知识体系的建构。在孔子的原始儒学的知识体系、教学实践中,就将学习科目分为四门:德行、言语、政事、文学。正因为儒学在中国文化史、中国学术史、中国教育史上的重要地位,所以在两千多年的演变中,不断衍生、开拓、发展出一系列的知识学问,使儒学体系更为丰富、更为完备、更为系统。所以,经学时代的汉朝官方和学者将儒学分为《诗》《书》《礼》《易》《春秋》《五经》之学,设立博士专门研究。以后,作为中国传统学术正宗的儒学又分成经、史、子、集的"四部之学";清代时期,儒学又分成义理之学、训诂之学、辞章之学、经济之学的"四门之学"。事实上,上述每一种科目又可以分成更多次一级的科目。这样,历史上的儒学,本来就是一门有内在联系的系统化知识体系。

其三,儒学是中国传统文化中影响最深、也是最有现代意义的价值体系。儒学不仅仅是一套知识体系,也是一套价值体系。儒学重视知识教育,但是其教书始终与育人是联系在一起的,因为知识教育的目的是做人(内圣)、做事(外王)。所以,指导人们如何做人(内圣)、做事(外王)的价值教育,就是儒学的根本。将价值教育融入知识教育,或者是通过知识教育实现价值教育,这向来是儒学的长处而不是其短处。将国学、儒学纳入现代学术制度、教育制度,当然也包括恢复儒学的价值教育,将这种教书育人的传统引入到现代教育上来,以弥补现代教育的教书不育人的缺陷与不足。

有鉴于上述三个理由,我们认为儒学应该是国学中最重要的一级学科。当然,除了儒学外,其他的国学内容,均可以根据其学科的重要程度和成熟程度,而逐渐进入国学学科的门类中来。

三、国学、儒学成为中国大学独立学科的合理性

就在我们提出将国学增设为一个独立的学科门类、儒学是国学门类下的

一级学科时,当代学术界、教育界的许多人士仍然存在疑虑:如果将国学、儒学等列为独立学科,是否与现代的大学精神与大学制度相容呢? 我们认为,那种以为将国学、儒学列入现代知识、现代教育的独立学科,会与现代大学的精神与制度不相容的看法,是对国学、儒学与现代大学有双重的误解,既误解了进入学科制度后的国学、儒学,又误解了包容国学、儒学等传统学科的现代大学。为了说明这一点,我在这里不得不引入现代西方大学的例子,以说明将国学、儒学等列为独立学科,完全与现代大学精神与制度是相容的。

首先,中国大学的国学、儒学与西方大学的古典学。如前所述,中国大学增加国学、儒学的学科,与西方大学设了古典学专业、院系有相通的地方。在欧美一些著名大学设有古典学的院系。西方大学古典学院系的特点是注重将古希腊、罗马文明作为一个整体来研究,包括全面研究、传授古希腊、罗马时期的经典、考古以及历史、哲学、文学等学科的综合知识。其实,中国大学的国学就是"中国古典学",国学院应该全面研究古代中国文明的整体,传授中国古典的儒、道、释或经、史、子、集的综合知识,特别是传承许多已经成为"绝学"的学科知识,以培养传承中华传统文化、中国传统学术的综合型人才。就在我们经常讲复兴中华文化的同时,我们的先祖创造的许多知识学问已经成为无人传承的"绝学",我们的知识界、教育界必须有紧迫感,为什么现代中国大学不能够、不应该承担起"为往圣继绝学"的文化使命呢?

其次,中国大学的国学、儒学与西方大学的神学。我们认为,中国大学增加国学、儒学的学科、学院,与西方大学设立的神学专业、学院也有相通的地方。欧美许多著名大学有神学院,主要是开展对神学、宗教学的学术研究、人才培养。西方的神学院分为大学体制内和大学体制外两种,它们的文化功能、学术研究、人才培养均有差别。相对而言,大学体制内的神学院与现代大学的精神和制度较为一致,不构成对大学的文化多元、自由思考、理性精神的对立。中国部分大学之所以应该设立国学院,包括相关的儒学的院系,设立相关的不同学科,是因为同样可以满足、提升国家社会对国学以及儒学的学术研究和人才培养的需要。我们主张,中国大学体制内的国学院、儒学院与现代大学的精神和制度应该是一致的,完全不构成对大学的文化多元、自由思考、理性精神的对立。中国大学的国学院、儒学院等,应该是不同于民间书院、宗教团体的佛学院、道学院的研究教育机构,它们是一种与现代大学的文化精神、学术制度紧密联系的学科与学院。既然提倡上帝信仰的基督教神学院可以存在于现代西方大学,追求人间秩序、道德理性、人性天理合一的儒学院更加应该、更加可以存在于中国大学的学科体制中。

再次,我们还应该进一步看到,中国大学设立国学、儒学具有中华文化的特点,并且特别能够表达中华文明的传承和复兴的需求。本来,中国大学增设国学、儒学的学科与院系,就有与西方大学的神学院不一样的地方。中国的国学与儒学包含的道德人文主义、实践理性精神、经世致用追求,更加与现代大学的精神、制度方向一致。如西方大学的神学院,一方面可以培养基督教以及其他宗教的研究和教学人才;另一方面为教会培养神职人员,这是由西方基督教神学院的性质决定的。而儒学的价值教育是世俗的、理性的,可以设想未来中国大学的国学院、儒学系的毕业生,一方面可以成为国学、儒学专业的研究和教学人才,另一方面则可以从事学校德育教师、社区或乡镇的管理人员、民政事务管理人员、社会基层干部等,因为传统儒学天然地与道德教育、民间社会有着密切联系。另外,中国大学增设国学、儒学的学科与院系,还有一个与西方大学的古典学、神学的学科与院系不一样的地方。西方大学的古典学院、神学院必须是分列的,因为二者的学科背景、研究方法、人才去向完全不一样。而中国大学的国学院、儒学系则是相通的,包括学科背景、研究方法、人才去向可以一致,这恰恰是没有中断的中华文明的特点和长处,也是我们反复呼吁建立国学、儒学学科的最重要的意义,即中华文明的传承和复兴的意义。

总之,原来作为一个传统学科的国学、儒学,一旦进入现代的学科体系和大学体制中,一方面可以恢复中国传统学术知识体系的完整性、系统性,可以更加全面深入地呈现其潜在的文化价值和知识贡献,实现五千年中华文明的历史传承;另一方面通过与现代学科体系对接,复活其具有现代性、普遍性的文化功能,实现中华文明的创新发展。可见,我们今天倡导国学、儒学学科时,并不希望将这些传统学科与现代大学的学科体制对立,而只是弥补其不足。今天我们讲中国大学的精神时,特别应该呼吁一种"为往圣继绝学"的文化情怀,我们只有在传承中华文化传统的知识体系和价值体系的基础上,才能够实现中华文明的创新发展。

(原载《孔子研究》2016 年第 4 期)

儒学知识的全体大用

儒学究竟是一门什么学问？这一个问题对于许多儒学或国学的研究者来说，并不是一个十分容易回答的问题。

记得 20 多年前，我在北京参加一个儒学会议。在正式讨论之前，有学者建议：我们能否先给儒学下一个定义再讨论？大家认为这是一个好的建议。于是，到会的学者纷纷发表自己认可的儒学定义。几个小时以后，入会学者一下子就给儒学下了 20 多种不同的定义。有的是从儒学的传统含义下定义，包括将儒学看作是仁学、礼学、内圣外王之学；有的是从儒学的现代学科含义下定义，包括将儒学看作是一种文化哲学、政治学、伦理学、宗教学、教育学等等。应该说，这些不同的定义都能够从不同的方面体现、表达儒学的一个方面的学术主张和学科特点。但是，我们也会发现，任何一种定义，都不能完整表达儒学的丰富内涵。

事实上，儒学不是某一门学科，既不是一门传统的仁学、礼学、内圣之学或外王之学，也不是一门现代的哲学、伦理学、政治学、教育学、历史学学科。儒学是全面涉及中国人的精神世界、文化价值、生活方式、社会制度的文明体系，故而它广泛而深入地渗透到全体中国人和中国社会的信仰、道德、审美、政治、法律、经济、教育、习俗、心理、性格等各个方面。如果要给儒学下一个定义，也应该说儒学是一门涉及中国和东亚地区人民和民族的全体大用的价值体系与知识体系，是代表中华文明、东亚文明的价值体系与知识体系的综合性学科。

既然儒学是全体大用之学，现代学者以不同学科的多维视域，对儒学的某一方面展开研究，应该是一个有意义和有价值的事情。因为任何一门现代学科的形成和发展,都是人类认识世界而建构的知识体系的深入化、系统化的结果。学科的分门别类,有利于人类知识体系的深入发展和进一步完善。当代学者研究自然、社会的不同侧面,离不开不同学科的多维视域。所以,现代学者研究儒学时,从自己不同的学科视域出发,研究儒学中的信仰、道德、审美、政治、法律、经济、教育、习俗、心理、性格等各个方面,均有利于对儒学代表中华文明、东亚文明的价值体系与知识体系的认识。

但是,我们应该知道,无论是传统学科或者是现代学科均是有限制的,我们又不能受到学科视域的限制,将某一学科视域描述的儒学看作是儒学的全体。譬如,一个学者从政治学、政治文化学角度研究儒学,将儒学所有的思想、观念均归结为政治文化,对儒学做了泛政治化的论证,就会使儒学的道德意义、宗教意义全部被遮蔽。这样,读者往往会将儒学所有的思想、观念均归结为政治文化,这就不仅不能正确理解、认识儒学中还有的道德、教育、宗教等其他的思想、观念,尤其会对代表中华文明、东亚文明的价值体系与知识体系的全体大用之学的儒学产生片面、狭隘的理解。但是,确实有许多学者在研究儒学时,容易将某一学科视域描述的儒学看作是儒学的全体。克服这种学术片面、狭隘的途径,就是能够以不同学科的多维视域,来研究、思考这一全体大用之学的儒学。

但是,我们要意识到,我们主张以多维学科视域来研究儒学,并不是现代学者以多维学科来肢解、分化儒学,不能以现代学者、现代学科的傲慢与偏见,将儒学看作是现代学者肢解、分化的对象。毋宁这样说,作为全体大用之学的儒学,其本身具有信仰、道德、审美、政治、法律、经济、教育、习俗、心理、性格等各个方面的丰富内涵。我们之所以要以多维学科视域来研究儒学,只是因为全体大用之学的儒学本身就具有各种学科知识丰富的内涵,为了将儒学本身就具有各种学科知识丰富的内涵挖掘出来,我们必须要以多维学科视域来研究儒学。否则,我们就不能全面的、正确地理解全体大用之学的儒学。

我从事儒学的研究已有多年,而且还曾经从几个不同的学科视域探讨儒学的思想文化特征。我认为以多维学科视域来研究儒学,对一个理解、解释全体大用之学的儒学,以及理解、解释中华文明价值体系与知识体系意义的儒学,是有特别帮助的。我自己这些年来的儒学论著中,曾分别以经学、哲学、伦理学、政治学、教育学、人格心理学、文化地理学、科学技术等不同学科视域解读儒学。所以,我特别选出一些比较能够体现不同学科视域的论著,命名为《儒学的多维视域》。这部书的整理过程,能够让我重新思考这些年的儒学研究,还存在哪些缺陷和不足。我深信,作为中华文明价值体系与知识体系意义的儒学,它既是历史的存在,同时也是现实的存在。历史存在的儒学,是我们思考和研究的对象;现实存在的儒学,就不仅是我们思考和研究的对象,还是我们选择、实践的价值与理念。

(原文以《儒学是学问,更是一种文明体系》载《北京日报》(理论版)2015 年 1 月 11 日)

回归经典　重建经学

在当代中国,不仅仅是学术界、教育界,应该说是整个社会各界,开始表现出对中国传统文化的特别关注,形成一股重视中国经典学习的思想潮流。我认为,当代中国知识界面对全社会的经典学习热潮,应该要有这样一种文明的自觉,应该积极参与、引导这一回归经典、重建经学的文化思潮。

我们需要把这个回归经典、重建经学的文化思潮,放到更大的一个历史背景下来作深入思考,就是中华文明复兴的需求。

大家知道,21世纪的世界,一个非常重大的历史事件就是中国的崛起。有很多的经济学家、政治学家、社会学家、文化学者,都在思考21世纪这样一个重大事件对未来世界政治格局的深刻影响。我们已经在国际的舆论界经常听到相关讨论。当然在中国国内,我们会感到中国在崛起中出现的许许多多的问题,有经济的问题、社会的问题、政治的问题、文化的问题、教育的问题等各种各样问题,我们经常为这些问题感到忧心忡忡。其实不管我们面临有多少问题,应该说从世界大局来看,21世纪中国的崛起已经是一个事实,而且是能够改变未来整个世界格局的一个事实。所以说,中国的崛起是21世纪的世界范围内一个重大的政治、经济方面的历史事件。

但是,我们更为关注这样一个问题:21世纪的中国崛起,究竟仅仅是一种富国强兵的国家经济体崛起,或者还有其他更加重要的意义,譬如说是一种延续五千年历史的独特文明的复兴? 我相信,中国的崛起不能够完全理解为中国按照所谓西方发展模式来实现现代化的历史进程,而是一种带着自身文明因素而实现崛起的过程和结果。

从根本上来说,中国崛起不应该仅仅是 21 世纪的世界范围内一个重大的经济和政治方面的历史事件,同时也会是一种文明的崛起,是一种延续五千多年而又十分强盛的文明在经过百多年的衰落之后的复兴。由于中国崛起并不是像历史终结论说的那样,靠模仿西方的文化趋向模式来完成,而是带有自身文明特征的现代化发展模式,那么,中国崛起应该是世界文明史上的一个重大历史事件,它为我们整个人类的现代化文明发展提供一种新模式的可能性,它会给人类未来发展带来许许多多新的可能性,会产生许多令我们浮想联翩的东西。

现在的问题是,我们必须把中华文明的复兴作为一种全民族的自觉追求,那么,这种文明复兴离不开两点要求:一个是回归中华经典;另一个是重建中华经典学。

为什么要回归中华经典?既然中国文明的复兴,不能够理解为一种富国强兵的追求,而是一种具有普遍意义的中华民族精神经历了凤凰涅槃之后的新生,同时能够让中国文明为人类的现代化文明发展提供一种新模式,而支撑这一文明的基础就是中华传统经典。

我们为什么要回归中华传统经典:

第一,中华传统经典是中华民族的人文理性、人文价值、人文信仰最集中的体现。中华民族有五千多年的文明,中华文明的核心价值、民族精神、人文理想,当然全面体现在经、史、子、集等各种文献典籍里面,而其中的经典无疑是体现得最集中的载体。这和世界上其他重要的古文明均有自己作为文明基础的经典一样。人们发现,人类文明发展很快,经历过世界范围的现代化之后尤其如此,特别是现代科学技术及其相关的物质文明更是得到了空前的发展。但是我们也会发现,人类在人文领域方面,两千多年前轴心时期所创造的人文经典,仍然是今天我们精神价值的主要源泉,我们仍然需要从两千多年前轴心时代所创造的人文价值、人文理性中吸收精神营养。古代西方、古代中国的科学著作现在不值得一看了,但是那个历史时期留下的人文价值领域,包括怎么做人、怎么处理人和人的关系、怎么建构一个和谐合理的社会等一些涉及道德、审美、信仰等人文精神的东西,仍然是今天人们的思想源泉。但是恰恰近百年我们一直企图中断这一源头活水。由于近代中国受到西方船坚炮利的侵略，使得我们一直追求一个富国强兵的中国梦。为了追求这种梦想，我们常常会对中华文化的人文经典采取很不适当的敌意态度，这样做的结果就是割断了我们的精神命脉和人文根基。今天，当我们富国强兵的梦想即将实现之时，却突然发现我们已经失去更加重要的人文理性、人文价值。当代中国出现的很多严重的问题，就与我们失去了人文文化的根基有着密切的关系。在这个时候，全社会出现的国学热、经典热，实际上都是这种文化寻根的强烈冲动。很多来岳麓书院学习的学生，也包括企业家、公务员，他们津津乐道于读经典，这种行为没有谁号召，完全是发自内心的想读。这种重新回到经典的冲动，实质上也是一种回归中华人文传统的精神渴求。

　　第二，从中华文明史的演变来看，也可以发现回归经典是数千年中华文明史发展的必要条件。中华文明是在全世界延续时间长而一直没有中断的文明，而且中华文明的每一次重要发展，都跟重新回归经典有关系。比如孔子整理的《五经》成为中华民族的经典，在这个基础上建立起中华文明的核心精神价值。西汉确立了以《五经》为中心的儒家经典在文化教育领域的核心地位，为汉唐盛世奠定了文明的基础。如果没有西汉对儒家经典的回归，也就没有汉唐盛世的文明。同样，当隋唐时期佛教大盛，中华文明面临外来宗教的挑战，中国会不会像东南亚一样成为一个佛教化的国家呢？许多儒家士大夫强调中华民族自身的文化传统，他们倡导重读经典，通过重新回到经典而复兴中华文明。他们主张回到轴心时代——春秋战国时期的中华经典，并且选择了春秋战国时代的儒家子学（《论语》《孟子》）和解释《五经》的传、记之学，把这些典籍重新确立为新的经典体系，即所谓的《四书》，从而为中国文化又一个高峰的近世文明奠定了人文价值、人文信仰的基础。所以说，中华文明的发展过程本来就是跟经典的回归和重读有密切关系。

　　第三，我们以西方文明史为例，同样可以看到回归经典是文明发展的必要条件。我们知道，16世纪西方文明的崛起，从根本上改变了世界文明史的格局。近代西方文明的崛起，经历了所谓文艺复兴、宗教改革、启蒙运动，这样推动了西方文明的发展，也从根本上改变了世界文明史的格局，强势的西方文明一步步将其他文明纳入自己的体系中来。其实,西方近代文明的崛起,是建立在文艺复兴、宗教改革、启蒙运动基础上,而这一系列运动,实质上都和他们回归"两希"(希腊、希伯来)文明的经典有密切关系。文艺复兴就是回到古希腊的人文主义艺术、哲学经典,宗教改革就是要摆脱中世纪的教会,回到体现早期基督教宗教精神的《圣经》。正因为有这样一系列回归经典的文艺复兴、宗教改革,所以才有西方近代文明的兴起。

回归经典并不是目的,我们的目的就是要重建中华经典学,或者说是重建"现代新经学"。

当代中国所处的时代发生了空前的变化,我们仍然需要通过回归经典来追求现代人所需求的这些人文价值、人文理性、人文信仰。但是,这并不是说把古代的经典搬过来重读就可以解决问题,而是需要一个重建中华经典学或现代新经学的过程。这个重建的过程,应该说是一个更加艰难的过程。

如何重建中华经典学或现代新经学? 我认为应该包括两个方面:

第一,就是要重建新的经典体系。我们一讲经学,马上会想到儒家的《五经》和《四书》,特别是想到《五经》。从事经学史研究的都知道,历史上经学产生时,只有《五经》才是真正的"经",后来的《四书》都是它的"传""记",都是解释经典的。其实,如果我们站在整个中华文明史发展的角度来看,在历史上所谓的"经"实质上是在不断地变化的。比方说,孔子创立的所谓《六经》体系,实际上是夏、商、周时期的先王们留下的档案、文献等历史典籍,他们留下了许多治国理政的档案、文献,均保存在王宫里面,而孔子只是从中间挑出其中很少的一部分作为"经"。他希望在那样一个礼崩乐坏的历史时期,要重建一个理想的社会秩序和文明形态,故而从那些王官之学的典籍中间挑选、整理出一个《六经》体系。这个《六经》体系就包含着华夏民族的德治、仁政、太平、协和万邦的礼乐文明的一些基本思想。所以这样就形成了《诗》《书》《礼》《乐》《易》《春秋》的《六经》体系。这个《六经》体系在西汉成型,成为汉唐文明的经典基础。

宋代士大夫面临如何解决个人生命的精神安顿问题,面临如何解决道德性命的理论建构问题。佛教的最大优势一个是关注个体的安身立命,另一个是有一套义理思辨的理论体系。这两个优势是原来的《五经》系统比不上的。所以宋代士大夫需要建立起一个新的经典体系,《四书》体系是宋儒所推动并建立起来的。朱熹为建立这个《四书》体系,他敢于打破各种条条框框,将春秋战国时代的儒家子学(《论语》《孟子》)上升为"经"。从《礼记》中抽出两篇,将解释《礼经》的《大学》《中庸》上升为"经",他认为这个《四书》体系最适合于解决当时时代所赋予他的文化使命。

为了真正实现中华文明的复兴,我们应该从浩如烟海的文献典籍中,选出哪些典籍作为现代中国文明复兴的经典? 今天假设我们要重新编一套为当代中国人所需要的经典体系,很多人自然而然想到《五经》《四书》。其实如果我们要建立合乎当代中华文明复兴的经典体系的话,不应该局限于历史上的经典,而是要根据这个时代的需求而重建经典体系。当代中国发生了前所未有的变化,我们要解决的问题有很多,包括政治问题、社会问题、文明问题、环保问题、宗教问题等等,我们需要从轴心时代——春秋战国时期先哲们所创造的文化典籍中寻找有普遍意义、现代价值的人文智慧。历史上孔子和朱子对经典的态度和方法值得我们学习。孔子要解决时代大变革所需要的人文价值,需要在三代文献档案中寻求那些有普遍性、永恒性价值和意义的文献,作为春秋战国时期建构新文明的经典。朱子以《四书》为经典的做法曾经受到很多批评,但是他以《四书》为经典是从文化建设、思想建构的需要考虑的,新经典体系的建立必须要能够完成文化建构的使命。所以,他们以儒家的子学、《五经》的传记之学文献组合成新经典体系,就是值得我们当代学者学习的。

当代中国要重建新的经典体系,可以实现两个超越。一个是超越时代。也就是说我们重建新的经典体系,应该不再以"三代"圣王为标准,我们除了充分考虑轴心时代的先哲所创作的著作外,也可以延续到汉唐以后,只要是能够既体现中华民族文化内涵、又具有普遍性永恒性价值和意义的文献,都可以进入中华经典体系中来。另一个是超越学派。中国古代的经学,在经、史、子、集里面只有儒家的经典才是经学,其他各家各派的都不是经学,而是子学。我们建立中华民族现代新经典体系时,只要具有普遍意义和现代价值,均可以成为当代中华经典,所以我们应该超越学派,应该从中华民族无限丰富的典籍里,寻找为现代中国人、为中华文明复兴、为人类文明的发展,来建立新的经典体系。虽然我主张上述重建新经典体系的两个超越,但是我仍然坚持这样的价值立场:从中华文明的历史建构和现代需要来看,儒家典籍仍然是中华新经典体系的主体。

第二,仅仅是建立新经典体系还是不够的,朱熹选了《四书》,如果他不作出新的诠释,是不能解决文化发展、文明建构问题的。所以,我们选出新的经典体系来,还要根据时代的发展来作出合乎我们现代人所需要的创造性诠释。朱熹在读《四书》的时候,他所处的宋代与春秋战国时代相比已经发生了很大的变化,他必须要根据时代的需要,打通古今的隔阂、对立和紧张。严格说,我们当代人重读经典的时候,所面临的古今文化、中外文化的紧张程度远远超过朱熹。所以,中华文明的复兴,确实需要在重新选择经典时重新诠释经典。我相信,中国经典的创造性诠释,其实就是我们当代学人、当代中国人和千古圣贤打破时空关系的一种心灵对话,我们要在这种对话中完成回归经典、重建经学的使命,这种对话能够实现现代中华文明的建构,特别是对当代中国的人文价值、人文信仰、人文理性的建构有着非常重要的、关键性的意义。

（原载《光明日报》2016 年 2 月 29 日）

照着儒学学统重写理学史

　　理学一直是中国学术史的研究热点。从朱熹的《伊洛渊源录》到黄宗羲、全祖望的《宋元学案》，从冯友兰的《中国哲学史》到牟宗三的《心体与性体》，从侯外庐等主编的《宋明理学史》到陈来的宋明理学史系列著作，有关理学史研究的学术大家炳耀历史、重要著作更是汗牛充栋。

　　为什么今天还要花费这么大的精力来重写理学和理学史？

　　当然，今天重写理学和理学史，如果按照冯友兰的说法，有"接着讲"和"照着讲"两种写法。

　　毫无疑问，我们首先应该肯定，以"接着讲"的方式重写理学史是一件既非常重要也非常迫切的学术工作。尽管理学史上已经有了那么多的学术大家，其中一些重要著作甚至已经成为学术经典，但是这些成果只是引导、启示我们继续开展学术探讨，而永远不会终结我们的哲学思考。在他们博大精深的学术基础上，我们不仅可以而且也应该"接着讲"。儒学本来就是一个不断延续、发展并不断改变自己的历史形态，历史上之所以出现了所谓原始儒学、汉唐儒学、宋明儒学、现代儒学的不同形态，就在于儒学从来不是一种僵死不变的固定形态，而是在不断地"接着讲"。儒学希望在不同历史条件下继续存在和发展的话，就必须能够不断面对、回应出现的新问题、迎接新挑战。一代代儒学学者通过不断回应现实新问题、创造新思想，即不断地"接着讲"，才能够推动儒学的学术重建和现代发展。可见，以"接着讲"的方式重写理学史，其实是为了理学的历史延续和现代发展。"接着讲"的研究方式永远是开放的，人们可以通过不断重写理学，进而创造出既能够传承理学思想传统又具有时代意义的新理学。所以,重写理学或理学史既是中国哲学创新的途径,也是现代儒学学者的学术使命。

但是,我在这里要重点讨论以"照着讲"的方式重写理学史。反思到今天为止的理学学术史,我们认为,以"照着讲"的方式重写理学,仍然是中国学术领域中一件非常必要而且具有重要意义的事情。我们已经有了许多有关理学史的研究成果,可是为什么还要继续"照着讲"? 这显然是因为原有的理学史研究成果还存在一些令学界、学者不满意的地方,留下了较大的继续研究、持续探讨、实现"照着讲"的空间。我们必须承认,尽管理学研究取得了许多重要学术成果,但是仍然存在一些由于时代局限、研究者局限等问题,从而形成许多学术研究的缺陷与不足,所以,重写理学史就是希望弥补理学学术研究的不足,努力还原一个理学的真实历史进程。事实上,所谓"照着讲"并不是完全照着有关理学史研究的学者和著作的现成学术观念、研究结论讲,而应该是照着历史上宋明理学的真实形态、实际进程来讲,以还原理学产生、成型、衍化的历史进程。

那么,应该怎样"照着讲",才能够以还原理学产生、成型、衍化的真实形态、历史进程? 笔者浅见,似乎我们需要将原来主要是照着道统脉络所写的理学史,进一步拓展为照着儒学学统来重写的理学史。

毫无疑问,我们的理学史写作一直受到道统论的影响。因为道统论是理学的核心,它对确立儒学的思想体系、奠定儒学的价值信仰、建构儒学的历史形态,均具有重要意义。但是由于道统论的排他性很强,一旦执着于某一学者或学派的道统论立场编撰理学史,就难以写出完整、准确、全面的学术史著作,难免形成一些片面见解和学术偏见。事实上,从朱熹的《伊洛渊源录》开始,撰写理学史的一般本人就是理学学者,当他们以自己的道统观为主导而编撰理学史,当然会以自己师门、派别、观点为核心来讲述或裁剪历史。显然,由于理学史的撰写者自己就在这一个道统谱系之中,故而会因这一种自我相关性而难以撰写充分体现全面性、客观性的理学史。而一种由某一道统论主导的理学史叙述,会在文献材料的筛选、学术思想的梳理、学术人物的评价等各个方面,均可能出现较大的偏差或遗漏。

而且我们还注意到一个重要事实,近代西方哲学学科传入中国以来,开创了以西方哲学视域研究理学的新历史。近代研究理学的大家往往是系统接受过西方哲学学习和训练的学者,他们开始以西方哲学的视域研究理学史,找出那些与西方哲学相对应的材料并作出相关的解释发挥。许多理学的研究者和代表著作,均有十分明显的外来哲学的影子,由于他们立足于不同西方哲学流派、不同哲学家,故而往往会以此哲学流派立场撰写理学史、评价理学家,其实也是在重建一种新的"道统"论。这一种立足于西方哲学流派或者是哲学立场而建构的"道统论",更加不切合宋明理学的历史实际。其实,无论是中国传统的道统论,还是以西方哲学为背景的新道统论,写出的理学史就难以合乎宋明理学的真实形态、实际进程。

我们认为,重写理学的学术视域应由抽象的道统论拓展为儒学的学统论,也就是以儒学学统的视域开展理学史的研究和叙述。在中国学术史上,所谓"理学""道学"本来就是儒学,相对于先秦儒学、汉唐儒学,"理学"是宋代形成的儒学,所以后来又称为"宋学",即"宋代儒学"。既然"理学""道学"本来就是宋代儒学,而儒学本来就不是某一种专门之学,而是一门涉及各个知识、价值领域的全体大用之学,其主要领域曾经被概括为义理之学、经济之学、考据之学、辞章之学。与儒学的全体大用之学内容相关,儒学学统也是一个十分博大而开放的体系。而且,儒家的义理、经济、考据、辞章是一个紧密联系的整体,宋儒的义理之学会以考据为基础、以辞章为手段、以经济为目的。一旦没有义理、经济、考据、辞章的完整知识和价值,就不是真实的宋明理学。而宋代道统论则主要涉及其中的义理之学,而且往往是义理之学中的一派,这一种道统论裁剪的理学史显然难以客观真实。而儒学学统不仅比道学道统的思想内容更加丰富,而且也更加合乎宋明理学的真实形态和实际进程。全祖望在叙述宋初学术史时说"庆历之际,学统四起","庆历学统"的学术内涵就涉及北宋儒学的义理(创通经义)、经济(革新政令)、考据(疑经辨经)、辞章(古文运动)等不同领域,而且其相互之间密切关联。从儒学学统的视域来重写理学,理学思潮其实不仅涉及义理之学,还涉及与义理之学相关的经济之学、考据之学、辞章之学。

当然,也有学者认为我们是讨论"重写理学"而不是"重写儒学","理学"就是一种专讲"理"的学问,故而应该将此"理"从儒学中抽出来专门研究讨论。但是我们仍然认为,从儒学学统来研究这一"理"的学问,应该能够逐渐还原这一学问的历史形态和丰富含义。其实,所谓"理学"原本就是"义理之学"的简称,在宋儒的话语中,"义理之学"与"理学"之间是没有区别的。张载的《经学理窟》专设"义理"章,并标榜为"义理之学"。南宋黄震也说:"本朝之治,远追唐虞,以理学为之根柢也。义理之学独盛本朝,以程先生为之宗师也。"①但是我们应该注意的是,理学家所追求的"义理之学",其"义理"的含义其实是非常丰富的,包括了道义的"义"与治理的"理"以及二者理论的提升。② 所以,宋儒"义理之学"总是包括道义价值与政治治理两个既相对独立又相互关联的方面。同时,宋代"义理之学"往往都会兼顾内圣与外王、明体与达用、经义与治事、道与治、道义与事功、世道人心与经世致用、创通经义与革新政令两个方面。宋儒内部形成了许多不同的学派与学者,他们的区别是:有的认为"义"的道义决定"理"的治理(周敦颐、二程、朱熹、陆九渊);有的主张"理"的治理统摄"义"的道义(范仲淹、王安石、陈亮、叶适等)。

可见,一旦以儒学学统的视域研究理学,就可以将宋代儒学的人物、思想、学术全部包括进来,就可以消解单一道统论视域的偏见和狭隘。这一种以儒学学统的视域叙述宋明理学,就能够更完整地、真实地彰显、描述宋代理学学术思想的丰富性。在这样一部新的理学史中,理学家不是一些只会讨论性与天道的哲学家,而是一批会关怀义理、经济、考据、辞章的整体性知识与价值的儒家学者。在新的理学史撰写中,这一种"义理之学"才更加合乎儒家"义理"的本真含义,这一"理"与经济、考据、辞章的联系也更加密切。显然,这一种新的理学史的学术思想会更加丰富、内容会更加完整,也更加合乎宋明理学的真实形态、实际进程。与此相关,这一种儒学学统视域下的理学史不再是某一种西方哲学学派、某一种西方哲学观念的中国式版本,而是具有中国学术文

① (南宋)黄震:《跋尹和靖家传》,《黄震全集》第7册,浙江大学出版社2013年版,第2420页。
② 参见朱汉民:《宋儒义理之学新诠》,《哲学研究》2016年第12期。

化特色的义理之学形态。

所以，我们希望不再局限于道学的道统立场叙述宋代理学的历史，而应该是以儒学学统的立场重写理学史，这样的新理学史，其学术视野就会开阔得多、学术内容会丰富得多、学术历史会真实得多。

（原载《复旦学报》2018 年第 3 期）

易学与中国传统思维方式

易学是一门与中国传统思维方式有着深刻的内在联系的学术形态。要把握易学在中国哲学史、文化史上的意义,必须探讨易学与中国传统思维方式的关系。

德国学者哈贝马斯认为,知识的创造、建构总是要受其先在文化条件的制约,他将这种先在文化条件称之为知识的"先验框架"或"旨趣结构"。应该说,知识创造与旨趣结构本是一个互动的过程。中国传统知识旨趣结构制约《周易》义理学的发展,而《周易》义理学可能影响着中国传统知识旨趣的建构。

中国传统知识旨趣主要具有实践性、功利性、辩证性的几个主要特征。[①]而本文所讨论的《周易》义理学的思维方式,就十分鲜明地体现出这几个特征。这里,我们着重分析《周易》义理学的操作性、功利性、辩证性的几个传统知识旨趣的特征,以探讨义理易学与中国传统思维方式之间的互动关系。

一、义理易学与实践性思维

中国传统知识旨趣结构的特点之一是以操作实践性为其特色。古代中国人思考问题的出发点不完全是那个独立于人的对象世界,不着意于建立一套

---

① 参见朱汉民:《中国知识传统的审思》,《船山学刊》2003 年第 3 期。

概念体系去表达天地万物的本质,而是将人与世界看作是一个整体,并把思维的出发点放在主体世界中的实践方式与操作程序上。总之,这种知识旨趣结构思考的重点不是世界是什么,而是人应该怎样。如传统数学的特色不是定义、公理的概念性数学,而是实际运算操作的程序性"算术";传统医学的长处亦不在生理、病理的理论,而是切脉、针灸、用药的医术操作。从《易传》到王弼、程颐所建构的义理易学,表现出对卦德、卦义等深刻道理的兴趣,发挥出一系列有关天人之道的义理。但是,这些所谓的义理一开始就不完全是一种对象性的客观认识,也不是主体的思维形式、语言形态,而主要是一种如何趋吉避凶的实践性知识,具有重操作性的思维方式的特点。

《周易》原本是一部卜筮之书,是古人向神灵卜问行动方案、后果的记录。也就是说,《易经》是与目标审思、行动方案直接相关的,此书的宗旨就是为人们参与政治、军事、生产、日常生活等各种实践活动提供可行性依据。《易传》所阐发的义理,同样是与各类操作活动密切相关,《易经》把行动的结果归之于某种神秘的神灵、天意,而《易传》所作的是把决定行动吉凶后果的原因归之于客观的法则即义理,在一定程度上摆脱了人格化神灵的控制。但是,寻求实践活动的吉利后果,则是《周易》经、传的共同特点。

王弼继承《易传》的义理之学的传统,尽管玄学思潮是一种贵无崇虚的学术思潮,但王弼所建构的《周易》义理学却不是一种思辨形式或静观自然的道理,他阐述的义理系统不仅仅是既"有"且"实",而且还鲜明地体现出《易传》中重实践操作的思维方式。《论语》记载孔子自叙"五十以学《易》",王弼曾有一段解释:

> 《易》以几、神为教。颜渊庶几有过而改,然则穷神研几可以无过。明易道深妙,戒过明训,微言精粹,熟习然后存义也。①

王弼在对《周易》作基本精神的概述时,强调《周易》是一部指导人们在变动不居

---

① (魏晋)王弼:《论语释疑》,楼宇烈:《王弼集校释》下册,中华书局1980年版,第624页。

的客观势态中作出正确行为选择的书。他所说的《易》"以几、神为教",就是讲一切主体行动必须以能够把握变化的苗头、吉凶的先兆为条件。所以,王弼在《周易》各卦、爻中所解释的"义""理",总是与主体的实践活动紧紧联系在一起的,他相信"物无妄然,必由其理",认识此理的过程是与实践活动一体不分的。在王弼的义理易学中,卦时代表客观境遇,爻变代表主体行动,一切义理就存在于这种客观境遇与主体行动的关系中。所以,"常道""轨度"固然与境遇中体现的客观法则有关,但同时也与主体活动的过程有关;而"动静""屈伸""行藏"固然是主体选择的行动方式、操作活动,却又是在不同境遇中的行动准则。可见,王弼从《周易》中所阐发的义理,不是一种对天地万物的静观,不是语言概念的思辨,而是一种卦时和爻变之互动过程中的实践活动与操作程序。

程颐在《周易程氏传》中所阐发的义理,同样是强调这种义理是与生活实践的操作、开物成务的活动直接关联的。《河南程氏外书》载:"先生(尹和靖)尝问于伊川:'如何是道?'伊川曰:'行处是。'"①易道本质上是行动而不是纯粹知识。所以,程颐在《易传序》中说:

> 易,变易也,随时变易以从道也。其为书也,广大悉备,将以顺性命之理,通幽明之故,尽事物之情,而示开物成务之道也。②

他认为《周易》一书虽是探索天地万物之变易的法则,但这些易道、易理不是与人的实践活动无关的知识,它们是客观环境与主体活动互动的结果,是主体实践活动形态的"开物成物之道"。他在《易传序》的开篇语中亦表达了同样的思想:"《易》之为书,卦爻象象之义备,而天地万物之情见。圣人之忧天下来世,其至矣;先天下而开其物,后天下而成其务。"③《周易》中的"卦爻象象之义"固然可以使"天地万物之情见",但它们均是圣人在"开其物""成其务"的社会实践

---

① (北宋)程颢、程颐:《河南程氏外书》卷十二,《二程集》上册,中华书局 2004 年版,第 432 页。

② (北宋)程颢、程颐:《易传序》,《二程集》下册,中华书局 2004 年版,第 689 页。

③ (北宋)程颢、程颐:《易传序》,《二程集》下册,中华书局 2004 年版,第 690 页。

活动中产生出来的,同时仍将继续指导后来人们开物成务的实践活动。所以,尽管程颐《易传》大谈义理,并通过"体用一源,显微无间"、万理与一理的一系列哲学思辨,使世俗世界中的儒家伦理与超越世界中的形上之理统一起来,为儒家伦理完成了寻源探本的工作,建构了一个伦理主义的理性哲学,但是,其整部《易》学仍然体现出很突出的重实践的思维方式特征。程颐的门人对其师《易传》重实践的特色深有体会,门人中流传着"先生践履尽一部《易》"之说。

总之,从《易传》开端到王弼、程颐所完成的义理易学,尽管充满有哲理的思辨与形上的追求,但它们并不是语言、逻辑性的形式化思维,而是一种实践性的思维。也就是说,玄学、理学的易理、易道并不是脱离生活实践的玄虚、空疏的东西;相反,它们均是与生活实践息息相关,体现出在变动不居的客观环境中不断调整主体活动过程、操作程序的实践性特色。

二、义理易学与功利性思维

中国传统知识旨趣结构还有很突出的功利性特征,这和上述的思维实践性是密切相关的。任何实践活动均有目的性,此目的性就是广义的功利。故而那种以实践性为旨趣的义理易学,同样又是以功利性为知识旨趣的。

义理易学的功利性旨趣,同样可以追溯到《周易》的经、传。《易经》因忧虑吉凶悔吝的后果而卜问神灵,这本是基于对现实功利的追求。《易传》强调决定吉凶悔吝的不完全是哪个任意的神灵,而是具有客观法则性的义理,故而《易传》并没有改变生活实践主体对吉福的功利追求,而只是强调主体必须积累生活经验、重视理性主导,即在遵循义理的前提下获得对吉福的功利实现,而不是迷信一个任意主宰人间的神灵。所以,《易传》总是不断地表达出对社会功利的追求:"《易》其至矣乎! 夫《易》,圣人所以崇德而广业也。"①"爻象

---

① (魏晋)王弼著,(唐)孔颖达疏:《系辞上》,《周易正义》卷七,李学勤主编:《十三经注疏》第一册,北京大学出版社 1999 年版,第 273 页。

动乎内,吉凶见乎外,功业见乎变,圣人之情见乎辞。"①《易传》讲了许许多多人必须遵循的"道""理""德""义",恰恰是因为这些义理总是与"吉""利""功""事业"等联系。也就是说,《易传》有关义理的知识旨趣,总是指向一种明确的功利性追求。

王弼所建构的《周易》义理学,不仅仅是承传、发展了《易传》的义理思想观念,同时也承传、发展了这种以现实功利为知识旨趣的思维方式。王弼在《谦·上六注》中曾把对功利的追求看作是人们普遍具有的行为动机,他说:"夫吉凶悔吝,生乎动者也。动之所起,兴于利者也。"②正是由于人的行为动机皆可以归之于"利",故而人们在行动之前认识、遵循"理",就都和此利益有关。王弼在《周易》卦、爻中阐发不同的义理,其实均与人对利益追求的动机有关。他论述的所谓"卦时",其实就是指否泰时运而言;所谓"爻变",则是指主体应根据不同的时运而选择得利的不同行为方式。这样,他重视对各个不同卦、爻的义理阐释,其实均是和现实的利害关系密切相关的。有关《周易》义理的思维方式,就是以现实的利害后果为依据的。如王弼为《乾·文言》作注时"全以人事明之也",即完全是以人事的利害得失来说明以"龙"为象征形象及所体现的义理,他说:"夫识物之动,则其所以然之理皆可知也。龙之为德,不为妄者也。潜而勿用,何乎?必穷处于下也;见而在田,必以时之通舍也。以爻为人,以位为时,人不妄动,则时皆可知也。"③王弼对"所以然之理"的认识,即非对客观自然法则的静观,也非对主体语言思维的思辨,而是一种"以爻为人,以位为时"的主客互动的实践性智慧,时势的吉凶利害制约着人的动静行藏,而人的动静活动亦呼应、影响着时势的变化。在这里,有关义理的思维方式,明显是以功利性为目的的。吉凶利害的现实功利既与"以位为时"的客观时势有关,也与"以爻为人"的主体行动有关。由此可见,王弼对

---

① (魏晋)王弼著,孔颖达疏:《系辞下》,《周易正义》卷八,李学勤主编:《十三经注疏》第一册,北京大学出版社1999年版,第297页。

② (魏晋)王弼:《周易注·上经·谦》,楼宇烈:《王弼集校释》上册,中华书局1980年版,第296页。

③ (魏晋)王弼:《周易注·上经·乾》,楼宇烈:《王弼集校释》上册,中华书局1980年版,第216页。

《周易》中义理的阐述,明显表现出功利性思维方式的特征。

程颐的义理易学是对王弼之学的继承和发展。程颐的思考对象也是卦爻辞所含的义理,并往往也是从卦时、爻变的相互关系中来探讨作为人的行为依据的义理,也就是所谓"随时以取义"的思想。那么,什么是义理? 如何衡量义理的客观必然性? 程颐仍然是以功利性的思维方式来解决这个问题。"义理"并不是一种与人无关的所谓客观性法则,也不是主体的思维形式与逻辑必然,而是人的实践过程中必须遵循的行动原则,这是直接与人的吉凶祸福后果相关的,吉凶利害的功利性标准是衡量义理的客观必然性的依据。程颐在整部《周易传》中所一以贯之的思维方式,就是将易理的客观必然性与吉凶损益的功利效果结合起来,他反复强调:

> 君子尚消息盈虚,天行也。君子存心消息盈虚之理而能顺之,乃合乎天行也。理有消衰,有息长,有盈满,有虚损,顺之则吉,逆之则凶,君子随时敦尚,所以事天也。①

程颐所讲的"理"一方面具有客观必然性的意义,故而"君子随时敦尚"实现了对时势的观察思考;另一方面又具有主体实践性的意义,即是一种主体性的"消息盈虚"的行动。而且,行动后果的吉凶利害正是衡量主体行动是否遵循天理的标准。这样一种对易理的功利性思维,贯穿了程颐整个对义理易学的思考。譬如,他在解释《益·彖传》"益,动而巽,日进无强"时说:"为益之道,其动巽顺于理,则其益日进,广大无有疆限也。动而不顺于理,岂能成大益也?"②他所说的"理"指的其实就是那种能够让主体在实践活动中必须遵循并最终能够获益的必然性,这正是一种功利性思维方式的义理观。又如程颐

---

① (北宋)程颢、程颐:《周易程氏传》卷二《剥》,《二程集》下册,中华书局 2004 年版,第813 页。
② (北宋)程颢、程颐:《周易程氏传》卷三《益》,《二程集》下册,中华书局 2004 年版,第913 页。

对《颐》卦的传注，更是鲜明地表达出他的功利性思维方式。他说：

> 圣人设卦，推养之义，大至于天地养育万物，圣人养贤及万民，与人之养生、养形、养德、养人，皆颐养之道也。动息节宣，以养生也；饮食衣服，以养形也；威仪行义，以养德也；推己及物，以养人也。
>
> 圣人裁成天地之道，辅相天地之宜，以养天下，至于鸟兽草木，皆有养之之政，其道配天地，故夫子推颐之道，赞天地与圣人之功曰："颐之时大矣哉！"①

程颐在对各卦"义""理"的思想阐释中，总是与"功""利"的追求联系在一起的，《颐》卦的卦德、卦义，其目标就直接指向养生、养形、养德、养人的功利性要求，这正是一种功利性思维。

三、义理易学与辩证性直觉思维

中国传统知识旨趣结构除了具有实践性、功利性特征之外，还是一种辩证性直觉思维。和经验归纳、概念演绎的逻辑性思维不一样，所谓直觉性思维是一种直接从经验、现象而把握认知对象的全体和本质的思维方式。一方面，直觉性思维重视对生活实践中各种具体经验、丰富现象的观察与思考；另一方面，思维主体能够在这些具体经验中直接地把握整体对象，从这种丰富现象中直达对象的本质。同时，中国传统直觉思维是辩证性的，其突出表现就是对生活实践中所遇到的一切矛盾现象的辩证思考与直觉把握。在古代辩证法思想最丰富的《周易》《孙子兵法》《道德经》《黄帝内经》中，体现的正是这种辩证性的直觉思维。

---

① （北宋）程颢、程颐：《周易程氏传》卷二《颐》，《二程集》下册，中华书局 2004 年版，第832—833 页。

　　《易传》是中国古代辩证法思想最丰富的著作之一,这种辩证思想构成《周易》义理的思想精髓与观念内核。而且,《易传》阐发义理所体现的辩证思想,同样鲜明地体现出中国传统的直觉性思维的特色。《易传》辩证思想的核心是"一阴一阳之谓道"的命题,从表面上看,《易传》的阴阳观念是对《易经》中"—""--"这两个不同爻象的表达,其实,如果真正追溯阴阳观念的来源,则应肯定它们是中国先民对大自然中天地、男女、雌雄、黑白、寒暑、冷热等矛盾现象观察思考的结果。在《易传》的义理思想中,这一辩证性直觉思维的特征十分明显。一方面,这种阴阳观念具有鲜明的现象性、经验性的特征,无论是寒暑、日夜、冷暖、雌雄、黑白的自然现象,还是吉凶、祸福、得失、难易、是非的经验积累,均是从生活实践中直接获取,无须纳入归纳、演绎的逻辑规则;但是另一方面,《易传》又将这种现象性、经验性的阴阳观念上升到一个普遍原理、宇宙法则,用"一阴一阳之谓道"来表达天地万物的普遍本质与法则,这种思维的飞跃发展是通过经验直觉的活动而完成的。

　　王弼继承了《易传》的阴阳辩证观念,故而他的义理易学也以辩证性的直觉思维为其主要特征。王弼通过卦时、爻变来阐发作为普遍原理、宇宙法则的义理,他也是以阴阳辩证的方法来把握这些义理的。譬如,他以"否泰"的矛盾现象说明时势的辩证法则,以"行藏"来表达主体行动的辩证法则,他说:

　　　　夫时有否泰,故用有行藏;卦有小大,故辞有险易。一时之制,可反而用也;一时之吉,而反而凶也。故卦以反对,而爻亦皆变。是故用无常道,事无轨度,动静屈伸,唯变所适。故名其卦,则吉凶从其类;存其时,则动静应其用。①

王弼从各个卦、爻中所理解的义理,均是以阴阳辩证的方式体现出来的,如卦时就体现为吉凶(或否泰)两种相反相成的类型,同时这两种对立的时势或状

---

① (魏晋)王弼:《周易略例·明卦适变通爻》,楼宇烈:《王弼集校释》下册,中华书局1980年版,第604页。

态是可以相互转化的,即"一时之吉,可反而凶也"。他认为爻变也是由动静(或行藏)两种相反相成的状态构成,他也以辩证思维来把握主体两种状态的转化,即"动静屈伸,唯变所适"。也就是说,王弼以吉凶、否泰来描述客观时势的相反相成的辩证关系,以动静、行藏来表达主体行动的矛盾变化的辩证关系。我们进一步来分析,他所阐述的这种辩证关系首先是经验性的,吉凶、动静均是经验性的,体现出实践主体的行动选择与客观环境的两极变化的经验积累,它们既不是概念演绎,也不是逻辑归纳,故而总是保存着非逻辑性的经验形态特征。但是,另一方面,王弼又强调"唯变所适",这个"适"所体现的是主体行动的目的性与客观时势的必然性的和谐一致,它正体现了辩证性直觉思维的特点,即这个"适"是在吉凶、动静的经验性思维中达到对普遍原理的直觉把握。

程颐把《易传》、王弼《易注》的辩证性直觉思维发展到一个高峰。程颐在他所建构的义理易学中,明确把"阴阳之道"作为《周易》中义理之学的根本,同时也作为人生、社会、自然乃至宇宙的普遍法则。他论述"阴阳之道"时说:

> 《易》所以定吉凶而生大业。故《易》者阴阳之道也,卦者阴阳之物也,爻者阴阳之动也。卦虽不同,所同者奇耦;爻虽不同,所同者九六。①
> 道者,一阴一阳也。动静无端,阴阳无始。非知道者,孰能识之?②

程颐所说的"阴阳之道",一方面是《周易》之道,它是理解《周易》卦、爻所表达义理的思想精髓和内核;另一方面它又是宇宙之道,必然会体现为人生、社会、自然的普遍法则。尽管在程氏的义理易学中,阴阳之道成为一种具有一定抽象意义的普遍性法则,但它们仍然与西方那种语言、概念式的辩证法不同,而是一种在生活实践中直接把握整体的辩证性直觉思维。本来,程颐所说的阴阳之道,就来自自然现象(如天地、日月、刚柔、盈虚、显微等)和人事经验

---

① (北宋)程颢、程颐:《易传序》,《二程集》下册,中华书局 2004 年版,第 690 页。

② (北宋)程颢、程颐:《河南程氏经说》卷一《易说》,《二程集》下册,中华书局 2004 年版,第 1029 页。

（进退、动静、语默、行止、安危、吉凶、祸福等）之中。他坚持认为所谓的"道""理"并不是存在于对立的某一方，更不是一种逻辑规则，而只能存在于实践活动中的"中""宜"而已。程颐在《周易》卦爻的传注中，总是从各种具体的"时势"、行动方式的"爻变"中来直觉地把握这个"中"与"宜"。

我们发现，程颐总是把"中""宜"与吉、利联系起来，因为"中""宜"正是主体在行动选择时必须遵循的必然法则。他在传《离》卦时说："所以元吉者，以其得中道也。不云正者，离以中为重，所以成文明，由中也，正在其中矣。"①由于"中"是主体行动的必然法则，故而"中则动不失宜"。所以他强调："天地造化，养育万物，各得其宜者，亦正而已矣。"②"宜"与"中"是可以互训的，问题是如何才能"宜"或"中"，即人如何在"动"的实践中把握"中""宜"呢？程颐常常是告诫其学生以经验直觉的方式来体悟其中的"中道"。譬如，他总是主张在整体合观中直觉把握阴阳之道，并提出要能整体合观，就得把握阴阳两极的关联性，即阴阳之间的"相感""相合"。如《咸·易传》即专论相感之义，他强调天地相感才构成天地之道，他说：

> 凡君臣上下，以至万物，皆有相感之道。物之相感，则有亨通之理。君臣能相感，则君臣之道通，上下能相感，则上下之志通，以至父子、夫妇、亲戚、朋友，皆情意相感，则和顺而亨通。事物皆然，故咸有亨之理也。③

他认为必须在阴阳两极的相感中才能呈现"中之道""宜之理"，并最终达到"和顺而亨通"的结果。程颐还讲"相合之道"，即在阴阳两极中把握其"合"与"同"之处，则能获得"中"与"宜"的道理，从而使天地万物无不和谐。他认为："凡天下至于一国一家，至于万事，所以不和合者，皆由有间也，无间则合

---

① （北宋）程颢、程颐：《周易程氏传》卷二《离》，《二程集》下册，中华书局 2004 年版，第851 页。

② （北宋）程颢、程颐：《周易程氏传》卷二《颐》，《二程集》下册，中华书局 2004 年版，第833 页。

③ （北宋）程颢、程颐：《周易程氏传》卷三《咸》，《二程集》下册，中华书局 2004 年版，第854—855 页。

矣。以至天地之生,万物之成,皆合而后能遂,凡未合者皆有间也。若君臣父子亲戚朋友之间,有离贰怨隙者,盖谗邪间于其间也。除去之则和合矣。故间隔者,天下之大害也。"①他认为家国、万物之中的阴阳关系,诸如君臣、父子、夫妇等,其宜之理就在于阴阳之间的"和合"而"无间",故而只能在"无间""和合"的直觉中把握此阴阳之道。

（原载《华南师范大学学报》2009 年第 2 期）

---

① （北宋)程颢、程颐:《周易程氏传》卷二《噬嗑》,《二程集》下册,中华书局 2004 年版,第802 页。

士大夫精神历程及其现代意义

中国正在逐步形成一个对社会起主导作用的精英阶层,这个精英阶层在当代中国社会的政治领域、经济领域、文化领域,都起了非常重要的作用。但是,中国当代精英却往往不能够得到社会民众的尊敬。在这一背景下,有人提出当代中国精英应该学习西方的贵族精神,认为当代中国精英得不到社会尊敬,关键是我们这批精英缺乏西方的贵族精神。他们认为,当代中国精英就是要像西方贵族一样,有文化道德教养和社会担当意识,有很强的克己自律的要求。

其实,当代中国精英阶层特别需要学习的,应该是体现中华文化特点的"士大夫精神"。当然,士大夫精神的内涵非常丰富,值得我们当代精英阶层学习、继承的内容也非常多,比如说经、史、子、集的丰富知识,琴、棋、书、画的高雅情趣,待人接物彬彬有礼等等。但是,这里重点讲"士大夫精神",因为这是支撑士大夫文化的核心价值。

士大夫精神在不同历史时期,体现出不同的精神追求。但是,士大夫精神是一个历史的建构过程,前代的士大夫特质对后来都有影响。

一、士大夫是什么社会阶层

士大夫阶层是中国所特有的。"士大夫"这个词,其实包含两个词:士、大夫。在西周,士、大夫均是指贵族阶层。我们经常讲欧洲中世纪是封建制,有一个贵族阶层。其实中国古代早在夏、商、周的时候,是一个典型的封建制,也形成了一个贵族阶层。这个封建制不是我们后来讲的从秦到清的社会形态,"封建"只是一种政治制度,即封侯建国。西周社会贵族有五部分构成,即天子、诸侯、卿、大夫、士,西周贵族身份是由他们的血缘关系决定的。"士"是西周贵族社会中最低的等级,到了战国时期,士无政治特权而成为社会中的平民阶层,但他们拥有西周贵族才有的文化知识,后来泛称民间的读书人为士。而战国时期"大夫"演变为官僚体系的官职一直延续下来。

西周封建制解体以后,管理国家的官员是怎么来的?既然不再是靠血缘,就出现了其他的途径。战国时代的诸侯形成养士的风气,那时候"士"已经演变为平民了,但战国时候的"士"是拥有文化知识的读书人,这些读书人通过他们的知识、才能,被选入官僚体系,就变成了所谓"士大夫"。所以在春秋战国的文献典籍中,往往有两种说法,传统的说法是"大夫士",另外一种说法是"士大夫",反过来了,其实反过来是反映了这个社会阶层的一个重大变化。"大夫士"强调的是他的血缘关系,一讲大夫、士,就知道你的贵族身份和血缘关系,作为"大夫士"的贵族,不是靠自己奋斗,而完全是靠先天的血缘亲疏关系来决定一个人在这个社会结构中的地位,决定你的政治特权、经济特权,这就是贵族制度。战国以后发生了变化,出现了所谓"士大夫",士大夫是靠有文化知识、道德修养、实际能力而进入官僚体系。大家看到,战国时期的诸子百家的社会身份大多都是士。士的理想是希望把他们拜为卿相,这样他们就成为国家的官僚,具有比较高的社会地位。所以,"士"到后来成为一个读书人的泛称,而"大夫"成为官员的泛称,"士大夫"合起来就是书生加官员,"士大夫"翻译成英文就是"学者—官僚"。除了这两重身份之外,士大夫还有一些特点,传统社会是农业经济,士大夫往往也都是占有农业经济资源的一个群体;同时,士大夫往往兼有社会教化的职责,他们在社会基层从事道德教化,相当于西方社会的僧侣。可见,士大夫作为社会阶层,要承担很多社会职能,仅仅是"官僚"或"学者",还远远没有揭示出士大夫的内涵和所承担的社会职责。

可见,中国的士大夫和西方的贵族是有非常重要的区别。我不主张讲贵族精神,因为中国的士大夫在以后的两千多年的历史中,成为中国思想文化、精神理念的创造者与主导者。应当说,士大夫是经历由士到大夫的后天奋斗的平民,他本身是由平民通过努力奋斗而上升为社会精英。两千多年来,所有的读书人都可以通过读书、科举考试进入官僚队伍,就是由士到大夫的一个后天奋斗的过程,他们没有任何先天的经济、政治特权,他们只有靠知识来改变命运,所以他们往往都有一种崇文精神。西方贵族精神与中国士大夫精神也有许多相通的地方,士大夫也是一个追求精神修养、道德自律性很强的社会群体。士大夫精神作为中国本有的文化传统,值得我们深入挖掘。中国古代丰富的人生哲学和政治哲学,其实都是士大夫精神的表达和追求。

二、"士志于道"的士大夫精神

春秋战国时代是士大夫的形成时期,这段时期也是士大夫精神的奠定阶段。

士大夫精神传统来源十分丰富,包括儒家、道家、法家等不同的学术流派。但是,在这些不同思想来源中,儒家奠定了士大夫精神的基础,一直居于其中的核心地位,具体就是孔子"士志于道"的精神。士大夫的志向、使命是什么?孔子讲得非常明确,"士志于道"。士大夫来到这个世界上来,他的人生目标就是道,所以孔子说"朝闻道,夕死可矣"①。为什么要把道作为士大夫精神的核心、基础?这与春秋战国时代士人的社会焦虑与文化焦虑有关系。士大夫作为一个精英阶层,他天生对这个社会有责任。孔子对纷乱的世界有非常强的社会焦虑,他说:"天下有道,丘不与易也。"②他认为天下无道,社会秩序混乱,在这样的情况下,士大夫必须站起来承担社会责任,重建一种好的社会

---

① (南宋)朱熹:《论语集注·里仁》,《四书章句集注》卷二,《朱子全书》第 6 册,上海古籍出版社、安徽教育出版社 2002 年版,第 94 页。

② (南宋)朱熹:《论语集注·微子》,《四书章句集注》卷九,《朱子全书》第 6 册,上海古籍出版社、安徽教育出版社 2002 年版,第 228 页。

秩序。

如何建立一个好的社会秩序？孔子认为必须要恢复西周所创立的礼乐文明。到了春秋战国时期，礼崩乐坏，礼乐文化没有了，大家都不愿意遵循礼乐文化，先圣先贤们所创造出来的文化礼乐面临危机，所以孔子同时感到一种文化焦虑。礼乐文明就是"天下有道"的世界，孔子希望士大夫重建"天下有道"的文化理想。他提出"以道事君，不可则止"，作为一个士大夫，必须以"道"为原则去参与社会。他提出："君子谋道不谋食""君子忧道不忧贫"，"君子无终食之间违仁，造次必与是，颠沛必与是。"①他认为士大夫必须坚持一种文化理想的道，以"道"作为自己的神圣目标。

孔子的一些弟子都提出了一些相应的思想，曾子说："士不可不弘毅，任重而道远，仁以为己任，不亦重乎？死而后已，不亦远乎？"②他知道"道"实行起来非常难，所以叫任重而道远，必须坚持下去，死而后已。孟子说："富贵不能淫，贫贱不能移，威武不能屈，此之谓大丈夫。"③士大夫总是要面临很多问题，但是孟子认为作为一个士大夫应该是一个大丈夫，有浩然之气，这个浩然之气就是一种士大夫精神。西汉陆贾也说："夫君子直道而行，知必屈辱而不避也。故行不敢苟合，言不为苟容，虽无功于世，而名足称也；虽言不用于国家，而举措之言可法也。故殊于世俗，则身孤于士众。"④陆贾认为，作为君子、作为士大夫，就应该是直道而行，尽管坚守道而有屈辱，也不回避它；他认为坚持道的人可能会身孤于世众，但是仍然不会改变自己的信念。这就是由儒者所创立的"士志于道"的士大夫精神。那么这个"道"究竟是什么？这个"道"是包括文化理想和社会理想的一套价值体系，"道"能够化解士大夫的社会焦虑和文化焦虑。士大夫必须把这套价值承担下来，因为他是整个社会的精英

---

① （南宋）朱熹：《论语集注·里仁》，《四书章句集注》卷二，《朱子全书》第6册，上海古籍出版社、安徽教育出版社2002年版，第93页。

② （南宋）朱熹：《论语集注·泰伯》，《四书章句集注》卷四，《朱子全书》第6册，上海古籍出版社、安徽教育出版社2002年版，第133页。

③ （南宋）朱熹：《孟子集注·滕文公章句下》，《四书章句集注》卷六，《朱子全书》第6册，上海古籍出版社、安徽教育出版社2002年版，第324页。

④ （西汉）陆贾撰，王利器整理：《新语校注》，《辨惑第五》，中华书局2012年版，第73页。

阶层。对与士大夫来说,能够构成对他的信仰的最大的挑战是什么? 是现实君主的政治权力。士大夫不仅是追求知识的学者、追求信仰的圣徒,同时还是一个庙堂的官僚。作为朝廷的官员,他必须遵守政治秩序,必须服从皇帝至高无上的权威。那么,士大夫作为一个身兼学者与官僚为一体者,他必然面对两个权威。一个是精神权威的"道统",就是他作为一个士君子,必须坚守孔子的社会理想、价值理想,必须要坚持"道"的信仰。但是他作为一个官僚的士大夫,还必须面对政治权威的"治统"。士大夫作为既从事社会管理又从事文化创造的"学者—官僚",首先必须面对精神权威的"道"与政治权威的"君"的关系。士大夫的一个最好的理想,就是道统和治统合一。一位士大夫说:"天下所极重而不可窃者二:天子之位也,是谓治统;圣人之教也,是谓道统。"①在士大夫的文化理想与政治理想中,"道统"与"治统"必须合一。但是在历史现实中,"道统"和"治统"总是分离的。道统如果没有治统,士大夫的理想就不会成为现实,这个道是空想,只是学者观念或者书本里的东西;但是,这个治统如果没有道统的话,天下也会乱,出现君不君、臣不臣、父不父、子不子的局面。"道统"与"治统"的分离会导致治统无序、道统孤悬的状况,对两者均是严重的伤害。一旦"道"与"君"相冲突,士大夫该如何? 他应该是"道"的坚定维护者,还是"君"的忠实服从者? 士大夫的回答:"从道不从君。"②这是荀子在战国时期讲的,他认为士大夫在面临道和君的冲突时,应该是从道不从君。所以历史上有很多士大夫,就是为了这种理想的道,而和君权发生冲突,导致种种悲剧发生。

实质上,"道统"与"治统"的分离而导致治统无序的情况,就发生在东汉。作为一个重要的士大夫群体出现在历史上,应该是东汉。西汉采用"独尊儒术"、察举制度,使那些读书人能够通过儒家经典的学习而选拔为朝廷官员,就开始形成一个士大夫群体,官僚队伍中的儒家士大夫比例越来越高,在国家

---

① (明末清初)王夫之:《读通鉴论》卷十三,《船山全书》第 10 册,岳麓书社 2011 年版,第479 页。

② (清)王先谦:《荀子》卷第九《臣道第三十》,中华书局 1988 年版,第 250 页。案:"从道不从君"的表述,又见《荀子·子道》。

政治中的作用越来越重要。这样一个士大夫群体在东汉时期,已经形成为一个非常重要的政治势力。东汉王朝中后期,皇帝即位年龄较小,不得不依仗后戚掌权,导致后戚势力膨胀;而皇帝长大成人欲夺回皇权,更多只能依靠身边的宦官集团,从而形成历史上后戚与宦官此消彼长、轮流掌权的现象。在东汉的时候,就发生了士大夫群体和宦官势力的政治斗争。宦官以"党人"的罪名禁锢和诛杀士大夫,故而历史上称之为"党锢之祸"。当时的士大夫在和宦官的斗争中,受到宦官的严厉打击,然后被流放甚至杀头。其中出现了一些有名的士大夫,被叫作名士。这些名士因坚持和维护圣人之道,不惜牺牲自己的生命,被称之为风节名士。东汉时期出现的士大夫群体和其他的政治势力对抗,很好地表现了一个"士志于道"的精神。这种精神在东汉"党锢之祸"中体现得尤为突出。他们真正践行了孟子"天下无道、以身殉道"的追求,用自己的生命来殉道。尤其在昏君支持宦官的时候,士大夫作为一批真正的有文化理想的人,反而受到打击。然而他们表现出一种对道德的坚守,敢于和黑暗政治势力抗争的精神,这就是从战国时代,由儒家奠定的"士志于道","天下无道、以身殉道"的士大夫精神。

三、"率性自由"的士大夫精神

到魏晋时期,整个社会发生重大变化,汉末动乱,曹魏代汉,司马氏代曹,原来所谓的天人感应、君权神授、三纲五常等道德体系、价值体系面临崩溃。这个时期出现了一种新的士大夫精神,即"率性自由"的士大夫精神。这是与东汉及先秦孔子、孟子所讲的"士志于道"不太一样的另外一种士大夫精神。这种精神的最大特点是什么?就是他们不再追求节义、追求道德节操。虽然他们也叫名士,但是他们不是靠以死抗争护道来获得他们的声望和名誉。东汉的名士的态度和价值观念发生了非常大的变化,源于他们的另一种精神焦虑,一种对个体生命的焦虑。前一个阶段是代表士大夫作为一个群体的精神崛起,而到了魏晋的时候士大夫则是作为个体的精神崛起。这种个体的崛起是跟他的生命意识、生命焦虑有关系。

大家知道，东汉到魏晋，佛教也逐步传进来，为什么这个时候佛教传得很盛，其实也是跟生命关怀有关系。佛教就是为了化解人的生命焦虑，以彼岸世界的终极追求来实现人生的此在心灵安顿。放眼浩瀚宇宙，人的生命显得非常短暂，而且短暂的生命中命运无常。所以我们可以看到魏晋很多士大夫留下来的文章、诗歌，往往饱含对生命短促、命运无常的人生感叹。那么如何从生命焦虑中走出来？如何化解这种生命焦虑？士大夫开始了作为一个个体存在的思考和发现。在两汉的时候，士大夫总是把自己看成社会结构的君臣父子的社会身份，更多地考虑到这种社会身份应该承担的社会责任。魏晋时期士大夫更多的是发现、寻找作为独立个体的价值。当然有人质疑这种发现自我的价值的精神，是不是还是一种"士大夫精神"？因为这可能跟我们经常讨论的士大夫精神不太一样。

但是我不是这么看。因为士大夫既是社会群体存在，同时也是一个个体存在。士大夫的精神追求，既表现为代表他作为一个社会群体的精神追求；同样也表现为一个个体的精神追求。而魏晋士大夫精神的最大特点，就是他们在定义人生价值、确立人生目标的时候，回到了个体生命的原点，这个生命的原点就是"自我"。他们在对万事万物做价值判断的时候，突出了自我在评价、选择价值中的主体地位。魏晋士大夫思考自我的时候，所谓的"自我"无非是两个方面：我的身体和我的心灵，也就是魏晋哲学里面经常讨论的两个概念，"形"与"神"。魏晋思想有一个突出特点，就是不再把节义作为名士的标志，他们推崇的价值总是与个体的心灵和身形有关，包括健康、长寿、性爱、美貌、聪明、智识等等，他们特别喜欢哲学、喜欢艺术，还喜欢吃药、喝酒以及山林的自在生活，总之，魏晋士大夫追求的是生命和心灵享受的双重快乐。在他们的诗歌和哲学探讨中，他们经常说人生就几十年，人是气化而成，人死就气散。人在这几十年如何获得幸福和快乐，就成为魏晋时期士大夫探究的问题。他们一方面表现出对身体快乐的强烈追求。他们喜欢喝酒，而且经常喝得大醉；喜欢吃药，那种药容易使人进入亢奋状态，以此获得身体的快乐。另一方面，魏晋士大夫也追求精神的快乐，因为身体的快乐非常有限，所以他们还追求艺术、哲学,他们写诗、绘画、啸歌,以及谈论哲学,山林漫游,这些都是追求精神快乐。所以,他们总是在人的身体和心灵两者之间寻求人生意义和生命的价值。

身体和精神到底哪一个重要?这也是他们经常讨论的。他们不讨论三纲五常,而是讨论如何"形神相亲,表里俱济"①,也就是如何使身体快乐,精神也快乐。如何才能达到身体与精神的双重快乐?他们认为应该有一个依据,这就涉及人的本性是什么?人都有人性,孟子讲的人性是"恻隐之心""辞让之心"等社会道德的人性依据,但是魏晋士大夫讲的人性,则是作为个体存在而获得身体快乐和精神愉悦的人性依据。所以在魏晋士大夫那里,人性首先是人的身体快乐的一个必然性依据。之所以要把魏晋士大夫精神称之为"率性自由",因为他们的"率性",是如何自由地实现发自于个体自我内在的自然之性。大家知道身体的快乐过度,会带来很多负面的因素:譬如你喝酒喝一点点很快乐,喝多了会头疼,甚至会产生肝脏等其他身体的毛病。如何节制?应该是依据于你的身体之"性"。其实,人的各种各样的情感欲望均来自你先天的本性,你对本性的自然需求应该满足到什么程度?一个方面你不能压抑它,压抑它的话,人的先天情感欲望没有得到释放,人的身体会有病;魏晋名士嵇康就提出"六经以抑引为主,人性以纵欲为欢"②。但是,另一方面,人的情感欲望也不能太多,纵欲也违背人的本性,会使人的身体生病。所以,"率性"才是你获得身体快乐的依据。同时,你的精神快乐也是来自你的本性,你唱歌的快乐,你写诗的快乐,你欣赏音乐的快乐,都跟你内在的"性"有关系。你要达到逍遥之境,这个逍遥境界就是最高的精神快乐,你根据你自身的本性达到逍遥之境,叫作循性、率性、因性。郭象认为每个人的性是不一样的,大家都没有一个统一的标准,可能这个人是爱听音乐,他能在音乐中感到极度的满足,但是另一个人觉得没什么意思,他更喜欢在大自然中游玩得到快乐。每个人根据

---

① (三国)嵇康著,戴明扬校注:《嵇康集校注》卷第三《养生论一首》,中华书局2014年版,第253页。

② (西晋)郭象注,(唐)成玄英疏:《南华真经注疏》卷第七《知北游第二十二》,中华书局1998年版,第425页。

自己的本性得到自己的快乐,这就是所谓的"率行自由"。魏晋士大夫认为,我们追求快乐、追求幸福、追求愉悦,应该顺着我们的性,率性而为。所以郭象讲了一段很有名的话,"夫率自然之性,游无迹之途者,放形骸于天地之间,寄精神于八方之表",①而这个率性是实现形骸和精神的双重依据,但是由于每个人有个体差异,所以每个人要各安其所安,实现自己固有的本性,没有一个统一的本性。

这些话里面实质上体现出非常重要的精神特质,我认为就是士大夫精神。过去认为天是作为一个精神的最高权威,我们要绝对服从它。而魏晋士大夫从自己的本性中寻找天,这样他就否认了外在的精神权威,也否认了君主权威,这是士大夫精神的另外一个面向。我认为这个面向同样非常重要,因为这种面向是表达了士大夫的一种非常洒脱、活泼、自在的精神自由,即充分表达了士大夫作为一个个体存在的本性,以及士大夫个性精神的展开与张扬。人不能完全被当作一种社会的工具,不能把人看作是巨大机器中的螺丝钉。换句话说,一个有丰富精神的士大夫,应该有个性精神的展开与张扬。因而魏晋士大夫的个性精神,确实是中国士大夫精神的一个重要方面。魏晋时期士大夫精神,有一种自尊、高贵、洒脱的内在气质,他们是非常超脱的,应该说,魏晋时期实质上是士大夫精神获得了一个全面性、丰富性的发展。我认为如果没有魏晋,也就没有后来的宋明,以及我们后面讲的圣贤气象的面向。魏晋时候士大夫作为个体自我的重新发现,确实是一种精神解放,完成了个性化的、精神自由的士大夫精神。这个面向也是值得我们注意的,因为这样一个面向,实质上对士大夫这个阶层——作为"学者—官僚",特别是作为文人学者的身份——需要这种洒脱、活泼、自在的精神自由和个性表达。这种面向特别有利于文学、艺术、学术、思想的发展,因为学术思想也好,文学艺术也好,它恰好需要从内在的、个性化的精神感情出发,充分调动你作为个体的内在精神需求和个性化情感表达。所以魏晋时候的哲学、经学、宗教、诗歌、绘画、书法这些文

---

① (西晋)郭象注,(唐)成玄英疏:《南华真经注疏》卷第七《知北游第二十二》,中华书局1998年版,第425页。

化、艺术、学术都非常发达。魏晋时期看起来好像是个乱世,这些文人学者们的生活经历也很艰难,但是正是这个士大夫群体,创造了在中国历史上,非常丰厚的精神文化财产、文化遗产。即便我们今天来读魏晋时候的学术著作,品味他们的文学作品,欣赏他们的书法和绘画,其成就亦是达到了一个非常高的境界。这是与汉代完全不同的精神文化。看起来汉代的国家好像非常繁荣和强势,汉代是强盛的帝国,而魏晋是混战的政局。但是恰好是在魏晋时候发展出了一个非常发达的文化、思想、艺术高峰,创造了一批丰硕的文化成果。我认为这种文化成果的核心,是这种率性自由的士大夫精神的表达,我们必须要看到这一点。

四、"圣贤气象"的士大夫精神

士大夫如果仅仅具有"率性自由"的精神,那么,他们作为社会精英是有严重缺陷的。郭象讲的"身在庙堂之上,其心在山林之间",其实这是一种有严重缺陷的人格分裂。为了弥补这种缺陷,士大夫精神到两宋时候发生了很大的变化,形成了圣贤气象的士大夫精神。

唐宋时期,中国社会政治发生了巨大变化。科举制对士大夫阶层的形成和发展,产生了重要的推动作用。科举制完全不是根据你的任何身份,而是一考定终身,是非常平等的。科举制有一套非常严密的考试制度,它通过这样一套制度来选拔读书人进入官僚队伍。另外,唐宋时候经济上、政治上和文化教育上也发生了很大变化。譬如,唐宋时期形成的书院制度,这是一个民间办学制度。谁愿意读书并且读书读得好,就可以来书院学习,完全没有门第观念。而且,宋代的政治环境很好,皇帝与士大夫非常合作。宋代朝廷反思唐末五代藩镇之弊端,采取重文轻武的政治策略,君主希望与士大夫共治天下,天下不是皇帝一个人的,也是全体士大夫的。所以宋代士大夫的社会责任感也非常强,这种背景下出现了一种新的士大夫精神,叫作圣贤气象。

什么叫圣贤气象?张载有句名言:"为天下立心,为生民立命,为往圣继绝学,为万世开太平。"①宋代士大夫特别推崇圣贤气象,一方面,他们提出要回到先秦孔孟的"士志于道",提出"先天下之忧而忧"②。宋代士大夫重新呼唤一种深切的文化忧患、社会忧患。他们既有很强的忧患意识,又有很博大的社会胸襟。张载提出"民吾同胞,物吾与也",认为天下老百姓都是我们的同胞,我们和天地万物都是同类。所以,他们有一种很迫切的经世治国的强烈愿望,希望社会和谐、国家富强、天下安泰,使儒家文化、圣贤之道得以传播。所以,两宋时候的士大夫群体就出现了一种心忧天下、名节相高的风气,这个和东汉的名士非常像。二程在教授弟子的时候,他解释什么叫圣贤气象,就是"老者安之,朋友信之,少者怀之"③。这样的士大夫精神显然是追求以天下为己任。

宋代士大夫精神不仅仅是回到先秦儒家,他们除了推崇儒家传统和东汉节义名士的救时行道、名节相高之外,还追求一种洒落、自得、闲适、安乐的精神境界,这些特征有点类似魏晋名士追求的率性洒脱;也有些像道家崇尚自然,还类似禅宗追求心灵超脱。所谓的洒落、自得、闲适、安乐,其实就是一种超脱的精神、一种出世的情怀。儒家追求修齐治平,强调"先天下之忧而忧",需要背负重大的社会责任。如此,士大夫承受着巨大的精神压力,他们如何在坚持社会的道义与责任的同时,能够化解那些因强烈的忧患意识所带来的心灵的痛苦和精神负担?就需要魏晋士大夫那种超脱的精神。所以宋明士大夫既追求"先天下之忧而忧",有"士志于道"的情怀,同时又追求精神逍遥的超脱境界。周敦颐是理学的开山鼻祖,程颢是理学代表人物。周、程皆喜欢探讨"孔颜乐处,所乐何事"④。宋代士大夫经常讨论一个问题,就是孔颜生活在困境中,为什么还会快乐?叫作"寻孔颜乐处",所以这个"孔颜乐处"就成为宋明时候士大夫普遍的追求。宋明士大夫所探寻"孔颜乐处"的实质,就是圣贤

---

① (北宋)张载:《附录》,《张载集》,中华书局1978年版,第399页。

② (北宋)范仲淹:《岳阳楼记》,《范文正公文集》卷第八,《范仲淹全集》,四川大学出版社2007年版,第195页。

③ (南宋)朱熹:《论语集注·公冶长》,《四书章句集注》卷三,《朱子全书》第6册,上海古籍出版社、安徽教育出版社2002年版,第107页。

④ (北宋)程颢、程颐:《二程集》卷二上,中华书局2004年版,第16页。

气象中个人追求的"自得"现象。宋明士大夫尽管承担很大的社会责任与文化责任，但是他们希望并懂得在世俗中参悟得失、毁誉、生死，实现对得失、毁誉、生死的了然与超脱，达成心灵的自由和澄明之境。他们为这种境界寻求历史的根据，祖述孔颜精神，称之为"孔颜乐处"。程颢常常是"吟风弄月以归"①，邵雍追求"安乐窝中事事无"②，到了明代，陈献章追求所谓"放浪形骸之外，俯仰宇宙之间"③，王阳明提出"乐是心之本体"④，强调我们心灵的本体是快乐的，提出"点也虽狂得我情"⑤。这些均和魏晋名士所追求的任性逍遥十分相似。这反映了宋明时期的士大夫，他们同样追求超脱的心灵境界，即是一种内心深处自觉的快乐、平和、超然、淡泊、洒然的态度和心境。

圣贤气象的士大夫精神，其实就是希望能够既解决社会的忧患，又解决个体生命的忧患。宋明士大夫既要承担社会责任，在面临"天下无道"的重大问题时，能够积极参与到治国平天下的经世大业，又要能够超脱因社会忧患而带来的精神痛苦，达到一个快乐的境界。故而他们需要懂得如何超脱外物所累，而实现一个心灵自由的自得境界。宋儒对"孔颜乐处"非常认同，强调安贫乐道的精神超越。宋儒胡瑗曾经以《颜子所好何学论》为题考学生程颐，而周敦颐就是要二程找一找孔子和颜回为什么那么快乐。范仲淹告诫张载"儒者自有名教可乐，何事于兵"？⑥ 这些典型事例表明，宋代士大夫普遍地关注化解忧患而获得的内在愉悦。你把这个问题搞清楚了，就懂得了什么是道学。宋明士大夫也有社会与文化的双重忧患。宋明士大夫作为社会责任的承担者，因天下职责所在，肩负忧患，饱受痛苦，他们需要使自己超脱因社会责任所带来的沉重心理压力。宋明理学家也有很强的文化忧患，他们担心"道"之不

---

① （北宋）程颢、程颐：《二程集》卷三，中华书局2004年版，第59页。

② （北宋）邵雍：《邵雍集》，《伊川击壤集》卷十，中华书局2010年版，第339页。

③ （明）陈献章：《陈献章集》卷四《湖山雅趣赋》，中华书局1987年版，第275页。

④ （明）王守仁：《传习录中》，《王阳明全集》（新编本）卷二，浙江古籍出版社2011年版，第76页。

⑤ （明）王守仁：《外集二》，《王阳明全集》（新编本）卷二十，浙江古籍出版社2011年版，第823页。

⑥ （北宋）张载：《附录》，《张载集》，中华书局1978年版，第381页。

行,希望重建道统以弘道。但是另一方面,宋明士大夫又特别具有对生命的忧患,包括对生死的忧患。他们总是批判佛教、道教生死观,认为生死乃是常事,佛老自私自利以求超脱生死,故而对生死说不停。

宋代士大夫的圣贤气象、"孔颜乐处"实质上包括两个面向,如果只片面强调一个面向,都不是宋明士大夫的圣贤气象。一方面,如果你只有以天下为己任、先天下之忧而忧的情怀,这只是一个面向,还不是完整的圣贤气象。另一方面,如果你过于强调自己的自在、闲适、舒泰,过于追求自己的自在超越,那同样也不是完整的圣贤气象。宋儒认为,以孔子为代表的儒家圣人之道包括这两个方面:社会责任与个人自在、忧患意识与闲适心态、道义情怀与洒落胸襟。宋代士大夫既要承担社会责任,同样还要有心灵的自在;既要有忧患意识,同时还追求闲适的心态;既能够坚持道义的情怀,同时也不能放弃洒落胸襟。

五、"圣贤未有不豪杰"的士大夫精神

下面讲第四个阶段,"圣贤未有不豪杰"的士大夫精神。宋明时期把个人的心灵自得和社会责任结合起来,但这仅仅是一种圣贤境界。圣贤境界特别强调个体内在的道德修养与精神境界,这种追求更多地是停留在"志"的层面。在先秦儒学以周孔并称,强调宪章文武,其本质即是要求将人的德治与功业相结合,追求一种内圣外王的理想。周文王、周武王既有很高尚的道德修养,又有很强的经世能力,故而得到后世推崇。伴随理学思潮的演变,一些儒者往往片面强调个体道德修身而脱离现实,他们往往没有管理社会的能力,不能创建社会功业,在社会出现危难的时候不能解决社会实际问题,即所谓"无事袖手谈心性,临危一死报君王"①。这种风尚造就了一批脱离实际而空谈心性的文人学者,他们空有圣贤之志,既不能带兵打仗,又不能解决社会现实

---

① (明末清初)颜元:《存学编》卷一,《颜元集》,中华书局1987年版,第51页。

问题。

所以到了明清之际,一些思想敏锐而深刻的思想家对士大夫精神提出新的要求,就是追求圣贤气象者必须首先具有豪杰精神。这种提法是过去没有过的。明清之际的士大夫在反省明朝灭亡的经验教训时,认为只讲圣贤气象是不够的,必须要有豪杰精神,才不会出现亡国亡天下的惨痛历史。所以豪杰精神就成为明清之际的士大夫奔走呼喊的时代心声。明清之际士大夫的著名代表人物有王船山、黄宗羲、顾炎武等,他们都呼唤豪杰精神。我这里以王船山为例,来探讨这一时代转变与士大夫精神的重构。

王船山反省了明代灭亡的教训,认为士大夫必须要具备一种智勇双全、创造功业的豪杰精神。他说:"有豪杰而不圣贤者矣,未有圣贤而不豪杰者也"①。他的这段话里反映出两个重要理念:其一,豪杰是成就圣贤的必要条件,所有的士大夫以后要做圣贤,首先考虑一下你自己是不是豪杰,有没有经世的能力,有没有坚强的意志,有没有卓越的事功;其二,圣贤人格比豪杰内涵更加丰富,圣贤包括豪杰。同样讲圣贤气象,到了王船山这里,就必须要有经世能力,要有开拓世界的气魄,特别要能够创建社会功业。这是对理学流弊的批判,反映了士大夫精神价值的转型。他们对过于注重心性修养而脱离实际社会问题的解决,提出强烈反思和批判,转而提倡经世致用思想,体现为此后的儒林特别强调圣贤兼豪杰的士大夫精神。

这个转变很大,这种士大夫精神一直影响到清代中晚期,乃至于影响到近代。如晚清倡今文经学的魏源,就是受了王船山的影响。魏源是近代主张经世致用的代表人物,在他的书里也有这样的话,"豪杰而不圣贤者有之,未有圣贤而不豪杰者也"②,体现着他对王船山圣贤兼豪杰的士大夫精神的继承和弘扬。

圣贤兼豪杰的士大夫精神在曾国藩、左宗棠、胡林翼这一批湘军将领中得到集中的体现。湘军将领本身就是一个士大夫集团,虽然其士兵都是在湘中

---

① (明末清初)王夫之:《俟解》,《船山全书》第 12 册,岳麓书社 2011 年版,第 479 页。

② (清)郭嵩焘撰,梁小进主编:《郭嵩焘全集》第 9 册,岳麓书社 2012 年版,第 217 页。

地区招募的农民,但是其将领都是士大夫。湘军的主要将领基本上是读书人,大部分都是岳麓书院的学生,受过良好的儒家教育,拥有秀才、举人、进士的身份,故而执着地追求圣贤之学。他们不仅仅励志圣贤人格,也受到经世学风的影响,亦兼有豪杰精神,有坚定的行动毅力和卓越的办事能力。曾国藩就是一个典型,他也说过:"豪侠之质,可入于圣人之道"。这跟宋明时期的理学家的说法不一样,跟事功学派的说法也不一样。曾国藩立志做"圣贤—豪杰",为了突出圣贤与豪杰的统一性,他往往把儒家的一些道德理念,即儒家圣贤之道的仁、义、礼、智、信,作为治军的办法,努力把圣贤的道德理念与豪杰的经世事业结合起来。曾国藩的军事思想,是一个非常值得思考和深入研究的课题。

　　除了曾国藩,其实其他湘军将领也是这样的。郭嵩焘也是湘军的一个重要将领,他既推崇圣贤的道德理念,同时又强调要有坚强的气质。他认为:"圣贤豪杰长处,尤坐一赖字。险阻忧虞,艰苦挫折,都赖得下去。"①因为一个士大夫要去开拓事业,建功立业,必然面临各种困难和险阻,你要能够坚持下去,就要能够"赖"得下去。湘军后来成为晚清的一个很重要的军事集团、政治集团,其实同样是一个文化集团,是一个士大夫集团。许多人认为湘军是中国近代军阀的源头,其实湘军和近代军阀很不一样,主要在于湘军将领的士大夫身份,圣贤兼豪杰是他们的共同理想追求。

　　这种追求圣贤兼豪杰的士大夫精神,到了近代的民族革命、民主革命时期,继续在发挥作用。在西方中世纪后期,贵族仍然有很多政治特权、军事特权,而那些城市市民阶级为了追求自己的权利,大力倡导平等、自由,从而推动了欧洲的近代化进程。但是,中国的近代化正好是一批儒家士大夫来推动的,他们的思想动机、奋斗目标不是为了获得自己的经济权利、政治权利,而是以一种"圣贤—豪杰"的救世情怀和士大夫精神为动力,从事推动中国近代化的政治变革,以拯救中华民族的命运。他们以这种"圣贤—豪杰"的士大夫精神和救世情怀为动力,积极参加中国的戊戌维新、辛亥革命、五四新文化等近代化运动。这些运动的主要代表人物,往往均是"圣贤—豪杰"精神的倡导者。

---

① （清）郭嵩焘撰,梁小进主编:《郭嵩焘全集》第9册,岳麓书社2012年版,第41页。

例如,不仅戊戌维新是士大夫群体领导的政治改良运动,而且清末新政以后的辛亥革命也是这样。像孙中山、黄兴、蔡锷这样一批近代著名政治人物,他们都有很强的士大夫精神,其本质就是中国传统士大夫精神的体现。辛亥革命的领袖宋教仁,他就说"须极力提倡道德,凡古昔圣贤治学,英雄豪杰之行事,皆当取法之"①。中国近代史上那些推动政治变革、推翻专制君主统治的恰好是这一批士有大夫气质的知识分子,他们特别具有传统士大夫精神。他们在价值理想、道德操守方面,都能够体现出圣贤人格的追求特点,甚至他们提出的自由、平等、共和这些政治理念,也是作为他们追求"圣贤—豪杰"的外在目标,实现他们这些人格理想的手段。中国近代的政治理念,和西方的那些资产阶级政治理念,有很大区别,应该说,这些区别跟他们的士大夫身份有关系。近代出现的各种社会思潮、政治思潮,如戊戌维新、辛亥革命、新文化运动中的领袖们,均表现出对经济均平、政治平等的"大同"理想,这种相同的思想推崇,和他们身上具有的士大夫传统有关。另外,近代中国出现那么多的科学救国、军事救国、实业救国等等,其实也都是一种士大夫精神的体现。这和西方的近代思想有非常明显的差别。

士大夫群体有一个制度的基础,就是科举制。平民的读书人,可以通过科举取士,然后成为士大夫。一百多年前,科举制度废除了,作为社会阶层的士大夫不再存在。但是,士大夫精神还作为一个文化现象而存在。

六、士大夫精神的现代意义

我们已经谈到,中国当代精英群体在精神方面出现了一些严重的问题,当代的许多问题均与精英阶层的精神缺失有很大的关系。一方面,精英阶层往往是一个社会的精神文化的创造者、表达者,他们对社会思潮、社会风尚应该说有引导性的作用;另一方面,由于精英阶层往往享受更多的政治的资源、文

---

① 宋教仁:《宋教仁自述》,深圳报业集团出版社 2011 年版,第 113 页。

化的资源、经济方面的资源，所以他们应该相应地承担更大的责任。但是，人们发现，当代中国出现精英阶层的普遍性精神迷失，他们不能通过人格精神力量、道德表率作用而受到人们的普遍尊敬，故而不能引导良好的社会风气。许多所谓的政治精英，不是用公共权力来服务人民，而是利用公共权力来满足个人的无穷利欲；许多文化精英，也不是把自己作为精神文化的承担者，而是利用精神文化来达到其他的目的；许多经济精英更是无精神追求，往往要靠炫耀性消费，来体现他自身的价值和身份。这样种种的情况，强化了精英阶层与社会大众的矛盾和对立。

但是，中国精英阶层不应该靠西方的贵族精神来挽救，而应该寻找、复兴具有中华文化特点的士大夫精神。为什么我们更需要复兴和强调士大夫精神？

第一，是基于我们深厚的中国文化传统。我们有两千多年士大夫精神的传统，士大夫精神传统一直贯穿中国两千多年的历史过程，对整个中华文明的创造、延续和发展，对当时社会秩序的建设，均起到非常重要的作用。虽然这种精神传统在近现代历史上受到冲击，但仍然体现在许多优秀的现代社会精英身上。文化传统总是具有强大生命力的，作为中国当代的精英阶层，理所应当继承这一中华优秀文化传统。

第二，是社会基础的原因。士大夫和贵族有一个非常不一样的地方，就是贵族是靠自己的家族血缘关系来获得社会特权，包括经济特权、政治特权、文化教育特权，而士大夫则是靠自己奋斗而成为社会精英，士大夫必须通过自己的努力而完成从平民到精英的转变。大家说中国存在一些新的权贵，也是靠家族血缘关系来获得经济特权、政治特权，这就是新权贵。但是我们讲的社会精英不是指这一个群体。事实上，士大夫作为一个社会群体，其形成过程和社会基础，与我们今天讲的社会精英是非常接近的。

第三，从现实的需求来看。我认为当代中国社会正在发生重大转型，迫切需要社会精英能够发挥更加重要的积极作用，而士大夫精神确实能够为当代中国精英提供思想力量、文化资源。所以我们倡导士大夫精神，也是因为当代中国精英阶层的普遍性精神缺失，他们特别稀缺人格精神力量、道德表率作用,故而难以受到人们的普遍尊敬,也不能引导良好的社会风气。

这种士大夫精神的现代意义包括下面几个方面:

其一,承担文化使命与社会责任的精神。士大夫立志于道,就是主动承担社会责任、文化使命。士大夫是由普通的平民奋斗而来的,他们的精神动力离不开对社会的承担。他们提出的"身无半亩,心忧天下"的士大夫精神,仍然是值得中国当代精英敬仰和学习的。当代中国实际上面临很多问题,中国经历很短的时间而纳入一个全球化的体系,中国已经由过去相对封闭的国家,变成当代全球化的一个大国。与此同时,许多不同时期、不同地域的矛盾和问题均同时出现在当代中国。在这个急剧变革的时代,中国集聚了很多重大的矛盾和问题,急需当代中国的社会精英来解决,故而需要重建主动承担社会责任、文化使命的士大夫精神。当代中国的社会精英,无论是在政治领域、文化领域、经济领域,都对社会的影响很大,拥有很多的自然资源、社会资源、文化资源,那么他们就要承担更大的社会责任。显然,中国当代精英不是贵族,他们与传统士大夫一样,均是通过奋斗而获得对社会资源的掌握,因此,他们应该为社会、国家、人类承担更大的责任。

其二,追求人格自由和自尊的精神。魏晋士大夫率性自由,拥有追求人格自由和自尊的精神,坚持自己的独特个性、自由思想,并且表达出个体人格的独立,绝不盲从外在权威,故而可以作出有创造性的学术思想、文学艺术成就。其实这一点,对当代的知识界、文化界及其各个领域的知识文化精英都是非常重要的。因为魏晋士大夫的率性自由的士大夫精神,强调绝不盲从外在权威,坚持从真实的、主体性的自我出发,才能创造出有独创性的文化成果。当代中国的知识界和文学艺术界的文化精英,尤其值得学习魏晋士大夫这种人格自由和自尊的精神。

其三,既执着又超脱的精神。宋明士大夫追求一种既执着又超脱的精神,士大夫的落脚点是在现实社会关怀,而他们向往以出世的情怀做入世的事业,最终目标是在入世的事业。他们在承担救国救民的责任的时候,又追求超脱的精神。这是值得我们当代精英学习的。中国当代精英要承担很多社会责任,要有很强的忧患意识、道义情怀。但是,如果只有社会责任,只有忧患意识,只有道义情怀,就会常常处于痛苦、烦恼的处境,他们需要化解这些痛苦、烦恼的不良情绪。如何化解?他们需要有一种超脱的精神,一种出世的情怀。所以,中国当代精英需要通过自我的修炼,能够保持很强的社会责任意识和忧患意识的同时,也能够保持自我个体的身心自在、平和心境。

其四,既追求理想又关怀现实的精神。明清士大夫精神希望将圣贤与豪杰结合起来,"圣贤"代表士大夫对社会理想、文化理想的追求,"豪杰"代表士大夫对社会功业、经世能力的追求。士大夫似乎应该是这样一个群体:作为一个文人学者,应该说是有一种超脱现实的文化理想;但是作为一个官僚或社会管理者,他又必须要面对现实,要有务实的事功追求。可见,中国传统士大夫精神,其实也是追求一种把理想和现实结合起来的精神。这一点,特别值得当代中国社会精英的学习,他们特别需要追求一种把理想和现实结合起来的精神。我们常常讲的新中国成立后的前30年和后30年,它们似乎具有这样的特点:前30年往往是追求很高的理想,不务实,把国家搞得非常贫穷;但是改革开放以来的后30年非常务实,追求功利、财富的成功,但是显然又过于现实、过于功利,下一个30年应该追求一种把理想和现实结合起来。所以,把理想与现实两者结合起来的士大夫精神,应该为当代中国精英所迫切需要。这种既务实又有理想的精神追求,是中国传统文化非常宝贵的精神财产。

上面讲的四个方面,无论是哪个阶段,他们遗留的精神文化都可以成为中国当代社会精英的宝贵精神资源,是值得我们借鉴和学习的。今天我们倡导士大夫精神,实质上也是认为中国当代社会精英需要继承和弘扬传统的士大夫精神。我们相信,中国的崛起,首先应该是中华文明的崛起,而中华文明的崛起首先需要这种士大夫精神的复兴。

(根据作者演讲整理,原载《原道》2015年第1辑,东方出版社2015年版)

书 院 论

文化复兴与书院中国

当代中国正在形成一股重要的社会思潮,就是传统文化的复兴。由民间到官方,再到整个社会各界,传统文化复兴已然成为中华民族一股强大的内生力量。与此同时,传统书院也在逐渐兴起。传统书院是中国历史上独特的教育机构,它的形成与发展有千年的历史,并承载中华文化的优秀的教育传统和文化传统,对中华文明的延续、发展有着重要的贡献。如果我们把传统书院放在世界文明史上来考察,它不仅仅是一个教育机构,还体现出中华文明的独特形态、发展模式和人文价值,它不仅仅是世界教育体系中一个独特的类型。

传统书院有着厚重的文化底蕴,也具有非常重要的现实意义。当然,我们首先需要了解和思考传统书院的文化特质。所以,我们不仅需要把传统书院扩展到整个中国书院历史的脉络里,探讨传统书院与中华文化的关系,而且我们还要思考传统书院在当代中国文化复兴的大背景下,如何更好地发挥传统书院的功能。

所以,本文讨论的主题是"文化复兴与书院中国",希望通过对"儒教"的追溯,论述书院与中国儒学传统的关系,进而探讨传统书院在逐渐兴起的当代中国,如何恢复其重要的文化教育功能,承担其文化使命。

一、"儒教"是一种人文教育

中华文明具有早熟的人文精神传统,我们的先贤很早就努力摆脱"神"的崇拜,寻求人文理性。周朝的先贤在思考人和天的关系过程中,形成了中华文化的人文精神传统。我们不能完全依赖神,而是要有人文自觉,以德配天,这其实就是"人"的觉醒,表达出人文精神的追求。这种人文精神的追求是通过教育得以体现的,出现了以"成人""德育"为本的儒家学说。所以,世界上很多中外学者,把中华文明称之为"儒教文化"。当代不同的文明形态往往与宗教有关,如基督教、东正教、伊斯兰教、佛教等,他们把中国文明、东亚文明称之为"儒教文明",其实这一个"教"是"教育",而不是宗教,中华文明确立了一套以儒家价值体系为核心内容、以教育组织为传播形式的文明体系。

我要特别强调一下"儒教"的"教"。在历史上,基督教、东正教、伊斯兰教、佛教、道教均是宗教,儒教的"教"和其他的"教"不一样,儒教的"教"实际上是教育、教化的意思。当然,它也包含一些宗教意义,但它的主要特征、功能是教育。"儒教"不是一种宗教形态,而是一种人文教育。"儒"直接起源于从事教育的职官。班固《汉书·艺文志》的解释:"儒家者流,盖出于司徒之官,助人君顺阴阳明教化者也。"①所以,"儒教"的"教"主要是教育的"教"。儒教创建者孔子不是能够预言未来的"先知",不是宗教领袖,而是推动人文教育的教师。释迦牟尼、耶稣都是宗教创始者,他们都是能够预测未来的先知。而孔子与他们的不同之处,就在于他本来就是一个老师,他的出身非常平凡,没有任何神异的色彩,没有代表能够预知未来的某种神明。《论语》记载,孔子只是一个"十五有志于学"的好学之士,是一个一辈子"学而不厌,诲人不倦"的教育家。可见,儒教的"教",主要是教育的"教",完全不同于其他宗教的创教人都有非常多的那种神秘色彩。

孔子是一个非常普通的人,儒学创立的同时形成了儒家经典,这些《六经》《五经》的儒家经典,不是上帝的训谕,而是三代先王、儒家诸子人文理性的历史积累,是人文文化的经典、历史理性的经典。特别是其中包含着大量论述教育的经典、实施教育的教材。儒家经典主要就是讲如何培养人、教育人,儒家的《四书》(即《论语》《大学》《中庸》《孟子》)讲的都是如何教育、如何培

---

① (东汉)班固:《汉书·艺术志第十》,中华书局 1962 年版,第 1728 页。

养人,也就是成人之教。《学记》《大学》均是世界上最早的教育学著作。

在世界各种文明形态中,只有中国文明以教育作为立国的根本:"建国君民,教学为先。"①与此相关,中国产生了世界古文明中最成熟的教育制度。孟子说:"夏曰校,殷曰序,周曰庠,学则三代共之。"②夏、商、周是中华文明最早的三个朝代,中国已经建立了非常完善的教育体制,这种教育体制主要是官学教育,就是由朝廷办的。除了这套官学之外,其实还有一套私学教育,即民间办学。春秋战国时期开创的民间私学,进一步推动了中国传统教育、传统学术的发展。我们讲诸子百家,其实就是一些最早的私立大学。此后在中华教育史上,一直有两套教育体制:一套是由朝廷官府创办的官学体制;另一套是从事民间教学的私学体系。

为什么说"儒教"是一种人文教育?《周易》云:"观乎人文,以化成天下。"如何以"人文"去"化成天下"? 就是教育。儒家教育的根本任务,就是要在这个失去人文文化制约的社会建立合乎"人道"的和谐秩序。所以,儒教的"教",就是希望儒者致力于教育,能够达到成化成天下的目标。但是,我们还应该注意到,儒家并不仅仅是把教育看成是维护社会秩序的手段,还特别关注个体人格,关注个人的责任、潜能和发展。孔子的"成人之教"、孟子的"自得之学"、张载的"大其心则能体天下之物"、程颢的"仁者以天地万物为一体,莫非己也",均有发展个体人格、弘扬主体精神、实现自我价值的人文精神。

孔子的理想是"成人之教"。他的所谓"成人"其实就是全面发展的人,即应该是在智慧、意志、德行(即智、仁、勇)等各方面均得到全面发展,同时还要有各种各样的文化知识、综合素质,其实也就是理想人格的"君子"。所以,孔子十分关注如何开展"成人教育",强调培养理想人格的君子,教其六艺(礼、乐、射、御、书、数),同时希望个体的综合素质能够得到全面发展,以实现理想的"成人教育"。孟子把教育人理解为个体人格的自觉,即"自得之学"。他认

①　(东汉)郑玄注,(唐)孔颖达疏:《礼记正义》卷三十六《学记篇第十八》,李学勤主编:《十三经注疏》,北京大学出版社2000年版,第1225页。
②　(南宋)朱熹:《孟子集注·滕文公章句上》,《四书章句集注》卷五,《朱子全书》第6册,上海古籍出版社、安徽教育出版社2002年版,第311页。

为,学习实际上是唤醒个体"良知"的自省,通过自我反省,能够发现自己内在的德性,达到这样的境界才是一个君子、一个贤人。从君子、贤人又可以修行到圣人,所以儒家文化在推动教育的时候,特别强调要发展个体,弘扬自己的主体精神、实现自我价值。其实这都是一种人文教化。

可见,儒家人文教育基本上是致力于两方面的:一是体现在家国天下,通过教育来建立一个和谐美好的社会秩序,最终实现和谐家国与大同天下;二是强调通过教育以启发个体的内在潜能和人文精神。所以,儒家教育的核心既包括教育的社会政治功能,又包括教育对个体全面发展的促进。从这两重意义上来说,儒家教育本质上就是一种人文教育。

二、宋代儒学复兴与书院崛起

书院萌芽于唐,崛起于两宋。为何宋代将民间教育机构称之为"书院"呢?大家知道,在中国古代,最早的文字刻写在甲骨、青铜器、帛书、简牍上,那时候书非常贵重,民间一般很难有图书收藏。以后,由于造纸术、印刷术的发展,也就推动了图书的印刷和出版的发展,形成了民间的藏书机构。最早的"书院"萌芽于唐,南宋学者王应麟的《玉海》解释说:"院者,取名于周垣也。"书是知识的载体,书院最早就是藏书之地,后来由藏书逐步演变成读书、教书、写书、出版书的文化教育机构。从唐朝开始,"书院"由朝廷的藏书校书机构,逐渐演化为民间的私人读书讲学的文化教育机构。后来,以"书"为核心的书院,开始成为宋以后重要的文化教育基地。

作为文化教育机构的宋代书院,并不是偶然形成的,而是继承和发扬了中国悠久的教育传统,包括先秦私学争鸣、汉儒精舍研经、魏晋竹林玄谈、隋唐寺院禅修。作为一个教育组织机构,特别是作为一种士人、士大夫自由讲学、研究经典、学术辩论、修身养性的独特机构,宋代书院其实是千余年来教育内容、教育形式不断发展、演化的结果。在历史上曾有不同的讲学内容和不同的讲学形式,在宋代书院这里均可以找到。

先秦以来,中国学术史、教育史曾经经历过几次重大历史变革。我们经常讲到的先秦诸子、两汉经学、魏晋玄学、隋唐佛学等,往往是既包括学术思想、教学内容的演变和发展,也包括学术机构、教学形式的演变和发展。先秦诸子的思想内容是儒、墨、道、法的不同学派的思想,而先秦诸子之所以能够形成不同学派,其实就是通过自由讲学的形式。所以,中国的轴心文明时代即春秋战国时期,出现了诸子百家如儒家、墨家、法家、道家等,他们各自研究学术,提出自己的学术宗旨;另外,他们又以私学的形式传授学术、培养弟子,并不断展开相互讨论、相互辩论。战国时期甚至还形成、发展为稷下学宫,诸子百家在此争辩与讨论,形成了中国历史上特有的"百花齐放、百家争鸣"的局面。宋代书院成为不同学派的学术研究、人才培养的基地,书院学派之间开展相互讨论、相互辩论,显然是继承了先秦诸子的学术思想和教育组织形式。

两汉经学代表一种新的学术形态和教育形态。两汉确立了儒家经学独尊的地位,影响了中国传统学术两千多年。两汉经学的研究和传播也必须通过一种新的学术、教育机构,除了在朝廷设立太学、地方设立州学之外,汉代还形成了一种非常独特的教育形式和学术研究形式,叫作"精舍"。汉代的经学大家创办了精舍,在精舍里研究经学、培养弟子、传播经学。实际上,宋代书院继承了两汉经学的学术传统与教育传统。宋儒同样推崇、研究、传播儒家经典,宋代书院成为宋儒研究、传播儒家经典的重要基地,其实就是继承了汉代精舍的研究传统和教育传统。特别值得注意的是,宋代很多学术大家如朱熹、陆九渊等,他们将自己最早创办的书院,也直接叫作"精舍",如朱熹的武夷精舍、陆九渊的象山精舍等,这些精舍后来才改成"书院"。

魏晋时期玄学大盛。魏晋名士们喜欢聚在山林讨论高深的哲学问题,如本与末、有与无、名教与自然等形而上的玄理,所以被称之为"魏晋玄学"。魏晋名士对形而上之理的关注,深刻影响了宋代士大夫,玄学思想与理学思想之间有一种内在发展、演变的理路。与此相关,魏晋名士汇聚山林谈玄析理的生活态度与学术风格,也深刻影响了创办书院的理学家。理学家们在书院辩论理气、道器,以及追求一种超然物外的精神气象,均可以看到其和魏晋名士在山林之间谈玄析理的风度。

隋唐佛学大盛。正因为佛学的精致理论和思辨方法对宋儒形成强烈的挑战,故而也激发了宋儒的创造性激情,隋唐佛学也因此成为新儒学的重要思想来源。与此相关,隋唐佛教主张修炼成佛,佛教徒喜欢在名山大川修建寺院,吸引教徒来寺庙推广禅修活动。隋唐佛教在山林修建寺庙的禅修,也影响了宋代的书院。最早的书院大多均是建立在名山之中。许多宋代的儒家士大夫,除了研究经典与学术之外,非常注重内在的心性修养。这种通过静坐而修身养性的"半天读书、半天打坐"的书院教育传统,实际上是吸收了佛教寺庙的禅修方法。

由此可见,宋代书院的学术研究内容和教育组织形式能够形成,并不是偶然的。没有前面长期的学术思想、教育实践的积累,就不可能有宋代书院的形成。宋代书院其实是将以前教育实践的传统、学术思想的传统,都吸收、集中到这一种新的教育组织形式中来,从而形成了代表儒家士大夫理想的书院。所以,书院之所以能够成为重要的、延续千年的教育—学术机构,是集历史之大成的结果。

但是,宋代书院形成后,能够得到那么大的发展,还有一个重要的历史机遇,即唐宋之际的重大变革中文化复兴的要求。也就是说,宋代书院之所以能够蓬勃发展,还和其承担了那个时代的重要文化使命有关。宋代书院的组织形式,确实是吸收了先秦的私学、汉代的精舍、魏晋的玄学、隋唐佛教寺庙的禅修,但这些都是教育组织形式。从思想内容来讲,宋代思想发生了一个重大的变革,宋儒不仅批判佛道二教,也批判了汉唐儒家,他们希望回归、复兴先秦儒学,以重建新儒学。宋代书院的出现、发展过程,就是与宋代文化复兴思潮紧密联系在一起的。

唐宋之际是一个重大的历史变革和文化转型时期。一般而言,从两汉到魏晋、南北朝、隋、唐,主要是朝代的更替。但是,唐宋之际的变革,却是一个非常重要的历史转型。明代史家陈邦瞻在《宋史纪事本末·叙》中说:"宇宙风气,其变之大者三:鸿荒一变而为唐虞,以至于周,七国为极;再变而为汉,以至于唐,五季为极;宋其三变,而吾未睹其极也。"①他认为,中国历史经历三次大的重要变革。第一次变革是从文明初期到春秋战国时期,第二次变革是从汉代一直延续到唐代,第三次变革是从宋代开始。他认为唐宋之际是一种重大的历史变革。日本历史学家内藤湖南在一百多年前提出"唐宋变革"论,影响很大。他认为唐宋之间发生了政治、社会、文化的重大历史变革,故而提出"唐宋变革"论。他的观点在国外汉学界影响很大,但是他提出的唐宋变革论、宋代近世论,显然参照了近代西方史学对欧洲历史的"上古""中古""近世"的划分。当然,中国历史并不一定会模拟地中海历史模式,但是人类文明史可能存在一些相似的历史轨迹。我们会发现,宋代确实出现了与欧洲文艺复兴、宗教改革相似的儒学复兴、儒学改革运动,并且推动了文化教育下移、学术思想转型等一系列重要变革。由于士大夫大力推动,宋代学术思想界出现了复兴先秦儒学、重新诠释儒家经典、致力于新儒学思想建构的文化思潮。正是因为文化复兴、儒学重建的历史背景,唐末萌芽的书院到了宋代迅速崛起,成为宋代士大夫推动复兴先秦儒家人文精神的学术大本营与高等学府。

中国到底要建构一个什么样的文化模式?通过复兴儒学、重建儒学的方式,来建构一种新的文化模式,他们所建构的学术研究机构的形式、教学的形式,就是书院。所以,书院是一个以"书"为中心的高等教育机构,是一个继承了先秦私学、两汉精舍、魏晋玄谈和隋唐禅修的新的学校,是一个代表儒家士大夫的文化理想和教育理想的学术研究基地,是中国重要学术思潮——宋学的大本营。这一点,著名的历史学家钱穆先生曾经说及。他特别强调,"宋学精神"主要体现在三方面:第一,革新政令,就是推动社会的变革;第二,创通经义,通过重新诠释经典而建构新儒学;第三,创建宋学大本营的书院。无论是革新政令,还是创通经义,都是要通过新的书院机构来推动新儒学的形成和发展。所以,钱穆先生认为,宋学精神之所寄在书院。现代社会强调大学是教育中心、学术中心和社会服务中心。其实,宋代的书院恰好承担了这样一些重要的社会使命。

---

① (明)陈邦瞻:《宋史纪事本末》,中华书局1977年版,第1191页。

我们考察历史会发现,宋代的文化复兴是由一批重要的儒家士大夫来推动的,包括范仲淹、孙复、石介、胡瑗、程颐、程颢等学者,他们既是革新政令的推动者,也是文化复兴、儒学重建的倡导人,更是创办书院以推动教育改革的关键人物。值得注意的是,我们讲的这些人,绝大部分都与宋代早期的书院有关系。比如以范仲淹为代表的庆历士大夫群体中许多都接受过书院教育,这对他们在后来的新政及书院教育活动均产生影响。范仲淹、孙复、石介就曾就读于应天府书院。范仲淹还主持应天府书院,并培养了许多杰出的人物。孙复、石介是范仲淹在天府书院时培养的人才。孙复研究《春秋》学,并创建泰山书院。石介因长期在主持徂徕书院的讲学,称"徂徕先生"。石介为推动中华文化复兴,专门撰写了《中国论》,通过"华夷之辨"以强调"中国文化"的主体性,以复兴中国文化。他说:"四夷处四夷,中国处中国,各不相乱,如斯而已矣,则中国中国也,四夷四夷也。"①石介在为孙复创建的泰山书院作《泰山书院记》中,还将道统承传与书院使命结合起来:"先生(指孙复)亦以其道教授弟子,既授之弟子,亦将传之于书,将使其书大行,其道大耀。乃于泰山之阳起学舍,构堂,聚先圣之书满屋,与群弟子而居之。"②他赞扬孙复将道统承传与书院使命结合起来,其实也是对自己坚持在书院讲儒经、传圣道,以推动中华文化复兴的肯定。由此可见,宋代书院的兴起,是和宋学的兴起、儒家文化的复兴紧密联系在一起的。

所以,宋代早期出现了很多著名的书院,后来流传为"四大书院"之说,有人说是徂徕、金山、岳麓和石鼓书院(范成大持此观点);有人说是嵩阳、睢阳、岳麓和白鹿洞书院(吕祖谦和王应麟持此观点),有人说是白鹿洞、嵩阳、岳麓和应天府(石鼓)书院(马端临持此观点)。其实我们不必拘泥于哪几所才是四大书院,因为四大书院本来就有不同的说法,应该说宋初不止四大著名书院,但是这些书院的意义在于,它们为宋代学术转型、儒家文化复兴起到了极大的推动作用。北宋著名书院在宋代文化复兴、儒学发展中发挥着重要的功

---

① (北宋)石介:《中国论》,《徂徕石先生文集》卷十,中华书局1984年版,第116页。
② (北宋)石介:《泰山书院记》,《徂徕石先生文集》卷十九,中华书局1984年版,第223页。

能，而到了南宋，书院发挥的作用更加突出，又出现不一样的"四大书院"。南宋时期的书院与学术创新、学派创建的联系更加紧密。全祖万所说的"南宋四大书院"，其实就是文化复兴、理学学术的四个大本营。岳麓书院是张栻湖湘学大本营，白鹿洞书院是朱熹学派大本营，丽泽书院是吕祖谦学派大本营，象山书院则是陆九渊心学大本营。这四大书院推动了南宋理学的集大成发展，推动了南宋理学的"乾淳之盛"。所以，到了南宋，书院便成为学术界、教育界更加普遍化的讲学机构，并且形成了一系列独特的制度体系，成为儒学重建、文化复兴的重要部分，极大地推动了南宋时期思想、学术、教育的发展，也推动了整个中国传统文化的大发展。

中国古代的学术创新与教育机构联系密切，此后，书院就一直成为中国学术思想演变的重要组成部分。在中国学术史上，宋代是理学大盛，明代是心学大盛，清代是考据学大盛。在不同的历史时期，不同形态的新兴学术思潮，均与书院有关。宋以后的新兴学术思潮往往和书院一体发展，书院促进了中国传统的文化复兴、学术更新、教育发展。儒家文化复兴与宋代书院崛起是同步发生的历史现象。两宋出现了中华文化复兴、儒学改革运动，推动了文化教育下移、学术思想转型等一系列重要变革，均与书院有密切的联系。

三、当代中国的文化复兴

中华文明在古代历史上一直居于重要的领先地位，但是，近代中国却面临着西方文明的巨大压力，中国被迫地进入西方文明主导的全球化体系之中。古老的中华文明首先要面对西方的坚船利炮，紧接而来的是一系列压力，包括军事压力、经济压力、政治压力，当然，最终却是亡国灭种的文明压力。

晚清中国面临保国、保教、保种的严重问题。一些思想敏锐的士大夫开始关注这一问题，从魏源提出"师夷长技以制夷"开始，晚清中国艰难地启动了近代化过程，后来出现的洋务运动、戊戌维新、辛亥革命、新文化运动等一系列近代化运动，推动着中国的近代化进程。这个近代化过程确实是非常艰难的，特别是第二次世界大战的帝国主义侵略,中华民族的近代化运动一度被中断。

经过数十年的艰苦卓绝的顽强奋斗,一个独立、自主的中国终于站起来了,特别是 1978 年中国又重新推动改革开放,至今为止改革开放 40 多年了,确实取得了巨大的成就。其实,所谓改革开放,就是不断改革自己不适应现代化的经济、法律、政治等方面的制度与观念,通过学习世界发达国家的现代化经验,积极参与到全球化的现代化建设事业之中,使中华民族重新崛起。通过 40 多年的改革开放,通过参与到全球化、现代化的世界,当代中国确实发生了翻天覆地的变化。中国不仅是一个政治上发挥巨大作为的大国,也是一个在经济上取得了巨大成就、前景无量的强国。最近中美贸易上很多的摩擦,我们都很担心。其实,今天的中国之所以总是被世界上最强大的美国挤压,最重要的原因是中国越来越强大。中国在政治上、军事上、经济上的强大,使原来的强国非常警醒,甚至非常害怕。所以说,中国的逐渐强大已经是一个事实。中国改革开放 40 多年所取得的巨大成就,其他国家可能要多花几十年、上百年,甚至几百年才能取得的。

但是我们应该清楚,中国的崛起背后其实具有重要的文明意义。中国之所以能够重新崛起,其中就包括中华文明的因素在内;与此同时,中国崛起的最终目标,绝不仅仅是国家富强,还必须是中国文化软实力的强大,故而必须是中华文明的复兴。但是遗憾的是,近百年来,我们对中国传统文化不恰当、不正确的认识,使得我们没有充分吸收中华文化的源头活水。所以,当代中国需要一场新的文化复兴。中国这场文化复兴,本质上是中华民族在学习、吸收现代世界先进文明的基础上,进一步继承、弘扬五千年之久的中华文明,实现中华文化的复兴和重建。从根本上讲,中国在崛起,不应该就把它看成是 21 世纪出现的一个庞大的经济体和一个非常强势的政治体,不应该仅仅是一个经济和政治方面的历史事件,应该把它看作五千年文明崛起的历史转型。也就是说,一个延了五千多年的文明,虽然经过近百年的衰落,但在学习世界文明的基础上,这样一个悠久的文明重新崛起,这就是中华文化的复兴。

中国的近代化崛起,首先需要学习外国的先进经验,所以改革开放是中国实现现代化必须要做的重要事情,但是我们不能依赖模仿西方模式来完成现代化,而是要发扬自身文明长处,这样就可能建构一种新的现代发展模式。中国崛起应该是文明的崛起,应该是世界文明史上的一个重大历史事件,也应该为整个人类现代化发展提供一种新的历史经验和发展模式。我们会发现,中国近代化进程会走出自身独特的道路和积累自己的经验,如果我们把这条道路、这些经验变成一个模式,需要更多的文明自觉。当代中国的文化复兴,一定能够从更大范围、更深程度上继承和弘扬中华文明,以便真正能为人类现代化提供新的模式。

宋代出现的文化复兴运动,以先秦孔孟之道为思想基础而吸收佛道思想,故而重建了中华文化的思想传统,适应了中国文化发展的要求,奠定了以后八百多年来中华文明体系的核心价值。而当代中国文明的复兴,应该是一种更加具有深远历史意义、普遍全球意义的重大事情。中华文明在经历了近百年的凤凰涅槃的重生之后,不仅能够在今天、在更远的未来活下来,并且能够活得很精彩! 21 世纪的中华文明复兴,这不仅对中国来说更加重要,对探讨 21 世纪以后的人类生存同样有着特别重要的意义,因为它能够补充、完善以西方文化为基础的现代化的不足,也有益于未来人类的多元化的现代化生存。

四、传统书院的现代使命

改革开放以后,特别是近一二十年来,传统书院开始兴起,成为一个重要的文化现象。20 世纪 80 年代初,既有一些古老的书院开始复兴,以湖南大学的岳麓书院为代表;也有一些新书院开始崛起,以北京大学的中国文化书院为代表。经过了这样一段时期的发展,特别是近一二十年来,伴随着中国传统文化的复兴思潮,书院发展开始呈现井喷姿态,到处兴起。其实,这一书院文化现象的背后,恰恰是中国传统文化复兴的要求。在传统文化复兴的当代,书院应该承担什么使命? 全国各地到处都在修书院、办书院,这一个承载着中华文明特色的文化教育机构,在现代化进程的当代中国到底应承担什么样的文化使命?

我们发现,传统书院兴起于宋代,与宋代的文化复兴联系在一起,其实,当代书院的兴起,同样是源于一种文化复兴的追求。刚才我讲到范仲淹、孙复和石介,他们把书院的创建与当时的文化复兴联系在一起,我认为我们今天同样面临这样一个重要的使命。当代书院兴起的背后,必须要承担起中华文化复兴的使命,每一所书院要承担的文化功能,应该和整个中华文化复兴的需求联系在一起。中国文化经历了一个凤凰涅槃式的重生过程,中国传统书院也会如此。传统文化、传统书院在获得重生之后,不仅仅是其生命的延续,而应该是生活得更好,获得新的生命意义。

晚清时期传统书院面临严重危机,1902年清廷下令废弃书院,全面引进西学教育制度。我们会发现,延续千年的传统书院瞬间被废弃,很快就引发各界人士对此的不满和叹惜。自由主义思想家胡适认为书院之废是"吾中国一大不幸事",已经是马克思主义者的青年毛泽东在长沙办湖南自修大学,明确表示要继承书院传统。另外还有一些文化保守主义者,比方说马一浮、梁漱溟、钱穆,为了避免现代教育体制的弊端,均在创办传统书院,以传承中国传统文化。如马一浮创办的复性书院,就是希望恢复传统书院的人性教育、人格教育。我们注意到,20世纪有几个主流思潮,即自由主义思潮、马克思主义思潮、文化保守主义思潮,有趣的是,这些不同思潮的重要代表人物都对书院情有独钟,这是一个非常值得反思的现象。显然,这是因为中国传统书院有非常深厚和独特的文化价值,使得这些政治观念、思想观念不同的知识界、思想界和政界的人士,竟然对书院被废弃的历史事件形成了共识。我们知道,现代知识界能够形成一个共识是很艰难的事情,而在20世纪前期,知识界能够对传统书院形成共识,确实不是一件容易的事情。我们前面讲到,传统书院经历了一千多年的办学历程,它凝聚了中华文化教育的精华,形成了一套既有特色又有生命力的文化精神和教育制度,就是大家经常讲到的书院精神和书院制度,这是中国书院的重要文化遗产。当我们今天在思考和呼唤中华文化的传承和复兴的时候,书院应该成为传统文化复兴的基地。20世纪以来,书院精神和书院制度已经为各界人士普遍推崇,已经成为今天中华文化复兴最大的公约数。

当代书院应该如何发展? 这是我们创办书院、修复书院的各界人士都应该特别关注的重大问题。我们如何在这样一个中华文化复兴的大背景下做好书院复兴?

其一,老书院的复兴。近一二十年来,大量书院兴起,我认为有两种情况,一种是老书院的修复。我们注意到,现在全国各地正在修复、重建一些老书院,首先是为了书院文物的保护。国家文物局委托相关机构做一个关于儒家文化遗产的保护规划。他们做了调研,在我国的全国重点文物保护单位和省级文物保护单位中,共有儒家遗产 546 处,其中列为国家、省级文物保护单位的古代书院还有 144 处。加上很多市、县一级的书院文物,这样算下来至少有几百处。其实,中国历史上有几千所书院,当时遍布全国各地,但是大量书院都没有保存下来,这是儒教中国的最好体现。如何使这些书院普遍得到修复和保护,是目前书院文物保护的迫切任务。我们到欧美国家,会看到许多天主教、基督教的教堂,这是西方文化的物质载体。其实,中国文化的物质载体主要是儒家文庙、传统书院。因为儒教最重要的是教育、教化,所以儒家书院特别重要。但是,今天的传统书院如何继续发挥文化教育功能,是一个更加重要的问题。这些老书院列入文物保护的有一百多所,加上许许多多尚未列入文物保护目录的老书院,这一个庞大的书院群体正在逐渐恢复。我在国家文物局的儒家文化遗产保护规划的专家评审会上说:老书院保护非常重要,但是老书院不仅仅是被保护的对象,最重要的工作应该是如何恢复它的功能。很多文庙和书院修完之后,除了供人游览,就不知道该干什么。其实我认为这不是我们花这么大的精力修复书院的主要目标。其实,无论是中国的寺庙、道观,还是西方的教堂,它们延续下来的原因是能够继续发挥其内在的功能。而书院是中国文化传统的载体,这些老书院修复之后,最重要的事情就是尽快恢复其历史上曾经具有的文化教育功能。我在会上提出,要鼓励社会上的各种力量来修复、保护、复兴传统书院,不管是官方力量,还是社会力量,或者是民间力量,各自发挥自己的优势和能力,共同保护书院、建设书院。目前老书院的修复,基本上是地方政府在主导,其实还可以发挥社会团体、企业、公益性组织、企业家个人的作用。古代书院的修建,主要是地方官员、民间士绅、热爱教育的人士共同努力的结果。儒家书院的修复就是三方共同努力的结果,是大家共同努力建设的。今天仍然可以继续发挥政府主导、民间的企业、团体、公益性组织、企业家个人的共同努力。书院建好之后,无论是政府也好,企业界也好,还是各界群众也好,要共同努力建设书院,打造人们共同的精神家园。我提出的建议,就是让这些古老的书院修复之后,成为地方文化的中心,成为地方精神的家园。

其二,是新书院的建设。在当代中国,除了修复上述的老书院,全国各地还创办了很多新的书院。在传统书院废弃一百多年后,创办新书院的目的和意义是什么?创办新书院有两种情况、两种类型,其具体目的可能不一样。一种是在民间社会发挥文化教育功能的书院,另一种是在现代大学的体制内的书院。在当代中国文化复兴的背景下,两种书院可以在我们的教育体制的内、外分别发挥作用。

首先,是教育体制之外的新书院。这些新书院的修建,就是希望在文化复兴的大背景下,推动地方文化、社区文化、乡村文化的建设和发展,故而需要地方政府、学者、企业、民间社团的通力合作,以推动教育体制之外的民间书院发展。我们注意到,许多新书院举办的各种传统文化的讲座和读书会很受欢迎,确实是因为社会对传统文化的需求很强烈。当代中国无论是少年儿童,还是成年人,我们的传统文化知识、人格教育均有不足,传统书院教育的复活可以弥补这一缺失,通过创建新的书院和推动民间的传统文化教育,可以解决其中的一些问题。新书院办得成功,可以成为地方文化、社区文化的中心。我们讲文化复兴,确实可以从基层书院做起,让新的书院成为当代中国文化复兴的地方。中华文明作为一个重视教育的文明,重视教育的体现就是书院多。人是需要进行终身教育的,孔子从十五而志于学,一直学到老。可见人要不断地学习而成长,精神成长就需要不断学习,不断接受教育,而书院就是我们学习、成长的地方。

其次,就是教育体制之内的新书院。中国古代的书院,除了从事社会教化的功能,还是一种正式的教育机构。晚清之后,作为教育体制内的传统书院废掉了,现在教育体制内的小学、中学、大学,是当代中国教育的唯一形态。宋代书院是高等学府,是一种"成人"教育;现代大学是高等学府,是一种专业教育。应该是,现代教育体制的建立,有其历史的合理性,如果近代中国没有教育改革,就不可能培养出合乎现代化需求的专业知识分子,没有专业知识分子就不可能建设现代化国家。我们需要接受来自西方的现代化知识体系,需要建立现代化的教育体制。但是我们建立了现代化教育体制之后,是不是说我们照搬外来的教育体制,就解决了中国的教育? 其实不是。为什么知识界那么怀念传统书院,书院作为一个传统教育的典范,它有非常重要的、独特的价值和意义,留下了非常丰富的教育经验。今天我们要创建世界一流大学,创建一流大学不应该是片面模仿西方大学,中华文明是重视教育的,我们是一个有着悠久教育传统的民族。如何在现代化的教育体制下,让传统书院在今天的教育体制内继续发挥作用,是一个值得思考和探讨的重要问题。我认为传统书院应该成为当代中国高等教育体系中非常重要的组成部分。现在高等教育学术领域在花大量精力研究西方现代大学制度和精神,这一点非常重要,但是,我们也要回过头来研究中国一千多年书院的制度和精神。我认为教育体制之内创建新书院,同样可以有两种类型。

第一种书院,就是专门在现代大学体制内从事人格教育即博雅教育的书院。现代高等教育教书不育人,只管专业教育,大家关注的是教书、教专业知识,但是人的教育呢? 特别是"成人"的教育呢? 培养人的问题在制度上并没有落实。培养人的问题就需要传统书院来解决。育人是传统书院的长处,可以将传统书院人格教育的长处吸收进来,使现代大学能够培养出既有专业知识又有健全人格的现代知识分子。现代中国大学在推动大学生文化素质教育、通识教育,其实西方也有博雅教育传统,中国书院有"成人"教育传统,应该均属于完整的人的教育。这种完整人的教育,在大学需要一个专门的机构。我认为中国现代大学可以通过办书院来解决这一问题。中国书院的成人教育、君子教育,就是希望在专业教育之外,解决培养教育人的问题。

另外一种书院,就是培养传统国学专门人才的书院。因为传统书院承担了传承中华文脉的使命。现代大学的专业体系中,传统国学一直没有独立的空间,被分割到其他不同的专业体系中。许多中国传统学术成为"绝学"。我们一直在呼吁将中国传统国学纳入现代大学体制之中,成为一个独立的学科门类,与西方的"古典学"十分接近。同时我们还一直在呼吁,在现代大学恢复中国传统书院,以国学、经学、儒学作为独立学科,作为书院的教学内容和学术体系。现代大学通过设置书院、国学院,以传承中国传统学术。

应该说,21世纪实现我们中国的富强之梦,已经不是问题了,只要中国按照现在的改革开放之路走下去,再过一段时间,肯定是既富又强。但是,我们还应该特别关注,中国复兴之梦不仅仅是富强之梦,而应该是中华文明的全面复兴之梦,这才是更高层次的中国梦。而我们强调书院的复兴,就是要承担文化复兴的重要使命。而且,传统书院不仅作为承担中国文化复兴的使命,它本身就是中华文化复兴的体现。

（原载《船山学刊》2019年第3期;《新华文摘》2019年第14期全文转载）

书院精神与书院制度

具有忧患意识的中国教育界、知识界都在思考一个问题:我国高等教育出现的种种问题均与大学精神的失落有关,所以,我们必须重视现代大学精神的建设。其实,大学精神与大学制度是一体不分的。今年是中国古代书院废弃110周年,我们重新思考中国书院的历史经验,特别是书院精神与书院制度统一的历史经验,对我们今天的大学改革与建设应有重要意义。

书院改制与近代高等教育体制的建立是 20 世纪初中国高等教育发展史上的两件大事。然而,这二者之间并未建立真正的前后关联性。1902 年书院被视为历史的垃圾而抛弃,这种建立近现代高等教育体制的选择,使得中国传统高等教育与近现代大学之间出现明显的断裂,书院在千余年发展历程中所积淀的文化精华,并未成为中国大学文化的组成部分。书院改制之后,胡适先生曾经就感慨过:"书院之废,实在是吾中国一大不幸事。"①由于中国近代高等教育体制没有积极承传中国传统教育的精髓,故而,今天重新思考这一传统教育的优秀典范,积极汲取书院精神与书院制度统一的重要经验,是构建 21世纪有中国特色的大学及其大学文化的必经之途。

中国古代书院是独具特色的文化教育机构。从唐中叶开始至晚清教育改制,书院作为一种主要的文化教学组织延续了一千多年之久。一方面,书院通过培养高级专门人才、创新和传播高深学问,产生了具有典型中国特色的书院精神,这是一种经过千余年的传承与创新而形成的独具特色的文化教育价值

---

① 胡适:《书院制史略》,载《东方杂志》第 21 卷第 3 期,1924 年 2 月。

取向;另一方面,书院在长期办学的历程中,形成了一套具有中国传统特色的教育体制、管理制度和教学方法,并且受到宋以后各界的广泛重视与支持。书院成为中国教育史上最具特色、最有地位的教育机构,对中国文化史的发展作出了极其重要的贡献,恰恰在于书院精神和书院制度的紧密结合。

中国特色的书院精神包括哪些? 笔者认为,价值关怀与知识追求的统一应是其中最重要的。

首先,中国书院体现出价值关怀的人文精神。"士志于道",创办和主持书院的士人将儒家的"道"作为追求目标。儒家士人之"道"的追求分为两个相互关联的层面:其一,以"道"修身,完善自我人格,即所谓"格物、致知、正心、诚意、修身";其二,以"道"治世,完善社会秩序,即所谓的"齐家、治国、平天下"。书院学者认为儒家对"道"的追求首先是个体自我的道德完善,并且在个体自我道德完善的基础上,实现全社会的完善。因此,书院学者们往往将这种自我道德完善的人文追求与经邦济世的社会关切结合在一起。为实现治国、平天下的理想,大多数书院都将"德业"与"举业"统一起来。但是"德业"是目的,"举业"只是手段,为避免忽视"德业"目的而片面追求"举业"的教育趋向,书院学者对片面的应试教育进行了严厉批评。如南宋湖湘学派的奠基人胡宏在《碧泉书院上梁文》中指出:在科举取士的影响下,学界出现了"干禄仕以盈庭,鬻词章而塞路,斯文扫地,邪说滔天"[1]的不幸状况。尽管如此,我们在解读书院人文精神的时候,还是不能简单认为书院的人文精神是反对科举应试教育的。只是,科举之学的最终目的必须与内圣外王之道紧密结合在一起而已。

其次,中国书院体现出知识追求的学术精神。儒家文化的一个重要特点,就是强调道的信仰必须建立在知识追求的基础之上。所以,书院成为宋代以后新儒家学者探讨高深学问的地方。高深学问是一个相对的概念,不同时代对高深学问的界定都不相同。以阐释人的意义、社会的和谐、天下的治理为核心的经、史、子、集之学是古代中国的高深学问。这样,书院则成为古代中国大

---

[1] (南宋)胡宏:《胡宏集》,中华书局1987年版,第291页。

学的代表。北宋中后期,新儒学家因为无法利用官方的机构研究和传播其学说,于是,民间色彩浓厚、具有相对独立性的书院成为他们的首要选择。新儒学和书院的结合不仅使新儒学获得发展的依托,而且也使书院获得了新的发展空间,书院因之转型为新儒学的研究和传播基地,创新和传播高深学问是书院作为中国古代大学的最典型标志之一。宋代以来,中国古代学术经历了多次发展,包括宋代的程朱新儒学、明代的王湛心学、清代的乾嘉汉学。这些学术学派的形成与发展都与书院息息相关,或者是以书院为研究基地,或者是以书院为传播基地,或者二者兼而有之。书院的学术创新精神是以书院宽松的办学环境为基础,学术大师云集书院讲学为推动力,师生相互答疑问难、相互激荡获得新的观点、思想而形成的。

再次,中国书院体现出价值关怀与知识追求统一的精神。中国书院的最大特点,就是体现出价值关怀与知识追求统一的精神。既然道的信仰必须建立在知的追求基础之上,那么,求道与求学是统一的。一方面,书院求道的价值关怀体现出对人格理想和社会理想的追求,但这种人文关怀是建立在知识理性的基础之上;另一方面,书院的知识追求不是为知识而知识,学术创新总是以探求儒家之道的价值关怀为目的的。如程朱新儒学通过重新阐释儒家经典,打破汉唐经师对儒家经典解释的垄断地位;王湛新儒学则是试图突破程朱新儒学的"支离",提出了"心即理""致良知"的学术主张。书院的这一学风变化过程,既是为了求学,更是为了求道。书院教育强调生徒的自我道德完善和治国平天下的能力统一,培养了不少德才兼备的人才,他们在各个历史时期都发挥了中流砥柱的作用,体现出书院的价值关怀与知识追求统一的精神。儒家将这种书院精神摆在教育活动的首要位置,并按照书院精神来设计人才培养模式。长期主讲南宋长沙岳麓书院、城南书院的著名学者张栻认为书院应该"传道而济斯民",就体现出价值关怀与知识追求统一的精神。

如果中国古代书院仅仅有上述价值关怀与知识追求统一的精神,还只是表达儒家士大夫的理想追求。儒家士大夫的可贵之处在于,他们创造了一种被称为书院制度的东西,以保证书院精神的落实。

书院作为一种十分成熟、完善的教育组织制度,是中国古代教育高度发展的结果。这种新型文化教育组织的特色,首先在于它继承、发扬了中国古代优良的私学教育制度的优长。在古代社会中,那些执着于以道为志的儒家士人常常表现出一种独立学术、自由讲学的要求,体现出价值关怀与知识追求统一的精神,故而他们又创造了一种有利于自己精神追求的组织制度。从孔子创立的私学到诸子百家的争鸣、从汉儒的精舍到魏晋名士的清谈,无不表现出这种私学教育制度的优长。书院的出现,就是中国传统私学制度发展的结果。书院作为一种官学系统之外的教育组织,它不依靠朝廷的正式诏令而建立,其最重要特点,就是其主持者、管理者都没有纳入朝廷的官学教职之中,故而在聘任山长、选择学生上有着独立自主权,可以完全依据价值关怀与知识追求统一的书院自身的标准。一方面,书院能自主聘任山长或教职人员,主持书院者往往是一些名师大儒,在学术界、教育界的声望很高,能够制定一整套体现出合乎书院精神的教学方法与制度,在历史上产生了深远的影响。书院聘任山长的主要依据是道德修养境界和学术水平,即选聘"经明行修,堪为多士模范者"充任山长。此外,学术大师还可以自由地到各地书院讲学,更加强化了中国书院自主办学的制度特点。另一方面,书院生徒也能较为自由地流动,往往是择师而从、来去自由,使独立的学术追求更为便利与频繁。清人黄以周云:"沿及南宋,讲学之风丰盛,奉一人为师,聚徒数百,其师既殁,诸弟子群居不散,讨论绪余,习闻白鹿、石鼓诸名,遂遵其学馆为书院。"①正是由于这种相对的独立性,使得书院在高度中央集权的中国古代社会中获得了一定的自治权,在大多数的历史时期,学者可以根据自己的需要创建书院,以便能体现出自己追求的书院精神。

但是,中国书院又和以前的私学有很大的区别,表现出一种制度创新的特点,以便能更充分地体现出书院精神。书院在教学管理方面形成了一套十分完备的制度。譬如,为实现"讲学明道"的办学理念,书院可以邀请不同学术学派的学者前来讲学,会讲与讲会是最为典型的"讲学明道"制度;为了体现出价值关怀与知识追求统一的书院精神,书院形成了一种师生之间、生徒之间

---

① （清）黄以周:《儆季杂著七种》,《史学略四·论书院》,清光绪年间刊本。

问难论辩的教学制度。在这些教学活动中,生徒可以平等参与学术讨论,不仅对学者的学术研究有极大的推动作用,而且生徒也能在参与中得到启发与影响,甚至有可能因此而走上学术研究与传播之路。尤其值得注意的是,为了保证教学、治学等正常学习生活的需要,在教学管理方面更加完备,大多数书院均制订了作为生活与学习准则的学规,这些学规能鲜明地体现出价值关怀与知识追求统一的书院精神。朱熹为白鹿洞书院制定的《白鹿洞书院揭示》明确提出:"熹窃观古昔圣贤所以教人为学之意,莫非使之讲明义理以修其身,然后推以及人……圣贤所以教人之法具存于经,有志之士,固当熟读深思而问辨之,苟知其理之当然,而责其身以必然,则夫规矩禁防之具,岂待他人设之而后有所持循哉!"①这一学规强调了讲明义理是教学的首要任务,而义理是蕴涵在儒家经典之中的,需要书院学者通过潜心学术研究才能体悟到。可见,这一学规充分体现了价值关怀与知识追求统一的书院精神,此后成为多数书院遵循的办学准则,只是不同书院根据实际情况补充一些大同小异的条目而已。清代岳麓书院山长王文清于乾隆十三年(1748)制定《岳麓书院学规》,也对书院精神进行了详细的规定:

> 时常省问父母,朔望恭谒圣贤;气习各矫偏处,举止整齐严肃;服食宜从俭素,外事毫不可干;行坐必依齿序,痛戒评短毁长;损友必须拒绝;不可闲谈废时。日讲经书三起,日看纲目数页;通晓时务物理,参读古文诗赋;读书必须过笔,会课按刻蚤完;夜读仍戒晏起,疑误定要力争。②

在这份学规中,王文清一方面将儒家的孝、忠、庄、俭、和、悌、义等道德规范作为生徒的行为准则,这是岳麓书院强化道德教育、体现价值情怀的重要手段;另一方面学规对教学内容、教学方法做了具体的规定,这是岳麓书院强化知识教育的重要手段。很显然,这份学规是把价值关怀与知识追求统一起来的。

---

① (南宋)朱熹:《白鹿洞书院揭示》,《朱熹集》卷七十四,四川教育出版社1996年版,第3894页。

② (清)丁善庆纂辑,邓洪波校点:《长沙岳麓书院续志》,岳麓书社2012年版,第559页。

重视道德教育是实现个体道德完善的最具体手段,也是书院人文精神彰显的一个维度,但书院的人文精神是知识追求的基础,书院师生又总是在知识理性的基础上努力实践这种价值和意义。

从总体上而言,中国的大学并没有继承中国书院的传统,这是由近代中国特定政治社会条件所决定的,在相当长的一段时间内有其合理性。然而,制度移植的合理性并不意味着大学文化可以照搬,因为文化是历史积淀的产物,也是一个民族精神的重要体现,而民族精神是无法模仿的。正如梅贻琦先生所言:"今日中国之大学教育,溯其源流,实自西洋移植而来,顾制度为一事,而精神又为一事"①。其实,中国书院制度同样可以为现代大学所借鉴,特别是书院精神和书院制度结合的教育体系。大学的构建需要在继承中国古代书院文化的优秀传统的基础上,对其精华部分加以现代化转化,使其现代大学文化呈现出明显的中国气派。中国书院是中国传统教育的精华,对书院在千余年的发展历程中所积淀的文化精神和制度建设进行全面的梳理,然后再结合当前大学的发展,将中国书院与现代大学结合起来,力图将书院文化转换为现代大学的重要组成部分,应该是今天从事高等教育研究的重要课题。

（原载《大学教育科学》2011 年第 4 期;《新华文摘》2011 年第 20 期全文转载）

---

① 梅贻琦:《大学一解》,载《清华学报》第 30 卷第 1 期,转引自杨东平主编:《大学精神》,文汇出版社 2003 年版,第 46 页。

长江流域书院与长江文化

在源远流长的中国古代教育史中,延续千年的书院教育是其最具特色、最有成就的组成部分之一。在书院的形成、发展、演变的千年历史过程中,长江流域一直居于全国的重心,引领着这种新型教育体制的建设潮流。而且,尤其值得注意的是,长江流域书院与长江文化之间有着深刻的互动关系,从而使这个地域的书院及文化均得到蓬勃的发展。

一、长江流域书院的历史发展概况

书院的兴起和繁荣,成为唐、宋以后教育发展的一个十分重要的现象。同时,书院发展体现出这样的特征,那就是区域性分布不平衡。具体来说,一改中国古代历史以黄河流域为文化教育重心的现象,长江流域成为书院兴旺发达的丰厚文化土壤。无论是考察书院的源起,审视其发展的数量、规模和办学的成绩,长江流域的书院均远远高于其他地域。

这里,我们拟对长江流域书院群崛起的现象作粗略的勾画,以从整体上鸟瞰这一独特的文化发展景观,并对这一文化教育现象作一初步的解释。

书院作为古代一种独具特色的文化教育组织,是在唐、宋时奠基的。从书院的萌芽,到书院的形成和最终定型,其过程主要发生于长江流域一带。

书院作为古代一种民间的文化教育组织,最初萌芽于唐中叶至五代之时。尽管这批早期书院的性质、办学规模以及具体的制度、教学活动等尚有许多不太清楚的地方;但从这些最早称名"书院",包括它们的读书、讲学、论文、藏书、著书等与"书"有关的文化教育活动来看,毫无疑问它们是中国书院的早期形态,并且初步具备了完整书院形态的一些特点。

书院与长江流域有着不解之缘,这在书院萌芽时就已体现出来。早在唐中叶以后,中华大地就开始星星点点萌芽着一些书院,值得注意的是,这些最初萌芽的书院绝大部分都是分布在长江流域一带。据我们从全国的地方志中搜集的唐五代时萌芽、称名的书院中,主要分布在长江流域的浙江、福建、江西、湖南、四川等省,详见下表。

唐、五代时长江流域书院分布表

浙江	福建	江西	湖南	四川
6	6	13	8	5

除了上述长江流域的省区,另加上历史上作为文化重镇的陕西、河南有几所书院的记载外,其他省区的地方志均不见有此类早期书院的记载。可见,在书院的萌芽方面,长江流域和向来是文化重镇的黄河流域形成了一个极其鲜明的对比,充分反映出长江流域在书院萌芽期的重要性。

同时,在长江流域的一些早期书院中,还有一些明确的讲学活动的文献记载。如江西高安县的桂岩书院,系唐代贞元九年(793)进士幸南容(746—819)为鼓励本族子弟读书求仕而创。据其后裔幸元龙所作《桂岩书院记》云,幸南容"昔尝卜此山,开馆授业"[1]。这种聚徒授业的教学活动,实开辟了一种新的教学组织形式。再如,江西德安的东佳书院,系唐代义门陈衮所创,该书院"聚书千卷,以资学者,子弟弱冠悉令就学"[2]。此外。像江西吉州的皇寮书院、福建漳州的松洲书院、湖南衡山的邺侯书院、石鼓书院等,史志上大多都有读书讲学的记载。

书院制度的形成是在北宋。当宋初官学不兴之时,书院在全国各地逐渐

---

[1] 《江西通志》卷八一,光绪七年版。
[2] 《江西通志》卷八二,光绪七年版。

兴起。不再像唐五代时期那样,书院主要是个人读书之所,只是兼有一些聚徒讲学的教育活动,北宋时期的书院基本上是一种依靠民间力量兴办起来的正规学校。这里既有专门主持教学、行政管理的山长职事,还有规制化的讲堂、斋舍、祠庙、书楼,同时,还有一定规模的藏书等等。这样一种正规、完备的教育组织,虽主要是依靠民间力量创办起来的,但同时也得到朝廷、官府的表彰和支持,故而很快就风行全国。

在北宋时期这股兴办书院的热潮中,长江流域又走在全国的前列,成为书院初兴的发祥地。北宋时期创立最多书院的省份主要是江西、湖南、浙江、江苏、湖北、福建、四川、安徽等长江流域的省区。可见,唐五代出现书院萌芽较多的省区,到了北宋时期仍是书院发达的地域。相反,向来是人文文化发达的黄河流域,在北宋时期兴办书院的热潮中,虽也有不错的表现,但是比起长江流域来说,则仍有相当的距离。如河南是北宋时期的政治中心、文化中心、教育中心,但是北宋时期河南所创办的书院也只有 10 所,这和长江流域的许多省区相差明显,如江西有 39 所,浙江有 32 所,湖南有 12 所,福建有 12 所。至于黄河流域的其他省区创办的书院则更少,如河北 3 所,山西 4 所,山东 7 所,陕西 4 所。可见,如果将长江流域和黄河流域的书院数量作一粗略的比较,就可以发现,两者在北宋时期的兴办书院热潮中完全居于不同的地位。

与此同时,北宋时期所创办的著名书院,也大多集中在长江流域一带。如湖南就有岳麓书院、石鼓书院,其办学规模大,影响甚显。岳麓书院山长周式,因此还受到北宋真宗赵恒的召见,并得到赐书、赐额的待遇。石鼓书院因办学影响大亦受到朝廷赐额。故而,湖南的岳麓、石鼓两书院均被列入宋初四大书院。江西的著名书院亦很多,如白鹿洞书院就受到朝廷赐《九经》的待遇,亦是宋初四大书院之一。另外,江西还有许多著名的书院,包括南丰县的华林书院、安义县的雷塘书院、南城县的盱江书院等等。有人将江西的华林书院、东佳书堂、雷塘书院称之为江南的三所名院。其中华林书院在宋初影响最大,四方游学之士甚众,不仅受到朝廷的赞扬,宋初的许多名人学士均题诗赞誉有加。此外,像江苏的茅山书院、浙江的稽山书院,均是北宋时期的著名书院。当然,北宋时期黄河流域也产生了一些著名的书院,如河南有嵩阳书院、睢阳书院,山东有泰山书院、徂徕书院。它们或因办学规模大或因名人主持,被列入宋初四大书院或著名书院的名录中。但是与长江流域的著名书院相比,其兴办的规模和影响仍为逊色。

到了南宋,由于政治、军事形势的急剧变化,中原地区已经全部被金兵占领,作为民间新兴的书院教育受到了严重的摧残,除个别之处外,中原地区再也难觅书院的弦歌之声。相反,江南地区的书院建设则推向了一个新的高潮。长江流域各地纷纷创办书院,在数量、规模上均超过北宋。尤其值得注意的是南宋时期江南书院有一个显著特点,就是书院教育与理学思潮的一体化。也就是说,这段时期积极创办、主持书院者主要是活跃于当时学术思想界的理学家们。他们往往在书院中标榜自己独立的办学宗旨,发挥自己对儒家经典的理解,利用书院展开学术讨论。同时,在关于书院管理制度、办学特色方面也都出现了新的风貌。应该说,到南宋时,书院教育制度才真正定型,并影响以后的数百年之久。

当然,南宋时期书院教育所取得的成就,主要是在长江流域中。我们可以从"南宋四大书院"来理解这一问题。"四大书院"通常是指北宋的四所著名书院;或者是指江南的岳麓、白鹿洞、石鼓三所,中原的嵩阳一所;或者是江南两所(无石鼓),中原两所(增睢阳)。可见,作为京师之地的河南在兴建书院时尚有一定地位。但到了南宋时期,所谓"南宋四大书院"则均在长江流域,清学者全祖望说:

> 自庆历修举学校,而书院之盛,日出未已。大略北方所置,则仿嵩阳、睢阳,南方则仿白鹿、岳麓,莫之与京,是之谓四大书院。然自金源南牧,中原板荡,二阳鞠为茂草。故厚斋谓岳麓、白鹿,以张宣公、朱子而盛,而东莱之丽泽,陆氏之象山,并起齐名,四家之徒遍天下,则又南宋四大书院也。①

① (清)全祖望:《答张石痴征士问四大书院帖子》,《鲒埼亭集外篇》卷四五,《全祖望集汇校集注》,上海古籍出版社2018年版,第1722—1723页。

自中原沦于金兵铁蹄之下,北方书院荡然无存。而岳麓、白鹿、丽泽、象山四所书院则崛起于长江流域,成为"南宋四大书院"。值得注意的是,这四大书院均有名师主持,张南轩主岳麓,朱熹主白鹿洞,吕祖谦主丽泽,陆九渊主象山。由于他们四人是南宋理学思潮四大学派的宗师,所以这四大书院又成为当时名声显赫的四大理学学派的基地。

由于南宋时期江南的书院均与理学思潮结合,随着理学思潮的进一步发展,特别是宋理宗之后,理学的地位得到确认,书院则更是如雨后春笋一般地蔓延开来。江南几个书院发达的地区,如江西、浙江、湖南、福建、四川等,每个地方的书院都多达数十所,可见这种以书院为代表的教育体制在南宋时期的长江流域已经完全确立。整个宋代的书院建置数目表明,长江流域的书院数量已占全国总数的74.43%,黄河流域仅占3.25%。

唐宋只是书院教育制度的萌芽、成长、定型期,长江流域成为这种新型教育体制的丰厚土壤;元、明、清则是中国书院的发展及普及时期,而长江流域依然是书院普及发展的基地。总之,江南各地书院的数量、规模、影响均远远领先于其他地域,保持了长江流域书院建设发展的优势地位。

元朝的书院教育得到了全面的推广和普及,故而才有"书院之盛,莫盛于元"之说。这种推广和普及的力量主要来自于两个方面。首先是民间的力量。元代书院中相当多者仍保留了民间教育组织形式的这一特点。大量不愿仕元的宋代遗民主要是通过在民间创办书院以从事独立的教学、学术研究活动。尤其是在长江流域一带,在宋朝就有许多由理学宗师创办、主持的书院。具有强烈道统意识的儒家学者或是恢复原来的书院,或是新建书院。如理学发达的江西、湖南、福建、浙江等地的许多书院就是在这种背景下恢复起来的。加之元朝当局对这种民间兴学的热忱并不制止,反而是鼓励。至元二十八年(1291)元世祖明文规定:"先儒过化之地,名贤经行之所,与好事之家出钱粟赡学者,并立为书院。"①元朝许多个人不仅出钱资助那些"先儒过化之地"的书院,还积极捐钱捐田创建新的书院。在元人文集的书院记中,有大量民间捐

---

① （明）宋濂等:《元史》卷八十一《选举志》,中华书局1976年版,第2032页。

田建书院的记载。元朝政府亦对这种民间的个人行为予以表彰,如退居故里的千奴,他"退居濮上,筑先圣宴居祠堂于历山之下,聚书万卷,延名师教其乡里子弟,出私田百亩以给养之。有司以闻,赐额历山书院"①。

其次是官府对书院教育大力扶持,亦使书院能够得到推广和普及。元代的第一所书院就是由朝廷所建的燕京太极书院,这表现出元政府对书院教育的承认,亦对以后的书院推广政策开了一个先河。以后,各级地方官府纷纷效法,官员们纷纷在自己的治所建设书院。长江流域的大量书院就是由地方官员主持、地方财政创办的,如浮梁的绍文书院、吉州的白鹭洲书院、潭州的岳麓书院、婺源州的晦庵书院、南康的白鹿洞书院、浙江青田的石门书院等等。为了保证书院教育的建设发展,元代政府还对书院的管理给予了特殊的关照。最重要的就是把主持书院教育的山长列为朝廷命官:凡州县书院的山长与学正、学录、教谕一样,并由礼部任命;凡各省所属书院的山长,则与所属州县学正、学录、教谕一样,并受行省及宣慰司授命。另外,书院的生徒也与官学的学生同等对待。"自京学及州县学以及书院,凡生徒之肄业于是者,守令举荐之,台宪考核之,或用为教官,或取为吏属。"②这些政策,虽然导致书院官学化程度的加强,使书院失去了自己的特色,但是,确实也起到了使书院得以推广和普及的作用。

民间和官方共同努力,是明清时期书院得到大力推广和普及的主要原因。一方面,由于民间士绅对书院教育的极度热忱和向往,他们普遍将资助、创办书院看作是自己的社会责任、文化使命与"兼善万世"的历史功业,故而往往将最大的热情倾注在书院建设方面;另一方面,官方虽然对书院自由讲学有所限制,但对书院在发挥基础教育、精英教育及社会教育方面的作用亦是肯定的,故也倾注力量对书院加强扶持,希望借助书院教育,以实现"建国君民,教学为先"的目标。

在这股关于书院的推广普及的热潮中,长江流域一直居于全国的前列。

---

① 《元史》卷一百三十四《和尚志·附千奴传》,中华书局 1976 年版,第 3259 页。
② (明)宋濂等:《元史》卷八十一《选举志》,中华书局 1976 年版,第 2033 页。

根据地方志、书院志及文集等文献记载,元代书院有 296 所,而其中建置于长江流域诸省的书院则占其大部分,主要分布的省区为江西 94 所、浙江 49 所、湖南 21 所、福建 11 所、湖北 9 所、江苏 6 所、四川 5 所、上海 4 所、贵州 3 所,占总数的 68%。而黄河流域、珠江流域则分别只占总数的百分之十几。[①] 由此可见,长江流域的书院建置仍是非常繁荣发达的。尽管元代建都于北方,元政府又十分重视书院,在燕京建立了第一所书院,同时在南方诸省搜罗、邀请了不少名儒,但是,北方的书院教育仍然远远落后于有着深厚文化教育根基的长江流域。

长江流域书院教育的推广与普及在全国遥遥领先,这一基本格局一直延续到明清两代。由于民间、官方的共同努力,明清两朝的书院在成倍地增加。书院的设置更加普遍化,几乎每个府县都创办了书院,文化教育发达的州县一级的书院更是达到数十所之多。另外,许多边远地区、少数民族地区也纷纷创建书院。在这种书院教育的全面推广、普及过程中,长江流域的书院教育保持了兴旺发达,并引领书院发展的时代潮流。从书院建置的数量统计上明显发现,长江流域的江苏、浙江、安徽、江西、湖南、湖北、四川等省的书院建置数量,一直在全国是遥遥领先的。

二、长江文化是长江流域书院崛起的历史条件

唐、宋以后,长江流域书院的崛起,并不是一个孤立的现象,而是与当时长江文化的发展息息相关。唐、宋以降,长江流域的书院教育能够萌芽、兴起、发展及全面推广,并总是居于全国的前列,离不开唐宋以来文化重心南移、长江文化蓬勃发展的历史背景。

古代书院兴起于唐宋,这恰恰是中国文化重心由北向南转移并最终完成的历史时期,所以,探讨书院教育为什么会是长江流域为盛,这都与中国文化

---

① 参见陈谷嘉、邓洪波:《中国书院制度研究》,浙江教育出版社 1998 年版,第 355 页。

重心南移、长江文化崛起的大背景直接相关。

尽管现代考古学材料不断证明,从远古时代到新石器时代的长江文化是十分发达领先的,但是从青铜时代的夏、商、周三代到秦汉之时,长江文明落后于黄河文明却是一个不争的事实。① 但是,自魏晋南北朝以后,中华文明逐渐演化出一种新的不平衡格局。南北朝时期发生的永嘉南迁,导致一个延续数十年之久的大规模由北向南的移民高潮,其直接结果,就是推动了南方的经济、文化的发展以及政治地位的提高。从唐代开始,长江流域的经济不断发展,其在全国的经济地位也不断上升,并逐渐获得了经济重心的重要地位。经济是文化发展的基础,随着长江流域经济的发展、趋强,其文化也获得了很大的发展。到了两宋时期,长江文化更不断地发展,并且完成了文化重心南移的历史转变。

唐宋时期,长江文化的持续发展体现在许多方面。这里主要列举几个条件,以阐述书院形成、发展的社会文化原因。

(1)士人社会的发展。

唐宋以后的一千多年,士绅社会与书院教育有一种很强的互动关系:士绅社会的发展,必然通过积极地创办书院以表达自己对社会的责任和对文化的关怀;书院教育的发达,又可以培养、再生新一代士绅。长江流域的书院之所以那么发达,其重要的条件是唐宋以后这个区域的士绅社会发展很快,由于士绅的社会力量,导致长江流域不断兴起一个个创办书院的热潮。

唐中叶以后,长江流域士绅社会的逐渐发展,从多方面体现出来。如有人统计《新唐书》中列入《儒林传》《文艺传》的人物,其籍贯可考的有 123 人,唐代前期有 81 人,南方人氏 27 人,占总数的 33%。后期共 41 人,南方人氏 23 人,占总数的 56%。另外,从唐代进士人数的地理分布也反映了这一问题。据统计,在"安史之乱"以前,唐进士及第的总人数为 275 人,长江流域仅 68 人,占总人数的 24.72%。"安史之乱"以后,全国进士及第人数为 713 人,长江

---

① 参见叶书宗等:《长江文明·前言》,上海教育出版社 2001 年版。

流域的人数达 407 人,占总人数的 57%。① 可见,无论是从《新唐书》中列入《儒林传》《文艺传》的人数,还是从唐代进士人数的分布来看,唐代后期长江流域的士绅社会均呈进一步发展的趋势,而书院的萌芽也恰恰在唐中叶以后。长江流域的书院能够一直在全国居于领先地位,确是由于长江流域士绅社会的发达,它们构成了书院形成与发展的坚实社会基础。

(2)学术思想的繁荣。

书院既是中国古代教育中心,也是学术思想的研究中心。因此,书院的盛衰与宋以后学术思想的盛衰是同步的。学术思想的繁荣发达,总是要寻求、获得相应的教育组织来传播,从而促进书院的发达;而书院教育的发达,亦可以进一步促进学术思想的繁荣。② 因此,学术思想的发达繁荣成为书院创建、发展的重要条件。

唐宋以来,中国学术史上最重大的发展,就是出现了综合儒、佛、道思想的更具综合性的学术形态——理学。理学思想源于中唐以后,创建于北宋之时,大盛于南宋时,其发展的进程几乎与书院同步。因此,它和书院之间有着密切的相互促进的关系。唐代以前,长江流域的学术思想总是处于边缘地位,虽然也出现了一些著名学者和学术成果,但在整个中国学术史上并不占有重要的地位。而理学思潮出现后,情况则发生了很大变化。理学形成于北宋,理学开山鼻祖周敦颐出生于道州营道县(今湖南道县),他的学术活动主要是在长江流域一带。周敦颐所奠基的理学成为宋以后占统治地位的主流学术,标志着长江流域学术地位的崛起。特别是到了南宋时期,理学学术的重心完全转移到了南方,长江流域一带成为理学的重镇。理学史上几个重要的学派,如朱熹的考亭学派、陆九渊的象山学派、胡宏和张栻的湖湘学派、吕祖谦的婺学派,另外,还有与理学展开学术争鸣的浙东事功之学,包括永嘉学派与永康学派,都活跃于长江流域一带。他们在这里研读经史、阐谈义理、会讲论辩、著书出书。书院成为他们从事学术研究、传播思想、创建学派的最好场所。总之,两宋时

---

① 参见赵文润:《隋唐文化史》;陈正祥:《中国文化地理》,引自叶书宗主编:《长江文明史》,上海教育出版社 2001 年版,第 223—224 页。

② 参见朱汉民:《湖湘学派与岳麓书院》,教育科学出版社 1991 年版,第 2 页。

期书院的繁荣发达,离不开这些活跃于学术前沿的学子们的热忱。

（3）佛道宗教的发达。

书院作为中国古代最具特色的教育组织,一方面在于它兼具传统私学的自由讲学与官学制度的完备的双重长处;另一方面则在于它兼收了儒家人文教育与佛道宗教教育的各自特色。同时,佛道宗教亦对理学的形成产生很大的影响。所以,佛道宗教的发达,又构成了书院建设及理学学术发展的重要文化条件。

佛教作为一种外来宗教,自东汉就传入中国,两晋以后进入发展繁荣阶段。这段时期内不仅北方的佛教文化十分发达,长江流域的佛教传播也十分繁荣。"南朝四百八十寺,多少楼台烟雨中"的诗句,真实地反映了江南一带佛教发达的情况。尤其是天台宗、禅宗更在长江流域获得充分的发展。天台宗是中国佛教最早创立的一个宗派,因创始人智𫖮常住浙江天台山而得名。天台宗的教义主要依据《妙法莲华经》,故其又称法华宗。由于《法华经》曾在江南一带广泛流传,智𫖮法师以此为理论基础而创立天台宗,天台佛学中的一心三观、一念三千、圆融三谛、佛性说等均对中国的佛学产生了深刻影响。到了唐代,天台宗又有进一步地发展。总之,天台宗的兴起,主要是在长江流域一带,体现了长江宗教文化的发展。同时,长江流域又是中国化佛学——禅宗的大本营,在禅宗形成的初期,江南地区就成为禅学传播的重镇。中唐以后,六祖慧能得法南归传教,故而南宗的各宗各派纷纷在长江流域一带传播。慧能的著名弟子南岳怀让、青原行思、菏泽神会、南阳慧忠、永嘉玄觉等成为禅宗主流。其中又以南岳、青原两家弘法最力。总之,南宗的主要活动地就在长江流域一带,在长江文化发展中居于重要地位。

长江流域又是道教创教、传播的重要地方。无论是长江上游地区,还是中下游地区,均是最早传播道教的地方。从魏晋南北朝始,长江流域就涌现出许多重要的道教教派和道教人物。同时,在江南一带形成了许多道教名山。如江苏的茅山,是道教的第八洞天、第一福地和第三十二小洞天。茅山是道教茅山派的发源地,许多著名道士如杨羲、葛洪、陶弘景、吴筠等均在此修炼。四川的青城山,道教称第五洞天,张陵在此传五斗米道,其子张衡、孙张鲁均嗣法于此,山上保留有大量道教古迹。湖南衡山,为道教第三小洞天,建有黄庭观、上清宫、降真观等道教宫观,亦有著名道士魏华存、徐灵期、司马承祯修炼于此。湖北武当山,为道教七十二福地之一,亦是道教传教的重镇,有许多著名道士如吕洞宾、陈抟等修炼于此。另还有江西龙虎山、安徽的齐云山等,均为道教的名山。

可见,佛道二教在长江流域有广泛而深入的传播。由于佛教寺庙、道教宫观林立于名山之中,而早期的书院亦深受佛道二教的影响而创设于名山,佛道的宗教理论、修养方法也影响了理学学术及书院教学。故而,长江流域佛道的盛行,是书院繁荣的重要文化条件。

(4)造纸印刷的发达。

书院作为一种独具特色的教育组织,能够形成、发展于唐宋之际,有一个重要的条件,就是书籍的普及。书院首先要能藏书,然后围绕着藏书能够展开教书、读书、著书及出书等一系列的教育文化活动。而唐宋之际造纸印刷的发达,促进了书籍的普及,进而为书院奠基创造了重要的文化条件和物质基础。

造纸发明于汉代,而到了唐宋之时,造纸业的技术不断提高,纸的产量、质量亦大大提高。中国地缘广大,各地所提供的造纸原料不同,故而造出的纸在质量、用途上各具特色。长江流域的造纸业十分发达,一方面是各地均有自己的知名作坊和高超的技艺,如歙州(今安徽省歙县)的造纸技术就闻名一时;另一方面各地的造纸原料也不同,江南一带就各以麻、竹、藤、苔、稻草、麦茎等为造纸原料,故而造出的纸各有特色。江南成为重要的产纸地,浙江、四川、湖北等地都有自己的名纸和纸业作坊,在当时名极一时。

纸业的发达,又促进了印刷业的发展。从中唐到两宋,是中国印刷业发展的黄金时期。最初盛行各种雕版印刷,宋代发展出官府刻印、书坊刻印、私人刻印等印书类型,刻书地点遍布全国。在北宋还形成了四个雕版印书的中心,那就是四川的成都(今成都市)、浙江的杭州、福建的建安(今建瓯市)、河南的开封,其中的三个中心均在长江流域。到了南宋,这三个印书中心继续发展。江南地区的雕版印刷得到发展的同时,活字印刷也发展起来。北宋时,杭州的毕昇试制成功了活字印刷,其印刷方法具有制活字、排版、印刷等主要步骤,极大地促进了印刷业的发展。

由于长江流域的造纸业、印刷业的发达,使原本十分珍贵的书籍大大得到普及,进而民间普遍具有收藏书册典籍的可能,这样,就有可能使先秦、两汉曾经流行的各种私学演进成书院这种更具特色的教育机构。

上面列举的四个方面的原因,是长江流域书院在唐宋以后崛起的重要文化条件,由此可见,长江流域的书院教育之所以如此繁荣发达,完全是这个时期崛起的长江文化推动的结果。

三、长江流域书院对长江文化发展的推动

书院教育与长江文化的发展是互动的,唐宋之际长江文化的发达,促进了这个地域中的书院教育。同样,书院教育的兴起,又对长江文化的进一步发展起到重要的推动作用。当然,长江流域书院对长江文化发展的推动也是多方面的,这里主要从文化创新、积累、传播几个方面来分析这一问题。

(1)文化创新功能。

这主要体现在宋、元、明、清时期学术文化的创新与发展。两宋时期,特别是南宋时期,长江流域书院与理学紧密结合,从而导致了理学的蓬勃发展和学术地位的确立。这段时期内,理学家的教育活动、理学学术成果的形成、理学思想的传播、理学学派的形成、理学思潮的发展,往往要以书院为基地,总之,书院与理学的相互渗透,极大地促进了理学学术的发展。南宋时期理学学术的创新发展,确是得益于长江流域书院这个学术中心。

长江流域的学术能够在元、明、清时期继续获得蓬勃发展,其社会影响力甚至超过两宋,同样与这段时期的书院在学术上的重要地位有密切联系。明中叶以后,长江流域的心学思潮得以蓬勃发展,这是由于明中叶的书院教育与当时的心学思潮的结合有关。代表明代心学思潮的有两大学派:王学与湛学。王学是指王阳明及其后学所形成的学派。王阳明的学术思想形成于贵州,并且他在贵州创办龙岗书院、文明书院讲学。正德十三年(1518)以后,他的主要学术活动在江西,故又修濂溪书院,并赴白鹿书院讲学。嘉靖三年(1524),

他在浙江绍兴时又"辟稽山书院,聚八邑彦士,身率讲习以督之"①。王阳明因在长江流域的诸书院中讲学,其弟子遍及江南,形成了浙中王门、江右王门、南中王门、楚中王门等,这些王门弟子又是在长江流域创办或主持书院讲学的主力军。湛学则是指湛若水创建的学派。湛若水师从陈献章,后独立门户,到处建书院讲学,其所创书院中有名者,如西樵精舍、大科书院等。他所创办、主讲的书院很多,黄宗羲称其"平生足迹所至,必建书院以祀白沙,从游者殆遍天下"②。总之,由于王阳明、湛若水借助书院从事学术活动,从而推动了明代心学思潮的不断更新发展。

明清之际的学术思潮发生了一系列的重要变化。最初,以"实学"相标榜的一代学者活跃于当时的学术思想界,他们同样利用书院研究学术。如无锡的东林书院就是晚明时期影响甚巨的著名书院,清初的浙东学派也以甬上证人书院为基地研究学术。清乾嘉以后,以诂经考史为特色的汉学思潮兴起,他们同样利用了书院,浙江杭州的诂经精舍就是这些书院中影响最大的一所。概而言之,从晚明到清初,长江流域的书院教育仍然促进着学术文化的更新与发展,使得这个区域知识群体的学术观念、学术成果一直居于全国的前列。

（2）书院的文化积累功能。

主要体现在以下方面:其一是著述。书院是一个地域乃至全国的学术中心,这里汇聚着来源各异的学术精英和勤奋学子,他们总是在不断地开拓着新的学术领域,产生新的学术思想。为了将这些学术成果保存下来,书院的师生们在这里潜心著述,以积累学术文化的成果。所以著述是书院实现文化积累的重要方面。那些学术大师在主持书院工作的时候,同时也从事学术著述,他们的许多代表著作也是在书院中完成的。同时,他们常常将各种讲义、经说整理成书,供学生研究参考。许多书院生徒将自己对老师质疑问难的对话记录

---

① （明）王守仁:《年谱三》,《王阳明全集》（新编本）卷三十四,浙江古籍出版社 2011 年版,第 1299 页。

② （明末清初）黄宗羲:《白沙学案》,《明儒学案》卷三十七,中华书局 2008 年版,第 875 页。

下来,编成"语录""答问"之类的书。另外,许多生徒在学习的过程中,撰述论文或著作。这样,书院在它的长期办学过程中,积累了丰富的学术文化。从宋代朱熹的《朱子语类》、张栻的《南轩孟子说》、吕祖谦的《丽泽讲义》,到清代的《紫阳书院课艺》《尊经书院初集》《诂经精舍文集》等,均是长江流域书院所积累起来的学术文化成果。

其二是刻书出版。书院还有一个重要的功能,就是刻书出版功能。其刻书的范围,除了积累自己的文化学术成果,如刊刻上述书院主持者的著作、讲义以及语录、课艺、书院志、同门录外,还刊刻能服务书院教学、研究、交流的经、史、子、集各类图书。这样,书院又在事实上成为各个地方的刻书出版中心。长江流域的书院发达,故而在刻书印书以实现文化积累方面发挥了很重要的作用。在宋、元、明、清四朝中,长江流域的书院刊刻了大量书院版本的书。在古代出版业中,出现了因校勘严谨、质地精良而著称的"书院本"图书,而长江流域的江苏、浙江、江西、安徽、湖南、湖北、四川等地的书院,均大量刊刻了这种"书院本"的书籍。明清以来,书院刊刻书籍的数量越来越大,故而有的书院还专门设有刊刻图书的书局,承担地方上刊刻出版书籍的任务。如江苏的南菁书院,就设立了南菁书局,四川的尊经书院,则设立了尊经书局。书局是专门刊刻书籍的机构,其出版书籍在数量、质量上均有很大的提高,如尊经书局几年就刊刻书籍达百多种,对积累文化作出了重要的贡献。

其三是藏书。藏书是书院的三大规制之一,故而是书院的重要组成要件。对于地方文化建设事业来说,藏书也起着文化积累的作用。所以,遍布长江流域中的大大小小的书院,均通过收藏、借阅典籍图书的活动,将各种类型的图书典籍集中起来,并通过捐赠、刊刻、购置等手段不断丰富藏书,使书院的藏书成为地方文化事业的重要组成部分。许多书院的藏书之精、之多,在地方的图书收藏中是少有的。这些书院都建有专门的书楼、藏书楼、御书楼、尊经阁,以保存、借阅这些图书。如岳麓书院的御书楼(原名书楼、尊经阁)就先后收藏有宋真宗、宋理宗、清康熙、清乾隆所赐的种种御书。南宋魏了翁所主持的四川鹤山书院,藏书量达到十万卷。长江流域书院的藏书之珍贵、丰富,对地方文化事业的发展起到了重要的推动作用。

其四是祭祀。祭祀也是古代书院的规制,是书院教育的重要特色。书院在千年办学过程中,形成了自己的祭祀系统,除了祭祀至圣先师孔子之外,书院祭祀的对象还包括本书院尊崇学统的相关人物、地方的名儒乡贤、创建书院的有功之士等。这样书院的祭祀就有很浓厚的传承学统、彰显地方文化的积累功能。长江流域各地均形成了各具特色的地方学术传统和地域文化,如蜀学和巴蜀文化、湘学及湖湘文化、徽学及徽文化、赣学和赣文化、浙学和浙江文化等,这种地方学术和地域文化往往又是书院办学过程中的学术思想积淀的结果。而各地的书院祭祀,对保存及强化这种地方学术、地方文化起了很重要的促进作用。如四川的书院祭祀三苏父子、魏了翁等,湖南的书院祭祀周濂溪、胡安国、胡宏、张栻等,江西的书院祭祀朱熹、陆九渊等,浙江的书院祭祀吕祖谦、陈亮等。这些祭祀均具有积累文化、传承学统的文化继承意义。

(3)文化传播的功能。

书院是一种多功能的文化组织,但是其最基本的功能仍是教育,而教育的特点就是传播文化,即把前人积累起来的文化传播开来或传递给下一代。因此,长江流域蓬勃兴起的书院群,极大地促进了这个地域的文化传播,对文化发展、人才培养等各个方面均起到了很重要的推动作用。

书院在文化传播方面所以能发挥十分重要的作用,与书院这种教育组织的特色是分不开的。

首先,书院将精英化的高等教育与普及化的基础教育结合起来。在中国古代,一般情况下是由朝廷主持的官学系统承担高等教育的职能;而基础教育则没有纳入正规的教育体制,主要由家族、民间社会来承担。而宋以后建立的书院体制,则承担了上述两方面的教育职能。一方面,各地书院尤其是那些名书院,大多是古代的高等程度的教育机构,主讲者为国内名流大师,来受教育者也是文化水平很高的学者,有的甚至是地方官吏,他们之间传播的内容也是程度很高的"大人之学"。地处长江流域的"南宋四大书院",均是这种高等的教育机构。另一方面,大量建于乡村、城镇、家族的书院均属于那种基础教育程度的书院,这一类书院的数量多、分布广,在我们对地方书院的统计数字中,大量的书院均属这种类型。它们能够"以教其乡之子弟及四方从游者"①,在发展地方基础教育、促进文化发展上发挥了重要的作用。由于书院能够将精英化的高等教育与普及化的基础教育结合起来,故而对长江流域成为中国文化的重心起到了十分大的推动作用。

其次,书院能将学校教育和社会教育结合起来。书院是一种独具特色的教育组织,它的教育主要是一种学校教育,以补充或取代官学教育的不足。书院与官学不同的是,它的学生来源没有那样严格的限制。一般的书院都要接纳社会上的"游学之士",岳麓书院来名人讲学时,社会上来听讲者络绎不绝,高峰时多达千人。所以,明代岳麓书院还建有专门的迎宾馆、集贤馆,以供游学之士居住。此外,许多乡村或家族的书院,往往还要对村民从事一些文化普及的工作。这也是书院教育能够有效地促进长江文化发展的原因。

再次,书院能够将经史教育与各种专科教育结合起来。在中国传统教学内容体系中,经学、文史等一直是教学的主体,书院的教学内容也是以此为主。但是,书院毕竟是一种相对自由灵活的教育体制,故而也产生出了许多专科方面的教育,包括专习官话的正音书院、专习武事的肄武书院、专讲医学的医科书院等。晚清时期,各地还建立了许多专讲西学西艺的书院。这也是书院能够大大促进长江流域文化传播的重要原因。

由于书院教育具有上述特点,而长江流域的书院建设,又十分发达,故而对长江文化的发展起到了重要的推动作用。

上面论述了书院的文化创新、文化积累、文化传播的多种功能,以说明长江流域书院对长江文化发展的推动作用。事实上,书院既充分发挥了促进长江文化发展的作用,同时也是长江文化发达的一个重要标志。

（原载《湖南大学学报》2005 年第 3 期;《新华文摘》2005 年第 23 期全文转载）

---

① （宋）王庭珪:《吉州新修教授厅记》,曾枣庄等:《全宋文》卷三四一二,上海古籍出版社、安徽教育出版社 2006 年版,第 257 页。

中国古代书院自治权问题

自治权是近代大学的主要特征和必要条件的论断①,已经得到了学界的基本认可。有的学者通过分析欧洲近代大学的学术自治的缘起与内涵,以此观照中国古代教育机构的自治权,进而认为中国古代书院是没有自治权的教育组织。作为宋代以来公认的学术研究与传播的重要机构,书院学术创新机制是否完全与自治权没有关系呢? 换言之,在中国传统的社会结构中,书院确实没有自治权吗? 如果答案是否定的话,那么书院的自治权与西方近代大学的自治权的异同何在? 这是我们探讨中国古代书院办学性质时必须作出有效解释的问题。

一、古代书院的自治权

书院是一种官学系统之外的教育组织,它不依靠朝廷的正式诏令而建立,其主持者、管理者都没有纳入朝廷的官学教职之中。因而,许多学者都肯定书院是一种私学教育组织,或是一种官学外的独立教育机构。正是由于这种相对的独立性,使得书院在高度中央集权的中国古代社会中获得了有限的自治权,主要表现为以下几个方面:

---

① 参见[英]克拉克·克尔:《大学的功用》,陈学飞等译,江西教育出版社1993年版,第6页。

1.自由创建书院。在大多数的历史时期,学者可以根据自己的需要创建和修复书院,以便能研究与传播学术思想。在封建中央集权体制之下,学者们很难利用官方的教育机构宣讲学术,他们转而创建书院以作为研究与讲习之所,讲学成为创建书院的主要推动力。清人黄以周云:"沿及南宋,讲学之风丰盛,奉一人为师,聚徒数百,其师既殁,诸弟子群居不散,讨论绪余,习闻白鹿、石鼓诸名,遂遵其学馆为书院。"①

南宋大多数学术学派的代表人物基本都曾创建或修复书院,他们的学术生涯与书院结下了难解之缘。理学的集大成者朱熹不仅在其出生地福建先后创建了寒泉精舍、云谷书院、武夷精舍、同文书院和考亭书院 5 所书院,而且还修复了白鹿洞、岳麓这两所闻名天下的书院,这些书院成为朱熹学术研究与传播的基地,其博大精深的学术体系基本是以书院为依托建构完成的。湖湘学派的代表人物张栻与其父张浚一起创建长沙城南书院。婺学的吕祖谦创建丽泽书院,事功学的陈傅良创建仙岩书院。南宋的讲学之风并未随着赵宋王朝的终结而消失,元代统治者在允许南宋遗民创建书院继续讲学的同时,鼓励和支持学者在北方创建书院,程朱理学由此而向北拓展。

明代心学虽然是以程朱理学的对立学派出现的,但其代表人物却沿用了程朱理学家的研究与传播学术的方式——创建书院,并以书院作为研究与传播心学的基地。心学的代表人物王阳明在贵州龙场悟道之后,先后创建和修复龙冈、濂溪、稽山等书院研究与传播心学。王门弟子遍布各地,有浙中、江右、南中、泰州等七个学派,他们同样创建书院作为学术获得的基地。与王阳明相互激扬的另一位心学大师湛若水在 50 年的讲学生涯中,创建并讲学于多所书院,以宣讲他主张的"随处体认天理"的心学思想。

满族入主中原之后,虽然在文教方面加强了控制,但自康熙年间开始,学者们又可以自由创建书院。在地方官吏和士绅的支持下,乾嘉学派学者创建了多所书院,汉学家阮元利用担任地方大员的便利条件,创建了专门研究与传播汉学的书院——诂经精舍和学海堂,将其作为研究与传播汉学的基地,邀请

---

① (清)黄以周:《儆季杂著七种》,《史学略四·论书院》,清光绪年间刊本。

多位汉学家前往讲学与驻院研究。

2.独立自主的办学理念。唐宋以来,中国古代的官方教育机构基本上都不开展学术研究,为科举储才是其主要职能。而书院的办学理念则表现出独立性,强调通过研究与传播儒家学术,让士人能更加全面地认识"道",最终实现把握领悟最高哲学本体的目的,即所谓的"讲学明道"。

确立这样的办学理念是与宋代理学家的学术理想息息相关的。在他们看来,士人可以通过"道问学"的方式实现自身道德的提升,从而达到把握终极真理的境界。这样,对"理"这一中国哲学最高范畴的探索,就从自然领域转向个人内在的道德伦理修养上来了,培养个人的心性修养和道德自觉成为儒家的共识,追求"为己之学"成为把握终极真理的关键,在此基础上,士人才有可能实现"齐家""治国""平天下"。而"道问学"的前提是更全面地诠释和理解儒家经典,将其作为提升自己道德修养的重要途径。由于宋代理学家大多依靠书院来研究和传播其学术,因此他们的这种学术理想也在创办或者讲学于书院的过程中,转化为书院的办学理念。

为践履这一办学理念,理学家们基本上都将学术研究与传播作为其书院活动的主要内容。朱熹为白鹿洞书院制定的《白鹿书院揭示》明确提出:"熹窃观古昔圣贤所以教人为学之意,莫非使之讲明义理以修其身,然后推以及人……圣贤所以教人之法具存于经,有志之士,固当熟读深思而问辨之,苟知其理之当然,而责其身以必然,则夫规矩禁防之具,岂待他人设之而后有所持循哉!"①这一学规强调了讲明义理是教学的首要任务,而义理是蕴涵在儒家经典之中的,需要书院学者通过潜心研究才能体悟到。这一学规此后成为多数书院遵循的办学准则,只是不同书院根据实际情况补充一些大同小异的条目而已。

3.管理与运转的独立性。由于书院不属于官方教育体系,有独立自主的办学理念,因此它在教学内容的选择、教学方式与方法的运用、内部管理体制

---

① (南宋)朱熹:《朱文公文集》卷七十四,《白鹿洞书院揭示》,《朱子全书》第24册,上海古籍出版社、安徽教育出版社2002年版,第3586页。

等方面都表现出独立性。

教学内容的选择与书院所尊奉的学术学派、山长的教育思想密切相关。在中国书院史上,能较好地体现书院教学内容与活动的史料是程端礼所著的《程氏家塾读书分年日程》。它将生徒学习分为"八岁未入学之前""自八岁入学之后"和"自十五志学之年"三个阶段,每一阶段都规定了必读之书和读书的次序。8岁未入学之前,要求生徒读《性理字训》。8岁入学之后,用六七年的时间学习《四书》《五经》的正文。15岁以后的学习内容是以儒家经典的经注、或问及本经传注为主,如朱熹的《四书集注》等。程氏要求生徒自15岁开始,用三四年的时间来潜心学习,以掌握真正的"为己之实学",不能抱有丝毫的功利目的。在此基础上,生徒可以看史读文,其次序是先读《资治通鉴》,"次读韩文,次读离骚"①,然后开始学作时文。从《程氏家塾读书分年日程》的规定来看,书院的教学内容是十分全面的,与官方以科举应试知识为主体的教学内容有显著差异。

不仅教学内容完全不相同,而且书院的教学方式也与官方教育机构明显不同。为实现"讲学明道"的办学理念,书院可以邀请不同学术学派的学者前来讲学,会讲与讲会是最为典型的方式。在这些学术活动中,生徒可以平等参与学术讨论,不仅对学者的学术研究有极大的推动作用,而且生徒也能在参与中得到启发与影响,甚至有可能因此而走上学术研究与传播之路。

以书院为基地开展会讲或学术交流成为学者们解决学术分歧、进行学术合作的重要方式。淳熙二年(1175),朱熹在寒泉精舍接待了婺学的代表人物、丽泽书院的创办者吕祖谦。在寒泉精舍,朱熹、吕祖谦二人促膝交流、切磋问难之后,还进行了学术合作——编撰了《近思录》,目的是让初学者能更好、更快地把握北宋理学家的思想精髓。

为使学术大师能自由地到各地书院讲学,书院往往能自主聘任山长或教职人员。书院聘任山长的主要依据是道德修养境界和学术水平,即选聘"经明行修,堪为多士模范者"充任山长。不仅学术大师可以自由地到各地讲学,

---

① (元)程端礼:《程氏家塾读书分年日程》卷二,黄山出版社1992年版,第67页。

而且书院生徒也能较为自由地流动,使学术交流更为便利与频繁,这是书院生徒的管理方面自由灵活的表现。

二、古代书院自治权的限制

尽管中国古代书院具有自治权,但与西方近代大学相较,其自治权是有限的。西方中世纪大学的产生与"社团"或者说"行会"(Universtas)密切关联。中世纪大学是教师、学生组成的社团或者行会,"大学是一个由学者和学生共同组成的追求真理的社团"①,其拥有自己的章程、共同的财产、表明其法人地位的印章等等。由于社团属于中世纪欧洲的一种法人,其享有独立的法人地位,这意味着大学这种社团可以和其他社团一样享有自治权。

中世纪大学拥有较大的自治权,可以颁布属于各自大学的、独立于教会和世俗政权的法令。中世纪大学的自治权主要表现为对外争取发展空间和独立处理学校内部事务两个方面:首先,中世纪大学享有罢教和迁校的权力与自由。1231 年,罗马教皇格雷戈里九世特别授予巴黎大学罢教权:"如果,万一房价提高使你受到损失,或缺乏了其他东西,或受到令人难忍的伤害,例如死亡或者肢体残废,诸如此类的情节使你们当中的任何一人遭受到损伤,除非通过警告在 15 天内得到了满意的答复,你们可以中止讲课直到满意解决的时候……"②不仅可以罢教,而且还可以迁校,1209 年,牛津大学的学生因抗议警察擅自闯入校园拘捕涉嫌杀人的学生,纷纷离开牛津大学,另创剑桥大学。其次,大学师生享有免税和免役权。这种权力有利于大学在经济上独立,为学术自由提供了经济上的支持。1386 年,鲁伯特一世授予海德堡大学的免税特权:"准予教授和学生,不论是他们到学校里来并住在学校里,或者是从学校回家去,在我们所属的土地上自由往来,其所携带求学所需要的一切东西和生

---

① 李秉忠:《中世纪大学的社团机构性质》,载侯建新主编:《经济—社会史评论》第三辑,生活·读书·新知三联书店 2007 年版,第 61 页。

② [美]E.P.克伯雷选编:《外国教育史料》,华中师范大学出版社 1991 年版,第 178 页。

活所需要的一切物品都免除捐税、进口税、租税、监务税以及其他所有苛捐杂税。"①再次，大学师生享有学校内部管理的自治权。如大学教授有权审定教师资格，1292年罗马教皇承认巴黎大学有权授予硕士、博士学位获得者可以获得通行的教学许可证。中世纪大学确立的自治权，为近代大学的发展奠定了良好的法理基础，大学自治因此被洪堡视为"大学三原则"之一。

与欧洲中世纪大学有着较大的自治权不同，中国古代书院的自治权却遭受较大的限制，这种限制主要来自皇权，以皇权为主导的行政权力决定着书院自治权的有无和大小。在中国传统社会中，统治者历来注重对教育机构的控制，独立于官学和私学之外的书院亦不例外。皇权对书院的控制随着中央集权的加强而逐渐深入，其形式也由间接向直接转变。北宋时期赐书、赐额是统治者控制书院的最常见方式，其目的是使书院的学术创新、教学活动等与官方的意识形态保持一致，从而削弱书院的自治权。太平兴国二年（977）朝廷赐书给白鹿洞书院，开朝廷赐书之先河。此后岳麓、应天府、嵩阳等书院都得到了朝廷所赐的《九经》及相关书籍。与赐书同时进行的还有统治者的赐额，北宋时期的岳麓、应天府、嵩阳等书院都得到了朝廷的赐额。虽然赐额是私人性质的书院得到统治者认可的最直接表现，但也是统治者试图通过精神鼓励的方式，将书院纳入其控制范围内的有效手段。这种方式在明清时期得到延续，诸多书院都得到了朝廷的赐书、赐额。

在运用这种间接方式限制书院自治权的同时，皇权主导的官方力量还直接参与书院的创建和修复，使书院自治权受制于行政权力。行政权力不仅表现在创建与修复阶段，而且深入书院管理体制的内部，书院独立自主的管理权因此被削弱。自北宋开始官方就对山长的选聘进行控制。元代则进一步加强，山长被纳入了国家官僚体系之中，全由官府直接任命。元代统治者甚至试图根据书院的级别而将山长的名称相应改为教授、学录、学正等，以绝对控制山长的选聘工作。虽然这一设想最终并未得到实施，但官方控制书院的意图暴露无遗。元代山长聘任的做法在明清时期得到了形式上的改变，虽然山长

---

① ［美］E.P.克伯雷选编：《外国教育史料》，华中师范大学出版社1991年版，第175页。

已经不再被视为国家官员,但选聘山长的主导权仍然掌握在官方手中。雍正四年(1726),皇帝还就白鹿洞书院选聘山长之事发布上谕,专门提出了山长的选聘标准:"若以一人教授,即能化导多人俱为端人正士,则此一人之才德即可膺辅弼之任,受封疆之寄而有余。"①乾隆皇帝将书院山长的选聘权力交给各级地方官吏,形成了省会书院山长完全由各级地方官吏选聘的体制,并先后于乾隆元年(1736)和乾隆三十年(1765)两次强调严格山长聘任制度。地方官吏不仅能延聘山长,还掌握着考核山长的大权。

在书院招生方面,官方不仅有权决定书院招生人数,还直接参与招生过程,有的书院的招生权还被官方所掌控。清代岳麓书院招生仍掌握在地方行政长官手中,巡抚陈宏谋规定:"岳麓书院定额正课五十名,附课二十名。候本部院行各属保送,或由学院考取移送。其零星赴辕求取者,一概不准。"②书院招生过程也全由地方官吏主导和监督,一般是由监院呈请地方官府公布招生考试——甄别考试日期,各地生徒至监院处报名投考,然后参加由地方官吏主持的甄别考试。官课是官方监控书院教学过程的最有效方式,省会书院的官课由总督、巡抚、学政或布政使、按察使、转运使、道台等轮流主持,府、州、县书院则由道台、知府、知州、知县或教谕、训导轮流主持,一般是每月一次。官课由主持考试的官员负责阅卷,并根据成绩给予优秀生徒一定的奖励。这样,书院的教学过程也在行政权力的掌控之中。

不仅如此,皇权有时还会根据统治的需要抡起政治权力的大棒,削弱或剥夺书院的自治权,明代中后期四次禁毁书院即是典型例子。可见,行政权力已经渗透到书院创建、修复与管理、教学过程的全部环节,使书院的独立性质发生了显著变化,行政权力成为调控书院发展的主导性力量之一,书院所追求的自治权因而无法完全实现。

中世纪大学是在与教会、封建主和市政当局的斗争中获得的,它们的自治

① 《清实录·世宗宪皇帝实录》卷四十三"雍正四年四月"条,中华书局1984年影印版,第七册,第631页。

② (清)陈宏谋:《培远堂偶存稿》卷四十八《申明书院条规以励实学示》,转引自《中国书院史资料》,浙江教育出版社1998年版,第1584页。

权获得了这些权力机构的法律认可,因此中世纪大学的自治权能在长时间内得到维持,并在实践中不断完善。而中国古代书院的自治权却无法理依据,故而朝廷可以依据统治的需要,甚至皇帝个人的喜好任意调整文教政策,从而使书院的自治权受到限制,书院自治权因此表现出脆弱性、短期性和个案性。

三、书院自治权的社会政治基础

尽管中国古代的书院和中世纪欧洲大学都有自治权,但二者的自治权却有着明显的差异,这主要是由于二者根植于不同社会政治结构之中,中国古代书院的自治权与中国家族自治权存在同构关系,而欧洲近代大学的自治权与其城市自治权存在同构关系。

在中国传统社会中,家庭关系与政治关系是同构的,"国"的政治关系中包含着"家"的伦常关系,"家"的伦常关系中又体现着"国"的政治关系。于是,国家在控制手段方面,不仅会运用暴力手段,还会像处理家庭关系一样,将道德调节视为国家控制的最有效手段,出现特有的"伦理政治化"和"政治伦理化"的特征。而通过有效的教育活动,向士民灌输忠、孝等宗法道德观念,这是中国古代统治者达到维护君主专制的政治目的最有效的途径。因此,教育特别是学校教育被统治者视为政治的根本,即所谓"建国君民,教育为先"。这种传统使得教育依附于政治,为政治服务成为一种必然的选择,教育自然不可能独立于政治而存在,各种性质的教育机构的发展、教学内容的选择、教学方式方法的运用都在很大程度上取决于政治的需要。因此,无论是官学、私学还是书院都无法取得决定自身发展的自治权。

书院有限的自治权只有在与国家控制手段相一致的情况下才有可能从统治者那里获得。从创建的自由而言,北宋初期创建书院的目的是满足士人获取科举应试知识的需求,弥补官学之不足。南宋前期学者创建了相当数量的宣讲理学的书院,尽管当时的统治者并不认可理学,但理学重视对于儒家经典中忠孝仁义等义理的阐发,并将其提高到天理论的高度,公开宣扬对君父的绝对服从,朱熹说:"父子兄弟夫妇,皆是天理自然,人皆莫不自知爱敬。君臣虽亦是天理,然上义合。"①这样,以理学为教学内容的书院是符合统治者政治控制手段要求的,因此,以宣讲理学为主要职能的书院能够得到统治者的认可。不仅如此,书院在章程、学规中明确规定生徒必须尊崇封建专制统治的伦理纲常,如朱熹在《白鹿洞书院揭示》中明确提出:"父子有亲。君臣有义。夫妇有别。长幼有序。朋友有信。"②

在中国传统的政治体制中,科举制度在为统治者选拔文官的同时,亦有控制士人思想的功能。统治者通过指定科举考试的内容与形式,引导包括书院在内的教育机构按照科举考试的模式培养人才,最终实现其政治控制的目的,为科举培养人才成为教育机构的主要职能。书院为科举服务在明清时期表现得尤为突出,其人才培养基本上是以科举为目标。书院教学与科举考试密切结合,考课是明清书院开展科举教学的主要形式之一,很多书院还将考课写入学规之中,使其进一步制度化。不少书院为满足更多士人参加科举考前强化训练的需要,还在科举考试的年份增加招生名额。粤秀书院规定,在乡试的年份,增加招收生员、监生 30 名。四川莲峰书院也在科举考试的年份增加招生名额,乡试年份增加招收生员 20 名,待遇与正课生相同,享受书院提供的津贴。这部分增加招收的生徒在书院学习的时间都相当短,一般为半年左右,如陕西的玉山书院"逢乡试年份,外加附课生员十名,以二月为始,八月停止"③。有的书院甚至在科举考试中获得了一定的特权,最为典型的就是白鹭洲、白鹿洞两书院都获得保举生徒直接参加乡试的名额。

为科举服务虽然使书院在科举社会中获得了生存空间,但也因此沦为统治者控制社会的工具,其自治权也就很难得到真正的发挥。因此,我们认为,古代中国这种家国同构社会结构是书院的自治权很难得到扩大的主要原因。

---

① (南宋)朱熹:《朱子语类》卷十三,《朱子全书》第 14 册,上海古籍出版社、安徽教育出版社 2002 年版,第 399 页。

② (南宋)朱熹:《朱文公文集》卷七十四,《白鹿洞书院揭示》,《朱子全书》第 24 册,上海古籍出版社、安徽教育出版社 2002 年版,第 3586 页。

③ (陕西)《蓝田县志》卷九,(清)胡元瑛:《玉山书院条规》,清光绪元年刊本。

而中世纪大学的自治权是与欧洲城市自治密切关联的。11 世纪之后,欧洲的一些沿海地区的商业得到迅速发展,在意大利的沿海地区出现了商人聚集的城市,如佛罗伦萨、博洛尼亚等。不同行业的市民为了维护自身的利益,或者为进行规模化生产,往往会组织成社团或者行会,每个社团都有法人,他们可以依据章程采取统一的行动,"中世纪欧洲是个社团的世纪,独立的个体是少有的,人们都依赖于某一群体,某一社团。格尔德·特论巴赫称中世纪为'无肖像的时代'。不论是在历史编撰中,还是艺术中,人们感兴趣的不是个体的人,而是履行其职能,或是作为一个躯体中的附属者:人被归入到一个能使他生存的社团中。"①很显然,社团在中世纪欧洲城市中有着十分重要的地位,社团的数量众多。

随着商业的兴起和城市的崛起,以行会为主要特征的城市社会经济结构对旧有的社会结构产生了巨大冲击,原先高贵的教会、贵族、地主的地位急剧下降,城市商人成为新贵,他们都是自由人,财富成为决定其社会地位的主要因素。这样,以行会为代表的市民为反对教会、封建贵族、地主的压迫,极力争取属于自己的权力,以维护自身的利益,这种抗争方式既有和平的方式,也有暴力的手段。汤普逊说:"城市的兴起,论过程是演进的;但论结果,是革命的。长期的聚居、共同的利益和共同的经验终于在居民中间养成了一种强烈的共同意识:那反映在以和平方式要求领主,不论是男爵、主教或住持,承认城市为一个自治社会;如果这项要求被拒绝,就以暴力方式来反抗封建权力,并要求宪章的自由。"②

正是通过不懈的努力,中世纪欧洲的城市出现了诸多自治城市,这些城市有自己的法律、法庭和一定的行政自治权,以及表明自治地位的徽章。这种自治促进了城市经济的繁荣,使中世纪城市对高级专门人才的需求明显增加,学者们从各地聚集到城市,他们也与城市的工商业者一样成立了学者社团,进而发展成近代大学。在城市自治精神、自治方式的直接影响下,这些学者社团利

---

① ［德］汉斯-维纳尔·格茨:《西欧中世纪生活》,王亚军译,东方出版社 2002 年版,第 6 页。

② ［美］汤普逊:《中世纪经济社会史》(下),耿淡如译,商务印书馆 1984 年版,第 74 页。

用各种途径争取自治权,以获得教会、君主和市政当局的认可,在获得法人地位的同时,追求学问的尊严与学者的自由。大学通过与教会、世俗政权争取自治权的斗争,获得了教皇和世俗政权以法律条文形式授予的自治权。

中世纪欧洲大学自治权虽然也需要靠教皇和世俗政权批准,这与中国古代书院的自治权在获得形式上十分类似。但不同的是,书院的自治权基本上都是统治者赐予的;而中世纪大学的自治权的获得则是师生仿效城市自治和行会自治,通过不断的斗争,向教皇、君主和市政当局争取而来的,而且被以法律的形式固定下来,因此这种自治权是相当稳定的。很显然,中世纪大学的自治权是与城市自治密切关联的,大学自治是城市自治的直接产物。

书院与中世纪大学几乎在同一时期,分别在东西方的文化史、学术史上发挥着重要的作用,由于二者根植于不同的社会结构之中,发展路径有着显著的区别,其中自治权的差异最为明显,因此,我们在比较书院和西方中世纪大学自治权时,需要结合不同的社会背景来进行分析,不能以肯定中世纪大学的自治权的视角,来评价书院的自治权,甚至否定中国古代书院的自治权。

(原载《大学教育科学》2010 年第 3 期)

书院历史变迁与士大夫价值取向

　　书院是中国古代最有创新精神、人文追求的文化教育组织,一直受到古今学人们的热烈推崇。但是现代学者也常常会感到困惑:为什么在历史上具有独立创新精神的书院,又总是重蹈僵化的官学教育的覆辙,一次次走上官学化的道路? 我们认为:答案就在书院本身,即创办、主持书院的士大夫。

　　士大夫是中国古代社会一种独特的阶层,他们往往身兼知识分子与行政官僚两重身份为一体,所以英文将其翻译为"学者—官僚"。本来,学者的职责是从事文化知识的创新与传播,官僚的职责则是在行政事务管理上,而士大夫则要承担文化创造、行政管理双重职责。当然,在不同的历史条件下,不同时期、不同个体的士大夫往往在"学者"与"官僚"的身份上有不同的偏重。应该说,创建、主持书院正是士大夫"学者"意志的追求与体现,表达出一种学术创新、教育变革的文化追求。但由于士大夫作为"学者—官僚"双重社会身份的相互影响,故而使得他们所办的书院不可避免地出现"官学化"发展趋向。

　　书院作为中国古代重要的历史文化现象,延续了一千多年之久。考察书院萌芽、发展、鼎盛、演变的漫长历史,能够使我们深刻地认识这一独特的文化现象是与士大夫的文化精神联系在一起的。所以,本文将书院历程与士大夫价值取向结合起来作一考察,以对书院这一唐宋以后兴起的文化现象作一新的思考。

一、唐五代书院与士大夫的隐居求学

根据各种史料记载,早在唐五代时期,以"书院"为名的文化教育机构就已经产生。而"书院"的名称更是出现在唐玄宗开元年间(713—741),距今已有 1200 多年了。

中国古代历来重视书籍的整理和校勘,历朝的中央政府都有一个收藏、校勘图书的地方,如汉代的东观、兰台、石室、仁寿阁,隋代的嘉则殿,清代的文渊阁等。而在唐代,就把这种校书、藏书的地方称之为"书院"。据南宋学者王应麟所著《玉海》解释说:"院者,取名于周垣也。"可见,从字义上讲,院是指具有围墙的房屋的通称。唐代宫室以院称名者比较多,如有著作院、学士院、翰林院、太常院、礼院等。唐代皇室创设"书院",主要是指用围墙围起来的藏书、校书之所。唐代官方创立的丽正修书院、集贤殿书院,是中国古代最早以"书院"命名的文化机构。后来所说的"书院"之名,即起源于此。但是,这两所书院并不能等同于以后作为一种文化教育机构的书院,所以清学者袁枚说:"书院之名,起唐玄宗时,丽正书院、集贤书院皆建于朝省,为修书之地,非士子肄业之所也。"①

自唐玄宗时期建立丽正修书院和集贤殿书院之后,民间的一些读书人借用这个名称自办书院,以作为自己个人读书治学、传授生徒的场所。唐代出现的这些私人创办的书院,它们大多是一些退避、隐居的儒家士大夫个人读书治学的场所。这些学者建造房屋、收藏书籍,并在此读书治学,他们把自己的读书之所称为"书院"。在《全唐诗》的诗题中能找到许多所这种书院,书院的命名往往就是创建者本人的姓名,如李泌书院、第四郎书院(薛载少府书院)、赵氏昆季书院、杜中丞书院、费君书院、李宽中秀才书院、南溪书院、田将军书院、子侄书院、沈彬进士书院等。尽管它们大多不是作为正式教育机构的书院,但

---

① (清)袁枚:《随园随笔》卷十四,江苏古籍出版社 1993 年版,第 247 页。

其中的一些文化特征、功能与后世的书院有重要的联系。如士大夫将其作为独善其身的安身之处,总乐意把它们建置于风景幽美的名胜之地;这些书院还有收藏图书典籍、研究学术、交流文化等活动,和后来的正式书院有许多近似之处。

此外,各地方史志中也有一些唐代书院的记载,大多数是士大夫们读书治学的场所或祭祀的祠堂。和唐诗诗题中的书院相比,这些地方志中所载的书院有了进一步的变化。它们中大多都有了专门的名称,而不像唐诗诗题中书院总以学者个人命名。尤其重要的是,史志中甚至粗略地记载了几所书院的讲学活动,这标志着以书院命名的教育机构的初步形成,诸如江西高安县的桂岩书院、江西永丰县的皇寮书院、江西奉新县的梧桐书院、福建漳州的松州书院、江西德安的东佳书堂。以上五所书院,是史志上明确记载在唐代就有讲学活动的书院。尽管这些书院在当时影响并不很大,但它们确是书院教育的起源,这些书院既有藏书,又有教学活动,已经完全具备作为文化教育机构的书院的一般特点。

唐代书院包括上述两种:朝廷的藏书校书机构和民间的私人读书讲学之所。应该说,只有民间士大夫所办书院可以说是书院的萌芽。它们在名称以及其他的许多具体的文化功能,如藏书、祭祀、读书治学等方面,和宋代书院是相契合的。尤其是一些书院已经有明确记载的讲学活动,更是代表着书院教育的出现。由此可见,书院的文化教育组织,从萌芽到产生,就是与儒家士大夫及其价值取向联系在一起的。这段时期的书院,体现了社会动荡、天下无道时士大夫们隐逸求学的精神特征。

二、宋代书院的崛起

两宋是中国古文化发展的高峰期,也是书院显示蓬勃生命的黄金时期。唐五代时期萌芽的书院此时竟如雨后春笋般发展起来,其蓬勃发展的气势足以使官学黯然失色。书院能在宋代得到蓬勃发展,和当时的社会环境、文化环境的客观需要分不开。在北宋时期,由于社会环境对文化教育的需要,各地士大夫竞相建置书院,使书院初兴。到了南宋,士大夫们进一步促进了书院的振兴,特别是促使书院和理学思潮结合起来,使书院制度及其特色得以完全确立,这种新兴的教育制度对中国文化史、学术史、教育史均产生重大影响。

唐末五代长期战乱,社会动荡不安。北宋建立了统一的国家以后,人民生活安定,社会生产发展。这时,士大夫们开始产生了读书显身的要求。但是,由于宋初统治者只重视科举取士,而不重视兴办学校,加之当时政治、经济各方面条件的限制,其地方官学没有任何发展。因此,唐五代时期刚刚萌芽的书院,在宋初开始受到人们的重视,得到了充分的发展,书院兴起就成为社会的一种迫切需要。许多身兼学者、官员的士大夫开始创办书院讲学,要求读书进学的士子纷纷步入书院接受教育。官学不兴的局面,使书院意外地得到了发展。著名理学家朱熹在论述北宋书院兴盛的原因时说:

> 予惟前代庠序之教不修,士病无所于学,往往相与择胜地,立精舍,以为群居讲习之所。而为政者乃或就而褒表之,若此山(指石鼓书院),若岳麓,若白鹿洞之类是也。①

民间学人身份的士大夫创办书院讲学的活动兴起以后,很快受到官方的表彰。宋初皇帝通过赐额、赐书、赐学田等方式,倡导、支持书院办学,进一步促进了书院的蓬勃发展。北宋创建的书院达数十所之多,遍布全国各地。其中一些在当时就比较著名,故而形成了历史上所谓的"四大书院"。学术界历来就有关于"四大书院"的不同说法,南宋学者范成大认为"天下四书院"是徂徕、金山、石鼓、岳麓四书院;吕祖谦则提出嵩阳、岳麓、睢阳、白鹿洞为四大书院;王应麟的《玉海》从吕祖谦说,马端临的《文献通考·学校考》又以白鹿洞、石鼓、应天府、岳麓为"天下四书院"。这还只是宋代学者关于"四大书院"的不同说

---

① (南宋)朱熹:《衡州石鼓书院记》,《朱文公文集》卷七十九,《朱子全书》第24册,上海古籍出版社、安徽教育出版社2002年版,第3783页。

法，如果把明清学者的不同意见列进来就更多了。但是，在这种种不同说法中，吕祖谦提出的四大书院得到较多的赞同。因而，人们一般都把白鹿洞书院、岳麓书院、嵩阳书院、睢阳书院（即应天府书院）列为"四大书院"。

在宋初官学不兴的情况下，书院在发展教育、培养人才方面发挥了十分重要的历史作用，起到了补充、代替官学的作用。但是，北宋多数书院在制度、规程、机构方面仍较为简单，在教学宗旨、教学内容、教学方法方面也没有形成自己的特色，所以它还不能作为一种独立的教育机构与官学并行发展或相抗衡。到了庆历（1041—1048）、崇宁（1102—1106）时，统治者注意发展官学，书院办学开始冷落，有的书院直接被改造成地方官学，如上述的应天府书院、石鼓书院。

到了南宋时期，书院的发展进入一个新的阶段，其最重要的标志就是书院与理学的结合，这大大促进了书院自身的完善，奠定了书院作为一种独特教育机构的基础和地位。理学奠基于北宋，当时出现了不少著名的理学家如周敦颐、程颢、程颐、张载、邵雍等人，他们中已有人利用书院致力于学术研究和文化传播，但并不普遍，其影响也很有限。由于南宋理学家十分重视交流切磋和传播学术思想，并广泛采纳了书院这种教育机构。从宋高宗南渡以后，理学家们纷纷创办书院讲学，使理学和书院同时勃兴，从而推动了书院的发展。

南宋初，将理学南传的理学家杨时、胡安国、胡宏等人重视书院教学。杨时曾于常州的毗陵书院和无锡的昆陵书院讲学，传播理学。绍兴初年，胡安国、胡宏父子隐居湖南衡山，创建碧泉书院、文定书堂，以授徒讲学，开创理学学派。宋乾道（1165—1173）、淳熙（1174—1189）以后，理学大盛，各派学术大师纷纷创立书院讲学。乾道初年（1165），张栻在长沙创建了城南书院，主讲岳麓书院；乾道、淳熙年间，朱熹不仅修复了白鹿洞书院，还先后创立了云谷、寒泉、武夷、竹林诸精舍或书院；乾道中，吕祖谦创办、主持了金华丽泽书院；陆九渊于淳熙年间又先后创建、主持金溪槐堂书屋和贵溪象山精舍。此外，影响较大的还有陈亮讲学的永康五峰书院、辛弃疾创办的铅山稼轩书院、陈傅良讲学瑞安的城南书社等等。书院的教育活动推动了理学思潮的发展，理学学术的繁荣又推动了书院建设的发展。

在这段时期内,书院作为一种制度完善的私学终于趋于成熟。自由讲学、学术研究、问难论辩等书院教学特色得以充分地体现出来;制订学规、确定课程、建立管理机构等书院制度也完全形成。尤其重要的是,理学家们明确提出书院的独特教育宗旨,自觉地把书院教育与官学区别开来,反对书院成为科举的附庸,告诫诸生不得以钓声名、取利禄为读书目的。他们都要求书院应确立独特的教育宗旨,要求学生讲明道德义理、研究学术,使书院成为培养能传道济民的有用人才的场所。

而理学家正是身兼"学者—官僚"二重身份的士大夫,当他们从事儒学创新、自由讲学的学术教育活动时,他们是十分地道的学者,自觉承担起文化创造与传播的使命;而当他们积极参与政治、决心与君主"共定国是"时,他们又是朝廷官员。这种二重身份又导致他们创办的书院与现实政治矛盾有了密切的联系。庆元年间(1195—1200),理学家因卷入统治集团内部的权力斗争而受到打击,理学在一夜之间成为"伪学"而受到禁抑,这就是历史上著名的"庆元党禁",这时,理学家创办、主持的书院发展也因此受到阻碍。嘉定(1208—1224)以后,党禁既开,理学的积极作用很快受到朝廷的肯定,理学家纷纷进入政治权力的核心。宋理宗时期,理学开始得到官方推崇。这时,与理学合为一体的书院也得到发展,不仅原有书院继续扩展办学,各地又纷纷创建一批批新书院。据统计,理宗时期新建置的书院达100多所,占南宋时期全部书院的2/3以上。宋理宗本人还通过颁书赐额、委任山长以及学官的方式褒奖、支持书院。北宋时期能得到朝廷赐书赐额的书院只有少数几所,而南宋理宗时期却达20所之多,这反映了朝廷对士大夫所办书院的重视,也体现了南宋时期书院办学的迅速发展。

唐代后期出现书院萌芽,到了北宋初年,兴办书院成为一股潮流,出现了许多闻名全国的书院。到了南宋,书院更成为一种重要的文化教育机构,历经元、明、清各个朝代而不辍。书院为什么能够成为宋代最具文化教育创新的机构?我们认为这是因为书院在很大程度上满足了士大夫文化创新的需要。

春秋时期,孔子于官学之外别创私学讲学,打破了"学在官府"的格局。以后,私学系统一直绵延不绝,在文化领域中发挥着重要的历史作用。中国古代教育一直存在着官学和私学两大系统,由于私学系统能够在一定程度上体现着自由讲学的精神,因而能和社会上新兴的学术思潮、文化思潮保持密切的联系。如汉代的儒家学者为了研究、传播儒家经学,就创立了"精舍"这种私学教育机构。唐宋以后,士大夫们胸怀重振儒学的文化使命,抵制佛道两家的思想,倡导复兴儒学、创立理学,这一文化思潮的发展需要借助私学教育机构,而初步形成的书院正适应了这种文化思想发展的需要。所以,在唐末萌芽的书院,到了两宋理学大兴的时候,也勃然发展起来。书院保持了传统私学自由讲学的特色,满足了新兴学术思潮的发展需要。理学家们需要这样一种能够从事学术创新的研究基地;他们那一套独特的教育理念更要借助书院实施。由于官学限制了其文化创新的功能,新儒家学者于官学之外别建书院,标榜新的教育宗旨,以补充官学教育的不足。如朱熹明确声称另建书院是为了讲学传道,而不是为了科举考试,他说:"前人建书院,本以待四方友士,相与讲学,非止为科举计。"①由于上述原因,使得唐宋之际书院能够产生,并发展成为宋代一种重要的文化教育机构,在中国教育史、学术史上发挥着重要的历史作用。

三、元明书院与士大夫精神的内在矛盾

元明两朝,书院又有进一步的发展。由于元代书院的演变和明代书院的学术更新,使得元明时期书院体现出士大夫文化精神的二重性矛盾。

首先来看元朝。元朝是书院建设的繁荣时期,历史上早有"书院之设,莫盛于元"的说法。其所以如此,一方面,是由于元朝官方对书院的扶置政策。元统一全国后,为了利用汉族较先进的文化教育,也为了缓和知识分子的反抗情绪,十分重视文化教育,推崇程朱理学和书院教育,故而促进了元代官办书

---

① (南宋)朱熹:《朱子语类》卷一○六,《朱子全书》第17册,上海古籍出版社、安徽教育出版社2002年版,第3481页。

院的繁荣。另一方面,元代书院作为一种私学组织,仍然依赖于民间力量得以保存与发展。元朝统一后,很多儒家学者不愿在元朝中做官或在官学任教,便退居山林,建立书院,自由讲学。应该说在发达的元代书院中,那种官学化书院在数量、规模上占主要地位。而且,为了达到改造书院的目的,元朝政府往往采取委派山长或给山长授予官衔的方式,以掌握书院的领导权。书院的教授、学正、学录、直学等职务的任命、提升被要求由官府批准。元朝政府不仅控制书院的教师,也控制书院的学生。凡在书院肄业的学生,需经地方官吏荐举、经监察机关考核。据《元史》载:"自京学及州县学以及书院,凡生徒之肄业于是者,守令举荐之、台宪考核之,或用为教官,或取为吏属,往往人才辈出矣。"①元官方的政策,不仅使得大量官办书院成为官学体制中的一个组成部分,亦使得大量私办书院朝着官学化方向转化。

元代官方对书院的态度,鼓励了具有强烈入仕愿望的士大夫们,他们积极参与当时的社会政治活动,并声称"不如此则道不行"。特别是由于程朱理学在元代受到官方的推崇,朱熹的《四书集注》成为一切学校教学的法定教材,科举考试也唯以朱注为准。这样,理学和书院在相互促进中得到发展,元代书院因理学地位的提高而得到更大的发展,理学又因元代书院的发展得到更加广泛的传播,最终满足了元代儒家士大夫"学者—官僚"身份的双重价值需求。

元朝政权从定都到灭亡,前后不足百年时间,而在书院建设方面却得到了充分发展。但是,元朝政府对书院的利用和改造,使得书院官学化了。由于书院的独特价值在于它是实行自由讲学的文化教育组织,而元代书院官学化则在很大程度上削弱了学术创新、教育变革的性质和特色,其结果就是官学的种种弊端亦在书院中逐步出现,如为教者敷衍塞责,为学者追求功名利禄,学术空气淡薄,教学内容僵化。所以,尽管元朝书院在数量上得到了发展,但在质量上却远远不及南宋。

明初统治者也很推崇程朱理学,重视文化教育,但他们并不喜欢书院,而

---

① (明)宋濂等:《元史》卷八十一《选举志》,中华书局 1976 年版,第 2033 页。

是把教育的重点放在发展、完善各级官学上。所以,在明初洪武(1368—1398)至成化(1465—1487)的近一百年间,官学得到了极大的发展;相反,书院却处于沉寂状态。但是,书院作为士大夫追求文化创新的教育机构,有自己独特的价值和作用,而不是官学所能取代的。当官学成为科举的附庸而"士风日陋"之时,一批倡导学术文化创新的士大夫便纷纷创办、复兴书院,利用书院培养人才。所以在明成化年间以后,不仅那些具有久远讲学传统的著名书院,如白鹿洞书院、岳麓书院、武夷书院、石鼓书院等相继复兴,还创办了许多新的书院。特别是正德年间(1506—1521)王守仁、湛若水心学思潮兴起以后,明代书院才真正振兴。

明代初期,程朱理学在意识形态领域中仍占据统治地位,并已成为一种思想内容逐渐僵化的官方哲学,各级学校所传习的理学,不过是一种应付科举取士的章句之学。为挽救这种思想僵化、学术空疏、道德虚伪的弊端,王阳明、湛若水提出一套以"心"为本的学术宗旨,以图达到"明学术、变士风,以成天下治"的目的。王学的兴起,形成了一股影响巨大的学术思潮。尤其重要的是,他们在研究、传播自己的学说时,主要借助书院。所以,在王学兴起后,书院也繁荣起来。推动明代书院兴盛的首要人物是王守仁。王守仁,字伯安,号阳明,中国古代重要的思想家,以"致良知"为学术宗旨。正德三年(1509)王守仁被贬到贵州龙场,开始创办龙冈书院,主持贵阳书院,以后,又在江西修复濂溪书院,在会稽建立会稽书院,江南士子纷纷从学。王逝世以后,其门人更是大量创办书院讲学。有人称:"自武宗朝王新建(王守仁被封为新建伯,故称王新建)以良知之学行江浙两广间,而罗念庵(洪先)、唐荆川(顺之)诸公继之,于是东南景附,书院顿盛。"[①]另一重要人物湛若水也对明代书院兴盛起了重要的推动作用。湛若水字元明,号甘泉,著名学者陈白沙的学生。和王学一样,湛学也主张以心为本,但又自标宗旨,主张"随处体认天理"。他从40岁以后的50多年内,无日不授徒讲学。他在广东西樵建有云谷书院、大科书院,罗浮(今广西东兴自治县东部)有甘泉精舍,广州有天关书院,增城(今广东增

---

① (明)沈德符编:《万历野获编》卷二十四《畿辅》,中华书局1956年版,第608页。

城县)有明诚书院、龙潭书院、独冈书院、莲洞书院。以至于《明儒学案》称他"平生足迹所至,必建书院以祀白沙,从游者殆遍天下"①。王、湛及其弟子的历史功绩不仅仅在于建立了一大批书院,更重要的是他们恢复了书院自由讲学的精神,使书院成为最重要的学术基地。这段时期内,书院的讲会组织、讲会活动特别盛行,不同学派、不同观点的人通过讲会的形式,展开争辩、论战,促进了学术的发展。

明代实现自由讲学的书院并不全是王湛心学的阵地,明末著名的东林书院即以批判王学末流、倡导程朱之学为宗旨,并形成了以东林书院为基地的东林学派。东林书院原是宋理学家杨时讲学的旧地,明万历年间(1573—1619)顾宪成、高攀龙就在其地建书院。东林诸子除以朱熹的《白鹿洞书院学规》为院规外,并另订《东林会约》,要求书院师生继承程朱理学的学术宗旨,反对王学末流的陋习,在当时产生了很大的影响。此外,东林书院积极参与当时的社会政治活动,东林诸子以书院为阵地讽议朝政、裁量人物,使之成为当时的政治舆论中心。在东林书院讲学之盛时,"远近名贤,同声相应,天下学者,咸以东林为归",可见东林士大夫在学术上和政治上的双重影响。

如果说,元代书院体现出当时士大夫的官僚身份的一面,从而促进了其官学化的话;那么,明中叶以后的书院自由讲学,则体现出士大夫的学者身份,从而促进了书院在人文教育、学术文化方面的独立追求。但因后者却往往与专制皇权相矛盾,故而士大夫与专制皇权相矛盾的一面又终于爆发出来。本来,明代初年注重发展官学而禁抑书院,使书院呈沉寂状态。弘治年间(1488—1505)以后,书院复起,至正德(1506—1521)、嘉靖(1522—1566)年间发展到高峰,自由讲学的风气盛行不衰,使朝廷感到十分不安,故在后来遭到专制统治者的反对。到了明代中后期,由于统治者愈来愈感到要加强思想控制,于是还出现了历史上著名的四次禁毁书院的事件。

尽管有明初的禁抑和明末的禁毁,但明代书院的发展并没有因此而停滞

---

① (明末清初)黄宗羲:《白沙学案》,《明儒学案》卷三十七,中华书局 2008 年版,第875 页。

或倒退;相反,和宋元时期相比,明代书院还得到了较大的发展。据统计,明代建置的书院数量大大超过宋元两朝。从时间的分布上看,明初书院几近于无,而嘉靖、万历年间的书院最多,这段时期新建的书院占明代新建书院的半数以上。从空间的分布看,明代书院遍及 19 省,但主要集中在江南地区,尤以江西、福建、浙江、湖南为多。明代书院在时间、空间方面的分布,与书院的历史条件有关,也与当时的政治、经济尤其是学术的发展有着十分密切的关系。明代书院的复兴,体现出士大夫追求学术文化的独立精神,也证明这种独立于官学的教育组织的生命力和存在价值。

四、清代书院的官学化

清世祖入关、定都北京后,逐步统一了全国。清初统治者虽也采取尊孔孟、倡理学、设学校的崇儒重教政策,但在对待书院的问题上,却因明代书院具有自由讲学、讽议朝政的历史教训,故而采取严厉的抑制政策。清代顺治九年(1652),朝廷下达明文规定:"不许别创书院,群聚徒党,及号召地方游食无行之徒,空谈废业。"①这一基本政策限制了书院的发展,在清初的数十年之间,除少数一些特殊历史地位的书院得以恢复外,大多数书院都处于沉寂、废弃的状态中。

但是,这种状况并没有维持很久,书院作为一种独具特色的教育组织,有着深厚的社会基础和文化基础。所以,到了康熙(1662—1722)、雍正(1723—1735)以后,书院又逐步恢复起来,其中不仅包括民间学者的士绅创建的,还包括许多在职的士大夫的崇教之举。在这种状况下,清廷的书院政策才稍有松动,康熙帝虽无兴建书院的明令,但是他提倡程朱理学,并赐颁御书"学达性天"的匾额给白鹿洞书院、岳麓书院,赐颁"学道还淳"的匾额给苏州紫阳书

① (清)蒋廷锡:《学校部·汇考十一》,《古今图书集成·选举典》第十七卷,中华书局、巴蜀书社 1986 年版,第 79884 页。

院,因这些地方都是朱熹讲学的地方。康熙的举动客观上起到了支持书院的作用。

雍正帝看到书院兴起的势头,限制禁抑已是不可能,于是改变原来的消极防范政策,采取更加积极主动的态度,支持兴办书院的活动。他在雍正十一年(1733)的上谕中提出:

> 近见各省大吏渐知崇尚实政,不事沽名邀誉之为,而读书应举者,亦颇能屏去浮嚣奔竞之习,则建立书院,择一省文行兼优之士,读书其中,使之朝夕讲诵,整躬励行,有所成就,俾远近士子观感奋发,亦兴贤育才之一道也。①

清廷的看法发生了重要的转变,即由原来认为创建书院是"沽名钓誉"而变为是"兴贤育才"。因此,雍正正式命令各地于各省省城创建书院,并赐帑银一千两资助。上谕下达后,各省省城纷纷兴建一些大书院,如直隶有莲池书院,江苏有钟山、紫阳书院,浙江有敷文书院,江西有豫章书院,湖南有岳麓、城南书院,湖北有江汉书院,福建有鳌峰书院,山东有泺源书院,山西有晋阳书院,河南有大梁书院,陕西有关中书院等,它们均得帑银一千两,以租息作为书院师生的膏火费。另外,地方政府还给这些省城书院补拨其他不足的经费。雍正的上谕肯定了书院的社会作用,并在经济上提供了保障,对清代书院的发展起到了促进作用。

乾隆帝不仅在经济上资助书院建设,尤其重视书院师长的任命、奖励、提升和书院学生的录取和考核。在乾隆元年(1736)的"上谕"中,明确规定了对书院院长的要求:"凡书院之长,必选经明行修足为多士模范者,以礼聘请。"②院长三年任满即考核一次,如果是教术可观、人才兴起,则加以奖励。六年之后成就突出的,奏请酌量议叙,加以奖励或提升。在选择生徒时亦提出要求:

---

① (清)雍正:《圣训》卷十《文教》,雍正十一年正月壬辰,影印文渊阁《四库全书》第412册,上海古籍出版社1987年版,第153页。
② (清)张廷玉等:《皇朝文献通考》卷七十一,文渊阁《四库全书》第633册,上海古籍出版社1987年版,第699页。

"负笈生徒,必择乡里秀异、沉潜学问者肄业其中。"①并命地方政府有关部门对书院生徒严加考核、检查,"有不率教者,则摈斥勿留",而对品学兼优之士,则加以表彰鼓励,允许直接向上荐举。乾隆"上谕"的目的是为了按自己的意图改造书院教育,但在客观上促进了书院的发展。

雍正、乾隆所采取的书院政策对书院发展产生了重大影响,清代书院出现两大特征:第一,书院建设规模发展到历史上的高峰,书院教育得到全面普及;第二,书院官学化的进程进一步加快。

自雍正帝倡办省城书院以后,府州县各级地方政府和官吏也纷纷行动起来,拨公款、捐田产,积极倡办书院,而各地的士绅亦出资兴办书院,将之看作是一种崇儒学、兴教化的义举。所以,清雍正、乾隆以后,书院数目大增,超过前朝的任何时期。清代书院的迅速发展、全面普及还体现在以上几个方面:第一,设置书院的省区更加广泛,以前的书院建设主要集中在江南地区以及一些经济、文化较发达的省区,而清朝书院已经向边远地区和少数民族地区发展,一些原来极少创办书院的省份或地区如甘肃、青海、新疆、内蒙古、台湾都创办了书院。第二,设置书院的地域更加普遍,几乎每个府县都创办了书院,文教发达的府县所建置的书院可达数十所之多,书院几乎完全承担和代替了清朝学校教育的职能。第三,书院向都市、城镇发展。书院本来是儒家士大夫隐居山林讲学的场所,宋明的著名书院中许多具有这一特点。但是,清朝的书院却开始向都市、城镇发展,这段时期著名的书院主要是在都市而不在山林,如雍正赐金资助的二十多所大书院均在各省省会。各地书院也主要在府、州、县治所在地。

第二个特征,即清代书院的官学化倾向。书院的产生,本是实现自由讲学与学术研究的文化教育机构。但元朝书院已有官学化趋势,到了清代,书院的官学化日益严重。清政府在经费、掌教、学生等方面均牢牢地控制了书院,书院只能完全按照朝廷主政者的要求从事教育活动,因而逐步成为官学的一个组成部分。这时,书院内部的组织及教学与官学并没有多少区别,书院院长往

---

① (清)张廷玉等:《皇朝文献通考》卷七十一,文渊阁《四库全书》第633册,上海古籍出版社1987年版,第699页。

往由官府任免,书院生徒也得由官府选拔。更重要的是,书院教育以科举考试为目的,以学习做八股文为主要课程,一般每月进行两次课试:一次为官课,即由府、藩、郡、县轮流出题、阅卷、给奖;一次为师课,由书院掌教出题、阅卷、给奖。无论官课、师课,学习做八股文是其主要内容,可见,清代书院因官学化而逐渐流为科举的附庸。

清代书院的演化表明,原来具有相对独立学术、自由讲学的书院终于表现出越来越明显的官学化趋势。尽管清初仍有部分书院倡导乾嘉汉学,表现出知识创新的追求,但是从总体而言,数量庞大的书院群体正在一步步转化为官学。正像合"学者—官僚"一体的士大夫们,总是在努力追求由"学者"到"官僚"的身份改变一样,清代书院也在积极配合朝廷"建国君民,教学为先"的政治理念,完成了自己从独立的文化教育机构到官学化的转变。

从中国书院的千年发展和制度变迁的历史中,我们已经发现,无论是受到后来人们褒扬的学术创新、教育变革的"书院学风",还是先后受到学人批评的附属科举、学术淡薄的"官学化"体制,其实均是与书院组织的核心——士大夫的社会身份与精神追求紧密联系在一起的。士大夫不是西方社会结构中那种纯粹的学者、僧侣、官僚的不同类型,他们在中国古代社会中具有"学者—官僚"双重身份,故而他们既不可能完全独立地从事精神文化的创造传播工作,也不单纯是追求行政效益的官僚,而总是希望将精神文化的创造与经世治国结合起来。士大夫们这种独特的身份决定了他们的精神特质,他们既希望独立地从事精神文化创造,又盼望在皇权的统治下从事经邦济世的社会管理。士大夫社会身份、精神特质的二重性矛盾鲜明地体现在他们所创建的书院中,并使得书院既有自由讲学与学术创新的文化传统、又有科举附庸官学化演变的必然趋势。

(原载《湖南大学学报》2007 年第 3 期;中国人民大学书报资料中心 2007 年第 9 期《高等教育》全文转载)

简论书院的学统

中国学术史上的学统，不仅是指一种学术之系统，而是包含着学术正统与学术传统的多重含义。清代熊赐履《学统》一书，论儒家学术之系统为孔子、颜子、曾子、子思、孟子、周子、二程子、朱子等九人，这里所列的学统就具有学术正统、学术传统的含义。

书院历经宋、元、明、清时期，延续将近千年，不仅构建了别于官学的独特教育体系，而且也成为各时期的学术大本营，形成了各自的学统。

最初，由于学术大师们讲学书院，传播自己的学旨，引领后学，故他们的学术思想逐渐成为这些书院的正统学术，由此形成了书院的学统。如南宋时期张栻讲学于岳麓书院，朱熹复兴白鹿洞书院和讲学于岳麓书院，陆九渊在象山书院讲学，吕祖谦在丽泽书院讲学；明代的湛若水、王守仁以书院为基地阐发心学；清代的顾宪成讲学于东林书院，阮元讲学于诂经精舍、学海堂。学术大师们亲自复兴或创建书院，并在书院授徒讲学，提高了书院的学术地位，为书院树立了威信，扩大了书院的社会影响。书院有名师硕儒主持或讲学，吸引了大批读书士子慕名奔趋。由于学术大师学旨相异，师承有别，且其教学宗旨各有特色，经过生徒传承，久而久之，遂形成了书院各自的学统。如有的书院重义理之学，有的偏重诗赋辞章，有的则重考究经书，有的讲究务实之学。同样讲义理之学，其中又因讲理、讲心、讲气、讲性的不同差别。

书院的后学们自觉继承、尊崇、弘扬先师们的学术思想，使之垂其久远，构成中国学术史上一大特色。对后学来说，发扬师说，光大门户乃是书院活动的要务。如胡安国与胡宏父子、张栻等提出独特的教育思想、学术宗旨，被碧泉、岳麓、城南诸书院的后学奉为学统。白鹿洞书院的弟子们如李燔、胡泳为了继承和光大朱子的学统，或自己创办书院，或讲学于其他书院，或联讲会，作育人才等，都旨在使学统传承不绝。王阳明弟子虽因地域、政治、文化等因素的影响形成不同的支派，但他们都把阳明思想奉为学统，在发展和传播阳明学统上发挥了重要作用。

特别是一些山长主持书院时，能自觉继承书院学风，形成稳定的学术传统。如丽泽书院继吕祖谦后由其弟吕祖俭任主讲，他秉其兄之传统，说史谈经，注重对中原文献的研究，发扬其兄"泛观博览"、不持门户之见的传统。以后掌丽泽任山长的王柏、时少章、袁桷等人，仍以先人吕祖谦为师，追踪继轨，潜心于对历史文献的研习，又多在经、史、辞、章几方面有所成就。值得一提的是山长王柏，他从学于何基，一生无功名官职，尽力于研讨性命之学，学识广博，对天文历算、地理博物、汉字音韵、诗词书画都有较深的造诣，于经史尤为精通，颇多卓识独见。在王柏等几代山长的学术传承下，吕祖谦开创的婺学在丽泽书院发展壮大，在浙江形成具有显著特色的学术传统，对清代浙江学派产生深远的历史影响。

名师主讲、后学承传，是各书院能够形成各自独具特色的学统的基本条件。除此以外，我们还应看到，书院学统之所以能垂之久远，备受尊崇，这与它尊道统为学统以及为道统而设教的祭祀极有关系。

众所周知，书院学统的形成过程往往也就是道统的创建过程。为了提高本学统的学术地位，书院大师总是把自己的学术奉为圣道承继的统系，即儒家所指由尧、舜、禹而至汤、文王、武王、周公、孔子、孟子的统系。据韩愈《昌黎集》卷十一《原道》中载："斯道也，……尧以是传之舜，舜以是传之禹，禹以是传之汤，汤以是传之文武周公，文武周公以是传之孔子，孔子传之孟轲，轲之死不得其传焉。"[1]宋代著名的理学先驱孙复学术思想的特点主要就是坚持儒家

---

① （唐）韩愈著，刘真伦等校注：《原道》，《韩愈文集汇校笺注》，中华书局 2010 年版，第4页。

的道统观念。他认为"文者道之用也;道者教之本也"①。宋朱熹《朱文公文集》卷七十六《中庸章句序》载:"自是以来,圣圣相承,若成汤文武之为君,皋陶伊傅周召之为臣,既皆以此而接夫道统之传。"②他们都指出学术的根本任务乃是传承儒家的道统,也即是尧舜、禹汤、文武、周公、孔子之道。

两宋时期的理学家们为了强化自己的学术使命,也为了提高自己的学术地位,往往将自己的学术与道统承传结合起来。南宋初期,长江流域有代表性的书院就把自己的学统奉为正统。胡宏在《碧泉书院上梁文》中表示要把书院作为振兴理学、承衍道统的基地:"庶几伊、洛之业可振于无穷,洙、泗之风一回于万古"。③ 可以说,南宋时期几乎各学派在强化各自的学统时,都宣扬了自己的道统观。朱熹以尊为道学集大成者为学界所称许。朱熹的弟子和一些后学把朱熹捧为孔子第二,黄榦说:"道之正统待人而后传,自周以来,任传道之责者不过数人,而能使道彰较著者,一二人而止耳。由孔子而后,曾子、子思继其微,至孟子而始著。由孟子而后,周、程、张继其绝,至熹而始著。"④这就把朱熹列入圣传道统的体系。同样,陆九渊也声称自己是"道统"的真正继承人。他说:"窃不自揆,区区之学,自谓孟子之后,至是而一始明也。"⑤陆九渊的弟子则竭力宣扬陆学的正宗地位。可见,道学家们之标榜道统论,无非是在争夺思想意识领域的统治权,书院要抬高其学统地位,使其受到尊崇,总要和道统相结合。

为了使书院学统与道统结合,并使之神圣化,书院祭祀得到了充分发展。由专祠至明代一些大书院的文庙之设,实际上就是使学统与道统一体化了。

稽考历史,多数书院均有祭祀先圣、先贤的制度,主要祭典孔子及其弟子颜渊、曾参、子思、孟子"四配",但另外也祭典理学大师。熊禾云:"仆于云谷之阳,鳌峰之下,创小精舍,中为夫子燕居,配以颜、曾、思、孟,次以周、程、张、

① (北宋)孙复:《答张洞书》,《孙明复小集》,影印文渊阁《四库全书》第1090册,上海古籍出版社1987年版,第173页。

② (南宋)朱熹:《中庸章句序》,《朱文公文集》卷七十六,《朱子全书》第24册,上海古籍出版社、安徽教育出版社2002年版,第3674页。

③ (南宋)胡宏:《胡宏集》,中华书局1987年版,第202页。

④ (元)脱脱等:《宋史》卷四百二十九《道学传》三,中华书局1985年版,第12770页。

⑤ (南宋)陆九渊:《陆九渊集》卷十《与路彦彬》,中华书局1980年版,第134页。

朱五先生,隆道统也"。①许多书院将本学派的创始人、本学派的代表人物也作为祭祀的对象,通过祀典活动而标榜本书院的学统。如朱熹"作竹林精舍,释奠先师,以周、程、邵、司马、豫章、延平七先生祀"②。其中罗豫章、李延平系朱熹的老师,是闽学一派的先驱人物,朱熹在祭祀中突出了北宋的几位道学大师和本学派的先驱,很显然意在标榜书院所尊崇的学统,以争得学术正统地位。

同样,象山学派也通过祭祀而提高本学统的学术地位。傅子云《槐堂书院记》云:"象山先生禀特异之资,笃信孟氏之传,虚见浮说不得以淆其真、夺其正,故推而训迪后学,大抵简易明白,开其固有,无支离缴绕之失,而有中微起痼之妙。士民会听,沉迷利欲者,惕然改图;蔽惑浮末者,翻焉就实;胶溺意见者,凝然适正,莫不有主于内。则智足以明,仁足以守,勇足以立。……于著诚息伪,兴起人心之功,亦可谓有光于孟氏矣。先生殁,郡县往往于其讲学之地立祠。"③象山后学尊崇先师们的德业,在书院立庙以祭之,或虽无庙但以祭祀为授业之必须等,都旨在希望象山所创的心学学统能够发扬光大,使儒者具有崇本务德之心。湖湘学统的传承也很重视祭祀。明彭时云:"我朝推崇先生(胡安国),列诸徒祠,诚万世之公论,而崇安乃先生乡邑,矧可无专祠以起后人之景仰也哉?此太宗所谓尽心于书院而不敢后也。继今学者,仰而瞻其容,俯而读其书,一惟其道德言论,庶几进德修业,卓有成效,然后无负于太守表彰风励之意。"④书院祀贤,实为勉士"见贤思齐",不忘"希圣希贤"。

由上可知,不同书院因不同学统,祭祀的对象也有差别。正因为书院祭祀标榜本书院的学统,激励后学继承发扬学派特色,所以学统与祭祀的结合使书院学统的地位得到了提升。

(原载《教育评论》2002 年第 1 期;中国人民大学书报资料中心《高等教育》2002 年第 5 期转载)

---

① (明末清初)黄宗羲:《宋元学案》卷六十四《潜庵学案》,中华书局 1986 年版,第 2070 页。
② 《白鹿洞志》,明万历二十年刻本。
③ 《抚州府志》卷三十三,清同治年刊本。
④ 《重修胡文定公书院记》,《南岳志》卷十七,光绪版。

宋儒的义理解经与书院讲义

两宋是中国经学史演变发展的重要历史时期,这个时期形成了中国经学的重要学术形态即"宋学",产生了一大批重要的经学家、经学著作,同时也出现了一系列新的解经体例,"讲义"就是其中之一。

这里,我们通过探讨宋儒经学讲义体例的形成、类型及其学术旨趣,重点论述宋代书院讲义的形成及其特点。

一、经学演变与解经体例变迁

虽然说,"经"在经学中具有"恒久之至道"的崇高地位,但经学的形成、演变、发展,却离不开历代儒者对"经"的诠释。在两千多年的经学发展史过程中,产生了许许多多解释经典的著作。而这些著作又以不同体例出现,包括传、记、章句、注、解、诂、训、集解、义疏等等。在经学发展的不同阶段,均有经学家们创造出一些新的经解体例,以表达他们对"经"的看法和解释。

经学的形成与孔子及其早期儒家学派相关。上古"三代文明"为后世留下了大量历史文献,孔子及其儒家学派不仅整理了这些历史文献,确定了《诗》《书》《礼》《乐》《易》《春秋》的经典体系,他们还通过"传""记""序"等体例而阐发这些历史文献中的"常道""常典""常法"等垂教万世的意义,故而奠定了中国经学的价值系统和知识系统。可见,经学是儒家学者通过整理经学原典与阐发经义而产生的,尽管"六经皆先王之政典",但如果没有"师儒讲习为传"的诠释、传播工作,经学也就不能形成。早期的传经著作,包括《易传》《春秋传》《礼记》《诗序》等,其主要文化使命就是诠解经文、转受经旨。早期经学体例是"传""记""序"等。什么是"传"?《释名·释典艺》云:"传,传也,以传示后人也。"《文心雕龙·史传》云:"传者,转也,转受经旨,以授于后。"可见,先秦儒家诠解、传授经典的主要体例是"传""记"之学,其目的是"以传示后人""转受经旨,以授于后"。

西汉以后,儒学独尊,经学也正式成为钦定的国家学术,一直在意识形态中居于主导地位。西汉设"五经博士",推崇今文经学,传授经学,讲家法、师法,经师们讲究分立章节、解释句义。故而西汉的经学体例除了延续先秦的传、记、论之外,又创造出一种"章句"之学的经学体例,产生了《易》《书》《春秋》等专经的不同"章句"之学。另外,汉代经学在其发展过程中走向神秘化,还创造出与"经"学相对的"纬"学。由于章句之学繁琐、纬学荒诞,汉代古文经学兴起,古文经学家的经典文本是由古文写成,故而古文学家强调通经必先通文字训诂、考证名物制度,于是产生了"注""解""训""诂"等新的经解体例。由此可见,汉代经学的解经体例主要是"章句""训诂"等,也就是后来宋儒所说的,汉之经术"只是以章句训诂为事"①。

魏晋、隋唐以来,经学学术又有新的发展,又创造出一些新的解经体例。汉代经学讲家法、师法,但显得过于封闭狭隘,阻碍了经学学术发展,故而在东汉时期已有经学家走博采众长的学术道路,郑玄即是其显著代表。到了魏晋南北朝,这种学风进一步发展,这个时期的经学代表著作中不少是以"集解""集注""集释"的体例而出现。同时,由于经典的注释对理解经文的重要性,经师们讲经时必须把本经与注释结合起来,加之当时学界又受到佛教义疏之学的影响,因此,这时又产生了一种以"疏"为特点的经学体例,出现了些"义疏""讲疏""注疏"等体例命名的经学著作。儒家经学经过数百年的发展,形成了诸家并起、经注各异的局面。为了统一文教,唐太宗希望确立一个统一的经说,曾命孔颖达修撰《五经正义》,因此又产生了"正义"的经学体例。

---

① (北宋)程颢、程颐:《二程集》,中华书局 2011 年版,第 232 页。

从两汉至隋唐的经学形态,在经学史上称之为"汉学"。两宋时期,出现了一种超越汉唐经学的注疏之学,即主张直接回归原典以探求义理的新经学形态,后来被称之为"宋学"。相对于"汉学","宋学"的经学形态发生了许多重大变化:其一,宋学的经典体系发生了变化。宋儒除了继续重视《易》《诗》《书》《礼》《春秋》等"五经"之外,尤其重视《论语》《中庸》《大学》《孟子》等"四书","四书"的地位甚至高于"五经"之上。其二,宋儒注解经典的方式发生了重要变化。朱熹在《中庸集解序》中说:"秦汉以来,圣学不传,儒者惟知章句训诂为事,而不知复求圣人之意,以明夫性命道德之归。"[1]宋儒讲经学形态由"惟知章句训诂"转型为"明夫性命道德之归",宋儒在保持对汉儒以训诂名物解经的部分尊重之外,特别强调阐发一套能够体之于身的"性命道德"之学。

与此相关,宋儒的解经体例也有了新的发展。一方面,宋儒传承了先秦、汉唐以来的各种解经体例,包括传、记、章句、注、解、诂、训以及集注、集解、集释等等。在这些相似的经解体例中,他们采取注经与通义相结合的方式,在注经中不仅注意汲收汉唐以来的章句训诂之学,而且特别注意由此而通达经典中的义理,即如朱熹所说:"学者必因先达之言以求圣人之意,因圣人之意以达天地之理"[2]。另一方面,宋儒为了阐发经典义理的方便,有时完全抛开汉唐诸儒的名物训诂,专门探究、阐发经典中的道德义理,他们为此创造了一些新的经学体例,包括"本义""大义""新义""讲义""口义""行义""精义""或问""答问"等等。与那些"章句""集注""传注"等直接注释经义的经学体例不一样,宋儒在这些所谓的"讲义""口义""精义""新义""或问"的经学体例中,不一定要解释经典的字句,而专注于经典中所蕴涵的道德义理。宋儒所创造的这些新的经学体例,体现出宋儒解经的独特目的与方法,特别明显地体现出宋学治经的特色,值得进一步探讨。

---

① （南宋）朱熹:《中庸集解序》,《朱文公文集》卷七十五,《朱子全书》第 24 册,上海古籍出版社、安徽教育出版社 2002 年版,第 3640 页。

② （南宋）朱熹:《答石子重》,《朱文公文集》卷四十二,《朱子全书》第 22 册,上海古籍出版社、安徽教育出版社 2002 年版,第 1920 页。

二、宋儒经典讲义的几种形态

本文并不拟全面探讨宋学所创的各种新经学体例,而拟专门探讨其中的"讲义",尤其是其中的"书院讲义",以分析宋学的经学特色及书院的教学特色。

"讲义"二字出现在宋以前,但最初并不是专指儒家经学体例,而是泛指讲论经义的讲学活动。在南北朝时期的正史中,已经有了作为讲学活动的"讲义"的记载:

> 初,帝(梁武帝)创同泰寺,至是开大通门以对寺之南门,取反语以协同泰。自是晨夕讲义,多由此门。①
>
> 子达挐,年十三,暹命儒者权会教其解《周易》两字,乃集朝贵名流,命达挐升高坐开讲。赵郡睦仲让阳屈服之,暹喜,擢奏为司徒中郎。邺下为之语曰:讲义两行得中郎。②

这里两处所载"讲义",分别指佛教、儒家的讲说经义活动,可见,最早的"讲义"均指讲论经义的活动,并且不是专指儒家经学体例。隋唐时期大体也是如此。

然而到了两宋时期,由于儒家经学形态的转型,宋儒在建构义理之学的宋学时,创造、推广了作为经学体例的"讲义"。如果我们去查阅宋儒的经学著作,可以发现存在大量这种以"讲义"体例命名的经学著作。《宋史·艺文志》所载宋代经学著作中,就有大量这一类"讲义"体例的经学著作书目,这是两宋以前的经学著作所没有的现象。这里引用其中的一部分:汤义:《周易讲

---

① (唐)李延寿:《梁本纪中第七》,《南史》卷七,中华书局 2003 年版,第 205 页。
② (唐)李百药:《列传第二十二·崔暹》,《北齐书》卷三十,中华书局 2003 年版,第 405 页。

义》三卷;上官均:《曲礼讲义》二卷;江舆山:《周礼·秋官讲义》一卷;史浩:《周官讲义》十四卷;胡铨:《二礼讲义》一卷;杨简:《孔子闲居讲义》一卷;谢与甫:《中庸大学讲义》三卷;朱振:《春秋讲义》三卷;范仲:《春秋左氏讲义》四卷;黄叔敖:《春秋讲义》五卷。①

由上可见,"讲义"已经是两宋时期的一种十分重要的经学体例,许多经学家均是用"讲义"的体例以阐发经义。

"讲义"作为宋代流行的经学体例,与宋代盛行的重视经学原典、阐扬经典义理的学术风尚、讲学旨趣有关。即如朱熹所说:"大抵近世言道学者,失于太高,读书讲义,帝常以经易超绝、不历阶梯为快。"②这种重视讲论经义的学术风尚,很快就导致一种新的经学体例的出现。许多宋代儒者就开始撰写专为讲解经义等教学活动而用的"讲义",还有许多"讲义"则是由弟子记录整理先生讲学内容而成。如吕祖谦在丽泽书院讲论经义,"迄于《公刘》之首章,《尚书》自《泰誓》上至《洛诰》,口授为《讲义》,其他则皆讲说所及,门人记录之者也"③。吕祖谦留下了许多经学讲义,即是通过在丽泽书院的口授讲学、门人记录而成。

根据讲学的场所对象不同,宋儒的"讲义"大体可以分成三种类型。

其一,给皇帝讲经的讲义,通常称"经筵讲义"。宋代朝廷设侍读、侍讲、崇正殿说书等,为皇帝讲解经义,称经筵讲官。古代经筵制度是一种帝王教育制度,有益于儒臣用儒家经义对帝王进行道德教育。这些充当经筵讲官的儒臣,在侍讲前须先编写经筵讲义。在宋儒的文集中,有许多这一类专门作经筵讲义的经学体例。如杨时的《龟山集》卷五即是以"经筵讲义"命名,内容包括《尚书》《论语》等经书的讲义;王十朋的《梅溪后集》卷二十七中收入"经筵讲义",内容包括《春秋》《论语》经书的讲义;朱熹的《晦菴集》卷十五收有"经筵

---

① 参见《宋史》卷二〇二《艺文一》,这卷的"经解类"以"讲义"著录者有 30 余部。

② (南宋)朱熹:《答汪尚书》,《朱文公文集》卷三十,《朱子全书》第 21 册,上海古籍出版社、安徽教育出版社 2002 年版,第 1297 页。

③ (宋)吕乔年编:《丽泽论说集录·跋》,影印文渊阁《四库全书》第 703 册,上海古籍出版社 1987 年版,第 455 页。

讲义",讲《大学》;真德秀的《西山文集》卷十八亦是"经筵讲义",主要是《大学》讲义;袁甫的《蒙斋集》卷一即是"经筵讲义",包括《周易》讲义发题。另外,还有一些单本的经学著作,直接以"经筵讲义"命名,如袁燮著有《絜斋毛诗经筵讲义》四卷,《永乐大典》《四库全书》均有本子。

其二,国子监、州县等各级官学的讲义。宋儒留下的经学讲义中,大量是属于他们任职各级学官时的讲义。经筵讲义的对象是帝王,而这些国子学、州学讲义的对象则是在各级官学中求学的生员。如宋儒陈文蔚的《克斋集》就收有《信州州学讲义》《袁州州学讲义》《饶州州学讲义》,分别是他在信州、袁州、饶州的州学中讲《周易》《大学》《孟子》的道德义理,亦是陈文蔚的重要经学著作。又如黄震的《黄氏日抄》卷八十二,内容为"讲义",其中包括他在扬州州学、馀姚县学的讲义,所讲内容为《论语》。

其三,书院讲义。书院是两宋时期兴起、定型的一种新的教育机构,深受宋代新儒家学者的喜爱,特别是南宋时期,书院完全成了宋儒传播理学、研究学术的大本营。宋儒特别热衷于到书院去宣讲他们所阐释的经义,故而形成了一种特别的讲义类型,即"书院讲义"。南宋时期诸多理学大师均主讲书院,留下了诸多著名的书院讲义。宋乾道年间,张栻主持潭州的岳麓书院、城南书院,他所作的《孟子讲义》,就是他为岳麓、城南两院所做的讲义;宋淳熙八年(1181)陆九渊到白鹿洞书院讲《论语》中的一章,遂留下了《白鹿书堂讲义》;吕祖谦主持丽泽书院时,亦留下了许多讲义,被学者合编为《丽泽讲义》。

宋代的讲义主要是上述三种类型,宋儒许多著作只是标明哪些是经典的讲义,如《尚书讲义》《周易讲义》《中庸讲义》,并没有讲是为谁而作。一般来讲,它们是"经筵讲义"的可能性小,而是一般州县学、特别是书院讲义的可能性最大。

在上述三种类型的经学讲义中,就学术与政治的关系密切程度而言,各有不同的特点。经筵讲义、国子监及州县等各级官学的讲义,均是官学的经学讲义,经筵讲义是儒臣用儒家经义对帝王进行道德教育的经学讲义,国子学、州学讲义的对象则是在各级官学中求学的生员。受到官学体制的限制,这些讲义的学术特色、思想风格相对淡薄一些。理学家经常批评各级官学,认为:

"学校之名虽在,而其实不举。其效至于风俗日敝,人才日衰。"①就学术特色、思想风格而言,书院讲义是能够体现理学家的学术特色与精神追求的。书院作为一种士大夫"留意斯文"的新型学术—教育组织,宋儒能够通过"新义"的新经学体例,充分地表达了他们的新的学术思想与教育理念。所以,这里重点讨论书院的经学讲义。

三、宋代书院讲义的成型

作为一种普遍化教育组织的书院,奠基于北宋时期,早在宋初就形成了所谓的"四大书院";但是,作为一种推动学术思潮、表达教育理念的书院,则成型并盛于南宋。南宋时期最有影响的思想家、学者,均在努力创办、主持书院,推动了书院的成熟与发展。从现存的文献资料来看,作为新儒家学者创造的经学体例之一的"书院讲义",基本上是出现于南宋时期。

南宋乾道、淳熙年间,是南宋理学思潮发展的高峰时期,史称"乾淳之盛"。作为书院讲义体例的经学著作,亦在这个时期大量出现。《宋元学案》所称道的乾淳"四君子"即张栻、朱熹、陆九渊、吕祖谦,他们均创办并主持书院讲学,与此同时,他们均留下了书院讲义。

理学与书院相结合的乾淳之盛,张栻是最早的开启者。岳麓书院是北宋四大书院之一,曾受到宋真宗皇帝的赐书赐额,又一度毁于兵火。南宋乾道元年湖南安抗使刘珙修复,次年聘张栻主院,张栻同时还主持了城南书院。张栻在主讲两院时总是以《论语》《孟子》为讲义。他的成型著作《孟子说》《论语解》均是以他在两院的讲义为基础而成书的,所以,张栻在乾道九年刻印成书的《孟子说》之前,有序文为《孟子讲义序》,可见是书本为张栻的《孟子讲义》。他在《序》中还说道:"发在戊子(乾道四年),栻与二三学者,讲诵于长沙之私

---

① (南宋)朱熹:《静江府学记》,《朱文公文集》卷二七八,《朱子全书》第 21 册,上海古籍出版社、安徽教育出版社 2002 年版,第 3742 页。

塾,辄不自揆,缀所见为《孟子说》。"①此处"长沙之私塾"当为谦词,当时他在长沙主要就是主持长沙的城南书院、岳麓书院,故而《孟子讲义》应是当时两所书院的讲义。

白鹿洞书院也是北宋四大书院之一,亦获宋太宗的赐书,但一度被毁。淳熙六年著名理学家朱熹知南康军时,修复白鹿洞书院。淳熙八年,朱熹邀请另一位著名理学家陆九渊到白鹿洞书院讲学。陆九渊专讲《论语》中"君子喻于义,小人喻于利"一章,最终成文即著名的《白鹿洞书院论语讲义》,"讲义"载于《陆九渊集》卷二十三中。朱熹亦为讲义作跋,名《跋金溪陆主簿白鹿洞书堂讲义后》,载《朱文公文集》卷八十一。朱熹在《跋》中说:"十日丁亥,熹率寮友诸生,与俱至白鹿书院,请得一言以警学者。子静既不鄙而惠许之。至其所以发明敷畅,则又恳到明白,而皆有以切中学者隐微深痼之病,盖听者莫不悚然动心焉。"②朱熹与陆九渊是学术上的论敌,但陆九渊在白鹿洞书院的《论语》讲义,则深得朱熹的欣赏。

乾淳四君子之一的吕祖谦,系浙江婺州人,他所创立的学派称"婺学"或"金华学派"。吕祖谦晚年在婺州明招山创建丽泽书院,据史书记载,他晚年"会友于丽泽书院,既殁,郡人即而祠之"③。吕祖谦在丽泽书院讲经史之学时,留下了一些讲义。据《东莱集·附录》卷一的《年谱》记载,他于乾道五年编有《春秋讲义》,是他担任严州州学教授的讲义;而他于淳熙六年编有《尚书讲义》,则是主持丽泽书院的讲义。在《宋元学案·东莱学案》中,收录有吕祖谦的《丽泽讲义》,内容包括《周易》《诗经》《周礼》《礼记》《论语》《孟子》等儒家经典。

继乾道、淳熙年朱熹、张栻、陆九渊、吕祖谦之后,他们的弟子及再传弟子在书院讲经、编著书院讲义者更多。较著者有朱熹门人陈文蔚。宋淳熙十一

---

① (南宋)张栻:《孟子说·原序》,文津阁《四库全书》,商务印书馆2006年版,第193—514页。

② (南宋)朱熹:《跋金溪陆主簿白鹿洞书堂讲义后》,《朱文公文集》卷八十一,《朱子全书》第24册,上海古籍出版社、安徽教育出版社2002年版,第2852—2853页。

③ (明)顾允成:《小辨斋偶存》卷七,文津阁《四库全书》,商务印书馆2006年版,第1296—688页。

年(1184),陈文蔚曾往福建武夷精舍从学朱熹,受到朱熹的特别器重。陈文蔚特别重视教育,尤其是书院教育。他曾担任几个地方的州学教授,并主持、授徒于多所书院,包括丰城的龙山书院、宜春的南轩书院、景德镇的双溪书院、星子的白鹿洞书院,并留下诸多书院讲义,包括《龙山书院讲义》《白鹿洞讲义》《南轩书院讲义》,这些讲义主要是阐发《孟子》《中庸》中的大义,是"书院讲义"中较著者。又如朱门后学王柏,浙江金华人,其父王瀚为朱熹、吕祖谦的门人。受家学影响,王柏后来亦成理学名家,曾受聘主持上蔡书院,他的《上蔡书院讲义》,亦是"书院讲义"的名篇。

南宋后期,"书院讲义"已经成为一个较为普遍的经学体例与教学体例,故而产生了较多的书院讲义,一些方志还将这些讲义搜集起来,刊印出版。宋人周应合编的《景定建康志》,其卷二十九就辑有明道书院的系列讲义,包括淳祐十一年(1251)胡崇的《大学》讲义,宣祐三年(1255)赵汝州的《大学》讲义,开庆元年(1259)张显的《中庸》《论语》讲义,开庆元年(1259)周应合的《论语》讲义,宣祐四年(1256)潘骥的《周易》讲义,景定元年(1260)胡立本的《大学》讲义,景定三年(1262)程必贵的《大学》《中庸》讲义等等,不一一列举。一所书院,就留下了这么多的经学讲义,由此可见书院经学讲义的盛行。

四、南宋书院讲义的特色

作为一种新的解经体例,"讲义"受到了宋儒的重视和欢迎。无论是经筵讲义、州学讲义还是书院讲义,均能够表达出宋儒的经学思想与治经特色。而在这三种讲义类型中,书院讲义尤能鲜明体现出宋儒的学术与思想特色。所以,这里特别对南宋书院讲义的特色作进一步的分析论述。

如果将南宋书院讲义与其他解经体例作一比较,可以发现宋儒的书院讲义有如下特色:

其一,义理之学的特色鲜明。

宋儒解经重义理,他们根据需要而采用不同的解经体例,包括传记、章句、训诂、注解、集解、集注、本义、大义、讲义、精义等体例,不管采用什么体例,他们解经的最终目的仍是阐发经典中的义理。如朱熹的《四书章句集注》即使用汉唐儒家常用的"章句""集注"体例,同样能够完成其建构义理之学的目的。但是,与这些"章句""集注"的体例相比较,"讲义"则是让宋儒能够更加方便、自由表达其义理之学的体例。一般来说,章句、训诂、集注均必围绕经文作字、辞、句的注释,而讲义则往往从经文中提炼出大义,然后围绕"大义"作深入系统地阐发,所以,在讲义中,宋儒可以脱离经文而讲解大义。如陆九渊的《白鹿洞书堂讲义》,讲解孔子的"君子喻于义,小人喻于利"一章;而陆九渊围绕义、利问题作了如何"切己关省"的系统阐发,包括如何立志辩志、对科举的态度、为学工夫等等。陆九渊的讲义采取的是"取《论语》中一章,陈平日之所感,以应嘉命"①,故而集中表达自己对义利之辨的思考和发挥。而邀请者朱熹恰恰十分欣赏这一点,他在为讲义作《跋》时说:"至其所以发明敷畅,则又恳到明白,而皆有以切中学者隐微深痼之病,盖听者莫不悚然动心焉。"②由此可见,宋儒的"讲义"不同于章句训诂,其特点是阐发经典义理时要能够"发明敷畅""恳到明白",尤其是要能切入学者内心,让"听者莫不悚然动心"。这和汉唐诸儒的章句训诂重字、辞、句、章的注解大异其趣。

其二,为己之学与切己体认的内在精神人格追求。

重视义理之学的不仅仅是宋儒,汉代今文学家也喜欢探讨儒经中的"大义",但是宋儒探讨儒家经典义理时,特别强调这种求学的首要目标是内在的"为己之学",求学的方法是"切己体察"。这样,他们在解经时所阐发的义理就不会是与己无关、抽象外在的道德义理,而是关切到自己的内在心性、精神人格。宋儒的书院讲义完全是为书院士子而作,故而特别鲜明地体现出这一特点。张栻在长沙岳麓书院、城南书院讲《孟子》,其《讲义发题》中,特别强调以孔子的"为己之学"解读《孟子》。他说:"为人者,无适而非利;为己者,无适

---

① (南宋)陆九渊:《白鹿洞书院论语讲义》,《陆九渊集》,中华书局 2012 年版,第 275 页。

② (南宋)朱熹:《跋金溪陆主簿白鹿洞书堂讲义后》,《朱文公文集》卷八十一,《朱子全书》第 24 册,上海古籍出版社、安徽教育出版社 2002 年版,第 2852—2853 页。

而非义。""曰义,则施诸人者,亦莫非为己也。"①张栻将"义利之辨"与为己、为人联系起来以解孟子之说,他对《孟子》所作的思想发挥,体现出宋儒解经强调"为己""切己"的思想特色。如他在《讲义发题》中特别指出:"学者潜心孔孟,必求其门而入,愚以为莫先于明义利之辨,盖圣贤无所为而然也。无所为而然者,命之所以不已,性之所以无偏,而教之所以无穷也。凡有所为而然者,皆人欲之私,而非天理之所存,此义利之分也。"②这些论述,表达出张栻对《孟子》中义利之辨的创新性理解,特别体现出宋儒为己之学的态度、方法的特色。朱熹对此说十分钦佩和信服。由于宋儒推崇为己之学的为学宗旨、切己体察的为学方法,故而在他们的书院讲义中比较普遍地追求这种教育理想。正如陈文蔚在《南轩书院讲义》中所说:"《大学》《中庸》,其义一也。学者诚能以致知为力行之本,以力行尽致知之实,交用其力,无敢偏废,则达德以全,达道以行,《中庸》在我矣。"③他认为,儒家经典的义理均是相通的,即让学者完成"为己之学"的目标,通过知行相须、交用其力的"切己"工夫,最终实现"《中庸》在我"的"为己"之学的目标。

其三,书院讲义中表达不同学派的学术旨趣与为学之方。

南宋理学思潮有一个突出的特点,就是不同学术旨趣的理学家们,往往在不同书院传播理学,并且形成不同学术派别。这一点,亦在不同书院的讲义中呈现出来,理学家们通过他们的讲义而表达自己的学术旨趣。譬如,在南宋理学学派中,以张栻为代表的湖湘学派追求理学与经世的结合,具有既讲性理之学又重经济之学的学术旨趣。张栻的《孟子》"讲义发题"大讲义利之辨,并特别指出:"嗟乎,义利之辨大矣! 岂特学者治己之所当先,施之天下国家一也。"④他在讨论义理之学时,同时亦将其视为经济之学。吕祖谦的婺学则具有另外的特点,即"朱学以格物致知,陆学以明心,吕学则兼取其长,而复以中

---

① (南宋)张栻:《孟子说·讲义发题》,《张栻集》第 1 册,岳麓书社 2010 年版,第 174 页。
② (南宋)张栻:《孟子说·讲义发题》,《张栻集》第 1 册,岳麓书社 2010 年版,第 174 页。
③ (宋)陈文蔚:《南轩书院讲义》,《克斋集》卷八,文津阁《四库全书》第 1175 册,商务印书馆 2006 年版,第 306 页。
④ (南宋)张栻:《孟子说·讲义发题》,《张栻集》第 1 册,岳麓书社 2010 年版,第 174 页。

原文献之统润色之。"①而吕祖谦留下的《丽泽讲义》，就明显具有这种"兼取其长""以中原文献之统润色之"的特点。他的讲义涉及《易》《诗》《周礼》《论语》《孟子》《礼记》等经典，并且能够在"格物致知"与"明心"的作圣工夫方面"兼取其长"。但另一方面，其讲义还涉及大量历史学、文献学的内容，体现出中原文献之学的特点。又如，陆九渊之学重视"明心"，故而他在《白鹿洞书院讲义》中特别强调吾心的立志，认为"义""利"的差别是"由其所志"的心的力量决定的，提出："人之所喻由其所习，所习由其所志。志乎义，则所习者必在于义，所习在义，其喻于义矣。"②可见，心志的工夫是起决定作用的。而朱熹学派则重视格物致知，朱子后学在《上察书院讲义》中，就特别倡导读书穷理，王柏在讲义中说："初学者且当以读书为主，是事事物物，固皆有当然之理与其所以然之故。不读书，则无以识其事事物物之则也。"③这就明显表现出朱子学派的学术旨趣与为学之方。

（原载《中国哲学史》2014 年第 4 期）

---

① （明末清初）黄宗羲：《东莱学案》，《宋元学案》卷五十一，中华书局 1986 年版，第 1653 页。
② （南宋）陆九渊：《白鹿洞书院论语讲义》，《陆九渊集》，中华书局 2012 年版，第 275 页。
③ （南宋）王柏：《上察书院讲义》，《鲁斋集》卷九，《丛书集成》本。

南宋书院的学祠与学统

　　中国古代书院的基本规制是由三个方面构成的,即讲学、藏书、祭祀。在中国书院制度成型的北宋初年,那些著名的书院如岳麓书院、白鹿洞书院即具备完整的讲学、藏书、祭祀的基本规制。但是,书院的规制有一个发展与成熟的历史过程。北宋初期书院的规制基本上还只是对官学制度的模仿,以后才逐渐发展并形成自己的特色。

　　本文所讨论的书院祭祀制度就是如此。虽然北宋时期书院就有了专门的祭祀空间,但是书院祭祀能够真正具有自己的特色,则是与南宋书院的学术思想、教育理念的发展密切相关,尤其南宋理学的学统观念,对书院祭祀制度的特色,产生了深刻的影响。

一、北宋书院的祭祀制度

　　以"书院"命名的藏书、读书乃至教书的机构,萌芽于唐代,但是,作为真正的文化—教育组织的书院成型,则是到了北宋。唐、五代时期,书院是一种偶然的、零星的、不确定的藏书、读书或教书之所;而到了北宋初期,书院已成为一种稳定的、普遍的、制度化的文化—教育机构。由于统计的文献依据不同,学者们对北宋书院的建置数量统计不太一致,但是总体而言,北宋时期建置的书院具有数量多、分布广、规模大等特点。尤其值得注意的是,北宋书院的讲学、藏书、祭祀的规制完整。

其一，北宋书院的讲学功能完备，拥有讲堂、斋舍的专门设施。书院具有多种功能，而作为教育组织而言，讲学是其最基本的功能。唐、五代时期民间出现那些以"书院"命名的机构，大多只是一些个人的藏书、读书之处，而并不是一种制度化的教育机构。但是，北宋时期所创建的书院不太一样，这些书院普遍是以教书育人为主要职能和任务。如岳麓书院初创时有讲堂五间、斋舍五十二间，"有书生六十余人听诵"①；应天府书院则是有戚同文者，"通五经业，高尚不仕，聚徒教授，常百余人"②。宋初产生的著名书院，还包括白鹿洞书院、嵩阳书院、石鼓书院、茅山书院等等，均有固定的生员名额、著名的山长主持教学，在人才培养方面作出了重要的成就。

其二，北宋时期创办的书院，均有一定规模的藏书，有专门供藏书用的书楼，这些藏书主要是为培养人才所用。唐、五代以"书院"命名的民间书舍，主要是民间个人的藏书、读书之所，宋初时期的书院，在藏书方面承袭前朝书院，但是其藏书的来源、规模、用途等方面，均发生了很大的变化。首先是藏书的来源不一样。宋初书院的藏书来源大不一样，除了保留民间个人的藏书外，尤其增加了官府、朝廷所颁典籍。宋初几所著名的书院如岳麓书院、白鹿洞书院、嵩阳书院，均曾经授受过国子监甚至皇帝的赐书。其次，藏书的规模大大扩展，唐、五代的书院主要是供个人读书的藏书处，而宋初书院的藏书则是为广大生员、教职人员所需，故而藏书的规模扩大，如应天府书院"聚书千五百余卷"，而唐、五代的书院很少谈到藏书规模，少谈的原因应是规模太小不值得谈。

其三，北宋书院基本上具备了祭祀的功能。唐、五代时期民间书院起源于读书人个人藏书、读书的功能需要，即使个别书院已经具有教学功能，但并不具有祭祀功能。北宋初期创建的书院已经成为功能完备的、制度化程度高的学校，故而也模仿官学的"庙学"制度，产生了祭祀的功能，并有了专门供祭祀

---

① （宋）马端临：《文献通考》卷六十三，文津阁《四库全书》第 611 册，商务印书馆 2006 年版，第 11 页。

② （宋）马端临：《文献通考》卷六十三，文津阁《四库全书》第 611 册，商务印书馆 2006 年版，第 11 页。

孔子的独立空间和设施。中国古代学校,经历了一个由"学"到"庙学"的发展过程。从西周到两汉,均执行"凡始立学者,必释奠于先圣、先师"的规定。东晋时期,正式在国子学西边建立孔子庙,形成了最早的"庙学"制度。此后自唐太宗至清朝末年,"庙学"制度推广到地方的州学、县学,一直延续。唐代形成的地方官学的"庙学"制度,影响了北宋初期的书院制度。

唐、五代时期的书院,尚未见祭祀功能的记载。但是,宋初创建的书院,关于祭祀的设施已经十分完备,与官学的"庙学"制已无区别。如北宋咸平三年(1000)王禹偁撰写的《谭州岳麓山书院记》中,就有明确记载:

> 初,开宝中,尚书郎朱洞典长沙。左拾遗孙逢吉通理郡事。于岳麓山枹黄洞下肇启书院,广延学徒。二公罢归,累政不嗣,诸生逃解,六籍散亡,弦歌绝音,俎豆无睹。公询问黄发,尽获故书,诱导青衿,肯构旧址。外敞门屋,中开讲堂,揭以书楼,序以客次。塑先师十哲之像,画七十二贤,华充珠旒,缝掖章甫,毕按旧制,俨然如生。①

这次记文,记载了北宋初年两次修建岳麓书院的过程,其中均讲到其完备的祭祀制度、设施,这种"供春秋之释典"的制度与官学的"庙学"制度已无区别。除岳麓书院外,其他如白鹿洞书院,也于咸平五年重修时,"塑宣圣十哲之象"②,即也是有专供祭孔用的庙学体制。

北宋书院为什么要仿庙学制,设置专供祭祀先圣先师的殿宇?其文化功能是什么呢?两汉以后,儒学取得了独尊的地位,从而确立了"儒教"在国家意识形态、文化教育体制中的地位。"儒教"之"教"显然有不同于其他宗教的特点,而特别体现出对"教育""教化"的重视。而各级学校之所以要"释典于先圣先师",正体现出"崇儒重教"的文化特点。而北宋形成的书院,正是儒家

---

① (宋)王禹偁:《谭州岳麓山书院记》,《小畜集》卷十七,文津阁《四库全书》第1090册,商务印书馆2006年版,第18页。

② (宋)王应麟:《白鹿洞书院》,《玉海》卷一六七,文津阁《四库全书》第950册,商务印书馆2006年版,第390页。

士大夫所体现出的"崇儒重教"的文化追求。书院创办者在书院内部设置专门的祭祀空间,确立专门祭祀先圣先师的释奠仪,正是为了彰显书院的儒教文化特质与崇儒重教精神。

二、南宋前期学祠的发展

如果说北宋书院主要是仿官学的庙学制度,而设立祭祀"先圣先师"的祭孔庙堂的话;那么南宋书院则发展出了一套独特的祠堂祭祀,以表达宋儒才独有的学统观念与道统意识。通过这种祠堂祭祀活动,书院开始建立起自己独有的学术与教育理念,书院主持人希望将书院祭祀纳入书院学统与道统的建设目标和建构过程中。可见,同是书院祭祀,但学庙祭祀与学祠祭祀却有十分明显的区别。书院的主持者建孔庙祭祀"先圣先师",还只是一种延续、仿效官学的庙学制行为,体现不出书院主持者独特的文化创新与教育追求。但是,南宋书院主持者开始建造祭祀本学统人物的祠堂,以表达他们新的学术理念与精神追求,不仅体现了这一时期宋儒那种学术创新的独立精神,而且也反映出他们制度创新的不凡气象。

南宋书院设学祠祭祀,有一个由初步创始、逐渐推广到制度成型的历史过程。这一节重点讨论南宋前期,即从宋高宗建炎、绍兴年开始,到宋光宗绍熙年为止。

南宋初年,最早由理学家创办、主持书院讲学者,应为"开湖湘学统"的胡宏。南宋绍兴年间(1127—1130),著名理学家胡安国率其子胡宏等家人隐居湖南湘潭碧泉,在此著书讲学,完成了经学名著《春秋传》。胡安国在世时的讲学处并没有称之以"书院",后来史著如《宋元学案·武夷学案》也仅称其为"精舍""讲舍"。胡安国逝世后,胡宏才在此地正式修建了"碧泉书院",并作《碧泉书院上梁文》。与此同时,他还修建了"文定书堂",因胡安国逝世后谥"文定",这处建筑就是碧泉书院师生为祭祀胡安国而建。胡宏在《文定书堂上梁文》中写道:"伏愿上梁以后,庭帏乐豫,寿考康宁;中外雍和,子孙蕃衍;流光后世,受福无疆。"①这显然是一个学祠兼家祠性质的祠堂,和《碧泉书院上梁文》中"袭稷下以纷芳,继杏坛而跻济"的教育功能有差别。其实,南宋时期以"书堂"为学祠的例子并不少,如淳熙四年(1177)江州太守潘慈明重建庐山的"濂溪书堂",就是一处学祠性质的书堂,朱熹在《江州重建濂溪先生书堂记》中说,太守"始复作堂其处,揭以旧名,以奉先生之祀"②。文定书堂其实就是一所与濂溪书堂性质一样的奉祀之所,只是文定书堂附属于碧泉书院而已。

在南宋初的高宗、孝宗时代,长江以南地区的学术文化一度得到发展。理学家群体逐渐形成一股较强的社会文化势力,他们推动着理学思潮与书院教育的结合。与此同时,他们特别重视创建北宋理学家的祠堂以供祭祀,尤其是那些在江南地区出生、讲学的理学家,其出生地、宦游地、讲学地更是成了创建专门理学家祠堂的重要场所。至于书院与学祠的普遍性结合,就是在这种文化背景下形成的。

从南宋高宗时期开始,江南地区逐渐修建了许多专门祭祀理学家的祠堂。绍兴二十九年(1159),湖湘学派的理学家向子忞在周敦颐的老家道州,首次创建道州濂溪祠,胡铨作《道州濂溪祠记》。这所最早的濂溪祠在后来得以不断修建,另永州州学亦建濂溪祠。除了道州与永州之外,崇敬理学的儒家士大夫纷纷于周敦颐宦游、讲学之地创建祠堂专门祭祀周敦颐。如周敦颐曾在韶州做官,淳熙二年(1175)在韶州建濂溪祠,张栻作《濂溪先生祠堂记》。他们在创建濂溪祠的同时,也修建祭祀其他理学大师的祠堂。如淳熙五年(1177)张栻在知静江府时,在府学明伦堂旁建"三先生祠",祭祀周敦颐、程颢、程颐三位理学宗师。次年,张栻知袁州,又建三先生祠,请朱熹作《袁州州学三先生祠记》。淳熙六年(1179)朱熹守南康时创建濂溪祠,张栻作《南康军新建濂溪祠记》。当时的道学家们,经常在地方的州学、府学、县学及纪念地创建祭祀北宋理学家周敦颐、程颢、程颐的祠堂。在张栻、朱熹的文集中,均留下一些祠记。如《南轩先生文集》中,另外有《道州重建濂溪周先生祠堂记》《衡州石

① (南宋)胡宏:《胡宏集》,中华书局1987年版,第201页。

② (南宋)朱熹:《江州重建濂溪先生书堂记》,《晦庵先生朱文公文集》卷七十八,《朱子全书》第24册,上海古籍出版社、安徽教育出版社2002年版,第3741页。

鼓山诸葛忠武侯祠记》以及静江府学的《三先生祠记》等等。而在《朱文公文集》中,亦有大量这类祠记,如《建康府学明道先生祠记》《黄州州学二程先生祠记》《德安府应城县上蔡谢先生祠记》等等。可见,在南宋乾道、淳熙年间理学大盛时,宦游、讲学各地的理学家们积极推动地方创建专门祭祀北宋理学奠基者周敦颐、二程诸人的祠堂。

在这种背景下,理学家们亦进一步将这种专门祭祀先师先贤、表达学统传承的祠祭引入书院。前面已经讲到,早在南宋绍兴年间,胡宏就在湖南碧泉书院建了祭祀胡安国的"文定书堂"。到了乾淳理学型书院兴起时,理学家开始在他们创建的书院中,设置专门祭祀道学先师的祭祀仪式。这一点,在朱熹那里表现得特别突出。

南宋淳熙六年(1179)朱熹知南康军,上任后即开始修复白鹿洞书院,次年修成后,他率生徒于书院行祭祀先圣先师的释菜礼。可见,这时朱熹还主要是以地方官员的身份,在白鹿洞书院举行与庙学制相关的祭孔活动。但是,当朱熹的道统观念逐渐建立起来后,他开始将这种新的道统观念与书院制度建设结合起来。南宋绍熙五年(1194),朱熹在福建武夷山创建了沧州精舍,他同样率生徒于书院举行祭祀先圣先师的释菜礼。但是,这次他有意识地将祭祀对象由孔子、颜回、孟子,进一步拓展到宋代的儒学大家周敦颐、二程等人,从而将道统理念制度化为书院的释奠活动。据朱子门人叶贺孙记载:

> 新书院告成,明日欲祀先圣先师。……鸡鸣起,平明往书院,以厅事未备,就讲堂行礼。宣圣像居中,充国公颜氏、郕侯曾氏、沂水侯孔氏、邹国公孟氏西向配北上。(并纸牌子)。濂溪周先生(东一),明道程先生(西一),伊川程先生(东二),康节邵先生(西二),司马温国文正公(东三),横渠张先生(西三),延平李先生(东四)从祀。……先生为献官,命贺孙为赞,直卿、居甫分奠,叔蒙赞,敬之掌仪。[①]

① (南宋)朱熹:《朱子语类》卷九十,《朱子全书》第17册,上海古籍出版社、安徽教育出版社2002年版,第3028页。

应该说,朱熹早在乾道、淳熙年间,就已经形成了周敦颐、二程等北宋诸儒的道统思想,只是这种思想还没有落实到书院制度层面。而到了绍熙年间创办沧州精舍时,朱熹已经非常自觉地将他建构起来的道统观念,即以北宋以来的理学家周敦颐、程颢、程颐、邵雍、司马光、张载、李桐七子接续孔孟道统思想纳入书院祭祀活动与制度之中。特别是他将自己的老师李桐列入北宋七子之中,一方面是表明朱熹本人的学统与道统的一致性,表达他在道统脉络中对文化使命的自觉承担;另一方面也是将沧州精舍的学统与儒家道统承传更紧密地结合起来。所以,朱熹在祝文中表达了他的道统理念。显然,朱熹已经将他在《中庸章句序》等著作中不断阐述的道统观念,最终纳入沧州书院的释奠仪的制度之中。

从南宋初的绍兴年间开始,到南宋绍熙年间的一段时间,正是理学家群体逐渐兴起、理学学术创造力大盛的历史时期,也是理学家们积极创建、恢复书院非常活跃的历史时期。他们在强烈的学统观念与道统意识引导下,一方面在一些重要纪念地、地方学府中大量创建祭祀周敦颐、二程等北宋理学奠基人的祠堂,通过学祠以弘扬道学、传承学统;另一方面他们亦开始在书院、精舍开展对道学人物的祭祀活动,并开始了将道统观念的思想建设与书院祭祀的制度建设结合起来。他们的这一制度创新的做法,到理学地位发生重大变化的"嘉定更化"以后,才得到了完全巩固与全面推广。

三、南宋后期书院学祠的成型

"庆元党禁"时期,南宋理学与书院均受到禁抑,理学家很难推广这种以标榜道统为旨趣的书院祭祀制度。所以,朱熹通过沧州精舍而祭祀北宋道学家、将道统理念落实于书院制度的创举在当时并没有得到扩广。

直到南宋嘉定(1208—1224)以后,特别是宋理宗(1224—1264)当朝以后,乾淳之盛时的理学家们纷纷被平反,并得到朝廷的表彰。这段时期也是书院发展的重要时期,不仅是书院建置的数量大大增加,书院制度的建设也更加完备,与道统理念相关的书院祭祀制度,到此时才完全成型。此正如袁甫的《重修白鹿书院记》所说:"伊洛诸先生讲道之功,当时未见也,而见于中兴。南轩、晦庵、象山诸先生讲道之功,当时未见也,而见于更化。"①北宋周濂溪、二程等人的讲道,至南宋乾、淳理学中兴而更显,有关对周程等北宋诸子的学祠祭祀已经在乾、淳时形成;而南宋乾、淳理学诸君子如朱、张、陆、吕等,到"嘉定更化"以后,则与北宋诸子一道被普遍地列入书院祭祀对象,使书院祭祀与道统理念结合起来。

南宋理宗以后的书院,比较普遍地建有专门祭祀理学人物的祠堂,从而形成了南宋书院祭祀制度的显著特色。如果我们进一步深究即可发现,这个时期书院普遍建立供祀理学家的制度,是通过三种途径来完成的。

第一,将南宋前期专门供祀理学家的祠堂,进一步拓展为包括祭祀、讲学等多种功能的书院。

从南宋初年开始,一些崇奉、继承理学学术的士大夫即开始在周敦颐、程颢、程颐等人的故居、讲学地、宦游地创建专门的祠堂,以表达对理学的尊崇。到了南宋嘉定以后,这些理学家的专祠,往往拓展为书院。这些书院,一方面保持其原有的供祀理学家的祭祀功能,另一方面又增加了培养人才的教育功能,从而形而了一种合祭祀与教学为一体的理学型书院。最著名的是湖南道州的濂溪祠、江西庐山的濂溪书堂等。南宋绍兴二十九年(1159),湖湘学者为推崇濂溪之学,首次在道州创建濂溪祠。到了宋理宗时期,濂溪祠拓展为濂溪书院,景定三年(1262)还获得理宗赐额的"道州濂溪书院"。道州濂溪书院开始招收士子就读,并且确立了"盖欲成就人才,将以传斯道而济斯民也"②的教育宗旨,濂溪书院同时保留濂溪祠,专祀周敦颐。又如江西庐山的濂溪书堂创建于淳熙四年(1177),为奉祀周敦颐的专祠,但是到了理宗时代也发展成含讲学与祭祀为一体的书院,宋理宗端平年间

---

① (宋)袁甫:《蒙斋集》卷十三,文津阁《四库全书》第 1179 册,商务印书馆 2006 年版,第 475—476 页。

② (宋)杨允恭:《濂溪书院御书阁记》,《湖南通志》卷二十九,上海古籍出版社 1990 年版,第 5681 页。

州守赵善璙"更治其书堂,缮修其祠墓,肄习有庐,祭荐有田"①,成为一所讲习理学、祭祀濂溪的书院。

与此同时,其他供祀理学家的祠堂也纷纷发展为书院。南宋淳熙初,大学士刘珙曾创建明道先生祠于建康府学官内,还请朱熹为之作记。到了南宋理宗淳祐年间,明道祠在得到不断修复的同时,被拓展为明道书院,开始"聘名儒以为长,招志士以共学,广斋序,增廪稍,仿白鹿洞规,以程讲课,士趋者众"②。明道书院成为一所讲习理学、供祀程颢的著名书院,宋理宗还为之赐额。又如,吕祖谦曾于乾道、淳熙之时在故乡婺州讲学,"嘉定更化"时其弟子在他讲学会友的故地竹轩建祭祀吕祖谦的专门祠堂,到了南宋嘉熙二年(1238)也拓展为东莱书院,也成为一所合讲习理学、祭祀吕祖谦为一体的书院,袁甫作《东莱书院竹轩记》③,记载了吕祖谦讲学于此、创建东莱祠、改建东莱书院的过程。总之,这一类祭祀理学家的专门祠堂大多创建于南宋前朝的绍兴、乾道、淳熙时期,而到了南宋理宗时期后,纷纷改建、拓展为书院,具有了祭祀、教学的双重功能。由于这些书院大多与著名理学家周敦颐、二程、朱熹、张栻、吕祖谦、陆九渊有关,故而相关的书院还得到朝廷的赐额。

第二,将以前以讲学为主要功能的书院,增设与该书院学统相关人物的学祠。

北宋、南宋前期建置以讲学为主的书院,虽然大多也建有专供祭祀孔子的空间如礼殿、孔子堂等,但很少有祭祀本朝学者的专门祠堂。朱熹在沧州精舍开展了祭祀本朝道学家的祭祀活动,但无资料证明朱熹创建了专门的祠堂。而到了南宋嘉定年以后,情况很快发生了重大的变化。许多办学影响很大的书院,纷纷创设了祭祀本朝、本院学者的学祠。如南康军白鹿洞书院创建于北

---

① (宋)赵善璙:《濂溪书堂谥告石文》,《濂溪志八种汇编》,湖南大学出版社2013年版,第821页。

② (宋)周应合:《建明道书院》,《景定建康志》卷二十九,文津阁《四库全书》第488册,商务印书馆2006年版,第535页。

③ (宋)袁甫:《蒙斋集》卷十四,文津阁《四库全书》第1179册,商务印书馆2006年版,第4848页。

宋,比较早就建有祭祀孔子的庙堂。① 到了南宋淳熙时,朱熹修复白鹿洞书院,并恢复祭祀孔子,但无专门祭祀本朝学人的祠堂。直到嘉定十年(1217)书院再度重修时,才增设前贤祠,专门祭祀周敦颐、二程、朱熹等前贤,朱熹弟子黄榦作《南康军新修白鹿书院记》。至宋绍定年间(1228—1233)白鹿书院又新建君子堂,祭祀宋儒周敦颐,据袁甫《白鹿书院君子堂记》记载,"而此堂则新创……堂瞰荷池,取濂溪爱莲语扁(篇)以是名"②。又如岳麓书院创建于北宋初,刚建时即僻有专祀孔子的礼殿,这一格局一直延续,南宋初张栻主教时仍然如此。但是到了南宋嘉定十五年(1222)真德秀知潭州,于岳麓书院创供祀,推动书院建设本朝先贤朱洞、周式、刘珙的诸贤祠堂。到了元朝,又将朱熹、张栻与上述三人合祀,称诸贤祠。

南宋乾道、淳熙年间理学大盛,当时的理学家创办了一些新的专门讲学的书院或精舍,到了南宋理宗时代,也纷纷增设与创办人相关的祠堂。如南宋初年朱熹在福建武夷山建竹林精舍,后又改名沧洲精舍或沧洲书院。到了南宋理宗宝庆年间正式创建朱子祠,以蔡元定、黄榦、刘爚、真德秀四高第配享。至淳祐四年(1245)获得理宗"考亭书院"赐额。可见,朱子祠是沧洲书院(考亭书院)的增设部分,这一格局一直延续到元、明、清。又如陆九渊于南宋淳熙十四年(1187)在江西贵溪老家创象山精舍讲学,门徒甚众,成为"南宋四大书院"之一。南宋理宗绍定四年(1231),象山门人袁甫请于朝而改建,新建后请理宗赐额"象山书院",除新修讲堂、斋舍、圣殿外,尤创设了祭祀陆九韶、陆九龄、陆九渊的"三先生祠"。袁甫于绍定六年(1233)作的《象山书院记》中,记载他们"始至舍奠先圣,退谒三先生祠,竦然若亲见象山先生燕坐,而与二先生相周旋也"③。应该说,宋理宗后,由于理学家受到普遍尊崇,以讲理学为宗旨的书院纷纷创建增设祭祀理学家的专门学祠。

---

① 参见高明士:《书院祭祀空间的教育作用》,《中国书院》第一辑,湖南教育出版社 1997 年版,第 73 页。

② (宋)袁甫:《蒙斋集》卷十三,文津阁《四库全书》第 1179 册,商务印书馆 2006 年版,第 477 页。

③ (宋)袁甫:《蒙斋集》卷十三,文津阁《四库全书》第 1179 册,商务印书馆 2006 年版,第 471 页。

第三,创建许多将讲学、祭祀功能合为一体的书院。

南宋理宗时期,理学的地位获得大大提升,同时也出现了一个创办新书院的热潮。在这些新办的书院群中,许多就是在那些著名理学家如周敦颐、程颢、程颐、张载、谢良佐、杨时、李桐、朱熹、张南轩、陆九渊等人的家乡、故居、讲学地、宦游地。"嘉定更化"以来,儒家士大夫纷纷在这些地方创建书院,一方面通过书院讲学,传播理学思想;另一方面通过祠堂祭祀,表达对这些理学家的尊崇。如理宗时期新创办了许多濂溪书院,这些都是将祭祀濂溪、讲习理学合为一体的书院。如湖南地区在南宋嘉定以后先后在道州、邵州、桂阳、郴州、永兴、宁远等地建了6所濂溪书院,除了道州、邵州的濂溪书院系由原来的濂溪祠发展而来,其余几所书院均是新建的。这些新建的濂溪书院均是将讲习理学、祭祀濂溪的功能结合起来。

南宋后期这种合讲堂斋舍与祠堂祭祀为一体新建书院有很多,如南宋嘉定二年(1209)陈复斋在福建南平县创建延平书院,延平书院是专为纪念朱熹的老师李延平而建,为彰显闽学学统,陈复斋于南山之下创建延平书院,"以为奉祀、讲学之地",后亦获得"延平书院"的赐额。福建创建了合讲学、祭祀为一体的考亭书院、延平书院后,亦有崇奉理学的士大夫推动创建纪念杨时的"龟山书院",认为"道南一脉"始自二程的著名弟子杨龟山。故在杨时故居创建合祭祀龟山、讲习理学的书院,并上奏朝廷赐额"龟山书院"。

总之,宋理宗之后,理学的价值得到了朝廷的肯定,理学家的声誉日益高涨,和理学思潮密切联系的书院也获得了蓬勃的发展。无论是老书院还是新创办的书院,大多以讲理学为学术、教育主旨,故而这些书院大多已经或后来增加了祭祀理学先师的学祠,南宋书院的学祠祭祀制度就在这种彰显学统、弘扬道统的追求中得以发展起来。

四、创建学祠,建构学统

两宋时期书院的祭祀制度有一个明显的演变发展过程,北宋书院仿官学而建立了祭祀孔子的礼殿、孔庙等设施,而南宋书院在继承祭祀孔子的基础之上,又发展出了一套创建专门祠堂以祭祀理学大师的祭祀制度。这种新的祭祀制度形成的原因是什么呢? 一个最重要的原因,就是与宋学学统的兴起有关。

中国学术史上所说的"学统"概念,形成并兴起于宋代。从字面意义上说,"统"有两种含义:其一,指学术的正统,即清人熊赐履在其《学统自序》所说:"统者,即正宗之谓,亦犹所为真谛之说也。"①其二,指学脉的授受传承,即人们通常理解的学术传统,如人们称熊的《学统》一书是"明学之源流派别"②,就是这个意思。宋代以来,学术正统与学脉源流的观念已结合起来,这就是所谓的"道统"。其实,宋代以来学术史盛行的"学统"观念,是受"道统"观念影响而产生的。今人饶宗颐就指出,"学统"是"以正统观念灌输于学术史"③。这一学术史的正统观念就是"道统"观念。

宋代是中国学术发展到极盛的时期,陈寅恪先生说:"中国自秦以后,迄于今日,其思想之演变历程,至繁至久。要之,只为一大事因缘,即新儒学之产生,及其传衍而已。"④宋代儒学的特点不仅是将传统儒学发展到致广大、尽精微的程度,尤有特色的是,当时的儒学还体现为一种地域化的学术形态。群星灿烂的新儒家学者分布各个不同的地域,或者是主持不同的书院,从而奠定了各自的地域性"学统"。全祖望在《宋元学案》中描述了宋庆历"学统四起"时的盛况:

> 庆历之际,学统四起。齐鲁则有士建中、刘颜夹辅泰山(孙复)而兴;浙东则有明州杨、杜五子,永嘉之儒志(王开祖)经行(丁昌期)二子,浙西则有杭之吴存仁,皆与安定(胡瑗)湖学相应。闽中又有章望之、黄晞,亦

---

① (清)熊赐履:《学统自序》,《学统》,凤凰出版社 2011 年版,第 17 页。
② (清)熊赐履:《高商序》,《学统》,凤凰出版社 2011 年版,第 14 页。
③ 饶宗颐:《中国史学上之正统论》,上海远东出版社 1996 年版,第 59 页。
④ 陈寅恪:《冯友兰中国哲学史下册审查报告》,《金明馆丛科二编》,生活·读书·新知三联书店 2001 年版,第 282 页。

古灵一辈人也。关中之申、侯二子,实开横渠之先。蜀有宇文止止,实开范正献公之先。筚路蓝缕,用启山林,皆序录者所不当遗。①

庆历是宋学初兴之时,当时各个地域均开创了自己的学统,包括齐鲁、浙东、浙西、闽、蜀、关中等地。从全祖望所描述的"庆历之际,学统四起",我们看到了宋代学统的地域化形态初起的状况,这是宋代儒学学派普遍均以地域命名的缘由,这也是《宋元学案》的编撰为何总是以地域、书院命名的原因。

为什么宋代以来的学术界大兴"学统"? 为什么宋、元、明、清的学统主要呈现为地域化学术形态? 这显然与宋代以来的学术创造、学术授受的方式有关。两汉也是儒学大盛的历史时期,但汉武帝"罢黜百家,独尊儒术"的学术局面,是在中央皇朝自上而下的文化建设运动中产生的,"五经博士"的设置、太学的经学传授是学术研究与传播的主要方式,经学的研究、传播依赖于那些由朝廷供养的经师们的"家法""师法"。而宋代儒学的大兴则是儒家士大夫从民间讲学开始的一种学术活动。分布在全国各地的儒家士大夫往往是以个人的身份,在其家乡或寓居之地,独立自主地从事知识创新的学术活动,同时也是从事知识传播、人才培养的讲学活动。所以,宋明以来,学术史上出现一个十分重要而独特的现象,就是大量地域性学统的出现。全祖望在研究、整理宋以后的学术史时,就大量使用这种地域性学统的命名,包括"浙中学统""湖湘学统""婺中学统""甬上学统""粤中学统""横渠学统"②等等,这些学统大多是宋代奠定,并延续到明清时期。

宋以后学术界能够建立起学术宗旨各异的地域性学统,还与这个时期兴起的书院组织密切相关。书院是萌芽于唐、大成于宋的文化教育组织,它继承了传统私学的自由讲学、发展学术的教育传统与学术传统,又具有制度化的特点,还吸收了佛教禅林的一些特点,故而受到了那些希望推动民间讲学的儒家士大夫的特别推崇和喜爱。两宋时期,那些希望振兴儒学、重建儒学的新儒家

① (明末清初)黄宗羲、(清)全祖望:《宋元学案》卷六《士刘诸儒学案》,中华书局1986年版,第251—252页。

② 参见(明末清初)黄宗羲、(清)全祖望:《宋元学案》,(清)全祖望:《鲒埼亭集》等。

学者们纷纷创建、主持书院、书堂、精舍、讲舍、私塾等民间性的学术—教育机构。学统的构建必须有两个条件：其一，知识创新、独立体系的学术思想；其二，学术传承的学者群体。而书院正是这个学术创新、学者群体的中心。这些书院、书堂的组织成为各个地域的学术中心与教育中心，这个由具有学术创新的儒家学者与承传学术的学者群体构成的文化社群，正是经过他们的共同努力，从而建构了书院的学统，同时也建构了地域性的学统。全祖望曾经提到"南宋四大书院"，他说："故厚斋谓岳麓、白鹿，以张宣公、朱子而盛，而东莱之丽泽，陆氏之象山，并起齐名，四家之徒遍天下。则又南宋之四大书院也。"①岳麓、白鹿、丽泽、象山是南宋时期最重要的学术中心和教育中心，由当时最负盛名的理学家张栻、朱熹、吕祖谦、陆九渊主持，并且"四家之徒遍天下"，使他们的学术得到了广泛的传播。因此，南宋四大书院其实就是南宋四个重要学统的所在地，他们所建构的学统，不仅仅对当时的学术思想、人才培养、地域学风产生很大的影响，对明清时期的学术传播也产生久远的历史影响。这也是全祖望之所以反复讲"学统"的原因。

其实，南宋书院增设祭祀本朝学人的专门祠堂，主要就是祭祀与本书院学统直接相关的学人，以标榜、弘扬本书院的学统，并将这一标榜学统的追求与弘扬儒家道统联系起来。我们可以从南宋的湖湘学、闽学、江西学、婺学等几大地域学统与书院祭祀的关系来作一分析探讨。

首先，看湖湘学统与书院祭祀。南宋初年最早创办书院讲学、建立理学学派的是胡安国、胡宏父子等人。南宋绍兴初年胡氏家族在湖南湘潭创碧泉书院讲学，创立湖湘学派。胡安国去世后，胡宏创建了专门祭祀胡安国的"文定书堂"。这是一处将胡氏家祠、书院学祠结合的祠堂建筑。胡宏在修建文定书院时，就明确将这个祠堂赋予了继承学统、弘扬道统的意义。他在《碧泉书院上梁文》中写道：

---

① （清）全祖望：《鲒埼亭集外编》卷四十五，《答张石痴征士问四大书院帖子》，《四部丛刊》本。

抛案上,道与天通自奋扬。当仁不愧孟轲身,禅心事业遥相望。

抛案下,明窗净几宣凭藉。道义相传本一经,儿孙会见扶宗社。①

对于胡宏及其湖湘学者而言,文定书堂是碧泉书院内一处专门祭祀胡安国的学祠,它既有继承、坚守湖湘学统的意义,还有"道与天通自奋扬"的尊崇、弘扬道统的意义,因为对湖湘学者来说,道统与学统是一致的。

其次,看闽学学统。二程之学经杨时、罗从彦、李桐而传之朱熹,为南宋理学规模、影响最大的一派。朱熹亦是有着很强的学统观念与道统意识的学者,他很早就将这种学统与道统观念纳入书院祭祀制度中去。绍熙五年(1194)朱熹在福建武夷山创办沧洲精舍并率诸生行释菜礼,祭祀孔子、四配及周敦颐、二程、邵雍、司马光、张载、李桐,他这种由自己老师上溯到北宋理学、孔孟儒学的脉络,既是闽学学统的脉络,更是儒家道统脉络。朱熹在祝文中说:"恭惟道统,远自羲、轩。集厥大成,允属元圣。……周程授受,万理一原。曰邵曰张、爰及司马。学虽殊辙,道则同归。"②可见,朱熹是依据一种合学统与道统为一体的意识,将祭祀先师的活动纳入书院祭祀制度中去。朱熹的这一理念,在朱子后学中得到进一步弘扬。后来改名或者创建的濂溪书院、明道书院、龟山书院、延平书院、考亭书院均是为强化那些闽学学统人物而建立的书院。这些书院均设有学祠祭祀,并将这种学祠与继承学统、弘扬道统联系起来。如徐元杰在延平书院的祭祀中,就是将周敦颐、二程、李桐、朱熹的学统纳入孔孟的道统系列之中。他在祭文中反复申明:"濂溪之教,洙泗之遗,内外交养,敬义夹持。……况以四先生之像与夫子坐列于书堂之祠,岁率二礼而讲夫仲丁之彝。"③

象山学派也是如此。陆九渊于淳熙十四年(1187)于江西老家创建象山

---

① (南宋)胡宏:《胡宏集》,中华书局1987年版,第201页。

② (南宋)朱熹:《沧州精舍告先圣文》,《晦庵先生朱文公文集》卷八十六,《朱子全书》第24册,上海古籍出版社、安徽教育出版社2002年版,第4050页。

③ (宋)徐元杰:《延平书院仲丁祭先儒文》,《梅野集》卷十一,文津阁《四库全书》第1185册,商务印书馆2006年版,第9078页。

精舍,他本人自称其学是直承孟子而来,故其学统意识不是特别强。但是,他在象山精舍培养的后学,却倡导并坚持了象山学统,并且在象山书院创建专门祠堂,祭祀陆氏三兄弟。他们在象山书院的祠堂祭祀,同样是基于对本院学统的继承和弘扬。袁甫是陆九渊的再传弟子,他修复了象山书院并创建"三先生祠",他将这一活动的动机与目标归之对象山学学统的继承与弘扬。他明确"书院之建,为明道也"的宗旨,他增设祠祭的目的就是为了表明象山书院的学统是直承孔孟道统而来。袁甫在祭祀象山先生的祭文中说:

> 先生之学,得诸孟子。我之本心,光明如此。未识本心,如云翳日;既识本心,元无一物,先生立言,本未具备,不堕一偏,万物无蔽。书院肇建,躬致一奠。①

袁甫在祭文中反复申明象山学统的大旨在"我之本心",同时强调这一学派宗旨来之于孟子,其实就是将象山书院的学统与儒家道统联系起来。

总之,南宋的书院学祠建设,一直是与书院学统建构紧密联系在一起的。南宋时期的理学家有一种强烈的建构书院学统,以确立书院在儒家道统史上的意义、地位的精神追求,他们通过创建书院学祠、推动书院祭祀活动,以完成这一文化使命与道义责任。

(《湖南大学学报》(社会科学版)2015 年第 4 期)

---

① (宋)袁甫:《祭陆象山先生文》,《蒙斋集》卷十七,文津阁《四库全书》第1179册,商务印书馆 2006 年版,第 514 页。

附录　朱汉民教授的书院事业与国学研究

若　文

朱汉民教授长期担任湖南大学岳麓书院院长,他的国学研究与岳麓书院是密切联系在一起的。20 世纪 80 年代初,朱汉民毕业于湖南大学,留在岳麓书院工作,至今已近 30 年。他一方面长期在岳麓书院从事教学和学术研究,辛勤耕耘,已经在学术研究领域形成自己的学术思想并取得显著成绩;另一方面,他长期全面主持岳麓书院学术、教学、文物及院务管理工作,努力实现岳麓书院的现代复兴,使古老的岳麓书院重新成为当代中国国学的重要基地。

我们简要介绍朱汉民教授的书院事业与国学研究。

一、主持岳麓书院复兴的事业

创建于北宋开宝九年的岳麓书院在中国教育史、学术史上有着重要的地位,是中国传统学术和人文精神的典型代表,在文化传承、人才培养、学术研究等方面创造了辉煌的成就。自 20 世纪初,岳麓书院先后改制为湖南高等学堂、湖南大学。"文化大革命"之后,岳麓书院只剩残垣断壁,几成废墟。

从 20 世纪 80 年代初开始,湖南大学开始修复岳麓书院。刚刚毕业工作的朱汉民先生,积极参与这个古老学府的现代复兴工作。最初,他主要是从事有关岳麓书院历史及其相关学术资料的收集和研究。1992 年他担任岳麓书院文化研究所副所长;1995 年开始,他全面主持岳麓书院院务至今,2004 年聘为院长,是自晚清改学制以后的首位岳麓书院院长。他一直致力于岳麓书院的复兴事业,使古老书院重新焕发出勃勃生机。

朱汉民教授主持院务后,使岳麓书院完成了几个重要发展。

1.岳麓书院历史遗迹的全面修复和中国书院博物馆的建设。岳麓书院在80年代初开始修复,经过长达20多年的修复,至2006年才全面完成。现在的岳麓书院基本上恢复了历史上办学最盛时期的建筑规制,书院讲学、藏书和祭祀三位一体的基本格局已获重现。其讲学部分包括讲堂、湘水校经堂和明伦堂,讲堂、湘水校经堂采用原状恢复的形式,明伦堂现在用于研究生教学;御书楼现继续藏有古籍图书,作书院师生教学、研究用;书院的祭祀是崇祀先贤、尊师重道、砥砺后学的重要场所,已经恢复了书院文庙、文昌阁、七个专祠的历史原貌;另外,还恢复了清代书院的园林与八景。岳麓书院成为历史最悠久、规模最大、修复最好的古代书院。

为了全面展示中国书院文化,朱汉民教授带领书院同仁,积极向国务院、教育部、文物局申报,在岳麓书院建设中国书院博物馆。经过筹措资金、组织建设,现在中国书院博物馆陈列馆建设工程已经完成。中国书院博物馆是国内第一家书院文化专题博物馆,它的建设将有力推动儒家文化遗产的保护和研究。

2.全面恢复岳麓书院的教学功能,将岳麓书院的教学纳入现代高等教育体系之中。多年来,朱汉民教授主持并领衔申报岳麓书院的本科、硕士、博士三级学位的一级学科学位授予权及其博士后流动站,使岳麓书院获得了历史学的博士后流动站,获得了历史学一级学科博士学位授予权,获得了哲学门类中国哲学博士学位授予权,获得了历史学一级学科硕士学位授予权、中国哲学硕士学位授予权,以及历史学学士学位授予权,从而完成了岳麓书院的现代学科体系建设。

除此之外,朱汉民教授还积极推动大学生文化素质教育和社会教育活动,一方面为湖南大学本科生开设中国传统文化的系列课程,另一方面他广泛邀请国内外各个领域的名师来书院讲学,并利用电视、网络等现代传媒工具作社会文化、教育交流活动,在海内外产生很大影响。在他的努力下,古老的岳麓书院全面恢复其教学功能。

3.恢复岳麓书院的学术研究功能。20世纪90年代岳麓书院已经恢复其国学研究功能,在学术界声望也逐步提高。到今天为止,岳麓书院主要有中国思想学术、中国古代典章制度、中国经学、书院文化、简帛文献、湖湘文化等学术研究方向,并且成立了相应的研究所、研究中心。另外,朱汉民教授采取院内、院外相结合的方式,已经在海内外高校、科研院所延请一些学术声誉佳的学者担任兼职教授,使书院的学术研究稳步推进。

朱汉民教授主持的岳麓书院复兴,是一个关系到文化传继与创新的重大工程,受到文化界、教育界及海内外媒体的广泛关注。岳麓书院的复兴不仅架通了古今教育的桥梁,同时也对现代教育改革和发展有积极启发、借鉴和推动作用。近代书院改学堂是为了顺应中国教育近代化发展的要求,但是这一改革过程割裂了书院的传统。朱汉民教授主持的书院重振事业,实现了传统书院与现代大学的有机融合,为中国传统书院的发展树立了一个典范。这在中华民族伟大复兴之际、中华文化现代重建之时,有着特殊的历史意义。

二、湘学与湖湘文化研究

朱汉民教授在主持岳麓书院院务的同时,还从事国学研究,已经在诸多学术研究领域取得显著成绩。

首先,朱汉民教授多年来一直关注湘学与湖湘文化的研究,已经出版的著作有《湖湘学派与湖湘文化》《湘学原道录》,主编了《湖湘文化通史》,发表了历代湖湘学派代表人物的学术论文数十篇,主持国家社科基金重大项目招标课题"湖湘文化通书",表明他的湖湘文化研究已经进入国家社科研究规划的最高层次。

朱汉民教授认为,湖湘文化是一种有着深厚思想底蕴与学术深度的地域文化,主张深入挖掘湖湘学术的历史发展与思想传统。他首次系统地研究了南宋湖湘学派,对湖湘学派的学术思想、学术风格做了深入的思考和精到的研究。朱汉民教授的湖湘学派研究,具有探索湖湘文化的思想源头,解密湖湘文化的人格结构,思考湖湘文化的知识传统的区域文化研究价值。

湖湘文化是一种有着深厚思想底蕴与学术深度的地域文化,这种思想底蕴与学术深度的主要依据,就是湘学的原道精神。朱汉民教授的《湘学原道录》以原道为经,以湘学为维,全面论述湘学的原道思想历程,深入探讨了湘学人物对道的思考,并且对湘学中的重要人物诸如周敦颐、胡宏、张栻、王船山、魏源、曾国藩、郭嵩焘、谭嗣同的原道思想作了细致的梳理。他通过"原道"的视角,找到了湖湘学术的思想底蕴,同时也从中国文化的核心处发现了湖湘文化的重大贡献,挖掘出了湖湘学术思想、知识传统的地域特色和普遍意义。

三、理学及《四书》学研究

朱汉民教授长期从事宋明理学研究,近年又关注理学的经典——《四书》。他出版了《宋明理学通论》《宋代四书学与理学》《中国思想学说史》(宋元卷)等著作。

他的理学研究是从分析中国传统思想的特点开始的。他认为中国传统思想包括经验—技艺、理性—知识、超越—信仰三个层面,在儒家文化这里可以分别表述为儒术、儒学、儒道。他将宋明理学解构为宋明儒者对人文信仰(道)的重建、经学知识(学)的开拓、生活实践(治术与心术)的回归三个层面。他努力用这一新的学术理念去解读宋明理学,将宋明理学史的演变发展与道、学、术的思想结构联系起来。

朱汉民教授还从经学史角度研究理学,以《四书》学作为切入点来研究理学,探讨了朱熹的理学思想与经学之间的关系。他努力从中国经典诠释学的角度,探讨了朱熹《四书》学的诠释方法、学术成就与思想贡献。他认为朱熹的《四书》学诠释方法是"语言—文献"与"体验—实践"两个方面的统一,从方法上肯定了朱熹既是经学家又是道学家。另外,他仍然从道、学、术的层面分析朱子的《四书》学,主要从儒家的人文信仰、实践工夫的角度探讨了朱熹对《四书》的诠释。他认为朱子的《四书》学首先表达的是宋儒在经学领域的开拓,但是,这种"学"的开拓实即基于人文信仰(道)的重建、生活实践工夫(术)的回归。这首先体现在他对儒家人文信仰的建构完成上,朱熹通过对《四书》的系统诠释,使儒家人文信仰趋于成熟与完善。其次,朱熹的理学与《四书》学的结合又体现在儒家修己治人的工夫论上,朱熹所重新诠释的《四书》学就是要恢复、发明、创新原始儒家所建立的修己治人的实践工夫。朱汉民教授通过对朱熹理学与《四书》学的上述分析,从而进一步探讨了儒学知识形态的历史特质与文化特色。

四、玄学与理学的内在理路研究

魏晋玄学与宋明理学是中国思想学术史上的两大思潮,对于玄学与理学内在关联的研究,学术界还较少涉及。朱汉民教授主持的国家社科基金项目"玄学、理学的学术思想理路研究",运用内在理路、谱系学、比较哲学的方法,一方面从"人格理想—身心之学—性理之学"的架构,肯定了玄学与理学之间的思想理路;另一方面,又从经典诠释学的角度,通过玄学与理学对《论语》《周易》的诠释,分析与证实玄学与理学之间的学术脉络。其主要观点是:

第一,玄学、理学在精神境界与人格理想上的思想理路。魏晋玄学家重视个体存在的意义与价值,重视人的内在精神境界的提升,追求一种潇洒飘逸、优游自得、超然脱俗的名士风度。宋明理学家热衷于探讨"孔颜乐处"的精神境界,追求一种自由自在、恬淡自适的圣人气象,这显然是受魏晋风度的影响。但魏晋名士往往是与不拘礼法、率性纵情的生活方式联系在一起的;而宋儒的圣贤气象则总是体现出一种恪守礼教、兼济天下的人生追求。宋儒的圣贤气象是对魏晋风度的继承和发展。

第二,身心之学的思想理路。朱汉民教授认为,身心之学是关于个体存在的学说,魏晋名士在建构个体生存哲学时,强调人的身与心、形与神是相互依存、相互渗透的。宋儒的身心之学包括个体存在与道德修身双重含义,魏晋名士的身心观念影响了宋儒的身心之学,为宋儒解决个体人生哲学提供了重要的思想资源。玄学、理学的身心之学存在一脉相承、前后发展的内在理路。

第三,性理之学的思想理路。"性理之学"则是一种将人的内在本质与宇宙的普遍法则统一起来的哲学思想,表达的正是中国传统由人道而及天道的"究天人之际"的理论与学说。玄学家们对先秦诸子讨论的性、理概念作出了哲学上的提升,初步奠定了"性理之学"的思想框架和思维模式。两宋的儒家学者不仅正式使用了"性理之学"的名称来概括、表述自己重新建立的学术思想体系,而且他们在思想的深刻性、学术的系统性、理论的完整性方面完善了性理之学。朱汉民教授从中国古典哲学发展的视角揭示了玄学与理学的"性理之学"的建构过程与思想理路。

第四,儒家经学义理建构的学术理路。朱汉民教授将王弼《周易注》与程颐《伊川易传》作一对比考察,发现这两大家的义理《易》学之间学脉相承。从《周易》义理学的建构过程和思想特色的角度,厘清了宋儒的义理《易》学与玄学的义理《易》学之间的传承、发展关系。朱汉民教授还从经学史的背景上考察玄学、理学的《论语》学,发现它们有着许多共同点,如二者均是经学中的义理派,均把重点放在对中国传统内圣之道的拓展与建构上,均认为自己诠释《论语》的使命就是要将《论语》中孔子不讲的"性与天道"的形上的意义发掘出来。

玄学与理学具有的"内在理路",体现出中国思想文化阶段性与连续性的统一。朱汉民教授通过对玄学与理学的内在理路的研究,最终指向对"中华文化如何得以形成一个没有中断、源远流长的独特系统"的理解和解释。朱汉民教授完成的《玄学理学的学术思想理路研究》著作被选入《国家哲学社会科学成果文库》(2011 年)。

五、中国书院与儒家教育研究

朱汉民教授多年从事书院文化与儒家教育研究,曾经著有《岳麓书院史略》(合著)、《湖湘学派与岳麓书院》、《长江流域的书院》(合著)、《中国德育思想研究》(合著)、《中华文化通志·智育志》《儒家人文教育的审视》《中国书院文化简史》等专著,主编丛刊《中国书院》。

在有关书院文化的论著中,他坚持从士人文化来理解书院精神:一方面,儒家士人总是把书院看成是独立研究学问的安身立命之所,书院从萌芽之日起,就和士人"独善其身"的生活道路联系在一起;另一方面,士人们又在书院中表达出强烈的关切社会、建功立业的愿望,总是将书院与"兼善天下"的治平之路联系在一起。因此,他认为书院成为儒家士人文化的标志,是儒家人文精神的象征。无论是书院的外在环境、建筑形式,还是其内在宗旨、教育目标,均鲜明地体现了儒家士人的价值观念、人生理想与生活情趣。

他特别强调理学与书院的一体化对理学史与书院史发展的意义。他认为理学作为一种新兴的学术思潮,需要有一种能够从事学术创新的研究基地;理学家们有一套独特的教育理念,更要借助书院实施。新儒家学者于官学之外别建书院,标榜新的教育宗旨,以补充官学教育的不足。

他对儒家人文教育有独到的研究。他通过"儒"的起源作历史学追溯,通过对"儒"的职能作社会学分析,揭示了儒家学派为什么会以教育为中心来建立自己的思想体系,儒家文化为什么会以教育作为了立国、救世的根本。他对中国传统智育也有独到的研究。他通过探讨儒家教育中"道""学""术"三者各自的特点与三者的关系,使人们进一步深入了解儒家人文教育和智育的特色。

六、中国传统政治文化研究

朱汉民教授还从事中国传统政治文化研究,并有创获。他所撰的《圣王理想的幻灭:伦理观念与中国政治》《忠孝道德与臣民精神:中国传统臣民文化论析》,均是关于中国传统政治文化的专著。在这些书中,他将中国传统政治文化概括为社会本位的价值系统、义务本位的规范系统、身份本位的人格系统;将内圣外王之道视为中国传统政治文化的核心,并进一步将其分解为儒法互补的外王之道与儒道互补的内圣之道;他还从忠孝一体的传统道德,说明中国传统臣民文化的特征。他的许多观点均有其独到见解,曾经在学术界、文化界引起较大关注。

(原载中国台湾《国文天地》2010 年第 26 卷第 7 期,总第 307 期,略有改动)

后　记

21世纪中华文明的复兴,应该是人类文明发展史的最重大事件之一。在中华文明的复兴过程中,许多中国传统文化的内容,重新引发当代中国人的思考与实践,其中就包括国学与书院。关于传统国学与现代学科体系、传统书院与当代中国教育体系等问题,开始成为当代学界十分关心的话题。

本人长期在岳麓书院工作,一直参与岳麓书院的现代复兴;同时,本人也长期从事中国传统思想文化的研究与教学,故而对国学与书院的讨论十分关注。这一本《国学与书院》文集,就是收集了我发表于学术报刊上的部分相关文章。

有两件事需要做一点说明。其一,本书收集的文章原本是某一课题的论文,某一话题的讨论,将它们收入到本论文集时,我会根据本论文集的需要,对其中几篇文章的题目做了一点改动。其二,这些文章发表的时间跨度较大,考虑到这是一部相对独立的专著,故而统一了全书的引文注释,原来一些古籍引文中没有标点本的,这一次统一注明了后来出版的标点本。

国学与书院的话题,本人还会持续关注。

朱汉民

乙丑年春于岳麓书院文昌阁

责任编辑：方国根

图书在版编目（CIP）数据

国学与书院/朱汉民 著. —北京：人民出版社，2021.12
ISBN 978－7－01－023462－5

Ⅰ.①国… Ⅱ.①朱… Ⅲ.①国学-文集 Ⅳ.①Z126.27-53

中国版本图书馆 CIP 数据核字（2021）第 102514 号

国学与书院

GUOXUE YU SHUYUAN

朱汉民 著

人民出版社 出版发行
（100706 北京市东城区隆福寺街 99 号）

中煤（北京）印务有限公司印刷 新华书店经销

2021 年 12 月第 1 版 2021 年 12 月北京第 1 次印刷
开本：710 毫米×1000 毫米 1/16 印张：24.5
字数：360 千字

ISBN 978－7－01－023462－5 定价：88.00 元

邮购地址 100706 北京市东城区隆福寺街 99 号
人民东方图书销售中心 电话 （010）65250042 65289539